中国古代哲学内在方法

宋志明 著

中国青年出版社

自序

我自从27岁时步入中国哲学史领域，就时常受到方法上的困扰。我看了许多关于中国哲学史方法的论著，参加了多次关于中国哲学史方法的研讨会，虽有些启发，但仍感到茫然。是冯友兰先生的一番话使我茅塞顿开。他老人家在《中国哲学史新编》第一册的《自序》中写道："路是要自己走的；道理是要自己认识的。学术上的结论是要靠自己的研究得来的。一个学术工作者所写的应该就是他所想的。不是从什么地方抄来的，不是依傍什么样本摹画来的。"我对冯先生这段话的理解是：方法总是同过程或内容结合在一起的，没有什么抽象的方法。你还没有"研究"，怎么谈得上"方法"？脱离研究过程侈谈所谓"方法"、所谓"范式"，恐怕都徒劳无益，自误亦误人。实际上，有些方法需要中国哲学史从业者在研究实践中去摸索。自己摸索到的方法，才是最管用的方法。通俗地讲，叫作“摸着石头过河”。每个中国哲学史从业者都有自己的方法，甚至每个课题都有独特的方法。这种可操作的方法是从业者在研究实践中“摸着石头过河”摸索出来的，我叫作内在方法，这是任何外来方法不能替代的。当然，从业者可以学习和借鉴别人的方法，但是学习和借鉴不能代替自己的探索。指望从别人那里找到现成的方法，如同白日做梦，未免陷入痴心妄想。邯郸学步的寓言告诉我们，不要到内容之外寻找什么抽象的方法。我对前辈们采取的内在方法做了总结，也对自己几十年的经验做了总结，力求诠释内在方法。有些人总想借用外来的方法剪裁中国哲学史内容，这是我所反对的。迄今为止，任何用外来方法剪裁中国哲学史的结果皆以失败告终。这个教训深刻而惨痛！

冯友兰先生把中国哲学史的讲法分为两种，一种叫作“照着讲”，另一种叫作“接着讲”。他声称，新理学是接着宋明理学讲的，不是照着宋明理学讲的。显然，在冯先生那里，“照着讲”哲学只是一种假设而已，我们只见到他不断地“接着讲”哲学，未见他如何“照着讲”哲学。按照解释学的看法，“照着讲”哲学无论如何都是做不到的事情。道理很简单，讲者和被讲者所处的语境不一样。讲者不能回到被讲者所在的语境，被讲者也不能来到讲者所在的语境。被讲者属于过去时，讲者属于现在时，二者不可通约。被讲者已逝去，已没有能力思、没有能力想，只给后人留下一堆既定的思想材料；至于后人怎么讲，那是他们自己的事，前人不加干预。后人的责任在于依据前人留下的思想材料，讲出活生生的新思想。这种新思想符合当今时代的需求，乃前人所未发，具有创造性。“接着讲”意思就是讲新意、自己讲或讲自己。

我年轻时误打误撞进入中国哲学史领域，终于知道这里绝不是个平静之地，曾经受过两股歪风的干扰。一股是教条主义之风，另一股是虚无主义之风。我严肃地批评了两种错误倾向。我不再相信任何一种外在方法，觉得自己有责任把寓于中国古代哲学自身的内在方法讲出来。

一些以“学术警察”自居的人，极力鼓吹两军对战，可以说是教条主义的典型表现。教条主义者从苏联哲学界搬来两军对战，给其披上马克思主义外衣，强行予以推广，害苦了中国哲学史从业者。在教条主义者掌权时期，中国哲学史从业者唯一能做的事情，似乎就是给古代哲学家制造一顶“唯物论者”或“唯心论者”的帽子。这种“研究”完全脱离了中国哲学史的实际，造成了集体编写的中国哲学史教材一无中国、二无哲学、三无历史的情形。用外在方法和问题意识剪裁中国哲学史，焉能呈现中国哲学史的真实情况？世界是从来就有的？还是上帝创造的？这只是西方人才会有的困惑，原本在基督教占统治地位的语境中才会这样提问题。中国古人从来没有上帝创世说的观念，根本就不可能理会此类问题。也许有人会说，在中国古代也有类似创世说的传说，如盘古开天地、女娲造人等。请注意那只是小说家之言，不能作为一种非常严肃的学术观点写入中国哲学史。我们不能用西方近代哲学家的眼光去看待中国古代哲学家，不能武断地把古人近代化或现代化，给他们戴上唯心论或唯物论的帽子。众所周知，中国古代哲学属于前近代的哲学理论形态，因而中国古代哲学家不可能自觉而清晰地意识到“何者为第一性”的问题，更不可能依据这一问题的理解来构筑学说体系。

“何者为第一性”的问题只适合于自然哲学，但不适用于人生哲学；而中国古代哲学恰恰是一种人生哲学。

从1957年到1976年，中国教条主义者长期把持话语权，致使中国哲学史事业跌入低谷。我本人也是受害者之一，有切肤之痛。那时从业者只能按着教条主义者定下的口径说话，实际上已被剥夺话语权，不能自由表达自己的学术见解。以我的导师石峻为例，足见教条主义者多么蛮横。1957年他在北大召开的关于中国哲学史研究方法的讨论会上，发言批评两军对战，还写成文章在《人民日报》发表。想不到他的观点竟受到掌权的教条主义者的打压。会后，石公深知自己不是教条主义权贵的对手，于是变得小心谨慎起来。他索性不再写文章，甚至连讲义也不写，只列提纲。在教条主义者擅权的时代，集体编写的中国哲学史教材也是采取“大帮哄”的形式操作的，几十个人一块儿写，上面指定任继愈教授做名义上的主编。任公没有实权，说了不算，也得照章办事。这个“章”是教条主义者制定的，谁也不许越雷池一步。站在任公背后的权贵才是真正的主编，谁不买账就给谁扣上“修正主义者”的帽子，置之于死地。据李申在《国际儒学联合顾问小传》的《任继愈》条目中讲，任公曾经公开批判两军对战。但他不能按自己的真实意图写教材，只能上指下派地做个挂名主编，文责当然无须由他负。任公迫于压力，只能按照教条主义者指令，顺着两军对战口径，把教材弄成这个样子。如果不刹住教条主义之风，不搬开这块大石头，中国哲学史事业便无法走出低谷。本书主要是针对陈旧的教条主义外在方法而言的。我反对用外来方法剪裁中国哲学史，试图接续内在方法传统，反映中国哲学史的真实情况。

虚无主义之风是近些年刮起来的，具体表现就是否定“中国哲学合法性”。以“合法性”评判哲学的做法十分荒唐。哲学本来就是无法无天的学问，根本不存在合法与否的问题。世界上没有“只是哲学的哲学”，只存在着“带前缀的哲学”，如中国哲学、欧洲哲学、阿拉伯哲学、印度哲学等。这表明哲学是个复数，而不是个单数。各种哲学话语方式可以有相似性，但不具有相同性，怎么可能判定哪种哲学合法，哪种哲学不合法呢？合法性可以用于政治，可以用于法律，但不能用于哲学。有如我们可以讨论鸟的飞翔性，但不能讨论狗的飞翔性。否定“中国哲学合法性”等于消解中国哲学史学科的前提，等于说研究中国哲学史无异于画鬼。倘若不刹住这股虚无主义之风，研究中国哲学史从何谈起？所以，必须澄清虚无主义迷雾。本书可以说就是对虚无主义之风的回应。我曾经发表多篇文章，批评否定“中国哲学合法性”的论断，至今未见回应。否定者摧毁中国哲学史学科建设的前提，武断否定中国哲学史学科的存在，这是我不能容忍的。

教条主义者和虚无主义者犯了一个共同的错误，就是企图用外在的方法剪裁中国哲学史内容，把外在方法置于内容之上。教条主义者强行推广两军对战，虚无主义者以西方哲学作为衡量标准，把中国哲学史说得一无是处。关于中国哲学史的内在方法，乃是我数十年的心结，觉得有许多话要说，如鲠在喉，不吐不快。希望此书出版以后能起到清理两股歪风的作用，为推进中国哲学史事业的发展尽绵薄之力。十分感谢中国青年出版社帮助出版本书，十分感谢参与工作的编辑同志们，由于他们付出许多辛劳，为本书增色颇多。

叹曰：

智潭慧海索玄珠，
格物致知贵自得。
鸳鸯绣出堪赏目，
金针还须多琢磨。

宋志明

2024年3月序于中国人民大学宜园二楼思灵善斋

目录

第六章　具体做法

第一章 内在方法初探

中国哲学史以哲学为主语，从属于哲学，乃是其中的一门二级学科。中国哲学史与中国学术思想史之间，有联系也有区别。中国学术思想史的外延比中国哲学史较大，历史时间也比较长。中国学术思想史包含中国哲学史所需要的思想材料，但不能等同于中国哲学史。在哲学没有成为独立学科之前，研究者可以从事中国学术思想史研究，也可能涉及中国哲学史方面的内容，但不能自觉地从事中国哲学史研究。只有当哲学已经成为一门独立学科以后，中国哲学史学科建设才有可能。1919 年哲学在中国已经成为独立学科，这时才具备建设中国哲学史学科的条件。中国哲学史与中国学术思想史的外延虽然重合，但毕竟是中国学术思想史中的另类。它脱胎于中国学术思想史，但有别于中国学术思想史。中国哲学史是有哲学素养的哲学人写出来的，它是哲学学科独立之后才出现的新兴学科。

中国学术思想史是一门古老的学科，而中国哲学史则是一门新兴的学科。在西方近代，即 17 世纪中叶，科学纷纷从哲学母体中独立出来，哲学也随之成为一门独立学科，即关于世界观的学问。出于哲学学科建设的需要，开始有人编纂西方哲学史。西方哲学史随着哲学学科化而出现，也是一门新兴学科。西方近代哲学家往往借助讲哲学史的方式，讲自己创立的哲学，有"哲学就是哲学史，哲学史就是哲学"的说法。例如，黑格尔讲《哲学史讲演录》，其实就是讲他的哲学体系。西方哲学史的作者即便不是黑格尔那样的原创型哲学家，也是经过系统哲学训练、有哲学学养的哲学人。

在中国，哲学成为一门独立学科，比西方晚了三百余年。哲学学科和中国哲学史学科几乎同时诞生。1916 年蔡元培出任北京大学校长，建立了中国历史上第一个哲学系，其中设立中国哲学门，指的就是中国哲学史学科。从那时算起，中国哲学史学科已经有一百多年历史了。在这段百年多的历史区间，中国哲学史学科建设大约经历了三个发展阶段：第一个阶段为 1949 年以前，中国哲学史学科初步建立，初创者遵循由内容到方法的路子，自发地健康地发展。第二个阶段为从1949年到1978年，教条主义者掌握话语权，崇拜外在方法，强行推广两军对战，使中国哲学史学科建设落入低谷。第三个阶段为1978年以后，逐渐走出教条主义迷雾，回归内在方法，迎来中国哲学史学科建设的春天，中国哲学史事业开始重振。总的来看，呈现出马鞍形轨迹。首先让我们从回顾中国哲学史学科初建谈起。

第一节　从中国学术史到中国哲学史

在世界民族之林中，中华民族的历史感可以说是比较强的，通常有为前人修史的传统，因而积累了丰富的文化典籍。在学术思想史方面，前人为我们留下许多精品佳作。庄子著《天下篇》、荀子著《非十二子》、韩非子著《显学》、司马谈著《论六家之旨要》、朱熹著《伊洛渊源录》、朱熹和吕祖谦著《近思录》、黄宗羲与黄百家及全祖望等著《宋元学案》、黄宗羲著《明儒学案》、江藩著《国朝宋学渊源记》、章太炎著《訄书》、梁启超著《清代学术概论》和《中国近三百年学术史》，这些经典皆为学界所称道。这些中国学术史名著为建立中国哲学史学科提供了必要的前提，但不能把它与中国哲学史等量齐观，因为后者出现必须以哲学学科独立为前提，自然会晚于中国学术史。

“中国哲学史”的称谓出现于20世纪初叶。1912年京师大学堂设立中国哲学门，便以“中国哲学史”为主干课程。当初讲授这门课程的学者，有陈黻宸、陈汉章、马叙伦等人。他们讲的名为“中国哲学史”，实际上讲的还是中国学术史。由于那时哲学学科还没有独立，他们自然没有树立自觉的哲学学科意识，也不掌握哲学史研究方法，不可能真正进入中国哲学史领域。陈黻宸对哲学的认识是：“儒学者，乃哲学之轨也。”[1]北京大学哲学系的第二届

[1]　陈德溥编：《陈黻宸集》，第415页，北京：中华书局，1995。

学生冯友兰在《三松堂自序》中，这样描述陈黻宸讲授中国哲学史的情形：“给我们讲中国哲学史的那位教授，从三皇五帝讲起，讲了半年，才讲到周公。我们问他：照这样的速度讲下去，什么时候可以讲完。他说：‘无所谓讲完讲不完。若说讲完，一句话可以讲完。若说讲不完，那就永远讲不完。’”[1]按照冯友兰的描述，显然陈黻宸所讲的内容，可能涉及中国哲学史，但还不能算是真正入门。

谢无量是第一位编写题为《中国哲学史》著作的学者。不过，他写此书的时候也没有弄清楚哲学的学科性质。他的看法与陈黻宸相近，也说：“儒即哲学，伎即科学。官学失散，乃谓之儒学，谓之道学，谓之理学，佛氏谓之义学，西方谓之哲学，其实一也。”[2]谢著《中国哲学史》，中华书局1916年出版，全书分上古、中古、近世三编，共七十二章。此书从传说中的黄帝写起，到清末戴震为止，时间跨度约五千年，涉猎人物一百多位。此书虽名为中国哲学史，实则还是中国学术史，作者没有学科意识，没有问题意识，没有掌握哲学史研究方法，仍沿用以往的学案体例，只对每个学问家的言论做一些梳理，既没有分析，也没有评判。诚如胡适所批评的那样，此书不够“哲学”，算不得名副其实的中国哲学史著作。

因当时哲学学科尚未独立，中国哲学史学科没有前提，学科意识、问题意识、研究方法当然建立不起来。陈黻宸、谢无量等人可以称得上建立中国哲学史学科的先驱，但他们不是中国哲学史学科的奠基者。近年来有人反对“胡话胡说”，主张“中话中说”，主张回归陈黻宸、谢无量，重现所谓“原汁原味的中国哲学史”。我认为这种主张不切实际，对于中国哲学史学科建设没有任何益处。哲学是不断发展的学科，与此相应，中国哲学史也是不断发展的学科；因而研究方法亦需要不断地探讨和创新。若想整体回到某某某时期那里，是不可能做到的事情。

[1] 冯友兰：《三松堂自序》，第200页，北京：生活·读书·新知三联书店，1984。

[2] 谢无量：《中国哲学史》，第1页，上海：中华书局，1916。

最初的中国哲学史学科奠基者是蔡元培、胡适、冯友兰等一批在西方接受过哲学理论思维训练的哲学人。继他们之后，有些人在本土完成哲学理论思维训练，如张岱年等人，也加入中国哲学史学科初建者的队伍。这些哲学人同陈黻宸、谢无量等人的区别在于，他们都从自觉的哲学学科意识出发，致力中国哲学史学科建设，不再沿用中国学术思想史的表述方式，都努力探索中国哲学史的内在方法。

“哲学”一词是外来语，在希腊语的意思是“爱智慧”（philosophy），出自近代日本学者西周的译名。宋代理学家周敦颐有“圣希天，贤希圣，士希贤”（《通书·志学》）的说法。西周从中受到启发，最初把 philosophy 译为“希求贤哲之智之学”，后来简称为哲学。1874 年，他在《百一新论》中写道：“将论明天道人道，兼立教法的 philosophy 译名为哲学。”[1] 虽然中国古代没有“哲学”这个术语，但有类似的说法。在汉语中，“哲”本来就是“大智慧”的意思。《尚书·皋陶谟》中说的“知人则哲，能官人”，孔子在临终前慨叹“泰山坏乎！梁柱摧乎！哲人萎乎！”（《史记·孔子世家》）都用到了“哲”字。尽管“哲学”一词是外来语，但广义的哲学思想在中国古已有之，则是不争的事实，所以中国在日留学生很快就接受了西周的译名，并且将其传入国内学术界。

从宏观的意义上说，哲学可以分为两大类型。一种是古代广义上的哲学，指的是“一切学之学”，即包罗万象的学问，那时哲学还没有成为独立的学科。另一种是西方近代的狭义哲学，那时哲学已成为一门独立的学科，专指关于世界观和人生观的学问。哲学有别于科学，后者是关于世界局部的学问，而前者则是关于世界总体的学问。古代哲学家没有狭义的学科意识，他们的哲学思想不可能以纯哲学形式出现，但不能否认他们有深刻的哲学思考。中国古代哲学事实上早已存在，只是没有“哲学”这种称谓而已。黑格尔在《哲学史讲演录》中，把中国哲学与印度哲学同视为东方哲学。中国古代哲学

[1] 卞崇道、王青主编：《明治哲学与文化》，第 23 页，北京：社会科学出版社，2005。

与古希腊哲学类似，也是一种包罗万象的学问，并不是一门独立的学科。在哲学成为独立学科之前，史家可以书写中国学术思想史，却写不出中国哲学史。西方哲学史都是近代哲学人编写的，都是哲学人关于学术史的哲学诠释，并不是从古代一直传下来的。在中国古代没有出现哲学学科之前，自然不可能出现中国哲学史学科。近代以来的各种版本西方哲学史都中包含着编写者的主观见解，各版本的中国哲学史也是如此。

从外延看，中国哲学史与中国学术史有重合之处；从内涵看，中国哲学史毕竟是中国学术史中的另类。它虽脱胎于中国学术史，但不能等同于中国学术史。中国学术史是古代就有，而中国哲学史则是后出现的新兴学科。在西方出现于17世纪中叶，在中国则出现于20世纪初。

17世纪西方近代哲学学科独立以后，就有人开始编纂西方哲学史。换句话说，西方哲学史学科是随着哲学学科独立而建立起来。西方近代哲学家通常借助古人之口，说自己想说的话。每个哲学史家编写的西方哲学史，都留下了自己的烙印，没有形成我们想象中的“标准版本”。西方哲学史领域从来就是百花园，绝不是一言堂。文德尔班的版本与罗素不同，罗素的版本与梯利不同。没有哪位西方哲学史家指望自己的著作能成为大学的通用教材。

西方哲学史告诉我们，只有哲学成为独立学科以后，哲学史学科建设才有可能。中国哲学史学科的建立也是这样。20世纪初，一批中国学者在西方接受哲学训练，接受狭义哲学理念，树立自觉的哲学学科意识，成为第一代哲学人。他们回国后，便在大学里着手中国哲学史学科建设。

广义的哲学，也就是“爱智”意义上的哲学，中国学者在16世纪就已经接触到了，比日本学者西周早得多。他们把哲学译为“爱知学”。1631年，来华传教的耶稣会士傅泛济译义、李之藻达辞的《名理探》，开宗明义首论“爱知学原始”，写道：“爱知学者，西云斐录琐费亚，乃穷理诸学之总名。译名，则知之嗜；译义，则言知也。”又说：“译名，则言探取凡物之所以然，开人洞明物理之识也。”可惜“爱知学”译名没有流传开来。直到19世纪末中国学者黄遵宪才在《日本国志》(1895 年初刻本)中使用“哲学”一词。近代中国学者虽然接受了“哲学”这一词汇，不过尚未认识到哲学的学科性质。1901 年蔡元培写《哲学总论》时，也没有形成自觉的哲学学科意识，仍旧认为，“哲学为综合之学”，“以宇宙全体为目的，举其间万有万物之真理原则而考究之以为学。”

“爱智”同中国“弘道”“穷理”言殊而旨同，中国学者正是从这个角度接受“哲学”一词的。广义的中国哲学事实上早已存在，只是还没有成为一门独立的学科而已。在中国学术思想史上，存在着文史哲不分、经史子集不分的情形，其中《庄子·天下篇》、《荀子·非十二子》、王充的《论衡》、黄宗羲的《明儒学案》和《宋元学案》等著作，都明显地带有中国哲学史方面的内容。这为中国哲学史学科建设提供了素材。

在西方，哲学学科意识在 17 世纪明朗起来。那时科学有了长足的发展，各门学科纷纷独立，哲学不再是包罗万象的学问，成为一门特殊的学科，成为关于世界观(含人生观)的学问，以世界总体为研究对象。中国哲学家的哲学学科意识不是自然而然形成的，而是借鉴了西方哲学的理论思维成果而形成的，走了一条捷径。最初意识到哲学并非包罗万象的学问，而是关于世界观和人生观的学问的哲学人，当为曾留学德国的蔡元培先生。1912 年，他辞去中华民国教育总长的职务，到德国专攻哲学，还获得哲学博士学位。

中国现代哲学史通常从 1919 年“五四运动”算起，这没有问题；可是，哪位先生堪称首席哲学家？应当把票投给蔡元培先生。他是中国现代大学的创始人，创建中国大学第一个哲学系。他是第一个获得哲学博士学位的中国人，是第一个中国哲学人。北京大学的前身是 1895 年创立的京师大学堂。据冯友兰在《三松堂自序》中描述，京师大学堂仍然保留着官吏养成所的性质，被纳入官员行政系统，不能算是真正的大学。那时大学堂教授拥有官员品级，有钱的学生坐轿子上学。1916 年蔡元培出任北京大学校长，对其进行一系列改组和改造，才真正使之成为名副其实的现代大学。他创建的哲学系的前身是 1912 年建立的京师大学堂的哲学门。据冯友兰讲，哲学门虽开设中国哲学史之类的课程，其实教授并不晓得哲学为何物。“当时的教授先生们所有的哲学这个概念，是很模糊的。”[1]蔡元培主政北京大学期间，把哲学门改为哲学系，启动了中国哲学史学科建设工程。

我们说蔡元培是现代中国首席哲学家，有三点理由。第一点理由是，蔡元培有明确的哲学学科意识。中国哲学史源自中国固有的学问，既古老又年轻。说它古老，是说广义的中国哲学史的源头可以追溯到公元前5世纪。西方哲学史的开山是古希腊的泰勒斯和苏格拉底；而在中国哲学史的开山则是春秋末年的老子和孔子。说它年轻，是说20世纪初才在中国成为一门独立学科。在狭义哲学观的指导下，中国哲学史学科方才初建。能抓住中国哲学史既古老又年轻的特点，踏入中国现代哲学之门，蔡元培率先做到了。在他之前，讲哲学或写哲学的学者大有人在，不过他们并没有树立哲学学科意识，并未真正迈入现代中国哲学之门。蔡元培是第一个入门人。

在中国最早树立哲学学科意识的学者是蔡元培。1912年，他在留学德国期间，撰写了《世界观与人生观》一文，发表于在巴黎出版的《民德杂志》创刊号上，1913年4月《东方杂志》第9卷第10号全文转载。1915年，他应商务印书馆之约，在国外撰写《哲学大纲》一书，“供师范教科及研究哲学之用”。到1931年，此书共出11版。从这些论著中反映出，他已经弄明白了广义和狭义两种哲学类型的区别，明确了现代哲学的学科性质。

第一，哲学作为一门独立的学科，乃是西方近代以降科学昌明的结果。蔡元培在向读者讲解哲学学科性质的时候，找到的第一个参照系统是科学。他指出，哲学作为一门学科，其实与科学相对而言。当各门科学成为独立学科的时候，哲学也成为一门独立学科。各门科学以世界的局部为对象，而哲学则以世界总体为对象。不明白哲学与科学之间的区别与联系，就弄不懂哲学的学科性质。在西方古代，哲学并不是一门独立的学科，而是一切学问的总称，科学也包含在其中。例如“柏拉图之哲学，举一切物理、心理、政治、

[1] 冯友兰：《三松堂自序》，第200页，北京：生活·读书·新知三联书店，1984。

道德之理论，而悉包之。”[1]古人虽然使用“哲学”这个词，但并没有觉察到哲学的学科性质。“自十六世纪以后，各种科学，自由发展，为物理学、化学、动植物学等。关于自然现象者，已无不自立为系统之科学，而关于人事，如政治、法律、社会诸科学继之。至于今日，则如心理学者，亦以其根据生理利用实验之故，复离哲学而独立。”各门科学从哲学中独立出去以后，哲学是否还存在呢？按照实证主义者的看法，哲学时代已经让位于科学时代，哲学不复存在了。蔡元培不认同实证主义者的哲学观，理由是各门科学都以世界的部分为对象，提供具体的知识；而哲学以世界总体为对象，提供普遍性的知识。二者非但不相冲突，反而相得益彰。“合各科学所求得之公例，为之去其互相矛盾之点，而组织为普遍之律贯。又举普遍知识之应用于各科学而为方法、为前提者，皆探寻其最高之本体而检核之。如是，则哲学者，与科学互为因果而又自有其领域焉。”[2]科学发展起来以后，哲学不是被取消了，而是学科性质更明确了。哲学的学科化与科学的学科化几乎同步进行。蔡元培清楚地意识到科学和哲学之间的区别，不同意把二者对立起来。他说：“科学与哲学，不是对峙的，而是演进的。”[3]科学为哲学提供资源，但不能取代哲学。人类自有一种超乎实证科学的世界观和人生观的要求，只能由哲学来满足。科学出现后，哲学依然存在着独立的发展空间。

第二，哲学作为一门独立学科，乃是西方近代以降启蒙思潮的产物。蔡元培在向读者讲解哲学学科性质的时候，找到的第二个参照系统是宗教。在西方。科学是启蒙思潮的产物，哲学也是启蒙思潮的产物。哲学家以一种新的世界观解释世界，颠覆了基督教世界观的霸权话语体系。哲学树立起理性的追求，不再把世界看成上帝的创造物。罗素在《西方哲学史》中写道：“通常谓之‘近代’的这段历史时期，人的思想见解和中古时期的思想见解有许

[1] 高平叔编：《蔡元培哲学论著》，第 124 页，石家庄：河北人民出版社，1985。

[2] 高平叔编：《蔡元培哲学论著》，第 125 页，石家庄：河北人民出版社，1985。

[3] 高平叔编：《蔡元培哲学论著》，第 311 页，石家庄：河北人民出版社，1985。

多不同。其中有两点最重要，即教会的威信衰落下去，科学的威信逐步上升。旁的分歧和这两点全有连带关系。近代的文化宁可说是一种世俗文化而不是僧侣文化。”[1]哲学成为一门学科之后，也属于“世俗文化”的组成部分，同以基督教为代表的“僧侣文化”形成鲜明的对照。蔡元培看法与罗素大体相似。他指出，哲学学科化以后，不再是神学的婢女，甚至有取代宗教的趋势。“宗教家恒各以其习惯为神律，党同伐异，甚至为炮烙之刑，启神圣之战，大背其爱人如己之教义而不顾，于是宗教之信用，以渐减损，而思想之自由，又非旧日宗教之所能遏抑，而反对宗教之端启矣。”[2]蔡元培欢迎来自西方的科学和哲学，但拒斥基督教。理由是“哲学自疑入，而宗教自信入。哲学主进化，而宗教主保守。哲学主自动，而宗教主受动。哲学上的信仰，是研究的结果，而又永留有批评的机会；宗教上的信仰，是不许有研究与批评的态度，所以哲学与宗教是不相容的。世人或以哲学为偏于求真方面，因而疑情意方面，不能不借宗教的补充；实则哲学本统有知情意三方面，自成系统，不假外求的。”[3]两相比较，字里行间，褒贬分明。蔡元培主张“以美育代宗教”，其实就是主张以哲学代宗教，主张以哲学的方式安顿人的精神世界。哲学成为独立学科之后，不再受宗教的限制。

第三，哲学作为一门独立学科，真正回归它的本来意义，成为一门关于世界观（含人生观）的学问。蔡元培说：“哲学为学问中最高之一境，于物理界及心理界之知识，必不容有所偏废，而既有条贯万有之理论，则必演绎而为按诸实际之世界观及人生观，亦吾人意识中必然之趋势也。”[4]在这里，蔡元培十分明确地把哲学的研究对象，定位在“世界观”上，而不是定位在“世界”上。哲学仅以世界总体为理解的对象，并非对象化地观察目标。所谓世界观，就是人对于世界整体的一种理解方式。世界观中的那个“观”字，不

[1] ［英］罗素：《西方哲学史》，下册，第3页，北京：商务印书馆，1976。

[2] 高平叔编：《蔡元培哲学论著》，第154页，石家庄：河北人民出版社，1985。

[3] 高平叔编：《蔡元培哲学论著》，第377页，石家庄：河北人民出版社，1985。

[4] 高平叔编：《蔡元培哲学论著》，第123页，石家庄：河北人民出版社，1985。

是“观察”的意思，而是“观念”的意思。这种观念是哲学家创造出来的，并且讲出一番道理，形成一套本体论学说。这种学说可以得到某些人的认同，就形成他们的哲学信仰。世界观是一种精神现象，故而黑格尔把哲学称为精神现象学。哲学所回答的问题是：以何种哲学观念把握世界整体？并不能回答“世界是什么”的问题。可是有些哲学教科书中却把哲学讲成关于世界的学问，讲成物质现象学。有些教科书常说世界是物质的，还在运动着，并且有规律。这一系列以“世界”为主词的全称判断，但在理论上不能给出证明。既然说世界是无限的，怎么还可能把无限的世界当成观察的对象？人无法把世界对象化，无法站在世界之外观察世界。人只能观察世界的局部，不能观察世界整体，怎么可能回答“世界是什么”呢？人只能以有限的事物作观察对象，做出“这是什么”之类的判断；但不能以无限的世界为观察对象，无法做出“世界是什么”的判断。人不能到世界找到观察支点，犹如理发师不能给全村人理发一样。

哲学家所提出的本体论观念，不是从经验事实中归纳出来的，而是一种理论思维成果。实证主义者认为哲学命题既不能证实，又不能证伪，是个假命题。他们之所以做出这种批评，显然没有意识到哲学命题的特殊性，错误地用看待经验命题的眼光看待哲学命题。由于哲学命题以世界总体为解释对象，当然不可能用经验事实来证实或证伪，但绝不能说是没有意义的假命题。它的意义就在于以哲学的方式肯定世界的真实性和整体性，从而为公共价值观提供理论担保。蔡元培很清楚这一点，他说：“哲学者，知识之学也。其接近于实行者，为价值论。”[1]在他编写的《哲学大纲》和《简易哲学纲要》两本书中，都以“价值论”或“价值问题”为最后一章。他特别看重哲学对于人们构建价值世界的指导作用。

蔡元培在论述哲学的学科性质时，已经划清了哲学与科学之间的界限。令人遗憾的是，蔡元培所倡导的哲学学科意识，在中国哲学界并未得到普遍

---

[1] 高平叔编：《蔡元培哲学论著》，第 147 页，石家庄：河北人民出版社，1985。

地认同。哲学与科学之间的界限，后来还是被许多人搞模糊了。在1923年的“科学与人生观”论战中，科学派的核心论点是“科学可以解决人生观问题”，其潜台词就是科学可以取代哲学。科学派的这种观点，也得到唯物史观派的在一定程度上的认同。陈独秀说：“只有客观的物质的原因可以变动社会，可以解释历史，可以支配人生观，这便是‘唯物的历史观’。”[1]有些哲学教科书也把哲学与科学捆绑在一起，似乎都是同样的知识，把哲学说成“是关于自然知识、社会知识和思维知识的概括和总结。”[2]按照这种表述，只有掌握全部科学知识才能讲哲学；如果谁还没有把各门科学都搞懂了，也就没有资格谈论哲学。在知识大爆炸的时代，哪个人有如此智力和能力呢？显然是不可能的事情！倘若按照这种表述，哲学根本就没法子讲。我们重温蔡元培关于哲学学科性质的论述，有助于澄清此类似是而非的说法，有助于推动哲学学科的建设和发展。

第二点理由是，蔡元培有明确的哲学问题意识，不愧为擅长理论思维的大师。他在《简易哲学纲要》一书中，这样表述哲学的问题意识：

> 哲学是人类思想的产物，思想起于怀疑，因怀疑而求解答，所以有种种假定的学说。普通人都有怀疑的时候，但往往听到一种说明，就深信不疑，算是已经解决了。一经哲学家考察，觉得普通人所认为业已解决的，其中还大有疑点；于是提出种种问题来，再求解答。要是这些哲学家有了各种解答了，他们的信徒认为不成问题了；然而又有些哲学家看出其中又大有疑点，又提出种种问题来，又求解答。有从前以为不成问题的；有从前以为是简单问题而后来成为复杂问题的。初以为解答愈多，问题愈少。哪知道问题反而随解答而增加。几千年来，这样的递推

[1] 张君劢、丁文江等：《科学与人生观》，第7页，济南：山东人民出版社，1997。

[2] 李秀林、王于、李淮春主编：《辩证唯物主义和历史唯物主义》，第3页，北京：中国人民大学出版社，1982。

下来，所以有今日哲学界的状况。[1]

按照蔡元培的看法，哲学家之所以为哲学家，并不在于他建构了什么样的哲学体系，而看他是否提出新的哲学问题。哲学家未必是解决哲学问题的高手，但一定是善于提出哲学问题的高手，或者是善于改变提问题方式的高手。哲学史就是哲学问题演化的历史。哲学家对已有的哲学观点产生疑问，以求解疑，遂提出新的问题；但他的解疑又被质疑。从质疑到解疑，再到质疑，以往的哲学就是这样发展过来的，未来哲学发展依旧是这样。没有问题也就没有哲学；问题越多说明哲学发展的程度越高。在各门学科独立发展起来以后，哲学作为一门学科，不再包罗万象，只是一种不断深化的理性思考方式。对于哲学家来说，重要的并不是掌握多少哲学知识，而是有没有出众的思考哲学问题的能力。他关于哲学的看法，突出问题意识和怀疑精神，透出一种理性主义的眼光，折射出五四时期的时代精神。在他看来，哲学永远处在发展的过程中，绝不是僵化的教条，任何停止的论点都站不住脚，谁也不能以为自己达到了顶峰。近年来人们常常引用海德格尔“哲学在途中”的说法，其实蔡元培早已表达了类似的观点。

哲学涉及的问题很多，涉及的论域也很广。按照蔡元培的看法，哲学论域涉及以下三大块。

一是关于认识论的问题，涉及认识的起源、认识的适当、认识的对象等内容。从这个意义上说，哲学是一门关于认识论的学问。讲认识论应当诉诸理性，讲究逻辑证明，不能建立在“圣言量”上面。他所说的“圣言量”，是指讲者一味仰仗某个权威，以引证代替论证而自己却讲不出道理来。关于认识论有各种各样的学说，充满了争议，这是正常现象。不能轻易断言哪种说法绝对正确，哪种说法绝对错误；应当说各有各的道理，也各有各的局限。蔡元培举例说：“自希腊以降，凡思想家以人类之认识能力为不受限制者，谓

[1] 高平叔编:《蔡元培哲学论著》，第 395 页，石家庄：河北人民出版社，1985。

之独断派；以期认识力为不足凭依者，谓之怀疑派。虽两派之中，各有绝对主张，或相对主张之不同，而要其不失为一派之所主张，则同也。”[1] 迄今为止，任何一种认识论学说都不是尽善尽美的，关于认识论的争论还会继续下去，还会有新的学说出现。哲学家希望通过争论破解认识论之谜。

二是关于世界观的问题，偏于原理研究，涉及实在论、生成论等内容，由此形成“理论的哲学”。从这个意义上说，哲学是关于世界观的学问。哲学家总是力图创立提出一种关于世界总体的理论，被称之为本体论。在这一论域中也争议不断。蔡元培把哲学家们的不同看法，归纳为唯物论、实质唯识论（今称客观唯心论）、二元论、一元论、我识论（今称主观唯心论）、凡识论（今称万物有灵论）、无神论、有神论、凡神（今称泛神论）等九种类型。其中每一种看法，都不是没有缺陷的，都不是不能质疑的，争论还会继续下去。哲学家希望通过争论破解本体论之谜。

三是关于人生观的问题，以价值为主题，涉及价值、伦理、美感等内容，由此形成“实际的哲学”。从这个意义上说，哲学是关于人生观的学问。哲学的功用就在于帮助人们树立一种指导人生实践的价值理念。用庄子的话来说叫作“无用之大用”。这也是一个充满争论的论域。有人赞成相对论，有人赞成绝对论；有人赞同功利主义，有人赞同人道主义；有人赞同一神教，有人赞同泛神论；有人赞同纯粹形式美学，有人赞同观念论美学。真可谓诸说纷纭，莫衷一是。哲学家希望通过争论破解价值论之谜。

基于上述这些问题意识，蔡元培指出，讲哲学应当遵循两条原则。一是充分说理。讲哲学就是讲道理，并不是讲观点，必须以理服人。某种观点是谁提出来的，并不重要；重要的在于这种观点是否有道理，是否立得住脚，是否还可以做更深刻的发挥。挺起观点的理由是道理，而不是提出观点的那个人。讲哲学必须把道理讲出来，决不能抬出某个权威，拉大旗做虎皮包着自己去吓唬别人。蔡元培很厌恶这种做法，称之为“圣言量”。二是兼容并

[1] 高平叔编：《蔡元培哲学论著》，第136页，石家庄：河北人民出版社，1985。

包。哲学问题层出不穷，哪个哲学家也不敢说自己已经把全部问题都讲透了。哲学家的心态应当是宽容的，而不应当是蛮横的。哲学家可以吵架，但不可以打架。有些哲学教科书同蔡元培讲的这两条刚好相反，热衷于以引证代替论证，并没有把道理讲透。编写者往往把某位“圣人”的说法抄上去，就算有了根据，并不去解释这样讲的原因。至于包容精神，更是缺乏。按照有些哲学教科书的说法，似乎只有一种哲学是正确的，而其他哲学一概都是错误的，美其名曰“党性原则”。谁若是对其他哲学表示同情，似乎谁的“党性”就出了问题。蔡元培主张讲哲学只吵架而不打架；而有些哲学教科书的做法竟是只打架而不吵架，美其名曰“两军对战”。对于“敌人”有什么道理好讲？口诛笔伐就是了！

第三点理由是，蔡元培大力推动中国哲学史学科建设，无愧为名副其实的奠基人。在蔡元培之前，固然有人讲或者写“中国哲学史”，但遵循史学范式，并非哲学范式，不能算真正迈入中国哲学史领域。中国哲学史学科建设的奠基人，非蔡元培莫属。他虽然没有直接参与中国古代哲学史的编写，但正是由于他倡导自觉的哲学学科意识和哲学问题意识，才使狭义哲学真正成为中国哲学史的主语，突破史学范式，启动哲学范式，使中国哲学史学科建设开始起步。他是中国古代哲学史事业的强有力的推动者，也是第一位研究中国近现代哲学史的专家。他写的《五十年来中国之哲学》，发表于 1923 年，绍述了严复、王国维、杨文会、康有为、谭嗣同、宋恕、夏曾佑、章太炎等人在“西洋哲学的介绍”和“古代哲学整理”两个方面的学术贡献。这是中国哲学家写的第一本关于中国近现代哲学的专著，论述了从 1877 年到 1923 年近五十年间哲学在中国发展的概况。此书之所以从 1877 年写起，是因为那时严复在英国留学，开始接触西方近代哲学。“五十年来，介绍西洋哲学的，要推侯官严复为第一。”[1]接着蔡元培的思路，后来又有艾思奇著《二十二年来之中国哲学思潮》、郭湛波著《近五十年中国思想史》、贺麟著《五十年来的

[1] 高平叔编：《蔡元培哲学论著》，第 274 页，石家庄：河北人民出版社，1985。

中国哲学》（又名《当代中国哲学》）等论著陆续问世。中国现代哲学研究会应当把蔡元培选为永远的名誉会长，因为是他开辟了这一领域。

蔡元培出任北京大学校长之后，就着手改造哲学门，首先从遴选主干课程中国哲学史的教员配置做起。他弃用那些缺乏哲学学科意识的旧式学者，顶着巨大的压力起用刚刚从美国归来、受过现代哲学训练的哲学人胡适担任主讲教师。胡适没有辜负蔡元培的期望，他以哲学学科意识为出发点，更新教学内容，把中国哲学史同中国学术思想史区别开来。他在讲义的基础上，撰写《中国哲学史大纲》（卷上），1919 年由商务印书馆出版。这是在中国哲学史学科初建阶段取得的第一项成果。

蔡元培亲自为胡适所著的《中国哲学史大纲》作序，充分肯定和高度评价他的学术造诣。对于胡适借鉴西方哲学理论思维成果、梳理中国哲学史的思路，蔡元培表示认同。因为不这样做，便无法跳出学术思想史的框架，无法进入中国哲学史领域。因传统的学术史实在找不到表述哲学史的合适方式，只能借鉴西方哲学。“中国古代学术从没有编成系统的记载。《庄子》的天下篇，《汉书·艺文志》的《六艺略》《诸子略》，均是平行的记述。我们要编成系统，古人的著作没有可依傍的，不能不依傍西洋人的哲学史。所以非研究过西洋哲学史的人，不能构成适当的形式。”蔡元培用了“依傍”两个字，只能说用词不当，并非提倡“以西范中”模式。中国哲学史乃是哲学家对传统学术思想史的哲学解读，不借鉴西方哲学系统化、理论化的研究方法，怎么能理出中国哲学史的头绪来？应当说这是十分必要、十分明智的步骤，不能给其戴上“以西范中”的帽子。在蔡元培和胡适那里，“以西范中”顶多算一种倾向，并未成为范式。至于后来出现的“以苏范中”，那才是不折不扣的范式，统治中国哲学史界长达几十年。在为胡著所写的序中，蔡元培认为该书已经进入中国哲学史的门槛，作出以下四点突破。

一是“证明的方法”。胡适书写中国哲学史并不引证前人的言论作为依据，绝不盲从不可靠的传闻，善于用心考辨研究对象的生存时代、思想来源、著作真伪等情况，善于从学理上分析研究对象的思想中存在着的矛盾。“不但可以表示个人的苦心，并且为后来的学者开无数法门”，具有建立学术规范的意思。中国哲学史从业者既要摆事实，更要讲道理；既要介绍古人说了什么话，还要解释古人为什么说这些话。从业者必须有所“见”，即提出自己的观点；还对自己的观点作出充分的论证。

二是“扼要的手段”。胡适已经跳出史学范式，专门关注中国哲学发展的历史进程，力图从史料中提炼出哲学思想来，梳理出头绪来。他一改旧式学者从传说中的三皇五帝讲起的路径，“截断众流，从老子、孔子讲起。这是何等手段！”这样一来，便把中国哲学史与中国学术史区别开来了。中国哲学史选材要精，不能杂，不必包罗万象；选人要准，只选有文本依据的哲学家，不必考虑他名气是大还是小。

三是“平等的眼光”。胡适撇开以往道统观念，不再抱任何门户之见。在他眼里，每个古代哲学家都是研究的对象，而不是崇拜的对象。对于任何一位古代哲学家既要同情地了解，也要中肯地评判，绝不厚此薄彼。在他笔下，“各有各的长处，各有各的短处，都还他一本来面目，是很平等的。”这是很大的突破，真正找到了中国哲学史的历史感。在道统观念中，只有尧、舜、禹、周公、孔子才是道统的担当者，至于后来之人皆不足观。后来之人或者是道统的继承者，或者是道统的疏离者，但绝不可能是道统的推进者。如果按照道统观念，似乎没有发展只有倒退。不破除这种观念，怎么可能体现出中国哲学史的历史性呢？

四是“系统的研究”。胡适找到了中国哲学史的表述方法，改变了以往学术史的“平行法”。在胡适笔下，古代哲学家之间都是有联系的，哲学家的诸多思想侧面是有联系的，“都有递次演进的脉络可以表示。此真是古人所见不到的。”[1]中国哲学史解读学术思想史的方法就是做系统的考察，用系统的方法揭示哲学家实质的思想系统。这在当时，具有创新的意义；在今天，也是中国哲学史从业者必须遵循的原则。

[1] 高平叔编：《蔡元培哲学论著》，第 182—183 页，石家庄：河北人民出版社，1985。

在蔡元培哲学史学的影响下，继胡适之后又涌现出冯友兰、张岱年等中国哲学史家。他们皆为中国哲学史学科建设做出重要贡献。从蔡元培改造北大哲学门算起，中国哲学史学科建设虽有百年的历史，令人遗憾的是大部分时期都在歧路上徘徊。从 1949 年到 1978 年，由于受到两军对战的干扰，中国哲学史学科建设不是向前推进了，而是向后倒退了。由于教条主义者的误导，集体编写的中国哲学史教材不堪卒读。我们重温蔡元培的哲学思考，对于推动中国哲学史学科建设再次起步，恐怕是极其必要的理论准备。

基于上述四点理由，可以说蔡元培是一位真正的哲学家，因为他真正把握了哲学思维方式，并且总结出一套系统的哲学学。有人著文指出，蔡元培没有形成一种哲学体系，这是事实，但不重要。因为衡量哲学家的尺度并不看他是否创立体系，而是看他是否提出新的观点，是否为推动哲学发展做出贡献。杜林自以为创立了体系，却被恩格斯嘲笑；维特根斯坦没有创立体系，但他是哲学界公认的一流哲学家。蔡元培尽管没创立体系，但这并不影响他是现代中国首席哲学家，建构哲学学远比建构哲学体系更为重要。他促成中国人对于狭义哲学学科的认知，做出划时代的理论贡献。在蔡氏哲学学的范导下，现代中国形成一支哲学理论队伍，涌现出胡适、梁漱溟、冯友兰、熊十力、张岱年等一批哲学家或哲学史家。1949 年以后，蔡氏哲学学似乎被遗忘了。照搬照抄的哲学教科书学科意识淡漠，问题意识淡漠，往往看重如何向别人传授教条，并不重视理论思维能力提升，更不鼓励创新性思维。这样的哲学教育只培养出一大批循规蹈矩的“哲学理论工作者”，而培养不出有原创能力的哲学家。要想改变这种窘状，难道我们不应该到蔡元培的思想库里，补上哲学学这一课吗?

在中国哲学史学科的初建阶段，取得的第一项成果是胡适著《中国哲学史大纲》(卷上)，第二项成果则是冯友兰著《中国哲学史》，分上下两卷。胡适著《中国哲学史大纲》堪称中国哲学史学科建设的开山之作，冯友兰著《中国哲学史》堪称奠基之作。后书的影响力已经走出中国，遍及全球。荷兰裔美国人卜德与冯友兰合作，将此书译成英文，在许多国家出版发行。国外汉学家大都是借助这本书，对中国哲学史有所了解。第三项成果是张岱年著《中国哲学大纲——中国哲学问题史》，这是中国第一部关于中国古代哲学的大部头的专论。

在以上三项标志性成果中，编写者都以狭义哲学观为出发点，着眼于中国哲学史的内容，希望从中找到内在方法，推动中国哲学史学科的建设。概括地说，他们大体上可以区分为两种类型：一种叫作史通型，采取纵向进路，以胡适和冯友兰为代表；另一种可以叫作史论型，采取横向进路，以张岱年为代表。

第二节　纵向进路

所谓纵向进路，就是按照历史上朝代更迭的顺序，逐步展开中国哲学史的内容，对主要学派以及主要哲学家逐一做个案研究。这是一种史通型进路。胡适撰写《中国哲学史大纲》，冯友兰撰写两卷本《中国哲学史》，都采取这种进路。他们通过这种进路体现出内容方法的原则。

一、胡适著《中国哲学史大纲》

真正称得上中国哲学史学科开山者是从美国专攻哲学专业留学归来的哲学人胡适。1917 年，胡适回到北京大学哲学系任教，主讲中国哲学史课程，可以看作中国哲学史学科建设的发端。

胡适曾在美国哥伦比亚大学攻读哲学博士学位，导师是杜威。他的博士论文的题目是《中国古代哲学方法之进化史》，试图用现代思想方法梳理中国哲学史。遗憾的是，在答辩时由于答辩委员都不熟悉中国哲学，无法投出赞成票或反对票。由于这个原因，答辩委员会未能通过胡适的毕业论文，建议修改后再次答辩。胡适未接受建议，拒绝修改，决定回国任教。回国以后，他把博士论文更名为《先秦名学史》，1922 年由上海商务印书馆出版该论文的英文版。1983 年，此书被翻译成中文，在上海学林出版社出版。

胡适在北京大学哲学系领受讲授中国哲学史课程的教学任务后，以自己的博士论文为基础，改变原来老先生的教学方法和教学内容，按照狭义哲学的思路讲中国哲学史。1918 年，他在讲义的基础上，写成《中国哲学史大纲》（卷上）一书，1919 年 2 月商务印书馆出版。此书出版后深受读者欢迎，不到两个月，就推出第 2 版，到 1922 年竟推出第 8 版。此书是胡适的成名作，也是中国哲学史学科初步建立的标志。

在此书《导言》中，胡适对“何谓哲学”给出自己的说法，体现出哲学人独到的识度。胡适对哲学学科性质的认识，深受实用主义的影响。在他看来，哲学研究的主要问题不是世界观，而是人生观，尤其是同人生观有关的方法论和价值观。他给哲学下的定义是：“凡研究人生切要的问题，从根本上着想，要寻一个根本的解决，这种学问，叫作哲学。”[1]1923 年，他在题为《哲学与人生》的讲演中，对这一说法略作修正：“‘根本’两种意义欠明，现在略加修改，重新下一个定义：‘哲学是研究切要的问题，从意义上着想，去找一个比较可普遍实用的意义。’”[2] 胡适虽然没有明确说何谓“人生切要问题”，显然是指总体性看法，世界观和人生观无疑为题中应有之义。他把哲学同科学区别开来，对哲学的学科性质有自觉的意识。

从哲学学科意识出发，他把哲学的门类分为六种。一是宇宙论，研究“天地万物怎样来的”；二是逻辑学和知识论，研究“知识、思想的范围、作用及方法”；三是人生哲学或称伦理学，研究“人生在世应该如何行为”；四是教育哲学，研究“怎样才可以使人有知识，能思想，行善去恶”；五是政治哲学，研究“社会国家应该如何组织，如何管理”；六是宗教哲学，研究

[1] 胡适：《中国哲学史大纲》，第 1 页，上海：上海古籍出版社，1997。

[2] 胡适：《哲学与人生》，载《东方杂志》1923 年第 20 卷第 23 期。

"人生究竟有何归宿"。[1] 胡适撰写中国哲学史大体上以后面五个话题为基本框架，很少谈及宇宙论话题。不过，在绍述每个中国哲学家的思想时，并没有形成固定的模式。他根据每位哲学家的思想实际，有所侧重，并且力求找出每个哲学家的核心理念及其思想体系的内在联系。他在编写中国哲学史时，不看重宇宙论。对此，金岳霖曾提出批评。他说："哲学中本来有世界观和人生观的。我回想起来，胡适是有人生观，可是没有什么世界观的。看来对于宇宙、时空、无极、太极……这样一些问题，他根本不去想；看来他头脑里也没有本体论和认识论或知识论方面的问题。他的哲学仅仅是人生哲学。"[2] 金岳霖的评论基本上符合胡适的思想实际。的确，按照胡适的看法，哲学主要是关于人生观的学问，至于世界观，可讲可不讲。不过，他在论及人生观时，不能不涉及世界观，说胡适的哲学"仅仅是人生哲学"，似乎也不大确切。

中国哲学史学科初建伊始，胡适的最大贡献在于明确意识到学科建设应当达到的三个目的，并提出三项内在方法原则，这可以说是他研究中国哲学史内容的经验之谈。他以中国哲学史内容为基础，强调内在方法寓于内容之中，并不与内容相互外在。他提出的建构中国哲学史学科三原则，至今具有普遍的意义。

一是明变，这是中国哲学史有别于中国学术史的第一点。胡适说："哲学史第一要务，在于使学者知道古今思想变迁的线索。例如孟子、荀子同是儒家，但是孟子、荀子的学说和孔子不同，孟子又和荀子不同。……但是这个不同之中，却有个相同的所在，又有一个一脉相承的所在。这种同异沿革的线索，非有哲学史，不能明白写出来。"[3] 这是从狭义哲学看待历史的正当诉求，可谓不刊之论。明变说实际上颠覆了道统说。按照道统说，似乎圣人

---

[1] 胡适:《中国哲学史大纲》，第 1—2 页，上海：上海古籍出版社，1997。

[2] 刘培育主编:《金岳霖的回忆与回忆金岳霖》，第 29 页，成都：四川教育出版社，1995。

[3] 胡适:《中国哲学史大纲》，第 2 页，上海：上海古籍出版社，1997。

已经提出一成不变的、完满的道统观念，后学不过是这种观念的沿袭者或背离者而已。倘若如此，不是意味着发展是不可能的事吗？怎么可能有历史可言呢？所以，中国哲学史从业者必须依据狭义哲学，运用历史眼光，打破道统之类旧观念的束缚，把每个哲学家的思想放到历史的发展长河之中考察。只有这样，才能梳理出哲学思想观念发展的逻辑线索。胡适的眼光显然比旧学者开阔，既看到思想发展的连续性，也看到思想发展的变化性；既看到同一学派中哲学家的共性，也看到每个哲学家的个性。按照他的看法，研究中国哲学史主要应当关注变化，抓住每个哲学家的个性特征，从而展现构成中国哲学史内容的丰富画面。他也努力这样做。例如，他把荀子的政治哲学形象地喻为“爸爸政策”，把孟子的政治哲学喻为“妈妈政策”。“爸爸政策要人正经规矩，要人有道德；妈妈政策要人快活安乐，要人享受幸福。”[1] 胡适不认同道统说，当然也不会再把儒学置于独尊的位置。他写中国哲学史，不再从传说中的三皇五帝写起，而是从有文本依据的老子写起，这在当时是了不起的理论创新，故而被蔡元培赞誉为“截断众流”；他承认先秦诸子皆有哲学史价值，认为每个哲学家都是哲学发展过程中不可或缺的环节，不能厚此薄彼，故而被蔡元培赞誉为有“平等的眼光”。写一般学术史可以采取学案体，而写中国哲学史却不能采取学案体，必须挖掘内在的逻辑线索，体现出发展观念来。不过，胡适自己并没有将这一原则做到位，因为他没有写完整部中国古代哲学史，只是写了先秦，无法展现整个中国哲学史的内在逻辑联系。

二是求因，这是中国哲学史有别于中国学术史的第二点。胡适说：“哲学史的目的，不但要指出哲学思想沿革变迁的线索，还需要寻出哲学沿革变迁的原因。例如，程子、朱子的哲学，何以不同于孔子、孟子的哲学？陆象山、王阳明的哲学又何以不同于程子、朱子呢？这些原因概括起来约有三种：（甲）个人才性不同。（乙）所处的时势不同。（丙）所受的思想学术不同。”[2] 胡适认

[1] 胡适：《中国哲学史大纲》，第 217 页，上海：上海古籍出版社，1997。

[2] 胡适：《中国哲学史大纲》，第 3 页，上海：上海古籍出版社，1997。

为，写中国哲学史必须摆脱一般学术史的框架。所谓求因，就是要讲“为什么”，这是中国哲学史的独到之处。至于一般学术史只讲“是什么”就够了，不必回答“为什么”，只介绍思想家提出哪些学术观点就算尽到责任了；而中国哲学史既要讲“是什么”，更要讲“为什么”。研究中国哲学史不能满足于仅仅绍述哲学家说了什么话，还必须找出他说这些话的原因，在理论上分析他在什么语境中讲话，他为什么会讲话，讲这些话有没有道理，有没有局限。这样才能起到锻炼理论思维的作用。求因就是要把握每个哲学家的问题意识，把论主放到特定的语境中考察，看他怎样提出的理论问题，怎样找到解决问题的思路。学术史讲的是“学”，而哲学史既讲“学”，还要讲“思”。求因要求从业者有较强的理论分析能力和逻辑论证能力，善于捕捉思想观念背后的支配力量。胡适在《中国哲学史大纲》第一篇，用很多的篇幅论述中国哲学发生的时代背景，努力在求因上做文章。不过，胡适也没有把这一条做到位，他说得比较肤浅。他认为中国哲学产生的原因是社会黑暗。其实，社会黑暗是一种普遍现象，哪个时期都会出现，那么，哲学为什么偏偏产生在春秋时期呢？胡适的解释显然不能使人满意。

三是评判，这是中国哲学史有别于一般学术史的第三点。胡适说：“既知思想的变迁和所以变迁的原因了，哲学史的责任还没有完，还须使学者知道各家学说的价值，这便叫作评判。”“这种评判法，要把每一家学说所发生的效果表示出来。这些效果的价值，便是那种学说的价值。这些效果，大概可分为三种：（甲）要看一家学说在同时的思想和后来的思想上发生何种影响。（乙）要看一家学说在风俗政治上发生何种影响。（丙）要看一家学说的结果可造就出什么样的人格来。”[1]他所说的评判，无疑有浓重的实用主义色彩，但不能否认其中包含着合理的诉求。这种诉求是：对每个哲学家都抱着“同情了解”的态度，贯彻“论从史出、史中有论、史论结合”的原则。值得注意的是，胡适使用的术语是“评判”而不是“批判”，透露出对研究对象的尊

[1] 胡适：《中国哲学史大纲》，第3页，上海：上海古籍出版社，1997。

重。在他看来，只是在历史上有价值的哲学家才有资格写入哲学史，不能把哲学家仅仅当作批判的靶子来对待。胡适撰写《中国哲学史大纲》的时候，正值五四时期批儒思潮的高峰，他本人也是其中的健将，可是，他在《中国哲学史大纲》一书中，却没有把孔子当成声讨的对象，反而予以肯定的评价。例如，对于孔子的正名思想，胡适的评判是：第一，有语言文字学上的影响，“无形之中，含有提倡训诂书的影响”；第二，有逻辑学上的影响，“实是中国名学的始祖。”第三，有历史的影响，“中国的历史几千年来，很受了《春秋》的影响。”[1]写中国哲学史同写学术史不同，从业者不能把自己置于旁观者的位置，而应当置于参与者的位置，对论者加以评判是从业者的责任，从业者必须有自己的见解。胡适提出的评判在理论上是正确的，可是他在实际中却没有做到位。他的评判比较简单，有时甚至一笔带过。

胡适以内容为基础，归纳出明变、求因、评判三条内在方法，的确有新见解，显然具有普遍意义。他把中国哲学史跟中国学术史区别开来，真正成了中国哲学史事业的开创者。除了这三条方法，胡适又加上一条，叫作“述学”。他说：“我的理想中，以为要做一部可靠的中国哲学史，必须用这几条方法。第一步须搜集史料。第二步须审定史料的真假。第三步须把一切不可靠的史料全行除去不用。第四步须把可靠的史料仔细整理一番：先把本子校勘完好，次把字句解释明白，最后又把各家的书贯穿领会，使一家一家的学说，都成有条理有系统的哲学。做到这个地位，方可做到‘述学’两个字。然后还须把各家的学说，笼统研究一番，依时代的先后，看他们传授的渊源，交互的影响，变迁的次序，这便叫作‘明变’。然后研究各家学派兴废沿革变迁的缘故，这便叫作‘求因’。然后用完全中立的眼光，历史的观念，一一寻求各家学说的效果影响，再用这种种影响效果来批评各家学说的价值，这便叫作‘评判’。”[2]他所讲的“述学”，并不能算中国哲学史的方法，难道学术史

[1] 胡适：《中国哲学史大纲》，第 75 页，上海：上海古籍出版社，1997。

[2] 胡适：《中国哲学史大纲》，第 23 页，上海：上海古籍出版社，1997。

就不是“述学”吗？“述学”充其量不过是讲中国哲学史之前的准备，讲的是文献学、史料学方面的学问。“述学”对于研究中国哲学史当然十分重要，但毕竟不属于中国哲学史方法的范围之内。有考据癖的胡适把“述学”同“明变”“求因”“评判”相提并论，似乎不大合适，这样做模糊了哲学史与一般学术史之间的界限。由于胡适还把“述学”也视为方法之一，可见在中国哲学史学科初创阶段尚有脱胎于学术史的痕迹。

胡适依据自己对哲学的理解和对中国哲学史方法的理解，在北京大学哲学系讲授中国哲学史，撰写了《中国哲学史大纲》一书。他把中国古代哲学史分为古代哲学、中世哲学、近世哲学三个阶段，不过，他只讲述了古代哲学，也就是先秦哲学，终身未系统论述后两个阶段。

《中国哲学史大纲》由十二篇构成。第一篇《导言》论述哲学观和中国哲学史研究方法。

第二篇《中国哲学发生的时代》由两章组成：第一章《中国哲学结胎的时代》描述中国哲学产生前的社会状况；第二章《那时代的思潮》绍述当时的思想倾向，主要有忧时派、厌世派、纵欲自恣派、愤世派等几种。胡适并未概述初期的主要哲学学派，不过从全书可以看出，他把道、儒、墨三家视为主要哲学流派，把名家归并于墨家，称为“别墨”，不认为法家是独立的哲学流派。

第三篇《老子》评述道家创始人老子的哲学思想。

第四篇《孔子》评述儒家创始人孔子的哲学思想，由五章组成：第一章《孔子传略》，介绍孔子的生平事迹；第二章《孔子的时代》，介绍孔学产生的时代背景；第三章《易》，认为《易》为孔学的根本；第四章《正名主义》，评述孔子的政治哲学思想；第五章《一以贯之》，评述孔子的思想方法。

第五篇《孔门弟子》评述孔子弟子的孝道学和礼学。

第六篇《墨子》由四章组成：第一章《墨子的传略》，介绍墨翟的生平事迹；第二章《墨子的哲学方法》，评述墨子的思想方法；第三章《三表法》，评述墨子的知识论；第四章《墨子的宗教》，评述墨子的宗教哲学。

第七篇《杨朱》主要依据《列子・杨朱篇》，评述道家学者杨朱的无名主义、为我学说和养生学说。

第八篇《别墨》由六章组成：第一章《墨辩与别墨》，认为《墨辨》系后期墨家所作，并且把名家归入“别墨”。第二章《墨辩论知识》，评述后期墨家的知识论；第三章《论辩》，评述后期墨家的逻辑学思想；第四章《惠施》，评述惠施“离坚白”学说；第五章《公孙龙及其他辩者》，评述公孙龙的“合同异”学说，解析《庄子·天下篇》提到的辩者的21个命题；第六章《墨学的结论》，分析墨学衰微的原因。

第九篇《庄子》由两章组成：第一章《庄子时代的生物进化论》，绍述庄子的生平，评述庄子齐物论思想；第二章《庄子的名学与人生哲学》，评述庄子的逻辑学思想和达观主义人生哲学。

第十篇《荀子以前的儒家》由两章组成：第一章《大学与中庸》，评述《大学》与《中庸》对儒学的阐发；第二章《孟子》，评述孟子对儒学的阐发。

第十一篇《荀子》由三章组成：第一章《荀子》，介绍荀子的生平与著述；第二章《天与性》，评述荀子的天道学和人道学；第三章《心理学与名学》，评述荀子关于心的观点和逻辑学思想。

第十二篇《古代哲学的结局》由三章组成：第一章《西历前三世纪之思潮》，简述慎到、彭蒙、田骈、宋牼、尹文、许行、陈相、陈仲、邹衍等人在人生哲学或政治哲学方面的观点；第二章《所谓法家》，不认为法家是独立的学派，但不否认有注重中国古代法理学的专家，如管仲、申不害、商鞅、韩非等人，简要介绍他们的观点；第三章《古代哲学之中绝》，认为怀疑主义的名学、狭隘的功利主义、专制的一尊主义、方士派的迷信等原因造成中国古代哲学中绝。

胡适撰写的《中国哲学史大纲》，开启新学风，引起旧式学者的不满。对于胡适著《中国哲学史大纲》，陈黻宸颇有微词。据冯友兰在《三松堂自序》中记载，他在课堂上拿着胡适的讲义，笑不可抑，说道：“我说胡适不通，果然就是不通，只看他的讲义的名称，就知道他不通。哲学史本来就是哲学的大纲，说中国哲学史大纲，岂不成了大纲的大纲了吗？”[1] 以蔡元培为首的新式学者，对胡适著《中国哲学史大纲》则表示肯定，上文已述。冯友兰对此书也表示肯定，认为这是“一部具有划时代意义的书”。此书深受读者欢迎，不断再版，胡适由此而暴得大名。

1949 年以后，“左”的话语流行起来，胡适成为声讨的对象。他提出的内在方法被错误地视为“资产阶级学术思想”，不被哲学史界所重视；蔡元培的评论也被人们置之脑后。胡适的内在方法被某些人冠以“以西范中”模式，冠以“反向格义”模式，予以全盘否定。我觉得，这些谬见该清理一下了，认真考虑一下胡适内在方法的合理内核是什么，否则重写中国哲学史将成为一句空谈。称实而论，胡适提出的“明变”“求因”“评判”三项原则，并不是照搬照抄西方哲学史的研究模式，而是一个中国哲学人在研究中国哲学史的内容时归纳出来的中国式的见解，具有不容置疑的学术价值。无论任何人在任何时候研究中国哲学史，恐怕都不能违背这三项原则。在中国哲学史学科初建阶段，胡适受西方哲学的影响是不可避免的，但受到影响不等于照搬照抄。胡适写中国哲学史采用内在方法，以白话文的形式通俗易懂地表达出来。他努力贴近中国人的精神世界，绝不像近年来某些人那样，靠卖弄西方学术话语，蒙骗视听，显示自己有“学问”。正是因为如此，他才得到广大读者的认可，《中国哲学史大纲》到今天还可以不断地再版重印。他在学术上不被成说所囿，大胆创新，敢于立一家之言，努力做到言之成理、持之有故，也是值得称道的。同那些否定“中国哲学合法性”的人相比，胡适实在算不上“以西范中”，那些人走的才是“以西范中”的理路。在那些人眼里，只有一种“合法的哲学”，那就是西方哲学。他们以这把尺子衡量中国哲学，自然会觉得中国哲学百无是处，中国哲学史家的内在方法百无是处。

作为开山之作，胡适著《中国哲学史大纲》难免有不足之处，大致说来

[1] 冯友兰：《三松堂自序》，第 200 页，北京：生活·读书·新知三联书店，1984。

恐怕有以下几点。

第一，没有完全把中国哲学史从中国学术史中分离出来，以至哲学史有时会被学术史淹没。此书中考据文字差不多占三分之一，容易把读者的目光引导到琐碎的考辨中而忽略了理论上的探讨。由于大量篇幅放在考据方面，无论是明变、求因，抑或评判，统统都被冲淡了，没有做到位。

第二，过分强调哲学的人生观意义以及实践价值，而忽视了哲学的世界观意义以及理论价值，从而忽略了对理论思维的经验和教训的总结，难以起到锻炼理论思维的效果。

第三，对中国哲学自身的特点研究不够，没有对中国哲学精神做出宏观的概括。金岳霖读了胡适的《中国哲学史大纲》，竟觉得好像是美国人写的一本中国哲学史。胡适在评判中国哲学家的时候，有时脱离哲学家的思想实际，随意地套用西方现代学术话语。例如，他给庄子戴上“生物进化论”的帽子，给墨子戴上“应用主义”的帽子，都是不妥当的。正是因为存在着评判不当的问题，才会有人把他的内在方法误解为“以西范中”。

第四，由于武断地宣告中国哲学“中绝”，否认中国哲学后来的发展，使他无法完成对于中国哲学史的系统研究。他在此书的末尾，得出的结论竟然是：在中国“哲学灭亡”，仅限于先秦时代。这种谬见致使他关于中国哲学史的研究戛然而止，没有办法再写下去，使该书遗憾地成为残篇，成为“半拉子工程”。胡适只写了《中国哲学史大纲》上卷，终生没能写出下卷，这恐怕是一个重要原因。

胡适作为中国哲学史学科建设的开山者，他关于内在方法的探索是有价值的，他的不足也是有目共睹的。如何发扬他的长处、弥补他的不足恐怕是我们重写中国哲学史所要思考的第一件事。

二、冯友兰著《中国哲学史》

在中国哲学史学科初建阶段，胡适的突出贡献在于开风气。他只留下一部中国古代哲学史的残篇《中国哲学史大纲》(卷上),并未搭建起中国哲学史学科大厦。胡适自己也意识到这一点,希望有人沿着他开辟的道路走下去。他坚信:“以后无论国内国外研究这一门学问的人,都躲不了这一部书的影响,凡不能用这种方法和态度的,我可以断言,休想站得住。”[1]留美归来的哲学人冯友兰继胡适之余绪,从中国哲学史内容出发,进一步完善内在方法,率先完成了全部中国古代哲学史的书写。

冯友兰从1927年9月开始系统研究中国哲学史,大约用了7年时间,写出两卷本《中国哲学史》。从1923年到1926年这几年间,刚从美国学成回国的冯友兰其主观意向本来是向中国介绍和传播西方哲学,而客观的机缘竟使他做了向西方介绍中国哲学的工作。他长期埋头研究中国哲学史,竟成了他终生的职业。这个机缘就是1927年他初到燕京大学,受领了开设中国哲学史课程的教学任务。因为要讲中国哲学史,所以就得研究中国哲学史。由于找不到合适的教材,他只能研究一章,就在课堂上讲一章。这样,只能按照朝代的顺序写。1928年,冯友兰从燕京大学转到清华大学,仍然担任中国哲学史课程的教学任务,继续采用逐步延伸的办法写下去。1929年写成《中国哲学史》上卷,分赠师友征求意见。1931年2月,《中国哲学史》上卷(即上古哲学)作为清华大学丛书之一,由上海神州国光社出版。1932年,上海再版。经过不懈的勤奋努力,1933年6月,冯友兰写成《中国哲学史》下卷。1934年9月,《中国哲学史》两卷本作为“清华大学丛书”之一,由上海商务印书馆出版。1935年再版,1941年出长沙版,1944年出赣县版,1946年1月出重庆版,1947年10月增补后,出第8版。1961年4月,在北京由中华书局出新1版,并多次印刷。仅1992年中华书局第3次印刷的印数就高达22100册。冯友兰与卜德合译的英文版于1952年由美国普林斯顿大学出版社出版,此外,还被译为意大利文、日文、韩文等多种文字在国外出版。据台湾同行讲,即便在两岸对峙时期,此书在台湾也是畅销著作。不过,据台湾学者讲,

[1]《胡适文存》第三集,第105页,合肥:黄山书社,1996。

该书的封面上没有出现冯友兰的名字，改署“马松竹”。“马”加上两点，便是“冯”；“松竹”暗寓“友兰”。

（一）哲学观

冯友兰是北京大学哲学系第二批学生，不过他的哲学训练主要是在美国哥伦比亚大学研究院攻读哲学博士学位期间完成的。他的导师虽是杜威，可对他影响最大的却是新实在论。美国新实在论者蒙塔古把哲学分为三部分，即方法论、形上学和价值论。冯友兰借鉴蒙塔古的看法，形成自己的哲学观。他认为，哲学是哲学家有系统的思想，是哲学家对于宇宙、人生所立的道理。哲学的特点有二：一是系统性。“凡真正哲学系统，皆如枝叶扶疏之树，其中各部，皆是首尾贯彻，打成一片。……其实各大哲学系统，皆有其一以贯之。”[1] 他所说的系统是指实质上的系统，不仅仅指实质形式上的系统。对于中国哲学家来说，可能没有形式上的系统性，但存在着实质上的系统。二是充分的说理性。从逻辑的观点看，任一哲学都包括两部分：一是最终的断案；二是所以得此断案的根据，又叫此断案的前提。任一哲学的断案固须是真的，然并非断案是真即可了事，必须有所说明。哲学的研究范围包括三大部分：一是宇宙论，“目的在求一‘对于世界之道理’”；二是人生论，“目的在求‘对于人生之道理’”；三是知识论，“目的在求‘对于知识之道理’”。

至于研究哲学的方法，冯友兰不认同直觉法，主张诉诸理性原则。在20世纪初，中国有些学者认为研究哲学所用的方法，与研究科学所用的方法不同：科学的方法是逻辑的，理智的；哲学的方法，是直觉的，反理智的。冯友兰对此不以为然。他并不否认直觉的价值，但觉得直觉可以成为一种使人得到神秘经验的方法，却不能使人成立一个道理、建立一种哲学，所以不能成为一种哲学方法。哲学的方法只能是逻辑的、科学的方法。他说：“无论

[1] 冯友兰：《三松堂全集》第2卷，第12页，郑州：河南人民出版社，1985。

科学哲学，皆系写出或说出之道理，皆必以严苛的理智态度表出之。”[1] 在他看来，各种学说（当然包括哲学）的目的都不在于叙述经验，而在于成立道理，所以其方法，必然都是逻辑的、科学的方法。“所谓科学方法，实即吾人普通思想之方法之较认真，较精确者，非有若何奇妙也。”因此，“科学方法，即哲学方法，与吾人普通思想之方法，亦仅有程度上的差异，无种类上的差异。”[2] 冯友兰既然认定哲学需采取科学的、逻辑的方法，必定选择理性主义进路，而不是非理性的直觉进路。

关于哲学形成的原因，冯友兰提出如下观点。第一，哲学是理智的产物。哲学家要成立一种道理，就必须依照逻辑方法论证其所以能够成立的理由，遵循由前提推出断案（结论）的程序。第二，哲学乃时代的产物。“一时代之哲学即其时代精神的结晶也”，换句话说，“历史影响哲学”。一时代的情势及各方面的思想状况，能对一哲学家的哲学有影响。因此，研究哲学要“知人论世”。第三，哲学是哲学家人格的体现。“一哲学家之哲学，与其自己之人格（即一人之性情气质经验等之总名）或个性有大关系。”哲学家的人格对于思想方向、哲学问题的产生和解决影响很大，“有些思想，只能在某种心理状况中发生。”他援引美国实用主义者詹姆士的话说，“威廉·詹姆士谓：依哲学家之性情气质，可分其为二类：一为软心的哲学家；其心既软，不忍将宇宙间有价值的事物归纳于无价值的事物者，故其哲学是唯心论的，宗教的，自由意志论的，一元论的。一为硬心的哲学家；其心既硬，不惜下一狠手，将宇宙间有价值的事物概归纳于无价值者，故其哲学是唯物论的，非宗教的，定命论的，多元论的。”[3] 要考察哲学家的思想，必须先考察其人格或个性，然后再考察其所处时代之情势及各方面的思想状况以及哲学家的性格或个性对其哲学思想的影响。一个哲学家的

[1] 冯友兰:《三松堂全集》第 2 卷，第 7 页，郑州：河南人民出版社，1985。

[2] 冯友兰:《三松堂全集》第 2 卷，第 8 页，郑州：河南人民出版社，1985。

[3] 冯友兰:《三松堂全集》第 2 卷，第 14 页，郑州：河南人民出版社，1985。

性格、气质，往往显示出其思想面貌的独特色彩。

（二）哲学史观

哲学史是历史学的一个分支，要树立哲学史观应当先树立历史观。冯友兰对历史的理解是："所谓历史者，或即是其主人翁之活动之全体；或即是历史家对于此活动之记述。若欲以二名表此二义，则事情之自身可名为历史，或客观的历史；事情之纪述可名为'写的历史'，或主观的历史。"[1] 所谓"客观的历史"，是指历史事件本身，"于写的历史之外，超乎写的历史之上，另有历史之自身，巍然永久存在，丝毫无待于吾人之知识。"客观的历史具有一维性，"历史之活动的事情，既一往而永不再现。"至于后人写的历史，可称为"主观的历史"。"写的历史"是历史家对于历史事件的记述。这种记述的好坏，全在于其记述之内容是否真实，是否贴近客观的历史。"写的历史"与历史实际相符合，就叫"信史"。

冯友兰坚信，历史在不断进步，处在的发展历程之中。这是他从唯物史观得到的启发。1934 年，他从欧洲回国时，专门到苏联实地考察，接受了唯物史观的影响。这种影响他在《秦汉历史哲学》中表现得很明显。他在该文中指出，历史是变动的，各种社会政治制度，都会因"穷"而变；历史演变乃依非精神的势力。因为社会政治制度都是建筑在经济制度上的，社会经济制度一有变化，其他方面的制度也一定会跟着变化。并且社会经济制度的建立，也要靠一种生产工具的发明，如果没有机器的发明，就不能有工业经济。因此，历史的演变是循环的，也是进步的，还是辩证的。历史的大势所趋，不是人力所能终止或转移的，但人力可以加速或延缓这种趋势。我们不能离开历史环境去抽象地批评某件事情或某套制度的好坏；每一套经济政治社会制度都各有其历史使命。

[1] 冯友兰:《三松堂全集》第 2 卷，第 15 页，郑州：河南人民出版社，1985。

基于上述历史观，冯友兰又形成自己的哲学史观，他认为“哲学史亦有‘哲学史’与‘写的哲学史’之分。”[1]“哲学史”是指哲学自身的历史，具有客观性；“写的哲学史”是对客观的哲学史的记述，具有主观性，避免不了解释学的偏差。由于受到语境的限制，“写的哲学史”不可能完全符合客观的哲学史，所以“写的哲学史”须不断地重写，力求尽量贴近客观的哲学史。

关于中国哲学史，冯友兰的界定是：“中国哲学史一辞有二义：一是指中国历代哲人从事创造哲学之全部活动之自身，一是指哲学史家对于中国历代哲人从事创造哲学之全部活动之纪述。”[2]他认为，前者可名为客观的、没有写成文字形式的中国哲学史；后者可名为主观的、写成文字形式的中国哲学史。比较起来二者有明显的差别：前者是实际的事情，后者是语言的表达；前者无所谓好坏对错，后者有好坏对错之分；前者是后者之对象，后者是前者的写照。研究中国哲学史的任务，就是努力贴近事实真相，力求写出符合客观中国哲学史的“信史”。

（三）释古态度

在撰写《中国哲学史》时，冯友兰做的第一项理论准备是树立一种哲学观和哲学史观，而第二项理论准备则是端正史学态度。他把近代以来史学家们研究史学的态度，概括为信古、疑古、释古三种类型，明确地表示认同“释古的态度”。

第一种类型是信古的态度。信古派认为凡古书所说的都是真的，对之应信而无疑。冯友兰认为信古派的信古态度缺乏批判精神，把古书教条化，迷信权威，故而不取。他说：“信古一派，与其说是一种趋势，毋宁说是一种抱

[1] 冯友兰：《三松堂全集》第 2 卷，第 18 页，郑州：河南人民出版社，1985。

[2] 冯友兰：《三松堂全集》第 11 卷，第 360 页，郑州：河南人民出版社，1985。

残守缺的残余势力，大概不久就要消灭；即不消灭，对于中国将来的史学也是没有什么影响的。”[1]

第二种类型是疑古的态度。疑古派推翻信古派对古书的信念，以为古书所记载的，大多是不可信的。代表人物是胡适、顾颉刚等人。在五四时期有一种疑古风气，如钱玄同就为自己起了个名字叫“疑古”。疑古又发展为辨伪，胡适、顾颉刚可谓代表。胡适提出的口号是“宁可疑古而失之，不可信古而失之”，其锋芒直接指向信古派。顾颉刚编《古史辨》，高举疑古的旗帜。疑古派致力于辨伪工作，具有破除迷信权威的积极意义，但也流露出怀疑一切、抹杀一切的虚无主义倾向。冯友兰充分肯定了疑古派对信古派的批评，肯定了疑古派在审查史料方面“对于史学也不无有所相当的贡献”。同时，也指出了疑古派的缺陷。他认为，疑古派站在消极的立场上，抹杀一切，否定一切，其效果是不能令人满意的。在他看来，“信古和疑古两者都是偏于极端方面的，信古的态度自然不免陷于盲目，而纯粹的疑古态度，仍不能离其‘疑惑主义’错误的势力圈外。”[2]

第三种类型是释古的态度。释古派不像信古派那样迷信古书，也不像疑古派那样全然推翻古典文献。释古派认为，古典文献虽然不可全信，然而人们可以凭借它来了解古代社会的一部分真相。基于对信古和疑古两种治史态度的反思、批判，冯友兰选择了释古的态度。所谓“释古便是这两种态度的折中，这种是比较有科学精神的。”如果说信古是正题，疑古是反题，那么释古可谓是合题：“用一种批判的态度，向可疑与可信的各方面探讨，兼有疑古和信古的两种精神。”[3]冯友兰在撰写《中国哲学史》时，采取了释古的态度，取得了显著的成果。

与释古的态度相一致，“同情的了解”也是冯友兰治中国哲学史时所采取

[1] 冯友兰:《三松堂全集》第 11 卷，第 359 页，郑州：河南人民出版社，1985。

[2] 冯友兰:《三松堂全集》第 11 卷，第 258 页，郑州：河南人民出版社，1985。

[3] 冯友兰:《三松堂全集》第 11 卷，第 287 页，郑州：河南人民出版社，1985。

的一种基本态度。所谓“同情的了解”，就是“一个好的哲学史家，在讲哪一家哲学的时候，就要站在这一家的立场，把它的思想用同情的态度重想一遍，然后不增不减地加以叙述。”[1] 按照“同情的了解”心态，哲学史家应当站在古代哲人的立场上，认真思考发现古人在想什么，在说什么，侧重把握其思想的理论性和逻辑性，看其是否有所见，是否能自圆其说。如古人确有所见，确有一贯的系统，将其写出来，就是对哲学的贡献。

冯友兰写《中国哲学史》抱有强烈的时代感和使命感。正如冯友兰自己所说，《中国哲学史》是“二十世纪早期中国社会的产物。”冯友兰是在内忧外患、中日民族矛盾日益加深、中华民族危急的社会背景下写作此书的。在 1933 年 6 月，他在该书的《自序》中写道：“此第二篇稿最后校改中，故都正在危急之中，身处其境，乃真知古人铜驼荆棘之语之悲也。值此存亡绝续之交，吾人重思吾先哲之思想，其感觉当如人疾痛时之见父母也。吾先哲之思想，有不必无错误者，然‘为天地立心，为生民立命，为往圣继绝学，为万世开太平’，乃吾一切先哲著书立说之宗旨。……此书能为巫阳之下招欤？是所望也。”《自序》中用了“铜驼荆棘”的典故，绝不是夸大其词。1927 年国共两党的分裂及以后中共反对蒋介石政权的军事斗争，1930 年蒋与阎、冯、李的“中原大战”，1931 年日军发动的“九一八”事变，1932 年日军入侵上海发动的“一·二八”事变，1933 年日军进攻热河、攻陷承德、中日签订《塘沽协定》……，这一系列重大事件接二连三地发生，使当时的中国确实处在“岌岌乎危哉”的亡国边缘。故都北京已经是一个边城，日军的飞机随意地在市区上空低空飞行，机翼上鲜红的日本徽志刺伤了每一个爱国的中国人的心，也深深地刺伤了爱国的学者冯友兰的心。在国家危难之际，冯友兰撰写此书，是想以之为国家的文化建设和民族振兴做准备。可见，《中国哲学史》并不是单纯的学术著作。救亡图存，复兴民族哲学文化，这才是冯友兰撰写此书的内生

[1] 冯友兰：《三松堂全集》第 14 卷，第 108 页，郑州：河南人民出版社，1985。

动力和力量源泉。

（四）宏观概括

胡适在《中国哲学史大纲》（卷上）中曾把中国哲学史分为古代哲学、中世哲学和近世哲学三个发展时期，可是他写完第一卷之后，便匆匆忙忙宣布“古代哲学之中绝”，再也没有下文。冯友兰不认同胡适的说法。在冯友兰看来，中国古代哲学没有中绝，仍然与中国历史保持同步发展。他指出，在中国历史上，有两次社会大转变。一次是从春秋战国到“大一统”局面形成，另一次是从清代闭关锁国到中外交通。与此相应，中国哲学史应分为古代和近代两大阶段。由于中国近代哲学尚处在变化过程中，一时还难以盖棺论定，尚不具备书写条件，故而中国哲学史的研究范围只能暂时定位在古代。他把中国古代哲学史区分为两段，分别称为“子学时代”和“经学时代”。

1.“子学时代”概况

所谓子学时代，是指自春秋战国至汉初诸子百家争鸣的时期。儒、墨、道、名、法、阴阳等家充分发表各自的见解，以平等的姿态互相辩论。那时学者不承认有所谓一尊，也没有哪一家可以独大。冯友兰极为推崇这一时期，赞扬这是思想自由、言论自由、学术高涨的时代。“子学”的特点表现为富于创新、标新立异、生动活泼、横向发展。

关于中国哲学史的开端，冯友兰与胡适的看法亦不同。胡适认为中国哲学的开山鼻祖是老子；而在冯友兰看来，中国哲学的鼻祖应该是孔子。他的理由是：哲学是有系统的思想，必须借助于有系统的私人著述表述出来。既然在孔子之前无私人著述之事，所以也就谈不上哲学。尽管孔子本人没有写出专著，但他首创私人讲学之风，其门人弟子所记述的《论语》表达了孔子系统的哲学思想，因此中国哲学史应当从孔子写起。“由斯而言，则在中国哲学史中，孔子实占开山之地位。后世尊为唯一师表，虽不对亦非无由也。以此之故，此哲学史自孔子讲起，在孔子以前，无有系统的思想，可以称为哲学也。”[1] 冯友兰认同《老子》晚出说，认为《老子》一书出现于战国时期，比《论语》晚得多，所以中国哲学的开山是孔子而不是老子。

至于中国哲学发端的原因，冯友兰与胡适的看法也不同。胡适把中国哲学的起因归结为“政治那样黑暗，社会那样纷乱，贫富那样不均，民生那样痛苦。有了这种形势，自然会生出种种思想的反动”，冯友兰认为此种解释不确切，因为胡适所述的那种情形，任何时候都可能出现，并不是哲学产生的理由。他认为，哲学产生的真正原因在于社会制度的变迁。“自春秋迄汉初，在中国历史中，为一大解放之时代。于其时政治制度，社会组织，及经济制度，皆有根本的改变。”[2] 贵族政治衰落了，原有的社会制度崩坏了，原来的社会解体了，原来为贵族服务的专门人才失去原有的地位，流入民间变为士。他们靠自己的知识和才能在社会上自谋生计，自找门路，自发议论。这样发展下去，就出现了各家各派形成的诸子蜂起、百家争鸣的局面。冯友兰从分析春秋时期政治、社会、经济情况入手，说明哲学产生的原因，比胡适深刻得多。

冯友兰不认为秦王朝建立中国古代哲学就宣布告终。由于秦亡极速，尽管实行焚书坑儒政策会阻碍学术发展，但并未完全消灭各家学说。事实上，至汉初诸家之学仍盛而不衰。如文帝好黄老之学，为政以慈俭为宗旨；淮南王刘安延客著书，杂取各家之说；汉武帝采纳董仲舒的推明孔氏、罢黜百家的建议，制定“罢黜百家独尊儒术”的新国策。至此，“董仲舒之主张行，而子学时代终。”[3]不过，子学时代虽然终结，并不意味着中国古代哲学中绝，仅表明中国古代哲学发展到了经学时代。

[1] 冯友兰:《三松堂全集》第 2 卷，第 32 页，郑州：河南人民出版社，1985。

[2] 冯友兰:《三松堂全集》第 2 卷，第 30 页，郑州：河南人民出版社，1985。

[3] 冯友兰:《三松堂全集》第 13 卷，第 523 页，郑州：河南人民出版社，1985。

2. “经学时代”概况

何谓经学？冯友兰说：所谓经学，就是“将古代的东西作经典，对它只能做字面的解释，别的都不能动。”[1]经学就是六艺之学，以《易》《诗》《书》《礼》《乐》《春秋》为基本文献。自汉朝始，有哲学意味的经学依次为：今文家之经学、古文家之经学、考据家之经学、经世家之经学、清谈家之经学、理学家之经学。这六派经学的出现，表明中国哲学发展进入经学独盛时代。

经学时代始于汉武帝时期。冯友兰说：“自汉武用董仲舒之策，‘诸不在六艺之科，孔子之术者，皆绝其道，勿使并进’，于是中国大部分之思想统一于儒，而儒家之学又以经学的形式行世。自董仲舒至康有为，大多数著书立说之人，其学说无论如何新奇，皆须于经学中求有根据，方可为一般人所信爱。经学虽常随时代而变，而各时代精神，大部分必于经学中表现之。故就历史上中国学术思想变迁之大概言之，自孔子至淮南王为子学时代，自董仲舒至康有为廖平则经学时代也。”[2]他所讲的中国哲学史的经学时代，从时间的角度看，是指从汉朝中叶至清朝末年这一漫长的历史时期；从学术思想的演变来看，是指从董仲舒的今文经学开始，中经魏晋玄学、隋唐佛学、宋明道学到清末康有为和廖平的新今文经学思想的发展过程。冯友兰认为，在经学时代，儒家已定为一尊，儒家的典籍已变为经。这就为人们的思想立了限制、树了标准、建了框框。人们的思想只能在经的范围之内活动。即使有一点新的见解，也只可以用注疏的形式发表出来。人们已习惯于依傍古人的思想，即使像王夫之那样富有变革精神的思想家，也不能离开四书五经独立地发表自己的见解，宣称“六经责我开生面”。至于如何推倒经书的权威，恐怕王夫之连想也没有想过。

至于经学时代存在和延续长久的原因，冯友兰认为，这是由汉代中叶以

[1] 冯友兰：《三松堂全集》第 13 卷，第 523 页，郑州：河南人民出版社，1985。

[2] 冯友兰：《三松堂全集》第 2 卷，第 370 页，郑州：河南人民出版社，1985。

来封建的政治经济制度和社会组织没有根本的变动所决定。他说:“盖人之思想，皆受其物质精神的环境限制。春秋战国之时，因贵族政治之崩坏，政治经济社会各方面，皆有根本的变化。及秦汉大一统，政治上定有规模，经济社会各方面之新秩序，亦渐安定。自此而后。朝代虽屡有改易，然在政治经济社会各方面，皆未有根本的变化。各方面皆保其守成之局，人亦少有新环境，新经验。以前之思想，其博大精深，又已至相当之程度。故此后之思想，不能不依傍之也。”[1] 按照冯友兰的看法，从秦汉到清朝末年，中国的社会政治经济制度并没有发生根本性质的变动，故而哲学思想只能停滞在经学时代。他把社会存在看成哲学发展变化的原因，显然受到唯物史观的影响。

在经学时代中国哲学是否有进步呢?冯友兰的解释是肯定的。他指出，尽管哲学受到经学的束缚，但还是有所前进的。例如，自汉以后，学者们讲孔子、讲老子、讲庄子以及讲其他古代哲学家的哲学，其理论比孔子等原来的理论更明晰清楚;汉以后的哲学家所依据的事实，亦比以前丰富;哲学家的新见解亦常常闪现。汉以后，中国哲学融入一种全新的成分，即外来佛学。当然，无论是新见解，还是新成分，都不太多，并且采取了旧瓶（经学）装新酒（新见解）的形式。如果说子学时代的思想横向发展比较显著的话，那么，经学时代的思想纵向发展比较显著。前者重在创新，后者重在引申发挥:这正是子学时代和经学时代的重要差异之所在。

经学时代终结，以康有为等人的新今文经学为标志。冯友兰说:“中国与西洋交通后，政治社会经济学术各方面皆起根本的变化。然西洋学说之初东来，中国人如康有为廖平之徒，仍以之附会于经学，仍欲以旧瓶装此绝新之酒。然旧瓶范围之扩张，已达极点，新酒又至多至新，故终为所撑破。经学之间瓶破而哲学史上之经学时期亦终点。”[2]然而，经学时代终结之日，也正是中国哲学新时代开始之时。“所谓‘贞下起元’，此正其例也。不过此新时代

[1] 冯友兰:《三松堂全集》第3卷，第8页，郑州：河南人民出版社，1985。

[2] 冯友兰:《三松堂全集》第3卷，第10页，郑州：河南人民出版社，1985。

之思想家，尚无卓然能自成一系统者。故此新时代之中国哲学史，尚在创造之中；而写的中国哲学史，亦只可暂以经学时代之结束终焉。”[1]冯友兰不否认当下中国哲学已经走出经学时代，有了新的进展，但暂时尚未建立起新式哲学体系，因而不具备进行系统研究的条件。由于这个缘故，他只好对经学时代之后的中国哲学暂时存而不论。

（五）六种方法

沿着胡适开辟的内容决定方法的道路，冯友兰对内在方法做了进一步完善，向前跨出一大步。1937年，冯友兰与孙道升合著《怎样研究中国哲学史》一文，把内在方法概括为以下六条。

一是钻研西洋哲学。冯友兰认为中国哲学史的从业者首先应当是哲学人，树立起自觉的哲学意识。1919年以前哲学在中国尚未成为一门独立学科，因而依靠中国固有的思想资源不可能培养出哲学人。从业者要想成为哲学人，必须下功夫研究西方哲学。在这一点上，他同胡适和蔡元培的看法是一致的。他认为，中国哲学史从业者要做的事情，乃是“就中国历史上各种学问中，将其可以西洋所谓哲学名之者，选出而叙述之。”[2]冯友兰的这种表述，很容易使人产生误解，似乎主张离开中国哲学史的内容而只从西方哲学中寻找方法，故而招致许多人的批评。其实，冯友兰没有这个意思，他始终重视内容，只是主张通过钻研西方哲学的途径树立哲学学科意识，依据狭义哲学观念诠释中国学术史，使之成为中国哲学史。西方哲学史都是由哲学人写出来的，书写中国哲学史也应当是哲学人。根据西方人写哲学史的经验，哲学人才能写出哲学史，而记者无法胜任此项工作。他主张通过钻研西方哲学途径树立狭义的哲学观，找到建设中国哲学史学科的前提，并非主张照搬照抄西方哲学

---

[1] 冯友兰：《三松堂全集》第3卷，第428页，郑州：河南人民出版社，1985。

[2] 冯友兰：《中国哲学史》上册，第1页，北京：中华书局，1961。

史研究模式。初创时期的哲学人不可能从旧式学者中产生，只能在留学人员中产生。留学国外是中国哲学初创者的唯一渠道。蔡元培、胡适、冯友兰都是在国外取得哲学博士学位的学者，他们开创中国哲学史事业顺理成章。冯友兰把“钻研西洋哲学”列为第一条，实则有感而发。

他注意到，西方哲学史的写法同中国学术史写法不一样。西方人写的哲学史，大多是叙述式的写法，作者的评述较多，引用史料较少。这种写法的优点是有理论深度，缺点是读者不能与史料相接触，容易受作者观点的左右。中国学者写学术史大多采用学案体的写法，如黄梨洲等人写的《宋元学案》《明儒学案》就是如此。这种写法选材虽避免不了主观色彩，不过读者可以直接与史料接触，容易得到较为明确的知识，缺点是读者不容易了解编写者的见解。在权衡二种写作方式的利弊之后，冯友兰决定采取第三种写法，即把叙述式和学案体结合的方法。他说：“本书试为兼用上述两种方式，或者可得较完善之结果。”[1]他采用的写作方法，不是西方式的，也不是传统式的，而是两种方法的有机结合，带有创新性。我们不能把冯友兰的内在方法草率地归结为“以西范中”，归结为“英美哲学影响下的范式”，归结为“反向格义模式”。他没有照搬照抄，始终坚持从内容出方法的原则，主张方法为内容服务。

二是搜集哲学史料。上一条是说中国哲学史从业者进入写作之前的理论准备，这一条说的是怎样进入写作过程，强调文本的重要性。从业者必须用哲学的眼光从浩繁的史料中选取可靠的思想材料，并且充分理解和占有这些材料，夯实深入研究的基础。冯友兰把这叫作“解其言”[2]。为了写好中国古代哲学史，冯友兰确实在文本上下了苦功夫，读了大量的原著，从中选取有用的素材，严格遵循论从史出的原则，绝不空发议论。倘若没有文本功底，绝不能成为从业者。从业者要以内容为出发点，必须在掌握资料方面下功夫。

---

[1] 冯友兰：《中国哲学史》上册，第19页，北京：中华书局，1961。

[2] 冯友兰：《哲学人生》，第253页，南京：江苏文艺出版社，2010。

冯友兰很重视史料的甄别，考辨工夫不逊于胡适，但不像胡适那样过于偏重汉学方法。在冯友兰眼里，中国传统的治学方法虽有汉学和宋学之分，但二者不是对立的关系，而是互补的关系，各有所长，也各有所短。汉学方法侧重解释文字、考证和训诂；宋学方法正好相反，它不注重文字的考证、训诂，而注重文本所表示的义理，对文本有独到的了解和体会。书写中国哲学史宋学方法比汉学方法更为重要。如果只了解先哲著作里的语言文字，而不能了解、体会其义理，那就写不出能反映本然哲学史的信史。

冯友兰认为，胡适写的《中国哲学史大纲》既有汉学的长处，又有汉学的短处。长处是对于文字的考证、训诂比较详细，短处是对于文字所表示的义理的了解、体会比较肤浅，没有抓住古人哲学思想的真意。在胡适著《中国哲学史大纲》中，由于对资料的真伪、文字的考证占了较多的篇幅，反而对思想内涵了解不够、体会不深，讲得既不透又不细。鉴于胡适的经验教训，冯友兰在写《中国哲学史》的时候，既重文字的考证训诂，又特别注意对先哲思想义理的了解和体会。他宣称："吾非历史家，此哲学史对于'哲学'方面较为注重。"[1]正因为如此，此书的质量才超过了胡适著《中国哲学史大纲》。

三是详密规划迹团。通俗地讲，就是把握先哲的思想结构，按照这种结构把他们的哲学思想特色写出来。上一条讲如何"解其言"，这一条讲如何"知其意"。冯友兰指出，从业者的着重点不能只放在"言"上，还应当放在"意"上。"书不尽言，言不尽意。"先哲在文本上说的话，总是比他想表达的意思少。从业者要善于捕捉"弦外音，味外味"，用心体会精神实质。只有这样，才能搞清楚先哲的思想结构，描述他的思想概况，确定他在中国哲学史上的位置。例如，他在绍述朱子哲学那一章，分为理·太极、气、天地人物之生成、人物之性、道德及修养之方、政治哲学、对于佛家之评论等七节，节与节之间相互联系，以"理"为核心范畴逐步展开，清晰地勾勒出朱子哲学思想的画面。冯友兰所说的"知其意"，同胡适所说的求因、明变意思相

[1] 冯友兰：《中国哲学史》上册，第1页，北京：中华书局，1961。

近，但比胡适讲得更为透彻，更为具体，更有可操作性。

四是搞清时代背景。这一条是对胡适求因、明变主张的宏观展开，要求从业者弄清大语境。冯友兰指出，从业者不能孤立地看待所研究的人物，必须将其置于特定的大语境之中，摸清楚他所处的时代背景，才能讲清楚他的思想沿革变迁。例如，他在《清代之今文经学》这一章里，冯友兰先用一节的篇幅讲“清末之立教改制运动”，然后再对康有为、谭嗣同、廖平做个案研究。

五是审查哲人身世。这一条是对胡适求因、明变主张的微观展开，要求从业者弄清楚小语境。冯友兰认为，中国人做学问讲究知人论学，把为学与为人联系在一起，这是一个良好的传统。这种传统应当在中国哲学史研究中发扬光大。他在对中国哲学史中的主要人物做个案研究时，都用相当多的篇幅对其生平、著述做比较详细的介绍，然后再展开他的思想画面。

六是评述哲人哲学。这一条是对胡适的评判主张的具体展开。他指出，研究哲学史不等于报道先哲的思想状况，其目的应是推动哲学理论思维水平的提升。从业者不应该把自己摆在旁观者的位置，而应当积极参与，同先哲展开对话。从业者不能抹杀先哲的理论贡献，也不必讳言先哲留下的遗憾。研究哲学史的宗旨就是“明其理”，而“明其理”是一个不断深化的过程，永远没有完结。理是客观的，任何人对理的认识都是主观的，同客观的理总会有一定的距离。明白了这个道理，才不至于被先哲所误。从业者不能没有自己的看法，这种看法当然也免不了主观色彩，也不可能完全合乎客观的理，但从业者可在与先哲对话的过程中，互相比较，互相补充，互相纠正，从而形成一种比较正确的认识。冯友兰把评述哲人哲学看作“六经注我”和“我注六经”的统一：“自己明白了那些客观的道理，自己有了意，把前人的意作为参考，这就是‘六经注我’。不明白那些客观的道理，甚而至于没有得古人所有的意，而只在语言文字上推敲，那就是‘我注六经’。只有达到‘六经注我’的程度，才能真正地‘我注六经’。”[1]

[1] 冯友兰：《哲学人生》，第256页，南京：江苏文艺出版社，2010。

上述这些冯友兰找到的方法，都是从内容提炼出来的方法，是他在20世纪30年代研究中国哲学史实践经验的结晶和升华，至今仍有不可忽视的学术价值。在内在方法论方面，冯友兰接着胡适讲，但深度超过了胡适。

（六）成就与遗憾

冯友兰运用上述方法撰写两卷本《中国哲学史》，可谓中国哲学史学科的奠基之作，在海内外有广泛的影响，使他成为饮誉海内外的著名中国哲学史家。

冯著《中国哲学史》出版以后，好评如潮。陈寅恪担任该书的审查人，认为此书为清华丛书中的一个"美备的著作"，誉之为"实近年吾国思想史之有数著作。"主要理由如下：其一，此书对中国古代哲学史"能矫傅会之恶习，而具了解之同情"，客观地整理了中国哲学史；其二，该书作者冯友兰"有史学之通识，纵贯之眼光，"发现了真材料、伪材料的各自价值；其三，该书下卷"取西洋哲学观念，以阐明紫阳之学，宜其成系统而多新见"；其四，全书取材严谨、精审，持论正确。他在《审查报告》中写道："凡著中国古代哲学史者，其对于古人之学说，应是了解之同情方可下笔。盖古人著书立说，皆有所为而发，故其所处之环境，所受之背景，非完全明了，则其学说不易评论"，"必须备艺术家欣赏古代绘画雕刻之眼光及精神，然后古人立说之用意与对象，始可以真了解。所谓真了解者，必神游冥想，与立说之古人，处于同一境界，而对于其持论所以不得不如是之苦心孤诣，表一种之同情，始能批评其学说之是非得失而无隔阂肤廓之论。"故而，在他看来，"今欲求一中国古代哲学史，能矫附会之恶习，而具了解之同情者，则冯君此作庶几近之。"[1] 任继愈也钦佩冯友兰"同情了解"的治学态度，评论说："他不是简单轻率地对待古人，而是力图把古人的体系按古人自己的思路，用现代

[1] 陈寅恪：《中国哲学史·审查报告一、三》，见《中国哲学史》下册，附录。

人的表达方式表示出来，他称为同情的理解。冯先生自己说，讲到庄子，令人读了似乎站在庄子的立场上说话，讲到孟子，令人读了似乎站在孟子的立场上说话。这种方法显然比胡适的方法深入了一层。”该书另一位审查人金岳霖的评价是：此书“确是一本哲学史而不是一种主义的宣传。”“以中国哲学史为在中国的哲学史；但他没有以一种哲学的成见来写中国哲学史。”[1]张岱年也对冯著《中国哲学史》做出高度的评价。认为这实在是一部最好的中国哲学史，在许多方面，都有独到的精彩，为别的中国哲学史所不能及。如说这本书在中国哲学史书中是空前的，实非过甚其词。这实在是近年来出版的一本极有价值的巨著，的确能对于中国哲学思想之发展演变，作一个最清楚的最精准的最有系统的最有条理的叙述。读了这本书便可以对于中国哲学思想之发展演变，有一种整个的明确的了解。他把冯著《中国哲学史》优点概括为六条：此书是很能应用唯物史观的；此书最注意哲学家之思想系统；此书最能客观，且最能深观；此书最注意发展之源流；此书极注意历史上各时代之特殊面目；取材极其精严有卓识。

冯著两卷本《中国哲学史》问世，标志着中国哲学史学科初建的任务基本完成。此书涵盖中国古代哲学史上代表性人物，对中国哲学特有的概念、范畴、命题，做了清楚的逻辑分析和诠释，紧紧抓住中国古代哲学的发展脉络，终于“理出了一个头绪，”使得他的《中国哲学史》成为我国第一部完整的中国古代哲学通史著作。第一篇“子学时代”涉及的人物和学派有：孔子和儒家，墨子和墨家，孟子和孟学，老子和老学，庄子和庄学，惠施、公孙龙及辩者的名学，尹文百家之学（杨朱、慎到、邹衍等）、《墨经》与后期墨家，荀子和荀学，韩非和法家，《礼记》《易传》《淮南子》。第二篇“经学时代”涉及的人物和学派有：汉朝的董仲舒和今文经学，谶纬及象数之学，古文经学和扬雄、王充；魏晋南北朝的何晏、王弼、阮籍、嵇康、《列子・杨朱篇》、向秀、郭象、僧肇、道生；隋唐的法藏、玄奘、天台宗、慧能、宗密、

[1] 金岳霖：《审查报告》，见《三松堂全集》第2卷，第380页。

韩愈、李翱；宋明的周敦颐、邵雍、张载、二程、朱熹、陆象山、王守仁及心学；清代道学（刘宗周、王夫之、颜元、李塨、戴震）和新今文经学（康有为、谭嗣同)。在上述内容中，有相当多的部分是冯友兰首次论述的。该书所叙述的对象，构成了中国哲学史教材的基本框架，为以后的学者在撰写中国哲学史著作时所遵循。在此书中还提出了一些重要概念，如老学、庄学、孟学、后期墨家、宋明儒家、清代道学等，至今仍为一些学者所沿用。

该书曾被译为英、日、法、西班牙、韩等国文字，在海外流传，成为外国人了解中国哲学史的必读书。冯友兰是世界哲学论坛上公认的中国哲学史家，至今仍未有人超过他在国际上的影响力。

在两卷本《中国哲学史》中，冯友兰独辟蹊径，大胆探索，提出了许多独到的见解，其中最有特色的观点如下：

第一，把先秦名家区分为“离坚白”与“合同异”两派。从前的学者大都认为先秦名家的主要学说就是“坚白同异之辩”，无非就是一些强词夺理的诡辩，没有多少学术价值。冯友兰十分看重对名家的研究，把先秦辩者分为两派：一派主张“合同异”，以惠施为代表；一派主张“离坚白”，以公孙龙为代表。“惠施之观点注意于个体的物，故曰：‘万物毕同毕异’，而归结于‘汜爱万物，天地一体’也。公孙龙之观点，则注重于共相，故‘离坚白’而归结于‘天下皆独而正’。二派之观点异，故其学说亦完全不同。战国时论及辩者之学，皆总而言之曰：‘合同异，离坚白’。或总指其学为‘坚白同异之辩’。此乃笼统言之。其实辩者之中，当分为二派：一派为‘合同异’；一派为‘离坚白’。前者以惠施为首领；后者以公孙龙为首领。”[1] 冯友兰从共相和殊相关系的角度来分析先秦名辩思潮，得出的结论是符合名家思潮的实际的。直到今天人们仍沿用冯友兰的这一说法。

第二，对郭象《庄子注》做出正面的评价。据史籍记载，向秀先于郭象注《庄子》，郭象后来在向秀《庄子注》的基础上，“广而述之”。于是，有一

[1] 冯友兰:《中国哲学史》上册，第 204 页，北京：中华书局，1961。

种观点认为：郭象“为人行薄，以向秀义不传于世，遂窃为己注”。冯友兰以释古的态度看待《庄子注》的著作权问题，为郭象辩诬。根据现存的史籍，冯友兰认为向秀、郭象都曾为《庄子》作注，不存在谁抄袭谁的问题。现在流传下来的郭象《庄子注》，或许吸收了向秀的成果，“实向秀郭象二人之混合作品”[1]。冯友兰的这种看法比较中肯，比较合乎历史事实。

第三，认为程颢、程颐分别为心学和理学的前驱。从前的学者大都认为程颢、程颐两兄弟的哲学思想完全一致，统称为“程门”。冯友兰则不以为然。在考察宋明道学的过程中，他认为二程的思想的形成是宋明道学形成的标志。但二程所讨论的问题一致，见解却不相同。程颢把理看作一种自然的趋势，程颐释理为不增不减、不变不动，为宇宙人事的当然之则和所以然之故，把理看作一种离开宇宙人事独立存在的实体，极为强调形而上者（道）与形而下者（气）的区别；而程颢不多言理离物而独存，不注重形而上者与形而下者的区别。程颢不多谈气，认为人性即得于道，是天赋的；程颐则注重道、气之别，认为事物的形成始于气化，人之才出于气，人之性则得于理。在修养的方法方面，程颢注重内心的主观修养，强调先识理后穷理；程颐则主张格物穷理，强调通过格物，致知穷理。程颐的思想为朱熹所引申发挥，形成了庞大的理学思想体系；程颢的思想则为心学家所继承光大，开心学之先河。他说：“明道（程颢）乃以后心学之先驱，而伊川（程颐）影响乃以后理学之先驱矣。”[2] 这一观点，发前人所未发，确为创见，称得上一家之言。

同任何名著一样，冯友兰著《中国哲学史》取得相当大的成功，也不可避免地会留下一些遗憾。

第一，由于受到新实在论的影响，陷入单数哲学观的误区，对中国哲学的民族性认识不足。冯友兰认为哲学是一种“讲出道理的道理”，看到了哲学的人类性，却忽视了哲学的民族性。按照这种哲学观，仿佛世界上只有一种

[1] 冯友兰：《三松堂全集》第 3 卷，第 118 页，郑州：河南人民出版社，1985。

[2] 冯友兰：《三松堂全集》第 3 卷，第 300 页，郑州：河南人民出版社，1985。

哲学，而这种哲学似乎就是西方哲学史上的柏拉图主义传统。这种哲学观容易造成以西方哲学剪裁中国哲学的误导。金岳霖对冯友兰的这种单数哲学观提出委婉的批评。他在冯友兰著《审查报告》中说："我很赞成冯先生的话，哲学根本是说出一种道理的道理。但我的意见似乎趋于极端，我以为哲学是说出道理来的成见。哲学一定要有所'见'，这个道理冯先生已经说过但何以又要成见呢？哲学中的见，其理论上最根本的部分，或者是假设，或者是信仰；严格地说起来，大都是永远或者暂时不能证明与反证的思想。如果一个思想家一定要等这一部分的思想证明之后，才承认他成立，他就不能有哲学。这不是哲学的特殊情形，无论什么学问，无论什么思想都有，其所以如此者就是论理学不让我们丢圈子。"[1]对于金岳霖的这种复数哲学观，当时冯友兰未做出回应。梁启超也不认同单数哲学观，认为中国哲学有别于西方哲学。他说："中国学问不然，与其说是知识的学问，毋宁说是行为的学问。中国先哲虽不看轻知识，但不以求知识为出发点，亦不以求知识为归宿点。直译的Philosophy，其含义实不适于中国，若勉强借用，只能在上头加个形容词，称为人生哲学。中国哲学以研究人类为出发点，最主要的是人之所以为人之道：怎样才算一个人？人与人相互有什么关系。"[2]对梁启超的观点，冯友兰也未做出回应。冯著两卷本《中国哲学史》，由于过分强调共性，难以充分展现中国哲学的个性，有意无意地把"中国哲学史"写成了"哲学在中国"，是否贴近"客观的中国哲学史"，难免令人生疑。

第二，历史感不强。冯著《中国哲学史》（上册）出版后，远在美国斯坦福大学留学的张荫麟（字素痴）作了评价。他认为哲学史负有两大任务：一是哲学的，要用现代的语言把过去各家的学说，系统地、扼要地予以阐明；一是历史的，要考查各家学说起源，成立的时代，作者的生平，其学说与别家学说的相互影响，其学说与学术以外的环境的相互影响等等。这两种工作，

[1] 金岳霖：《中国哲学史·审查报告二》，见《中国哲学史》下册，附录。

[2]《梁启超哲学思想论文选》，第488页，北京：北京大学出版社，1984。

同等重要。以此标准来看，冯著《中国哲学史》的特长是在对于诸子，用大部分之经传，确曾各下过一番搜译贯穿的苦功而不为成见所囿。他的重述比以前同类的著作精密得多，大体上是不易摇撼的。唯关于历史方面，则未能同样令人满意。冯友兰对此回应说，有历史家的哲学史，有哲学家的哲学史。历史家的哲学史注重“谁是谁”，哲学家的哲学史注重“什么是什么”。《中国哲学史》一书是按照“哲学家的哲学史”的标准来写的，故而对于“哲学”方面，较为注重。其实，即便从书写“哲学家的哲学史”的角度，冯著也存在着历史感不强的问题，因为他没有揭示每个哲学家的问题意识以及问题意识的转换。由于没有抓住中国哲学的基本问题，没有真正把握中国哲学的持续发展过程，整体感也不够强。

第三，选材尺度比较随意，存在着依轻依重的情形。李世繁在《评冯著〈中国哲学史〉》一文指出，通史是说明哲学整个思想演变的情形和因果，故当各派兼述，古今并重。如果说哲学专史的特点是“贵专述”，那么哲学通史的特点则是“贵兼包”。他认为冯著没有贯彻“兼包”的原则，存在着“详古略今”“重古轻今”的情形，以致对各时期的叙述有详有略。例如，叙述上古多至 408 页，叙述明时的哲学只有 29 页，叙述清时的哲学只有 61 页。有的人物叙述很详，有的人物叙述很略，有的人物甚至只字不提。李世繁认为，冯友兰坚持正统标准，乃是造成此种情形的原因：合乎正统标准的哲学家，就多讲；反之，就少讲乃至不讲。冯友兰的回应是，《中国哲学史》系十年前旧作，“其中不合之处甚多。”然而，并非以“正统或非正统”标准，而是以“哲学与非哲学”为标准。例如，王安石、南宋功利派所讨论的问题都不是哲学问题，因而《中国哲学史》不必讲他们的思想。可是，冯友兰难以解释清楚的是：为什么对陆象山、王阳明的哲学叙述极为简略？事实上，他在写《中国哲学史》时，已对理学一派情有独钟，而对心学一派是有所轻视。另外，讲佛学失于肤浅；讲明清时代的哲学失于简略，像王夫之那样的哲学大师，书中亦是轻描淡写地一带而过，等等。此书的确存在着取舍不当的情形，乃是不可掩盖的事实。

第四，学术史的色彩还比较重，使哲学史色彩有些淡化。冯友兰吸收了学案体的长处，也避免不了学案体的短处，绍述古代哲学家的时候往往不是靠理论说话，而是靠史料说话。诚如张荫麟批评的那样，“直用原料的地方太多”，妨碍了理论分析和理论概括的力度。冯友兰自己也承认，《中国哲学史》一书存在着“直用原料而没有消化”的毛病。过多的大段的引文，致使理论阐述不到位，未免混淆哲学史与学术史之间的界限。此书存在着以引证代替论证的情形，讲道理不够透辟，大量的引文也妨碍了行文的流畅，使读者难以理解。

对于上述遗憾，冯友兰自己也有所察觉，故而一生不断地重写，以求臻于完善。尽管两卷本《中国哲学史》存在这样一些遗憾，但瑕不掩瑜。作为中国哲学史从业者撰写的第一部通史，其学术价值不可否认。此书学术影响广泛而深远，至今在海内外仍旧拥有广大的读者群，就是人们认同此书价值的明证。

第三节 横向进路

横向进路就是把中国古代哲学当成完整的断代史，只做综合性研究，不做个案研究，通过专题论述的形式展开中国哲学史的内容。这是一种史论型进路。张岱年著《中国哲学大纲——中国哲学问题史》，采取的就是这种进路。冯友兰是张岱年的妻兄，与冯先生有姻戚关系，两家来往十分密切。张先生受冯先生影响较大，但有同也有异。他特别尊重冯友兰在中国哲学史领域取得的研究成果，曾感叹地说：“1931 年，冯友兰先生的《中国哲学史》上卷，考察之精，论证之细，使我深深敬佩！”[1] 不过，由于哲学学养不同，他

[1]《张岱年全集》第 8 卷，第 504 页，石家庄：河北人民出版社，2007。

还是另辟蹊径，形成自己的学术见解。他晚年在解释自己同冯友兰治学路径之间的区别时，坦言："冯友兰先生是研究中国哲学史，是史；我是研究中国哲学，不是史，是论。"[1]冯先生走的是纵向之路，而张先生走的是横向之路。

一、张岱年的哲学观

张岱年著《中国哲学大纲——中国哲学问题史》是在讲义的基础上写成的。1933 年，张岱年执教于清华大学哲学系，中间一度因故辞职。1936 年，他再次执教清华，开始主讲"中国哲学问题"课程。他一边讲授，一边写书，当年就写完书稿，题为《中国哲学大纲——中国哲学问题史》。1937 年，经冯友兰推荐，将书稿送给商务印书馆。商务印书馆决定出版此书，可惜因抗日战争爆发，无法付梓。1943 年，张岱年在私立北平中国大学任教，将书稿作为讲义印出来，但未公开发行。1948 年商务印书馆再次准备付印出版，无奈因战事吃紧，不得不再次搁置。直到 1958 年，此书才由商务印书馆正式出版，不过此时张岱年已经被打成"右派"，不能公开署名，改署"宇同"著。进入新的历史时期后，1982 年中国社会科学出版社出版新 1 版，书名为《中国哲学大纲（中国哲学问题史）》，署名亦恢复"张岱年著"。

张岱年承认，自己在中国哲学史方面把冯友兰引为同调，但不认为自己在哲学方面也把冯友兰引为同调。他明确表示："我在哲学思想方面，与吾兄申府是同调；在中国哲学史研究方面，则与冯友兰先生是同调。"[2]他不认同冯友兰"哲学是讲出一种道理的道理"的说法，提出自己关于哲学的独到见解。之所以会出现这种变化，同张岱年的学术背景有关。冯友兰于 20 世纪 20 年代在美国接受哲学理论思维训练，直接受西方单数哲学观的影响，过分强调哲学的共同性，而对具体哲学形态的特殊性认识不够。张岱年在 20

[1] 王中江主编：《中国哲学的转化与范式》，第 139 页，郑州：中州古籍出版社，2006。
[2] 王中江主编：《中国哲学的转化与范式》，第 463 页，郑州：中州古籍出版社，2006。

世纪 30 年代在本土接受哲学理论思维训练，虽不能完全摆脱西方哲学观的影响，至少不像冯友兰那么直接。他不再认同单数哲学观，而提出复数哲学观。冯友兰接受的哲学资源，主要是西方正统哲学，对马克思主义哲学虽有所接触，但毕竟知之不深；张岱年接受的哲学资源，除了西方正统哲学，还有马克思主义哲学。由于受到哥哥张申府的影响，他对马克思主义哲学比较熟悉。我们从他撰写的《关于新唯物论》《辩证唯物论的知识论》《辩证唯物论的人生哲学》等文章中可以看出，他学习和研究马克思主义哲学十分下功夫，并且颇有心得体会。他的体会是："新唯物论或辩证唯物论，实为现代最可注意之哲学。"在他看来，马克思主义哲学非但没有排他性，尤具兼容性，完全可以同中国文化传统相结合。这种结合预示着中国哲学的未来走向。他没有通过苏联哲学教科书的渠道接受马克思主义哲学，故而他对马克思主义哲学的理解没有教条主义气味。张岱年晚年曾提出"综合创新"说，主张"打通中西马"，建构中国哲学新形态，其实，他在年轻时代就已着手做这件事情了。

1935 年，他参加关于文化建设的讨论，发表《世界文化与中国文化》《关于中国本位的文化建设》《西化与创造》等一系列文章。他提出这样一些观点：

（1）"既有见于文化之整，亦有见于文化之分；既有见于文化之变，亦有见于文化之常；既有见于文化之异，亦有见于文化之同。"

（2）"在现在中国，全盘接受西洋文化与谋旧文化之复活，同样是死路一条。"

（3）对新哲学唯物论"盲排"和"墨守"皆不可取，那种"凡宗师所已言，概不容批评；宗师所未言及者，不可有所创说"的态度，都是不可取的。

1936 年，他在《哲学上一个可能的综合》中提出"新哲学之纲领"："今后哲学之一个新路，当是将唯物、理想、解析，综合于一。"他强调，新哲学理当体现民族特色，"一种哲学必与其民族的本性相合，乃能深入人心；必能矫正其民族的病态，乃有积极的作用。"

由于哲学学养不同，张岱年树立了一种与冯友兰不同的哲学观。他在《中国哲学大纲·序论》中写道："哲学是研讨宇宙人生之究竟原理及认识此种原理的方法之学问。"[1]本书把胡适的哲学观概称为"意义"说，把冯友兰的哲学观概称为"道理"说，把张岱年的哲学观概称为"学问"说。"学问"说包含以下几层意思。

第一，把"宇宙"和"人生"两个话题联系在一起相提并论，不再把哲学研究的对象仅仅定位于"形而上学"或定位于抽象的本体论。他把宇宙与人生联系在一起，意味着哲学不再以解释世界为主题，而以改造世界为主题。这种看法与马克思在《关于费尔巴哈的提纲》中的表述是一致的。马克思说："哲学家们只是用不同的方式解释世界，而问题在于改造世界。"[2]哲学不能再像以往那样，只关注外在世界，仿佛这个世界与人无关；哲学应当关注属于人的现实世界，包括精神世界。张岱年的哲学观突破了西方正统哲学的视域，不再受抽象本体论话语的限制。这种哲学观以传统哲学中天人合一思路为底色，表达中国哲学家的独到见解，有鲜明的中国特色；也接近马克思主义的哲学观，已经把人和世界之间的关系打通了。

第二，"究竟原理"及其认识方法，都是开放性的话题，需要不断地"研讨"。按照张岱年的看法，迄今为止没有哪个哲学家可以给出终极性结论。以往哲学家只取得阶段性成果，后来的哲学家可以吸收前人的理论思维成果，但不必拘守前人的结论。研讨"究竟原理"及其认识方法常讲常新，应当允许研究者另辟蹊径。张岱年的这种认识，真正抓住了哲学的本质特征。他从发展的视角看待哲学，没有将其视为既定的知识系统。

第三，哲学是"学问"，而不是"道理"。按照"道理"说，哲学被视为一种既定的知识系统，也就是柏拉图所说的理念系统。这种看法在西方比较流行，怀特海甚至认为整部西方哲学史，不外乎是柏拉图理念说的注

---

[1] 张岱年:《中国哲学大纲》，第 1 页，北京：中国社会科学出版社，1982。

[2] 《马克思恩格斯选集》，第 1 卷，第 19 页，北京：人民出版社，1972。

脚。“道理”说虽不排除讲法的多样性，但强调“道理”只有一个，实质上是一种单数的哲学观。张岱年强调哲学乃是“学问”，表达了与“道理”说不同的意向。按照“学问”说，哲学并不是常量，而是变量；不是知识积累而是探索智慧。时代变化了，哲学也随之变化。所以，哲学不能归结为对某种“道理”的诉说。“学问”说与金岳霖提出的“成见”说类似，都属于复数哲学观，都已突破单数哲学观的限制，鼓励人们多角度、多路径地探索智慧。

依据“学问”说，张岱年重新审视哲学的普遍性和特殊性之间的辩证关系。他承认哲学具有普遍性，但不能把普遍性误解为单一性。他说：“我们也可以将哲学看作一个类称，而并非专指西洋哲学。”许多西方哲学家过分夸大哲学的普遍性，错误地将普遍性归结为单一性，强调只有西方人才可以讲哲学，而其他民族皆没有资格讲哲学。例如，海德格尔对此毫不掩饰，认为哲学就是西方人的专利，没有必要在“哲学”前面加上“西方”二字。张岱年破除了这种霸权主义观念，强调哲学绝不是西方人的专利，而是人类的公产。哲学作为“类称”，当然具有普遍性，但这种普遍性要通过各种特殊性体现出来，不可能单独存在。西方哲学只是一种特殊的哲学理论形态，不能将其等同于哲学的普遍性。他不承认西方哲学的话语霸权，强调哲学话语权的开放性，强调哲学理论形态的多样性，从而为他研究中国哲学找到了新的理论依据，不再唯西方哲学马首是瞻。

从“学问”说出发，张岱年找到了建设中国哲学史学科的充分理由。从哲学的特殊性来看，哲学的讲法是多，而不是一。西方哲学是一种特殊哲学，中国哲学也是一种特殊哲学，二者之间具有相似性，但不具有相同性。不能说西方哲学是哲学，中国哲学不是哲学。“有一类学问，其一特例是西洋哲学，这一类学问之总名是哲学。如此，凡与西洋哲学有相似点，而可归入此类者，都可以叫作哲学。以此意义看哲学，这中国旧日关于宇宙人生的那些思想理论，便非不可名为哲学。中国哲学与西洋哲学在根本态度上未必同；然而在问题及对象上及其在诸学术中的位置上，则与西洋哲学颇为相当。”[1]尽管在中国学术史没有出现“哲学”这一术语，但不妨碍中国哲学在事实上成为一种有特色的哲学理论形态。先秦时所说的“学”相当于古希腊人所说的“哲学”；先秦的诸子学、道学、义理之学、理学等，都是中国哲学的表达方式。张岱年提出“哲学类称”说，比冯友兰的看法更为明确，也更为深刻。冯友兰认为，研究中国哲学史就是将中国历史上各种学问用西方的哲学用语表述出来，容易使人产生误解，仿佛研究中国哲学史就是以西方哲学为尺度来剪裁中国哲学。张岱年把冯友兰在理论上的漏洞补上了：研究中国哲学史，并非以“西方所谓哲学名之者”为准则，而是以“哲学类称”为准则。

按照张岱年的看法，“中国哲学”是“中国系的一般哲学”。这个“一般”既相对于西方哲学而言，也相对于印度哲学而言。黑格尔在《哲学史讲演录》中把哲学形态区分为西方、印度、中国三种，张岱年表示认同。他认为“中国人的哲学”，不等于“中国系的哲学”：“中国人的哲学”包含从印度传入的佛教；而“中国系的哲学”不包含佛教。这个“一般”还相对于具体的哲学分支而言，美术哲学、历史哲学、政治哲学皆不在此范围内。张岱年把中国化的佛教排除在“中国哲学”之外，值得商榷。在佛教传入中国以后，中国哲学没有佛教化，而是佛教实现了中国化，已经成为讲中国哲学不可或缺的思想资源。将其排除在外，似乎不妥。他有见于各种哲学理论形态的特殊性，而对各种形态之间的交流性似乎认识不足。刻意把“中国人的哲学”同“中国系哲学”区别开来，似乎没有必要，因为“中国系哲学”不可能脱离“中国人的哲学”单独存在，也没有一成不变的“中国系哲学”。“中国系哲学”是变量，不是常量。同为“中国系哲学”，有未受佛教影响的先秦哲学，也有受到佛教影响的宋明理学，二者之间的差异很大。

[1] 张岱年：《中国哲学大纲》，第2页，北京：中国社会科学出版社，1982。

二、中国哲学特色论

张岱年认为中国哲学史有别于学术史，前者的特色是坚持用哲学思维方式诠释学术史。在这一点上，他把胡适和冯友兰皆引为同调。不过，由于哲学观不同，他并不完全认同胡适和冯友兰的观点，而擅于独立思考，提出许多创新性见解。他从“学问”说出发，形成关于中国哲学的宏观认识。他不再把中国哲学区分为“子学”时代和“经学”时代，强调中国哲学理论系统的完整性。

张岱年把中国哲学史划分为五个发展阶段。第一个阶段是先秦时期。同胡适、冯友兰一样，他对这一阶段的中国哲学理论思维水平评价甚高，认为完全可以同古希腊哲学相媲美。“中国的哲学，以周秦哲学为最宏伟，创造力最雄厚，内容最丰富，为以后的哲学所不及。”他在综论中国哲学的时候，大部分材料取自先秦典籍。第二个阶段是汉代。他认同冯友兰的看法，认为“汉代实也可以说并无纯粹的哲学”，哲学已被淹没在经学之中。他不认同胡适的“中绝”说，认为汉代哲学虽不及先秦，但毕竟继承了传统，没有使传统中断。第三个阶段是魏晋时期。中国哲学发展走出低谷，有新的起色，不过“魏晋玄学则未有充分的发展，”如彗星划过，成为一件憾事。第四个阶段是宋明时期，中国哲学进入成熟期。“后来比较成熟的只是宋明道学，然不及周秦哲学之丰富活泼。”他对宋明道学的评价虽然没有先秦高，但予以比较充分的肯定，认为其不失为中国哲学的高峰。由于他把佛教排除在中国哲学之外，故而未看到宋明道学之所以达到高峰，同吸收佛教的理论思维成果有直接的关系。张岱年在综论中国哲学时，所引用的思想材料，除了先秦，属宋明理学为最多。第五个阶段是清代初年。“清代王船山颜习斋戴东原表示新的倾向，足以为现代思想之前驱。”冯友兰对清代哲学评价不高，认为清初学者标榜新汉学，热衷考据，对哲学发展贡献不大。张岱年不认同冯友兰的看法，认为王夫之、颜元、戴震皆有新见解，并且预示着中国哲学发展的新动向。

冯友兰基于“道理”说，比较看重中西哲学的共性，而对中国哲学的特殊性关注不够。这种偏向在张岱年那里得到纠正。他基于“学问”说，认为中国哲学在根本态度上有别于西方哲学和印度哲学。只有弄清楚这一点，才能抓住中国古代哲学的特色。他把中国古代哲学特色概括为以下六条。

（一）合知行

张岱年认为中国哲学属于实践型哲学，同西方的思辨型哲学不一样。“中国哲学在本质上是知行合一的。思想学说与生活实践，融成一片。中国哲人研究宇宙人生的大问题，常从生活实践出发，以反省自己的身心实践为入手处；最后又归于实践，将理论在实践上加以验证。即是，先在身心经验上切己体察，而得到一种了悟；了悟所至，又验之以实践。要之，学说乃以生活行动为归依。”由于中国哲学属于实践型，而非思辨型，故而问题意识与思辨哲学相比较亦有区别。例如，中国哲学不像西方哲学那样关注知识是如何形成的问题，而特别关注知行关系问题。在张岱年看来，知行合一的命题，虽出于王阳明之口，但也可以说代表了大多数中国哲学家的共识。他在广义上使用知行合一术语，赋予其现代哲学的意涵，即理论与实践统一。

张岱年以孔子、孟子、荀子、惠施、庄子、周敦颐、程颐、张载为例证，认为“中国哲学中有许多名词与理论，都有其实践的意义；离开实践，便无意义。想了解其意义，必须在实践上下功夫，在生活上用心体察。”[1] 他注意到，中国哲学的“实践”，与辩证唯物论所说的“社会实践”，不完全是一个意思，主要是指个人日常活动，对实践的社会性重视程度不够。不过，他没有像教条主义者那样，把中国哲学的实践观同辩证唯物论的实践观截然对立起来，并不排除二者之间有融会贯通的可能性。

张岱年以合知行概括中国哲学重实践特点，认为这种特点表现在知识论

[1] 张岱年:《中国哲学大纲》，第 5 页，北京：中国社会科学出版社，1982。

态度上，便形成中国哲学家特有的进路，那就是“在方法上更极注重道德的修养，以涵养为致知之道。”“中国哲人，都以为欲求真知，须有一种特殊的修养。穷究宇宙人生的真际，要先在德行实践上作工夫。”[1]正是因为中国哲学有合知行、重修养的特点，所以研究中国哲学也必须贯彻实事求是原则，而不能把研究思辨哲学的方法，简单地套用到中国哲学上，也不能用西方哲学家的眼光看待中国哲学家。

（二）一天人

由于中国哲学具有实践哲学的特点，故而在哲学思维方式上也独具一格。“中国哲学有一个根本观念，即‘天人合一’。认为天人本来合一，而人生最高理想，是自觉地达到天人合一之境界。物我本属一体，内外原无判隔。但为私欲所昏蔽，妄分彼此。应该去此昏蔽，而得到天人一体之自觉。中国大部分哲学家认为天是人的根本，又是人的理想；自然的规律，亦即当然的准衡。而天人之间的联系者，多数哲学家认为即是性，人受性于天，而人的理想即在于尽性；性即本根，亦即道德原则，而道德原则乃出于本根。”[2]中国哲学思维方式有别于佛教，并不否认此岸世界的真实性，不预设超越的彼岸世界。中国哲学也有别于西方哲学，不刻意区分本体界和现象界，没有那种“本体真而不实，现象实而不真”的观念。在中国哲学视域中，世界只有一个。这个世界不是纯粹的外在世界，而是与人相关的世界。人与世界同在，故而主张天人合一。

在中国哲学视域中，人天本属一体，物我本属一体，世界只有一个，不能将其二重化为彼岸与此岸或本体与现象。“天人既无二，于是亦不必分别我与非我。我与非我原是一体，不必且不应将我与非我分开。于是内外之对立

[1] 张岱年:《中国哲学大纲》，第 6 页，北京：中国社会科学出版社，1982。

[2] 张岱年:《中国哲学大纲》，第 6—7 页，北京：中国社会科学出版社，1982。

消弭，而人与自然，融为一片。西洋人研究宇宙，是将宇宙视为外在而研究之；中国人则不认宇宙为外在的，而认为宇宙本根与心性相通，研究宇宙亦即研究自己。”[1]西方哲学从自然哲学的视角看宇宙，探究自然的奥秘，把主体与客体区别开来，选择分析的进路；中国哲学从人生哲学的视角看宇宙，讲究合内外之道，选择综合的进路。按照这种进路，人在认识自然的同时，也在认识人自己；人认识自己的同时，也在认识自然：两者无法分开。人只能以属于人的宇宙为思考的对象，不能以不属于人的、“纯客观”的外在宇宙为思考的对象。有人认为，以“主客二分”为特征的西方哲学思维方式，高于以“天人一体”为特征的中国哲学思维方式，张岱年对此表示反对。在他看来，“一天人”可以说是中国哲学的特点，但不能说是中国哲学的缺点。对于两种不同哲学思维方式来说，不存在孰高孰低的问题。

（三）同真善

从实践哲学的视角看，本真与至善是同一的，存在本体与价值本体是分不开的。“中国哲人认为真理即是至善，求真乃即求善。真善非二，至真的道理即是至善的准则。即真即善，即善即真。从不离开善而求真，并认为离开求善而专求真，结果只能得妄，不能得真。为求知而求知的态度，在中国哲学家甚为少有。中国思想家总认为致知与修养乃不可分；宇宙真际的探求，与人生至善的达到，是一事之两面。穷理即是尽性，崇德亦即致知。”在西方哲学中，求真与求善是两个话题，哲学可以单独讲究“爱智”，讲究求真，而不必与求善相关联。在西方，有“哲学起于好奇”的说法。在中国哲学中，研究哲学的目的在于“问道”。“道兼赅真善：道是宇宙之基本大法，而亦是人生之至善准则。求道是求真，同时亦是求善。真善是不可分的。”中国哲学强调善与真的一致性，既有工具理性的诉求，也有价值理性的诉求，不把二

[1] 张岱年:《中国哲学大纲》，第 7 页，北京：中国社会科学出版社，1982。

者割裂开来。

以上是张岱年所概括的中国哲学三个主要特点。除此之外，他认为中国哲学还有下面三个表现。

（四）重人生而不重知论

中国哲学把人生论同知识论合在一起讲，但重点放在人生论方面。“中国哲人，因思想理论以生活实践为归依，所以特别注重人生实相之探究，生活准则之论究。”[1]在天人合一的哲学思维框架中，由于没有把主观与客观割裂开来，不会像西方哲学那样关注主客观之间的关系问题，没有形成西方哲学中那种知识论话语。不过，也不能说中国哲学完全不涉及知识论和方法论。关于事实之知何以可能的问题，中国哲人很少讨论；而关于价值之知何以可能的问题，则有精深探讨。研究中国哲学时，要抓住这一特点，不能简单地套用西方哲学的阐释方式。必须从中国哲学的实际出发，研究中国古代哲学家是如何把人生论同知识论结合在一起的，研究这种哲学思维方式有什么现代意义。

（五）重了悟而不重论证

同中国哲学不重视知识论研讨相关，“中国哲学不注重形式上的细密论证，亦无形式上的条理系统。”“中国哲学只重生活上的实证，或内心之神秘的冥证，而不注重逻辑的论证。”[2]中国哲学家往往直抒心意，写出所悟所见，并不作系统的逻辑论证。西方哲学家往往以系统的方式表达自己的哲学观点；而中国哲学家往往以非系统的方式表达自己的哲学观点。西方人的哲学论著有形式上的系统；而中国哲学家的哲学论著没有形式上的系统，常常是思想

[1] 张岱年：《中国哲学大纲》，第 8 页，北京：中国社会科学出版社，1982。

[2] 张岱年：《中国哲学大纲》，第 7 页，北京：中国社会科学出版社，1982。

片段的汇集。他同意冯友兰的看法，即中国哲学缺少形式上的系统，并不等于说没有实质上的系统。对于系统论证，中国哲人“非不能也，系不为也”。他们不认为烦琐的论证有多么必要，反而以之为赘疣。由于中国哲学有这种特点，对于研究者来说，提出了更高的要求。研究者要善于用现代人的方式，把古人实质上的系统表述出来，把被古人跳过的逻辑环节揭示出来，把古人没讲清楚的意思诠释出来。

（六）既非依附科学亦不依附宗教

以重实践、合知行、一天人、同真善为特色的中国哲学，贯彻“以人为本”的原则，在类型上属于人生哲学，既有别于宗教哲学，也有别于自然哲学。宗教哲学贯彻“以彼岸为本”的原则，依附于宗教。“印度哲学是与宗教不分的，西洋中世纪哲学是宗教的奴婢，既在近世哲学中，亦多有以证明上帝存在为一重要课题的。”在中国古代，宗教不发达，没有占据意识形态的主流。早在公元前 5 世纪，也就是春秋末年，无神论思潮兴起，便把原始宗教的堤坝冲垮了，哲学逐渐取代其在中国人精神世界中的位置。在西方和印度，都从原始宗教中蒸馏出一神教，在中国则没有走这一步。东汉以后佛教传入中国，本土的道教也发展起来，二者皆有相当的影响力，但都没有能够超过中国哲学。宋明理学问世后，佛道二教已经被中国哲学消解了，没有成为意识形态的主流。中国哲学从来没有成为宗教的婢女，“从无以证明神的存在为务者”，始终保持独立发展的态势，指导着中国人精神世界的搭建。自然哲学贯彻“以自然为本”的原则，同科学关系密切。中国哲学讲究“天人合一”，不以解释自然为主题，“所以根据科学研究以成立哲学系统的情形，在以前的中国亦是没有。”在西方，哲学与科学的关系密切，科学上出现重大发现，哲学也随之发生重大变化。而在中国不会出现这种情况。中国历史上曾出现许多科学技术发明，但对中国哲学思维影响很小，甚至可以忽略不计。

在现代中国，大多数新式学者比较看重中国哲学的人类性，而遮蔽了中国哲学的民族性。梁启超虽然看到了中国哲学的民族性，认为人生哲学是中国哲学的特色，因而有别于西方哲学，但他没有展开来加以论述。展开论述中国哲学特色的学者，恐怕张岱年是第一人。在中国哲学史学科发展的进程中，胡适和冯友兰比较关注“哲学在中国”的话题，打破了“哲学只在西方，别无分店”的谬见。在此基础上，张岱年又向前走了一步，开辟出“何谓中国哲学的特点”的新话题。对于上述关于中国哲学特点的六点概括，张岱年本人并不满意。他在《附注》中表示：“中国哲学的特点是一个比较艰深的问题。此处所论，简而未晰，今后当另撰文论述。”[1]令人遗憾的是，自20世纪50年代以来，教条主义盛行，张岱年被打成“右派”，无法继续从事关于中国哲学特点的研究。在教条主义把持话语权的年代，不但不容许张岱年关注中国哲学的特点，也不容许其他研究者关注这个问题，于是，集体编写的《中国哲学史》教材根本就没有中国气味可言，出现讲中国哲学史而中国不到位的情形。张岱年开辟出的新话题竟被搁置了几十年。直到进入改革开放的新时期，这种情形才有所扭转。不过，这依然是中国哲学史研究的薄弱环节。如果抓不住中国哲学的特色，显然无法写出名副其实的中国哲学史。

三、四条新论

依据“学问”说，张岱年把中国哲学研究的重心由关注普遍性转到关注特殊性。他沿着“从内容出方法”之路，提出关于内在方法新见解。胡适把内在方法概括为明变、求因、评判三条原则，我概称之为“胡三条”；冯友兰在此基础上，归纳出钻研西洋哲学、搜集哲学史料、详密规划迹团、探索时代背景、审查哲人身世、评述哲人哲学等六条做法，我称之为“冯六条”；张岱年在此基础上，强调四条最重要，我称之为“张四条”。

[1]　张岱年：《中国哲学大纲・自序》，第9页，北京：中国社会科学出版社，1982。

（一）审其基本倾向

张岱年看重的第一条方法叫作概观法。他认为，中国哲学史从业者首先应当树立一种总体观，从大局着眼，紧紧抓住总体特征，做出综合判断。只有把握住大局，才能按照从总体到具体的进路，步步深入，全幅展现中国哲学的丰富内涵。

从宏观上说，“审其基本倾向”是指把握住中国哲学某方面的总体特征。例如，在宇宙论方面，中国哲学选择的思路同西方哲学选择的思路不一样，“如不知道中国哲学不作非实在的现象与在现象背后的实在之别，便不能了解中国哲学中的宇宙论。”在人生论方面，中国哲学选择的思路同西方哲学选择的思路也不一样，“不知道中国大部分哲学家以天人合一为基本观点，则不会了解中国的人生论。”[1]换句话说，“审其基本倾向”就是从中国哲学的实际出发，而不是用外来的范式剪裁、曲解中国哲学史。对于从业者来说，这条方法十分重要。从业者如果不先对中国哲学的基本倾向有充分的了解，便不会对每个哲学家的学说有深刻的了解。要做到这一条并非易事，因为基本倾向往往只是哲学家默认的共识，并不做系统的表述，因而很难辨别，需要从业者具备很强的理论思维能力。

从微观上说，“审其基本倾向”是指把握住某个学派或人物的总体特征。由于受辩证唯物论影响比较深，张岱年采用定性的方法研究思潮和人物。他把宋至清时期的中国哲学，概括为三大思潮：罗钦顺、王廷相、王夫之、颜元、戴震一脉相承，皆属于唯气论（或称唯物论）思潮；陆九渊、杨简、陈献章、王阳明一脉相承，皆属于主观唯心论思潮；程颐、朱熹一脉相承，属于唯理论思潮。至于哲学家的类型，可以划分为主流派和非主流派。他特别注意挖掘那些非主流的哲学家，对王充、张载、王夫之、颜元、戴震等人，

[1] 张岱年：《中国哲学大纲 · 自序》，第 18 页，北京：中国社会科学出版社，1982。

皆做了重点绍述。《中国哲学大纲》涉及哲学家有112位，但并非一一论及，而把重点放在代表性人物身上。他把37位哲学家列为重点。他接受辩证唯物主义观念，对一些哲学家做了唯物论或唯心论的区别，但并没有给所有的哲学家都戴上帽子，也没有刻意强调“两军对战”。他没有像教条主义者那样，把唯心论和唯物论截然对立起来，也没有全盘否认唯心论者的学术价值。他不否认“两军”，不否认唯物论与唯心论之间的区别，但不认为二者之间一定构成“对战”关系，并非闹得你死我活不可。

（二）析其辞命意谓

张岱年看重的第二条方法叫作解析法。上一条讲的是如何从大处着眼，这一条讲的是如何从小处入手。“审其基本倾向”有如画家打轮廓，“析其辞命意谓”有如画家一笔一笔地精描细画。哲学史由命题与范畴构成，对其意涵必须讲清楚。“对于过去哲学中的根本概念之确切意谓，更须加以精密的解析。”“对于中国哲学之根本观念之意谓加以解析，这可以说是解析法（Analytic Method）在中国哲学上的应用。”[1]研究中国哲学不能拘泥先哲的某些言论，更重要的是要挖掘其中的道理。从业者不是报道先哲说了些什么话，还必须讲清楚先哲为什么如此说。因此从业者离不开解析法。中国哲学的讲法言简意赅，其中一些术语各家的用法差异很大。比如同样一个“道”字，老庄、程朱、张载、戴震赋予其不同意涵；同样一个“性”字，在孟子、荀子、张载、二程的著作中，意思并不一样；至于“神”字，并非都指鬼神，讲“神”的哲学家，未必就是有神论者。从业者必须结合具体语境，把基本概念的内涵搞清楚。

张岱年研究中国哲学数十年，可谓是运用解析法的高手。1933年，他在《谭理》一文中，对中国哲学中“理”的意涵做了细密的解析，认为包含形

[1] 张岱年：《中国哲学大纲》，第19页，北京：中国社会科学出版社，1982。

式、规律、秩序、所以、当然等五层意思。对于“天人合一”这个命题，他做了这样的解析：

> 中国哲学中所谓天人合一，有二意谓：一天人本来合一，二天人应归合一。天人关系论中之所谓天人合一，乃谓天人本来合一。关于天人本来合一，有二说：一天人相通，二天人相类。所谓天人相通，如解析之，其意义可分为两层。第一层意义，是认为天人不是相对待之二物，而乃以息息相通之整体，其间实无判隔。第二层意义，是认为天是人伦道德之本原，人伦道德原出于天。

他条分缕析，娓娓道来，把诸多意谓讲得明明白白，可以称得上是运用解析法的范例。讲哲学史不同于讲学术史。讲学术史只陈述事实，绍述古人的原话；讲哲学史必须采用哲学解析法，把古人要讲的道理挖掘出来，以便为现今的人所受用。

（三）察其条理系统

张岱年看重的第三条方法是“察其条理系统”，简称为系统法。张岱年认同冯友兰的观点，也认为中国哲学虽没有“形式上的系统”，但有“实质上的系统”。有无“形式上的系统”，可以说是中西哲学的差别之所在；但绝不能以西方哲学为标准衡量中国哲学，武断得出“中国没有哲学”的结论；也不能用西方哲学家研究模式剪裁中国哲学。“求中国哲学系统，又最忌以西洋哲学的模式，而应当细心考察中国哲学之固有脉络。”绝不能抓住中国哲学没有“形式上的系统”这一点，否定“中国哲学合法性”。

研究中国哲学的目的，就是把“实质上的系统”揭示出来。张岱年把“实质上的系统”分为两种，一种是“中国哲学之整个系统”，另一个是“每一个哲学家之系统”。相比较而言，解释前者更为重要，故张岱年把前者当作

《中国哲学大纲》一书的主要任务。我觉得，从宏观入手恐怕是张岱年研究中国哲学史的第一步。至于第二步，他将深入研究思潮，研究个案，全幅展开中国哲学史画面。可惜，历史没有给他这样的机会。他蒙冤后被迫离开中国哲学史事业，已失掉话语权。

（四）辨其发展源流

除了概观法、解析法、系统法，张岱年看重的第四条方法就是辩证法。他强调，每种学说或每位哲学家，都不是孤立的点，因此应当用发展的观点、普遍联系的观点、对立转化的观点考察中国哲学的动态画面。“发展或历史的观点，是永远有用的；想深切了解一个学说，必须了解其发展历程，考察其原始与流变。而在发展历程之考察中，尤应注意对立者之互转，概念意谓之变迁与转移，分解与融合；问题之发生与发展，起伏及消长；学说之发展与演变，在发展中，相反学说之对转，即学说由演变而转入于相反：这都是应注意审勘的。考察概念学说之发展与其对立互转，这可以说是辩证法（Dialectical Method）在中国哲学研究上之应用。”[1]

张岱年运用辩证法研究中国哲学，形成深刻而独到的见解。他在《中国哲学大纲》的结论中，综论“中国哲学中之活的与死的”，既不对中国哲学做全盘的肯定，也不做全盘的否定，可以说是运用辩证法的范例。他认为，中国哲学中有“活的因素”，即仍具正面价值的积极因素，值得进一步发扬光大。这种因素被他概括为六点：第一，中国哲学不以实幻讲本根与事物之别，没有“自然二分法”的弊端。第二，中国哲学认为整个宇宙是一个生生不息无尽无穷的变易历程，同时承认变易与条理密不可分。第三，中国哲学认为反复两一是客观世界的规律，是自然固有的天理。第四，中国哲学的最大贡献在于宣示人生理想论和人我和谐之道。第五，中国哲学最注重学说与行为

[1] 张岱年:《中国哲学大纲》，第 19 页，北京：中国社会科学出版社，1982。

的一致性，要求在日常生活中表现真理。第六，中国哲学中的致知论笃实可贵，直截了当地承认物之外在与物之可知。这六条都是新中国哲学的生长点，故而被张岱年称为“活的”。所谓“活的”，意思就是在未来的中国哲学中将进一步发扬光大，有恒常的生命力。

至于中国哲学中“死的因素”，即负面的消极因素，也被他概括为六点：第一，中国哲学中的宇宙论颇有尚无薄有的倾向；第二，中国的人生思想有崇天忘人的倾向；第三，中国的人生思想有重内遗外的大病；第四，中国的人生思想有不重视生命力或活力的充实与发挥；第五，中国的人生思想不注意人群的整体性；第六，中国的人生思想有轻视知识的倾向。这些“死的”因素表明旧日哲学也有不足之处，乃是传统社会形态留下的阴影；而如今社会形态已经发生变迁，自然应当予以纠正。

由上述可见，胡适、冯友兰、张岱年都沿着方法来自内容方向前行，大方向没有错。他们关于内在方法的探索逐步加深，给我们留下宝贵遗产。其中“冯六条”超过了“胡三条”，“张四条”超过了“冯六条”。在他们的共同努力下，成功地写出中国哲学史学科建设的开篇。

四、解释框架

张岱年对中国哲学史学科建设的最大贡献，在于他创立了一种中国哲学的解释框架。蔡元培认为，作为独立学科的哲学，围绕着世界观、人生观、知识论三个话题展开；冯友兰也认为，哲学学科由宇宙论、人生论、知识论三部分组成。张岱年接受了他们的看法，认为这表达了哲学的普遍性，并非西方哲学的特殊性。梳理西方哲学，可以从这三个角度切入；梳理中国哲学，也可以从这三个角度切入。中西哲学的话题可以有相似性，但讲法却存在着差异性，这是研究中国哲学所不能忽视的。张岱年立足于相似性与差异性统一的原则，或者人类性与民族性统一的原则，创造出一套适用于中国哲学的解释框架。

（一）宇宙论

这是《中国哲学大纲》的第一部分，由《引端：中国宇宙论之发生》以及另外两篇构成。第一篇《本根论》，相当于西方哲学中的本体论，由《引论：中国宇宙论之发生》《本根论综论》以及第一章《中国本根论之基本倾向》、第二章《道论》、第三章《太极阴阳论》、第四章《气论一》、第五章《理气论》、第六章《唯心论》、第七章《气论二》、第八章《多元论》等八章组成。张岱年没有使用“本体”一词，别出心裁地从《庄子》一书中找到“本根”一词。本根论与本体论相似，但不相同。在西方哲学中，“本体”真而不实，仿佛在万物之外；在中国哲学中，“本根”既真且实，与万物同在，有如树干、树根与树枝树叶同在。本根虽不是万物之中任何一物，但不能脱离万物单独存在。关于中国哲学中的本根论，张岱年强调有三个特点：“一，不以唯一实在言本根，不以实幻说本根与事物之区别。二，本根是超乎形的，必非有形之物，而寻求本根不可向形色中求。三，本根与事物有别而不相离，本根与事物之关系非背后实在与表面假象之关系，而乃是原流根枝之关系。”[1]在中国哲学中，没有西方哲学或印度哲学中的那种外在本体论观念，没有把宇宙二重化，始终认定宇宙只有一个，本根与万物不二。由此来看，本根论与本体论虽有相似性，但并不能完全画等号。

第一篇《本根论》是关于宇宙的总体性思考，而第二篇《道论》则是关于宇宙的动态性思考。第二篇由第一章《变易与常则》、第二章《反复》、第三章《两一》、第四章《大化性质》、第五章《始终、有无》、第六章《坚白、同异》、补录《形神问题简述》《大化论综论》组成。中国哲学树立了一种动态、有机的宇宙观，有一种根本的、一致的倾向，就是认为宇宙一切都在变易之中，变化是根本事实，故而称之为“大化”。中国哲学家没有像某些西方

[1] 张岱年：《中国哲学大纲》，第 16 页，北京：中国社会科学出版社，1982。

或印度哲学家那样，认为变动是虚幻的，从不怀疑变动的真实性。

在这一篇里，张岱年介绍了中国哲学关于变易与常则关系问题、大化的动因问题、两一关系问题、大化是否有始终的问题、有无关系问题、坚白同异关系问题、形神关系问题研讨的情况，并且与西方哲学做了比较研究。他得出三个结论：第一，有些西方哲学家认为变动是假象；而中国哲学家认为，变易本身就是实在。第二，中国哲学中反复两一理论与西方哲学中的辩证法相似，但没有像某些西方哲学家那样将其倒置。第三，“在西洋哲学，大化论之中心问题是目的论与机械论之争。在中国既无纯粹的目的论，亦无纯粹的机械论。……最发达的是一种非机械的自然论，即神化论。”[1]

（二）人生论

这是《中国哲学大纲》的第二部分，由《引端：人生论在中国哲学中之位置》以及另外四篇构成。张岱年认为，中国哲学通常把宇宙论与人生论合在一起讲，并且以人生论为主题。总体思路是：先讲宇宙的普遍道理，接着讲宇宙与人生的关系或天与人的关系，然后论及人的本性，最后谈到人生的最高理想。第一篇《天人关系论》由第一章《人在宇宙中之位置》、第二章《天人合一》、补录《天人有分与天人相胜》《天人关系论综论》组成。这一篇首先涉及人在宇宙中是否具有特殊地位的问题。对此，少数中国哲学家表示否定，多数中国哲学家表示肯定，“天地之性人为贵”的说法，得到普遍的认同。由于肯定人在宇宙中的特殊地位，进而形成有中国特色的、主流的天人合一说。“中国哲学中之天人关系论中所谓天人合一，有二意义：一天人相通，二天人相类。”[2]张岱年认为，“天人相通”强调天道乃是人伦道德的根源，具有合理性，也具有局限性；而“天人相类”则是一种牵强附会的思想。对

[1] 张岱年：《中国哲学大纲·自序》，第 162 页，北京：中国社会科学出版社，1982。

[2] 张岱年：《中国哲学大纲·自序》，第 171 页，北京：中国社会科学出版社，1982。

于非主流派提出的天人关系论，他也做了简要的绍述。

第二篇《人性论》由第一章《性善与性恶》、第二章《性无不善与性超善恶》、第三章《性有善有恶与性三品》、第四章《性两元论与性一元论》、第五章《心之诸说》《人性论综论》组成。张岱年指出，所谓人性乃是人对人自身的认识。这种认识受到时代的限制，受到哲学家学术立场的限制，不可能达成共识。在先秦时代，出现性善、性恶、性无善恶、性超善恶、性有善有不善、有性善有性不善等各种观点；西汉学者多主性有善有恶论；从东汉到唐代，性三品说比较流行；北宋以后，性两元论掌控主流话语，并且深入研讨了性与心之间的关系问题；到明清两代，有些学者试图推翻性两元论的话语权，提出性一元论与之抗衡。张岱年认为，古人在讨论人性论时，似乎过于重视修养、教育、政治等具体问题，对人性的内涵反而认识得不到位。在他看来，人性的内涵应当包括以下三条：一是生而自然的生理性征；二是人之所以为人而有别于兽性的本质性征；三是证成人生之究竟的根据。

第三篇《人生理想论》由简引《人道与人生理想》、第一章《仁》、第二章《兼爱》、第三章《无为》、第四章《有为》、第五章《诚及与天为一》、第六章《与理为一》、第七章《明心》、第八章《践形》《人生理想论综论》组成。上一篇是关于人性的实然考察，这一篇是关于人格的应然构想。中国哲学家关于人性的看法不一致，关于理想人格的构想也不一致。张岱年把中国哲学中的人生理想论归纳为九说：仁说、兼爱说、无为说、有为说、诚说、与天为一说、与理为一说、明心说、践行说。仁说最早由孔子提出，主张“泛爱众”；墨子把仁说推向极端，提出兼爱说；道家批评儒墨两家，主张顺其自然，倡导无为说；由对无为说的批评中，反弹出有为说；作为无为说和有为说的合题，便形成诚说（或称与天为一说）；由诚说演化出与理为一说和明心说，以穷理尽性为趣旨；最后出现践形说，以经世致用为趣旨。

第四篇《人生问题论》由简引《人生问题》、第一章《义与利》、第二章《命与非命》、第三章《兼与独》、第四章《自然与人为》、第五章《损与益》、第六章《动与静》、第七章《欲与理》、第八章《情与无情》、第九章《人死与不朽》、补录《志功问题简述》《人生问题论综论》组成。前三篇探讨人生论中的宏观话题，后一篇探讨人生论中的具体问题。张岱年把人生问题概括为九点，即义和利的问题、命的问题、兼与独的问题、自然与人为的问题、损与益的问题、动与静的问题、欲的问题、情的问题、死与不朽的问题。他发现了一个有趣的现象：在前八个问题中，皆形成三种观点，其中有两种趋于极端，有一种取乎中道。例如，在关于兼与独的问题上，杨朱讲为我，偏于独；墨子讲为天下，偏于兼；而儒家主张“穷则独善其身，达则兼济天下”，取法乎中道。他对中道的观点表示认同，认为“王船山，颜习斋，戴东原的学说可以说是比较精湛，比较切合实际的。”[1]

（三）致知论

这是《中国哲学大纲》的第三部分，由《引端：中国哲学中之致知论》以及另外两篇构成。这部分相当于西方哲学中的知识论，但与之又有区别，故而张岱年没有使用“知识论”“方法论”之类常用的术语，利用《大学》提供的资源，创造出“致知论”这一中国哲学特有的术语。他承认，中国哲学的确没有把研究重点放在知识问题上，但不能认为中国哲学完全不讲知识论和方法论。

第一篇《知论》由第一章《知之性质与来源》、第二章《知之可能与限度》、第三章《真知》《知论综论》组成。关于知识的性质，大多数中国哲学家认为所知先于能知、客观先于主观。至于知识的来源，在中国哲学中约有三说：一知由感官而来，二知由内心自发，三感官是知的一源，知还有别的来源。“三说虽异，而皆认为知与行有密切关系，此实中国哲学之基本倾向。”[2]有些哲学家认为知识存在限度，但没有形成西方哲学中那种不可知论。

---

[1] 张岱年:《中国哲学大纲》，第 494 页，北京：中国社会科学出版社，1982。

[2] 张岱年:《中国哲学大纲》，第 497 页，北京：中国社会科学出版社，1982。

至于检验真知的方法，则有墨子“三表法”、荀子“解蔽”说、韩非子“参验”说、王充“效验”说、张载“共见共闻”说等理论的提出。

第二篇《方法论》由第一章《一般方法论》、第二章《名与辩》《方法论综论》组成。张岱年把中国哲学家使用的方法归纳为六种：一是验行，以墨子、颜元为代表；二是体道，以老子、庄子为代表；三是析物，以惠施、公孙龙为代表；四是体物或穷理，以荀子、张载、朱熹为代表；五是尽心，以孟子、陆九渊、王阳明为代表；六是两一或辩证，以老子、庄子、张载为代表。这些方法有时单用，有时联用。中国哲学方法论有两个特点：一是注重致知与道德修养的关联，甚至认为二者为一事；二是比较注重直觉的作用。真知是否可以用名言来表达呢？道家持否定态度，儒家和墨家持肯定态度，并且对名辩理论做了深入的探讨。名家对于名辩理论也颇有贡献。

五、进展与遗憾

在中国哲学史学科初建阶段，张岱年和胡适、冯友兰一样，都是大师级的专家。胡适可以说是学科建设的开创者和内在方法的开启者，冯友兰可以说是学科建设的奠基者和内在方法的践行者，而张岱年可以说是学科建设的推动者和内在方法的深化者。张岱年的突出贡献，有以下几点。

第一，对哲学学科性质有了更深刻的认识。胡适对哲学学科性质的认识，有些片面。他给哲学下的定义偏重人生观，对于世界观不够重视。我把他的哲学观简称为“意义”说。冯友兰对哲学认识比胡适要全面一些，重视对宇宙观的研究，重视形而上的追问。他的说法是：“哲学是说出或写出之道理。”这个道理有抽象性，“只对于真际有所肯定，而不特别对于实际有所肯定。”[1]我把他的哲学观简称为“道理”说。这是一种单数的哲学观，意味着无论中国哲学，还是西方哲学，讲的应该是同一个“道理”。在这种哲学观的视

[1] 冯友兰：《贞元六书》上，第9页、第11页，上海：华东师范大学出版社，1996。

域中，中西哲学的差异被遮蔽了，中国哲学的特色被遮蔽了。张岱年突破了单数哲学观，对哲学学科性质有了新的认识，强调哲学乃是关于宇宙观和人生观的学问。显然，他提出的“学问”说，比胡适的“意义”说和冯友兰的“道理”说都深刻。按照“学问”说，哲学不再是单数，而变成了复数：哲学作为“类称”，不可能单独存在，要借助各种理论形态表现出来。西方哲学是一种具体的哲学理论形态，中国哲学也是一种具体的理论形态，二者可以有相似性，但不必有相同性。因此，研究中国哲学，没有必要套用西方哲学的研究模式。以西方哲学为尺度，武断地否认中国哲学，不是出于偏见，就是出于无知。

第二，把研究重点移向中国哲学特色。从“学问”说出发，张岱年找到了讲中国哲学的新方法，那就是讲出中国哲学的特色之所在。他把中国哲学的特色概括为合知行、一天人、同真善、重人生而不重知论、重了悟而不重论证、既非依附科学亦不依附宗教等六条，皆发人所未发，真正贴近了中国人的精神世界。如果不关注中国哲学的特点，可以讲“在中国的哲学”，但讲不出“有中国特色的哲学”。从业者的任务不能仅限于前者，更要关注后者。

第三，做出关于内在方法的新概括。胡适把哲学史方法论原则概括为明变、求因、评判等三条，为研究中国哲学史内在方法奠定了理论基础，真正启动了中国哲学史学科建设工程。他在三条原则的指导下，撰写出《中国哲学史大纲》，虽不是完整的中国古代哲学史，但毕竟是学科建设的第一个成果。冯友兰在胡适的基础上，进一步提出钻研西洋哲学、搜集哲学史料、详密规划迹团、探索时代背景、审查哲人身世、评述哲人哲学等六条原则，前进了一大步。冯友兰系统梳理出中国古代哲学史，完成了学科建设的基础工程，成为第一位世界级中国哲学史家。张岱年吸收胡适和冯友兰的研究成果，对哲学史方法做出新的概括，归纳出概观法、解析法、系统法、辩证法等四条方法。他写出《中国哲学大纲》，成为横向综述中国哲学史的第一人。从“胡三条”到“冯六条”再到“张四条”，显示出中国哲学史学科建设不断发展的轨迹和内在方法不断深化的轨迹。

第四，创造横向表述中国哲学的框架。胡适著《中国哲学史大纲》和冯友兰著两卷本《中国哲学史》都是按历史线索写中国哲学史的，张岱年创造出另一种写法。他把中国古代哲学作为一个整体的研究对象，从横向的角度概述中国哲学的问题意识、基本内容和理论特质。他没有照搬西方哲学的研究模式，创造出宇宙论、人生论、致知论三部分组成的横向表述框架。他创立的这种模式，对后来的研究者启发很大。方立天著《中国古代哲学》、李存山著《中国传统哲学纲要》、宋志明著《中国传统哲学通论》都采用了横向研究的思路。

第五，开中国哲学范畴研究的先河。张岱年从宏观的角度把中国古代哲学概括为三个组成部分，又从微观角度将其细化为若干范畴构成的多彩画卷。在《中国哲学大纲》一书中，他对道、太极、气、理气、变易与常则、反复、两一、大化、始终、有无、坚白、形神、性善与性恶、心、仁、兼爱、无为、有为、诚、与理为一、明心、践形、义与利、命于非命、兼与独、自然与人为、损与益、动与静、欲与理、情与无情、人死与不朽、志功、名与辩等范畴或命题都做出明白的诠释。张岱年开启的范畴研究模式，对后世影响也很大。在20世纪末，中国哲学史界曾掀起中国哲学范畴研究的热潮，涌现出一批成果，其中有张立文著《中国哲学范畴发展史》(天道篇和人道篇)、张立文主编“中国哲学范畴精粹丛书”、钟肇鹏选编“中国哲学范畴丛刊”、人民出版社编《中国哲学范畴集》、葛荣晋著《中国哲学范畴通论》。这些成果的出现，同张岱年的方法创新有直接的关系。

在中国哲学史学科初建阶段，张岱年著《中国哲学大纲》可以称得上推动中国哲学史学科建设的引擎。历史地看，此书虽对学科建设有所推进，但不可能一步到位，也不可避免地留下一些遗憾。

一是历史感不够强。由于采用横向综论的进路，固然避免纵向表述进路的局限性，但也失掉了此种进路的优点。张岱年把中国哲学视为一个完整的系统，难以呈现哲学思想发展的过程性。沿着横向综论的进路，可以写中国哲学论，却不能写中国哲学史。如何把两种进路有机地结合起来，使二者互相补充，相得益彰，恐怕还是需要进一步研究的课题。

二是问题意识不够突出。此书的副标题是“中国哲学问题史”，本应该对中国哲学家如何提出哲学问题、如何回答问题、如何转变提问题的方式等，有所交代。令人遗憾的是，恰恰在这一方面张岱年做得尚不到位。此书的基本架构是宇宙论、人生论、致知论三大块，主要讲的内容，其实很难称为“问题”，称为“专题”似乎更为贴切。

三是对不同类型哲学之间的交流解释得不够充分。张岱年把哲学界定为“类称”，认为此“类称”涵盖中国哲学、西方哲学、印度哲学三种“类型”。他正确地看到三者之间存在差异这一面，却对三者之间相互影响、相互交流这一面强调不够。事实上中国哲学并不能完全独立发展，必须引入外来的资源。佛教传入中国后，已经同原有哲学融会贯通，成为中国化的佛学，成为中国哲学的组成部分。张岱年把中国化的佛学置于中国哲学论域之外，似乎不妥。

从 1919 年到 1949 年，在这 30 年的时间里，中国哲学史学科在中国初步建立起来了。谢无量、陈黻宸等人写中国哲学史或讲中国哲学史，拉开了学科初建的序幕；胡适应用“明变、求因、评判”方法，完成对先秦哲学史的断代梳理，取得了第一项成果；冯友兰撰写两卷本《中国哲学史》，搭建起整个中国古代哲学史的大厦，成为名副其实的学科建设奠基人；张岱年对中国哲学做横向考察，撰写《中国哲学大纲》，开启了横向综论中国哲学的新思路。这些初建中国哲学史学科的前辈们有成功的经验，也有令人遗憾的教训。但无论是经验，还是教训都弥足珍贵，值得我们回味、总结、借鉴。

第二章 唯物史观与两军对战

1949年，中华人民共和国宣告成立，中国历史揭开新的一页，中国哲学史学科建设也随之迈入新的历史时期，语境发生了根本变化。在唯物史观指导下，中国哲学史学科建设有新进展，但没有脱离由内容出方法的思路。不意在教条主义者的误导下，竟颠倒方法与内容的关系，将方法置于内容之上。他们强行推广两军对战，用外来方法剪裁中国哲学史，从而使中国哲学史学科建设跌入低谷。

第一节　新语境中更新

中华人民共和国成立以后，中国共产党的威信在全国范围内前所未有地提高，马克思主义的威信也前所未有地提高。大多数从旧社会过来的哲学理论工作者，努力学习马克思主义，改变原来的哲学信仰，放弃原来建构的理论体系。在新的语境中，中国哲学史从业者专研马克思主义理论，力求在唯物史观指导下，重写中国哲学史，并且取得一些进展。从业者试图寻找新的研究方法，可惜没有成功。他们在旧语境中摸索到的内在方法在原则上是正确的，但在当时被视为一种非马克思主义方法，不能适用于新的语境，必须在唯物史观视野中重新探索方法的内在性。如何按照马克思主义的立场、观点、方法重新诠释内在方法，是从业者挥之不去的心结，可惜不掌握话语权，致使美好的愿望落了空。

一、唯物史观在中国思想史中的运用

最早运用唯物史观的马克思主义者大都致力于研究中国思想史，还没把

中国哲学史当成专业。冯友兰和张岱年虽然都不同程度地接受唯物史观的影响，但毕竟没有达到理论自觉。率先接受唯物史观的学者是郭沫若、侯外庐等人，他们对中国哲学史从业者有积极影响。

郭沫若是马克思主义在中国的传播者之一，曾翻译马克思和恩格斯合著的《德意志意识形态》、马克思著《艺术的真实》等经典著作。他运用唯物史观研究中国古代社会和传统学术思想，撰写出《中国古代社会研究》《青铜时代》《十批判书》等著作。他的这些论著在某种程度上具有示范效应。特别是他关于儒家的研究，见解独到，力排谬说，不随波逐流，对中国哲学史从业者有很大的启发。

自五四新文化运动时期开始，在中国思想界便掀起一股"打孔家店"的风潮。力主启蒙的思想家，往往把对封建专制主义的厌恶迁怒于儒家，常常会对儒学做出全盘否定性的评价，把儒学说得一无是处。他们对儒家以外的学派，还有一些同情感，而对儒家却没有任何同情感可言，只是当作口诛笔伐的靶子。毛泽东把这种思想方法称为形式主义的思想方法，即认为好就是绝对的好，坏是绝对的坏。中国早期的马克思主义者李大钊、陈独秀等人接受了唯物史观以后，对儒家的看法有了一些改观，试图对儒学做历史主义的分析，不再做全盘否定。例如，陈独秀承认孔学具有历史的合理性。"孔子生于古代宗教思想未衰时代，其立言或假古说以申己意。西汉儒者，更多取阴阳家言以诬孔子，其实孔子精华，乃在祖述儒家，组织有系统之伦理学说。宗教、玄学，皆非所长。其伦理学说，虽不可行之今世，而在宗法封建时代，诚属名产。"[1]孔学在今天已失去其合理性，绝不意味着它在历史上不具有合理性。陈独秀在《孔子与中国》中写道："孔子的第二价值是建立君、父、夫三权一体的礼教。这一价值，在二千年后的今天固然一文不值，并且在历史上造过无穷的罪恶，然而在孔子立教的当时，也有它相当的价值。"[2]在这里，他

---

[1]《陈独秀文章选编》上，第211页，北京：生活·读书·新知三联书店，1984。

[2]《陈独秀文章选编》上，第526页，北京：生活·读书·新知三联书店，1984。

试图把孔子思想放到特定的历史环境中去考察，对其做出冷静的、中肯的评价。不过，由于陈独秀没有掌握辩证唯物主义的思想方法，还没有能力对儒学做辩证的分析。他只肯定儒学具有历史的合理性，并不肯定儒学具有现实的合理性，未能从根本上改变对儒学的否定态度。

郭沫若的理论视野比陈独秀更为开阔。他已走出形式主义误区，率先扭转风气，第一个站出来用辩证的、同情的眼光看待儒学，大胆地对儒学做出肯定性的评价。他发表了《王阳明礼赞》《中国文化之传统精神》《论中德文化书》等一系列文章，表明了一个马克思主义史学家对孔子以及儒家文化的态度。他对那时颇为流行的全盘否定儒学价值的话语十分不满，认为“未免太厚诬古人而欺示来者了”。在他看来，孔子和他当时所崇拜的德国文学家歌德一样，都属于世界上少有的“球形”天才。他在给宗白华的信《论诗（二)》中写道：

> 孔子要说他是政治家，他有他的“大同”主义；要说他是哲学家，他也有泛神论的思想；要说他是教育家，他有他的“有教无类”“因材施教”的动态的（Kinetisch）教育原则；要说他是科学家，他本是个博物学者，数理的通人；要说他是艺术家，他是精通音乐的；要说他是文学家，他有他简洁精透的文学。便单就他文学上的功绩而言，孔子的存在，是很难推倒的；他删诗书，笔削春秋，使我国古代的文化有个系统的存在。[1]

基于这种认识，郭沫若开诚布公地宣称：“我们崇拜孔子！”不过，他郑重声明，他虽崇拜孔子，但不可与近代那些盲目的、顽固的、守旧的尊孔派同日而语。他声明，他所崇拜的孔子，乃“是兼有康德与歌德那样的伟大的

[1] 郭沫若：《郭沫若全集》，第 178 页，北京：人民文学出版社，1982。

天才，圆满的人格，永远有生命的巨人”[1]。在他看来，儒家文化在历史上有一个发展演变的过程，不能把孔子和后期的儒家混为一谈。就以孔子为代表的儒家文化而言，其实与希腊文化一样，“同为人世的”，“当为动而非静”。他说：“孔子的人生哲学正是以个人为本位，它的究竟是望人人成为俯仰无愧的圣贤，能够博施于民而能济众。”至于中国民族以后几千年来的“贪懒好闲的陈痼，以及目前利欲熏蒸的混沌”，则是佛教思想传入中国后以儒家为代表的“固有文化久受蒙蔽”所致。[2]

郭沫若进一步指出，对儒家思想要作具体的分析，孔子本人与后儒有着很大的区别。他说：“自汉武之后，名虽尊儒，然以帝王之利便为本位解释儒书，以官家解释为楷模而禁人自由思索。后儒研读的儒家经典不是经典本身，只是经典的注疏。后人眼目中的儒家，眼目中的孔子，也只是不识太阳的盲人意识中的铜盘了。儒家的精神，孔子的精神，透过后代的注疏凸凹后尽是已经歪变了的。”所以，后来的“崇信儒家、崇信孔子的人只是崇信的一个歪斜了的影像”。在这里，郭沫若一方面承继了五四时期“打孔家店”的积极的理论思维成果，肯定批判官方化了的儒学的必要性；另一方面又纠正了这一思路的偏激之处。他主张在“打孔家店”的同时，还要“救出孔夫子”，按照平民化的要求，重新诠释儒家思想。对于后期的儒家，郭沫若只崇信王阳明一个人。在他看来，只有王阳明“所解释的儒家的精神，乃至所体验的儒家的精神，实即是孔门哲学的真义”。

不仅如此，郭沫若还把以孔子为代表的儒家思想与当时流行的社会主义思潮进行了比较。他得出的结论是：孔子和王阳明的思想“出入无碍，内外如一，对于精神方面力求全面的发展，对于物质方面也力求富庶”，“与近代欧西的社会主义寻出了一致点”。基于这种认识，他表示：“我自己是肯定

[1] 郭沫若：《中国文化之传统精神》，《创造周刊》1923 年第 2 号。

[2] 郭沫若：《论中德文化书》，《创造周刊》1923 年第 5 号。

孔子，肯定王阳明，而同时更是信仰社会主义的。我觉得便是马克思与列宁的人格之高洁不输于孔子与王阳明，俄国革命后的施政是孔子所说的‘王道’。”[1]在此基础上，郭沫若认为，中国人“在个人的修养上可以体验儒家精神努力于自我认定扩充以求全面发展，而在社会的兴革上则当依社会主义的指导努力吸收科学文明的恩惠，使物质的生产力增加，使物质的分配平等，使各个人的精神得以遂其全面发展”[2]。他甚至主张把马克思请进“文庙”，与孔子互称“同志”，把孔子的“大同”理想，与马克思创立的共产主义学说进行交流和对话，使二者融会贯通。他相信，孔子的思想与马克思的见解，绝不构成敌对关系。[3]郭沫若在这里提出了一个很有创意的观点：他认为马克思主义与儒家思想的精华是可以融合在一起的。不过，这种融合并不是把马克思主义降低到儒家的水平，而是把儒家思想的精华提升到马克思主义的高度，使之获得时代意义。

郭沫若在《十批判书》的后记中申明，他之所以对儒家做出肯定性的评价，并非有意袒护儒家，而是通过客观、公正、深入、科学地研究了大量的史料之后，得出的公正的结论。他写道：

“儒家”那样一个名词，便是非科学的东西。秦、汉以后的儒者与秦、汉以前的已经是大不相同，而秦、汉以前的儒者也各有派别。不加分析而笼统地反对或赞扬，那就是所谓主观主义或公式主义。因为你的脑筋里面先存了一个既成的观念，而你加以反对或赞成，你所如何的只是那个观念而已。假如要说我有点袒护孔子，我倒可以承认。我所见到的孔子是由奴隶社会变为封建社会的那个上行阶段中的前驱者，我是在这样的意义上“袒护”他。我的看法和两千多年来的看法多少不同。假

[1] 郭沫若:《王阳明礼赞》。

[2] 郭沫若:《王阳明礼赞》附论二《新旧与文白之争》。

[3] 郭沫若:《马克思进文庙》。

使我错了，应该举出新的证据来推翻我的前提。拘守着旧式的观念来排击我的新观念，问题是得不到解决的。但我也实在鼓起了很大的勇气。[1]

总之，他对孔子及其思想的肯定，并不是盲目崇信的主观结论，而是科学研究、理性分析之后所得到的合乎客观实际的结论。

郭沫若的这些看法，是在转向马克思主义之后形成的。在这一时期，他先后发表了《先秦天道观之进展》《驳〈说儒〉》以及《青铜时代》《十批判书》等一系列著作，对先秦思想状况做了深刻的反思。他遵循唯物史观，把孔子放到特定的历史环境中加以考察。在他看来，孔子所处的春秋时代，乃是古代中国由奴隶制社会到封建制社会转折的大变革时期。在这一历史时期，"士"这样一个特定的社会阶层十分活跃。在各种各样的士当中，尤以读书的学士影响最大，于是大家竞争着来学做士，遂成为一种社会风气。"孔子和墨子那两大读书帮口，便是在这样的风气中形成的。既有多数的人要靠着读书帮口，自然有孔、墨这样的大师，靠着读书来铺张自己的场面了。孔子有弟子七十二人，墨子有弟子百八十人，这些数目大概都是可靠的。孔子是宋人的私生子而生于鲁，自称'少也贱'，后来做到鲁国的大夫；墨子是鲁国贱人，后来也做到宋国的大夫。"[2] 孔墨两家竞长争高，相互辩难，成为当时的"显学"。那么，应当怎样评价孔墨两家呢？郭沫若认为，凡是促进社会改革的思想家，都是应当予以肯定的；反之，则应当予以否定。用这个标准来衡量，郭沫若肯定了孔家，却否定了墨家。在《孔墨的批判》中，他认为墨子是同情公室而反对私门的人，所提出的种种主张，其实是在替统治者出谋划策，所以并不值得称道。与墨子形成鲜明的对照，"我们要说孔子的立场是顺乎时代的潮流，同情人民解放的"[3]。他不赞成学术界比较流行的"是墨非孔"

[1] 郭沫若:《十批判书》，第 502 页。

[2] 郭沫若:《十批判书》，第 67 页。

[3] 郭沫若:《十批判书》，第 85 页。

说，别出心裁地提出“是孔非墨”说。

郭沫若按照新的标准评判孔墨两家的差异，他说：“法官是依据法律来决定是非曲直的，我呢是依据道理。道理是什么呢？便是人民本位的这种思想。……我之所以比较推崇孔子和孟轲，是因为他们的思想在各家中比较富于人民本位的色彩。”[1]他认为，在孔子的思想中包含着“以人民为本位”的精华。“孔子的基本立场既是顺应着当时的社会变革的潮流的，因而他的思想和言论也就可以获得清算的标准。大体上他是站在代表人民利益的方面的，他很想积极地利用文化的力量来增进人民的幸福。”[2]孔子“以人民为本位”思想，集中体现在他倡导的“仁”的观念上。据郭沫若考证，“仁”是春秋时代的新名词，在春秋以前的古书里，在金文和甲骨文里，都找不到这个字。“仁”字虽未必是孔子创造出来的，但它特别为孔子所重视，并且构成他思想体系的核心，乃是不争的事实。郭沫若引证了《论语》中孔子关于仁的大量论断，得出的结论是：“仁的含义是克己而为人的利他的行为。简单一句话，就是‘仁者爱人’。”“他的‘仁道’实在是为大众的行为。”[3]郭沫若高度评价孔子的仁学，认为孔子发现了人，主张每一个人不仅要把自己当成人，也要把别人当成人。孔子的这种人道主义思想顺应着奴隶解放的潮流，具有进步的历史意义。除了仁学，他对孔子实事求是的学习态度、注重教化的礼乐思想、“不语怪力乱神”的怀疑精神等，都表示充分的肯定。尽管郭沫若对孔子抱着同情的态度，但他并不讳言孔子的历史局限性。例如，孔子肯定人类中有“生而知之”的天才，郭沫若认为这是错误的观点。他肯定孔学的正面价值，但并不赞成“复兴孔学”，因而与所谓“新儒家”有原则区别。照他看来，时至今日还抱着“新儒家”的迷执，不啻是“恐龙的裔孙——蜥蜴之伦的残梦。”他郑重地声明：“我所采取的是历史唯物主义的立场，在这个立场

[1] 郭沫若：《十批判书》，第 506 页。

[2] 郭沫若：《十批判书》，第 87 页。

[3] 郭沫若：《十批判书》，第 88—89 页。

上我仿佛抬举了先秦儒家，因而也就有人读了我的书而大为儒家扶轮的，那可不是我的本意。”[1]

需要指出的是，郭沫若对孔子和儒家文化的同情态度没有完全贯彻实事求是的原则，有时难免会有溢美之词，有时解释牵强，有时评价不当。例如，他把孔子客观上有利于人民的一面，夸大为代表人民利益；把孔子“民可使由之，不可使知之”中的“可”与“不可”，解释为“能够”与“不能够”，并认为“就是‘百姓日用而不知’的意思”，否认孔子有愚民思想；对孔子学说中的君子与小人之议、上智与下愚之论、重男轻女之说等，不是避而不谈，就是曲意回护。所有这些方面，无疑都表明郭沫若在运用新哲学阐释孔子和儒家学说的时候，还有不少的工作没有做到位。

在 20 世纪 30—40 年代，郭沫若立足于唯物史观，首先站出来对儒学表示同情，大胆肯定儒学的现代价值，对于扭转一味批孔的偏激心态起到了一定的作用。但是，郭沫若关于儒学的看法，感情色彩比较重，这限制了他研究的理论深度。侯外庐等人弥补了这一不足，运用唯物史观对儒家思想作了比较深入、比较客观的研究，取得了更新的研究成果。

1941 年，侯外庐在郭沫若《中国古代社会研究》一书的基础上，运用唯物史观研究中国古代社会，出版《中国古典社会史研究》(再版更名为《中国古代社会史论》)，证明中国古代确实存在过奴隶社会。他还相继出版了《中国古代思想学说史》《中国近世思想学说史》等著作，主编多卷本的《中国思想史》，对中国思想史发展做了系统梳理。侯外庐在《中国古代思想学说史》一书中发表了关于先秦儒学的研究成果，评述了孔子、子思和孟子、荀子等儒家大师的学术思想，也涉入中国哲学史领域。

该书的第五章《孔墨显学主潮论上：方法论之异同》和第六章《孔墨显学主潮论下：学说体系之异同》评述了儒家创立者孔子的儒学思想。侯外庐认为，孔子与墨子在春秋时期并称显学，表明两家在中国古代思想史上占有

[1] 郭沫若:《十批判书》，第 522 页。

十分重要的地位。他采取儒墨对比的研究方法，概述了孔子儒学思想的学说价值、理论特色和基本内容。侯外庐认为，孔子在中国学术发展史上是一个承前启后的人物，是中国传统学术思想当之无愧的奠基人。“孔子一方面是前无古人在中国学术史上创立了‘学问’的基础，然而另一方面则又是前随古人（述而不作，信而好古），在中国学术史上继承着文化传统。由前者而言，孔子是一个国民资格的智者，教育家，所以知识的一般问题是由他合法则地提出；同时由后者而言，孔子是一个周代的维新人类之继承者，理想者，所以知识的局限问题，由他原则地理想化，他和希腊哲人的显族时代历史，相似而实未可同类。”[1]从“承前”的角度看，孔子是以往传统学术思想的集大成者；从“启后”的角度看，孔子是春秋以来中国学术传统的奠基人。孔子一身兼有两种角色，相比较而言，侯外庐更为重视孔子的“奠基人”角色，强调孔子是“周代的维新人类”的代表。侯外庐对孔子学术思想作这样的定位，一方面同神化孔子的尊孔派划清了界限，另一方面也同鬼化孔子的批孔派划清了界限，显示出他独到的、客观的、辩证的眼光。侯外庐明确表示不赞成“打倒孔家店”的口号，他批评说：“过去所谓‘打倒孔家店’的人（如北大教授吴虞）是有见于流而无见于源。”[2]这一口号的偏激之处在于：没有把孔子思想放到当时特定的历史环境中加以考察，一概抹杀孔学的历史价值，把后世儒学的种种流弊，统统记在孔子的头上，这是不公平的。

侯外庐指出，在知识论方面，孔子的贡献特别值得注意。“在知识危机的时代，他的知识论确是中国有价值的传统。”“在客观上高扬了人类的能创精神”[3]。据侯外庐研究，孔子的知识论涉及认识主体和认识内容两个方面。他使用中国哲学的术语，把认识主体称为“能思”，把认识内容称为“所思”。在认识主体方面，孔子从“国人”的独特视角出发，以批判的眼光看待当时动

[1] 侯外庐：《中国古代学说史》，第 88 页，上海：文风书局，1946。

[2] 侯外庐：《中国古代学说史》，第 117 页，上海：文风书局，1946。

[3] 侯外庐：《中国古代学说史》，第 95—96 页，上海：文风书局，1946。

荡的社会现实，表达了改造社会的愿望；正是受到“国人”视角的局限，孔子在认识内容方面不能不是“君子”式的，不能不徘徊于新旧之间。侯外庐对孔子知识论的评述，既看到其中合理的内核，也不讳言其思想局限，应当说是相当中肯、相当全面的。

侯外庐把孔子的学说体系概括为三个组成部分：一是孔子的社会批判及其理想，也就是他的礼学。“孔子对于春秋社会的变异，以礼断为丧亡之世，这一批判的客观价值是后期儒家所未能发展的，尤其汉代儒学把这一传统都丧失殆尽。”[1]二是孔子的人类认识及其道德观，也就是他的仁学。“孔子言‘仁’的心理学普及，仅就这个方面来研究，仁乃人类性超时代的道德概念，但这同时亦说明了春秋末年人类的新观念，因为它产生于人类的变异时代。”[2]三是孔子的天道观。孔子的天道观比较复杂，他一方面对“主宰之天”表示怀疑，另一方面仍旧保留着宿命论的色彩。“在历史变异中，孔子是变风变雅以后的第一个哲人，他继承古代悲剧思想的部分，客观上说明了春秋的灭亡（术语谓之丧亡），但在其保留的方法论方面，又没有否定命运。因此，他的命论，不在由上面上的‘降命’，而在由下面上的‘知命’与‘畏命’。客观的社会制度，在孔子学说中是没有歪曲的（理想部分是主观的）。”侯外庐结合春秋时代的历史现实，对孔子天道观的两重性做出了令人信服的解说。

至于孔子的哲学倾向，侯外庐的看法是徘徊于唯物主义和唯心主义之间，带有二元论的性质。由孔子学说可以走向唯物主义，也可以走向唯心主义。孔子以后，儒家思想便向两个不同的方向发展，分化为思孟学派和荀子学派。

该书的第八章《儒家思孟学派及其放大了的儒学》评述了子思和孟子的儒学思想。侯外庐认为，子思把孔子思想引向神秘主义方向，提出“中庸思想的形而上学”。“孔子把西周的‘天人合一’的宗教思想，还诸人伦思想，子思则把人伦思想扩大而为更广泛的宗教思想，所不同者，西周是以先王配

[1] 侯外庐：《中国古代学说史》，第 125 页。

[2] 侯外庐：《中国古代学说史》，第 127 页。

天，子思则以孔子配天。”[1]孟子则把孔子的仁学提升到性善论的高度，形成唯心主义的人性理论。“孟子的性善论是孔子的‘能思’与道德情操的放大，他所放大的唯心论，与孔子论‘学’，距离颇远。”[2]尽管侯外庐把孟子儒学定性为唯心主义，但他并不因此而否定其中的合理内核，对孟子敢于批评战国的失政及其“政得其民”的主张予以充分的肯定。

该书的第十一章《中国古代思想底综合者荀学》评述了荀子的儒学思想。侯外庐认为，荀子沿着唯物主义方向发展了孔子的学说。例如，孔子基于经验论对“主宰之天”表示怀疑，可是仍保持着“对于自然现象的宗教残余”；荀子则清理了这种残余，明确提出“天行有常”的唯物主义自然观。在孔子那里，“正名”思想从属于伦理学，没有独立的逻辑性质；荀子“虽然仍采用了孔子的‘正名’的术语，而实质上则已变成了唯物论性质的范畴。”[3]针对孟子的性善论，荀子提出人性有恶论。侯外庐认为，荀子的人性有恶论否认先天良知的存在，包含着唯物主义的因素，因而性善论与人性有恶论的区别反映出唯心主义与唯物主义的分歧。侯外庐在评价荀子思想的唯物主义倾向时，注意到了评价尺度的客观性和准确性，并没有过于拔高。他明确地指出，荀子“不是一个彻底的唯物论者，相反地，在他的哲学史，一般儒家的唯心论，尚占据着优势。所以，荀子哲学的特征，在于他的儒学的体系，充分吸收了唯物论的成果，而不是说是完全以唯物论的根据出发。”[4]

侯外庐关于先秦儒学的研究有三个特点，一是把儒学放到当时的历史环境中考察，贯彻历史主义原则；二是把孔子、孟子、荀子的思想联系起来考察，全面、准确、辩证地把握儒家思想的发展脉络；三是努力发掘儒学中的唯物主义因素，贯彻取其精华而弃其糟粕、古为今用的原则。他对荀子的评价显然比对孟子的评价要高一些。侯外庐不适当地给孟子戴上“唯心主义”

[1] 侯外庐：《中国古代学说史》，第 204 页。

[2] 侯外庐：《中国古代学说史》，第 218 页。

[3] 侯外庐：《中国古代学说史》，第 274—275 页。

[4] 侯外庐：《中国古代学说史》，第 279 页。

的帽子，给荀子戴上“唯物主义”的帽子，有意无意夸大了孟荀之间的对立，而割裂了二者之间的统一，这是值得商榷的地方。但总的来看，他对各自思想特点的把握，还是比较准确的，并没有全盘否定优秀传统文化的价值。

郭沫若和侯外庐运用唯物史观研究中国传统学术，特别是儒学，提出许多创新性的见解。他们一方面提升了关于中国传统学术思想的研究水平，另一方面把唯物史观同中国传统文化结合起来。他们娴熟地运用唯物史观，弘扬优秀的传统文化，剔除其中已过时的糟粕。从他们的研究实践中，我们可以得到以下两点启示。

第一，在20世纪50年代以前，中国马克思主义者根据当时政治斗争的需要，曾经把批判儒学当作一项重要的任务，但他们并未放弃重新诠释儒学的努力。他们批儒可以振聋发聩，他们释儒同样发人深省。

第二，从发展趋势上看，他们对儒学态度逐渐从批判过渡到同情，从以清理思想糟粕为主过渡到以提留思想精华为主。应当说这种转折是正常的、合理的。批儒具有思想转折的性质，可以采取思想运动的方式进行，而释儒却是一项细致的研究工作，不可能一蹴而就，也不可能采取思想运动的方式，那是不可能奏效的；只能运用冷静的头脑进行科学的探讨和辩证的分析，才有可能做出中肯的评估。

尽管郭沫若、侯外庐等马克思主义史学家不是专门的中国哲学史从业者，但他们践行唯物史观，确实开启了新风气，对于中国哲学史内在方法的提升起到至关重要的作用。他们依据唯物史观，确立了三项方法论原则。一是社会存在决定社会意识。他们以社会存在为基础说明社会意识发生的变化，彻底破除了道统之类旧观念的束缚。二是实事求是。他们主张把研究对象放到特定的语境中考察，不苛责古人，不把现代人的观念硬套在古人头上。三是辩证分析。他们对研究对象的贡献充分肯定，抱着同情的态度，从中总结理论思维成果；对研究对象的局限，做中肯的分析和恰当的评判，从中总结理论思维教训。他们既不把先哲神圣化，也不把先哲妖魔化。这三项原则可以说颠扑不破，对中国哲学史从业者顺利接受唯物史观帮助很大。

二、唯物史观在中国哲学史中的推广

郭沫若、侯外庐等人运用唯物史观研究中国思想史，取得了相当大的成功，对于中国哲学史从业者起到了范导作用。中国思想史和中国哲学史的研究对象在相当大的程度上是一致的，只是研究的角度不同。例如，对于儒家学说既可以从中国思想史的角度研究，也可以从中国哲学史的角度研究。侯外庐等学者在从事中国思想史研究的同时，也涉及中国哲学史，力求把唯物史观推广到中国哲学史领域。他们认为唯物史观既适用于中国思想史研究，也适用于中国哲学史研究。“在哲学史的研究中，我们也必须遵循社会存在决定社会意识的基本原则，将哲学思想置于历史的具体环境中，即置于一定的社会阶段及其复杂的阶级斗争的环境中，进行科学的分析和解剖，从而确切地理解它究竟反映了怎样的时代精神，具有怎样的时代烙印以及它在哲学发展史上的地位和意义。”[1] 他的这一观点在中国哲学史从业者中得到一致的认同，他们自觉地接受唯物史观的指导。冯契在《中国古代哲学的逻辑发展》一书中写道：“社会实践是哲学发展的源泉，劳动人民和阶级斗争是社会实践的主体。我们用这样的观点来考察中国哲学发展的历史根据，就既要把握反映一定时代的经济关系、阶级关系、重大的政治思想斗争，又要把握反映一定时代的社会生产力的自然科学的发展及科学反对宗教迷信的斗争，并且必须把两方面结合起来，进行具体的历史的分析。以上是从社会存在决定社会意识这一唯物史观的普遍原理来看哲学的发展的。”[2]冯友兰直到晚年都没有动摇过对唯物史观的信念。他表示：“我所希望的，就是用马克思主义的立场、观点和方法重写一部《中国哲学史》。”[3] 胡适曾把求因法视为内在方法之一，

[1] 《侯外庐集》，第 209 页，北京：中国社会科学出版社，2001。

[2] 冯契：《中国古代哲学的逻辑发展》，上册，第 7 页，上海：上海人民出版社，1983。

[3] 冯友兰：《中国哲学史新编》，第 1 册，自序。

至于如何求因则语焉不详，并未落到实处。事实证明，只有运用唯物史观才能真正做到求因，用生产力的发展水平解释社会形态变迁。倘若离开了生产力发展水平，所谓求因便只能是一句空话。

在唯物史观的指导下，新中国哲学史从业者取得的第一点突破，就是扩大了中国哲学史的范围。在旧语境中，中国哲学史研究的范围基本限于古代，很少有人涉猎于近现代。在新语境中，旧的思维定式被打破了，从业者特别重视对中国近代哲学史的研究。新中国大学哲学系首先开出的课程，并不是中国古代哲学史，而是中国近代哲学史。为了开出这门课程，石峻、任继愈、朱伯崑三位青年教师组成课题组，共同编写《中国近代思想史讲授提纲》一书，1955 年由人民出版社出版。这本书是从业者编写的第一部教材。三位青年教师共同备课，由石峻在课堂担任主讲。为了配合这门课程教学需要，石峻还主编 80 多万字的《中国近代思想史参考资料简编》，1957 年由三联书店出版。中国哲学史从业者之所以特别重视近代，是为了体现古为今用的原则。那时从业者们通常把古代比作“前天”，而把近代比作“昨天”，显然研究“昨天”比研究“前天”更为迫切，更有现实意义。

在唯物史观指导下，从业者取得的第二点突破就是丰富了中国哲学史的内涵。在旧语境中，中国哲学史研究对象基本限制于主流思想家，而对非主流思想家很少论及。在新语境中，这种情况发生了变化。对于那些以往不被重视的、非主流的思想家，如王充、范缜、柳宗元、刘禹锡、王安石、张载、李贽、方以智、王夫之等人，从业者皆表示格外重视，把他们写入中国哲学史中。在新的语境中，马克思主义史学家和中国哲学史从业者都认同唯物史观，遗憾的是，都没有认识到把唯物史观同内在方法结合起来的必要性。中国马克思主义史学家弘扬唯物史观，并没有否定中国哲学史学科初创者的内在方法。但他们毕竟以思想史研究为主业，无暇顾及二者如何结合的问题。初创者发现的内在方法，强调内容和方法的一致性，并不违背唯物史观，二者完全可以融会贯通。二者的共同点都是注重内容，不是注重方法。遗憾的是，从业者刚刚接受唯物史观，也不可能一下子就把二者结合起来，需要有个过程。如果顺应历史自然发展，他们迟早会走使二者相结合的路子。不意教条主义之风骤然刮起，竟打断了他们想走的正确道路。

1949 年中华人民共和国成立后，由于讲哲学的语境发生了巨大变化，唯物史观在中国哲学史研究领域取得了主导地位，应该说是巨大的进步。但是，这种进步不是一帆风顺的，也伴随着某种意义上的退步。这大概就是历史辩证法使然。这种退步倾向表现为两点：一是滋长“左”的倾向，排斥一切非马克思主义方法，其中包括初创者发现的内在方法。这种内在方法非但没有得到应有的尊重，反而被贴上“资产阶级学术”的标签，被无情地予以抛弃了。在一些人眼里，内在方法已经变得一钱不值，中国哲学史研究必须从零开始。二是迷信来自苏联哲学教科书的教条主义观念，迫使中国哲学史从业者必须按照两军对战口径梳理中国哲学史。教条主义者掌控文权，操纵话语，强行推广两军对战，不容许出现任何不同的声音。他们硬把中国哲学史变成两军对战的战场。教条主义者打着唯物史观的幌子，公然违背社会存在决定社会意识的原理，粗暴地用外来方法裁剪中国哲学史内容。其后果必然是扭曲中国哲学史，使中国哲学史事业长期陷入困境、停滞不前。

第二节　两军对战歧途

教条主义者奉行单数哲学观，认为世界上只有一种哲学理论是正确的，其他学说都是错误的，只能当作被批判的靶子。我们从张岱年的“类称”说可以看出，中国哲学史初创者本来已经走出单数哲学观的迷雾，而这时又被教条主义者打回单数哲学观。单数哲学观控制力非但没有减弱，反倒愈演愈烈，两军对战控制中国哲学史事业数十年之久。

一、两军对战缘起

两军对战是一种从苏联传入的外来方法，是一种政治粗暴干涉学术的产物。苏联哲学史家亚历山大洛夫在《西欧哲学史》一书中，给哲学史下了这样的定义："哲学史是人类对客观世界认识发展的历史。"他的看法作为一种学术观点，当然不是不可以讨论的；令人遗憾的是，原本应该属于正常范围的学术讨论，却因受到政治干预而被变得扭曲了。1947 年 6 月，苏共中央书记、仅次于斯大林的 2 号人物日丹诺夫代表苏共中央，在讨论亚历山大洛夫《西欧哲学史》的会议上发言，反对亚历山大洛夫把哲学史界定为认识史，认为这是一种"修正主义"的观点。他强调，哲学史就是斗争史。他说："科学的哲学史，是科学的唯物主义世界观及其规律底胚胎、发生、发展底历史。唯物主义既然是从与唯心主义派别斗争中发生和发展起来的，那么，哲学史也就是唯物主义与唯心主义斗争的历史。"他严厉批评亚历山大洛夫，没有看到"各种哲学派别在这本书中是先后排列或比肩并列的，而不是相互斗争的。"[1] 日丹诺夫反对把哲学史理解为发展史，强调哲学史是"斗争史"，遂提出两军对战方法。按照两军对战，任何一部哲学史都是唯物主义与唯心主义交战的战场。二者永远处于敌对状态，有我无你，不是你死，就是我活。唯物主义代表正确一方，唯心主义代表错误一方。任何哲学史的编纂者必须为唯物主义者树碑立传，坚定不移地把批判的矛头指向唯心主义者。否则，就是犯了党性错误。

日丹诺夫的《发言》(简称《发言》) 几个月之后便传入中国。1947 年 11 月，李立三把他的《发言》译成中文，以《论哲学史诸问题及哲学战线的任务》为书名，1948 年 1 月由华北新华书店出版，开始在解放区发行。到 1954

[1] 日丹诺夫:《在关于亚历山大洛夫著〈西欧哲学史〉讨论会上的发言》，第 3—16 页，北京：人民出版社，1954。

年止，此书出版竟达 11 版，总印数 8 万册左右。据《新建设》报道，从 1949 年 5 月到 1950 年 3 月，中国新哲学研究会多次组织在京哲学理论工作者学习《发言》，灌输“两军对战”的观念。1950 年 2 月 12 日和 3 月 5 日，先后两次召开关于《发言》的讨论会。参会人员有金岳霖、冯友兰、朱光潜、汤用彤、张岱年、郑昕、齐良骥、王太庆、胡绳等人。会议讨论的问题有四个：（1）关于哲学史的定义；（2）马克思主义哲学与旧哲学的关系；（3）哲学中的党性原则；（4）研究哲学史的任务。

在新中国成立初期，由于马克思主义的威信极高，而两军对战正是打着“马克思主义”的旗号出现的，尽管从业者难以理解，还是不得不表示接受，违心地把中国哲学史纳入此种方法所限定的轨道，以免被人扣上“修正主义”的帽子，就连领军人物冯友兰也不能例外。1949 年 6 月 19 日，他在《哲学家当前的任务》一文中写道：“中国哲学发展的历史，也如欧洲哲学史一样，是唯物论与唯心论底斗争史。这样的斗争史就是中国历史中各时代底阶级斗争在思想上的反映。”

两军对战之所以在中国大行其道，有一个重要原因就是出自“老大哥”之口。中国人大都通过苏联教科书接受马克思主义哲学的，很少有人认真研读经典作家的原著，因此理论水平有限，学术自信心不足。那时中国人对来自苏联领导层的说法，自然深信不疑。由于中国哲学史从业者缺乏应有的理论判断能力，对打着马克思主义旗号的教条主义失掉了警惕性和鉴别力，这给两军对战方法横行造成可乘之机，遂使谬种流传、畅行无阻。

二、教条主义实质

两军对战之所以能把中国哲学史从业者引入误区，是因为教条主义者借用恩格斯的名义欺骗视听，硬把所谓的“哲学基本问题”套在中国哲学上。我们要走出两军对战误区，必须从正确理解恩格斯关于哲学基本问题的论断入手。

关于哲学基本问题，恩格斯在《路德维希·费尔巴哈和德国古典哲学的终结》中作了这样的论述：

全部哲学，特别是近代哲学的重大的基本问题，是思维和存在的关系问题。在远古时代，人们还完全不知道自己身体的构造，并且受梦中景象的影响，于是就产生一种观念：他们的思维和感觉不是他们身体的活动，而是一种独特的、寓于这个身体之中而在人死亡时就离开身体的灵魂的活动。从这个时候起，人们不得不思考这种灵魂对外部世界的关系。既然灵魂在人死时离开肉体而继续活着，那么就没有任何理由去设想它本身还会死亡；这样就产生了灵魂不死的观念，这种观念，在那个发展阶段绝不是一种安慰，而是一种不可抗拒的命运，并且往往是一种真正的不幸，例如在希腊人那里就是这样。到处引起这种个人不死的无聊臆想的，并不是宗教上的安慰的需要，而是有普遍的局限性所产生的困境：不知道已经被认为存在的灵魂在肉体死后究竟怎么样了。同样，由于自然力被人格化，最初的神产生了。随着宗教的向前发展，这些神愈来愈具有了超世界的形象，直到最后，由于智力发展中自然发生的抽象化过程——几乎可以说是蒸馏过程，在人们的头脑中，从或多或少有限的互相限制的许多神中产生了一神教的唯一的神的观念。

因此，思维对存在、精神对自然界的关系问题，全部哲学的最高问题，像一切宗教一样，其根源在于蒙昧时代的狭隘而愚昧的观念。但是，这个问题，只是在欧洲人从基督教中世纪的长期冬眠中觉醒以后，才被十分清楚地提了出来，才获得了它的完全的意义。思维对存在的地位问题，这个在中世纪的经院哲学中也起过巨大作用的问题：什么是本原的？是精神，还是自然界？——这个问题以尖锐的形式对着教会提了出来：世界是神创造的呢，还是从来就有的？

哲学家依照他们如何回答这个问题而分成了两大阵营。凡是断定精神对自然界来说是本原的，从而归根到底以某种方式承认创世说的人

（在哲学家那里，例如在黑格尔那里，创世说往往采取了比在基督教那里还要混乱而荒唐的形式），组成唯心主义阵营。凡是认为自然界是本原的，则属于唯物主义的各种学派。[1]

恩格斯确实说过，思维与存在或物质与精神之间的关系问题是“全部哲学的基本问题”，问题是该怎样理解“全部”二字呢？是否意味着任何一种哲学形态都得以此为基本问题呢？我认为，教条主义的解释完全是错误的，并不符合恩格斯的原意。他们似乎没有注意到，恩格斯这段话是在评述德国古典哲学时讲的，也就是在特定的语境中讲的，恩格斯并非认为所有哲学形态都以此为基本问题。恩格斯没有系统地研究过中国哲学，也没有系统地研究过埃及哲学、印度哲学等，绝不会武断地把一切哲学形态通通概括起来。从形式上看，恩格斯似乎做了全称判断，实则是特称判断，特指德国古典哲学，充其量也没有超出西方哲学范围。恩格斯的这一论断出现在《路德维希·费尔巴哈和德国古典哲学的终结》一书中，绝没有泛论各种哲学形态的意思。他仅以西方哲学史为例说明他的论断，并没有论及其他民族的哲学史。教条主义者抓住恩格斯的这段话，把“思维与存在关系问题”从具体语境中抽出了，硬说成适用于任何哲学形态，显然不符合恩格斯在文本中所表达的意思，乃是出于典型的教条主义的曲解。我觉得，即便马克思主义哲学早已不再抽象地研讨什么“思维与存在”的关系问题，改变了西方哲学“解释世界”的思路，把“改造世界”当作自己的宗旨。马克思已经用“社会存在”一词取代了“存在”，所关注的哲学问题，乃是“社会意识”与“社会存在”之间的关系问题，并不是抽象的“思维与存在”关系问题。所谓“社会存在”是指属人的存在，已不再关注那个与人无关的、纯然客观的世界。至于把“思维与存在”关系问题，说成适用于任何哲学的基本问题，则近乎荒谬。按照两军对战的说法，无论何种哲学家，不是唯心论者，就是唯物论者，二者必居

[1] 《马克思恩格斯选集》，2 版，第 4 卷，223—224 页，北京：人民出版社，1995。

其一，没有别的选择。两派谁也不服谁，只能没完没了地打架；所谓哲学史，不过是打架的记录而已。这样写出来的哲学史，实际把“思维与存在”的关系问题看成唯一的、僵化的问题，永远不容许再有其他问题出现。如果哲学只围绕着一个僵化问题讲，哪里还有哲学史可言？读这样的哲学史，难道能起到锻炼理论思维的作用吗？

在西方中世纪，基督教神学长期占统治地位，创世说的思想影响很大。正是针对这种情况，西方哲学家们才会把精神和自然界何者为本原的问题提出来，一度当作哲学基本问题。在中国古代社会，根本就没有这样的语境，中国哲学家从不关心世界从哪里来的问题，几乎没有创世观念，怎么可能像西方近代哲学家那样关注“何者为第一性”的问题呢？把恩格斯的具体论断从特定的语境中割裂出来，做抽象化解释，使之成为一种僵化的公式，到处乱套，这不正是教条主义思维的典型特征吗？

两军对战论者常常引用的依据还有列宁说的两段话。列宁在《唯物主义和经验批判主义》一书中说：“在两千年的哲学发展过程中，唯心主义和唯物主义的斗争难道会陈腐吗？哲学上柏拉图的和德谟克利特的倾向或路线的斗争难道会陈腐吗？宗教和科学的斗争难道会陈腐吗？否定客观真理和承认客观真理的斗争难道会陈腐吗？超感觉知识的维护者和反对者的斗争难道会陈腐吗？”又说：“不能不看到哲学上的党派斗争，这种斗争归根到底表现着现代社会中敌对阶级的倾向和思想体系。最新的哲学像在两千年前一样，也是有党性的。唯物主义和唯心主义按实质来说，是两个斗争着的党派。”[1]列宁的这两段话，同恩格斯的论断一样，也是针对西方哲学史讲的，并不具有普遍意义。在西方哲学史上发生的事情，未必在别的民族的哲学史中一定出现。即便在西方哲学史的范围，列宁也没有把唯心主义完全视为唯物主义的敌人，并不否认其学术价值。他曾把唯心主义喻为“一朵不结果的花”，批评那种把唯心主义哲学一概视为胡说的观点。在列宁那里，唯物主义与唯心主义既有

[1]《列宁选集》第2卷，第128—129、365页。

对立的方面，也有统一的方面，可是竟被两军对战论者肢解了。在他们眼里，唯物主义与唯心主义之间，只有对立，谈不上统一。教条主义者常用的手法就是把经典作家的系统理论片面化，使之脱离具体的语境，两军对战论者正是这样干的。他们只引证列宁关于唯物主义与唯心主义相对立的观点，而对列宁关于唯物主义与唯心主义相统一的观点闭口不谈。所以，他们从列宁著作中摘取的只言片语，也不能支持他们的论断。

具体问题具体分析是马克思主义思想方法活的灵魂，谁违背了这一点，谁就不是马克思主义者。无论是恩格斯还是列宁，都不会认同两军对战观念，更不会同意把他们关于西方哲学史的具体论断，硬套在中国哲学史头上。

在两军对战的误导下，中国哲学史从业者能做的事情，似乎就是给哲学家戴帽子、划成分，区分谁是唯物论者，谁是唯心论者。可是，中国哲学史根本就没有这么一回事儿，操作起来相当困难。大家常常遇到这样的困惑：某位哲学家的上句话好像很唯物，可是下句话却好像很唯心，如何给他戴上帽子？真是令人伤透了脑筋！例如，有人觉得老子是唯心论者，有人觉得老子是唯物论者，双方争论不休，使人莫衷一是。其实，这原本就是一个假问题，怎么会有正确答案呢？

第三节 困惑与质疑

在20世纪50年代，面对强行推广两军对战，中国的哲学史从业者还是疑虑重重。在哲学界，围绕如何看待两军对战，曾召开多次学术讨论会，规模最大的一场是1957年。这年1月22日—26日，在北京大学召开“中国哲学史座谈会”。来自北京大学、中国人民大学、中央党校、科学院哲学所的120多人出席了会议，其中有人从事中国哲学史，也有人从事西方哲学史研究和马克思主义哲学研究。一些亲历者回忆此次会议，感慨颇多。汪子嵩认为这是“建国后30年中仅有的一次基本上做到自由争鸣的讨论会”[1]。林可济说:“这次会议是在1956年春‘百家争鸣’方针提出到1957年夏‘反右’斗争之间难得的、短暂历史机遇期内展开的，它是中国当代哲学史上一次罕见的哲学争鸣会议，其锋芒直指独断主义、‘左’倾教条主义。”[2]在座谈会上，有三十几位学者发言。冯友兰、贺麟、郑昕、张岱年、石峻、任继愈、冯契、陈修斋等学者，皆坦率地对两军对战表示不满。许多学者在会前或会后发表文章，表达自己对教条主义风气的反感。1月29日，《光明日报》以《北京大学哲学系召开一百多人的座谈会热烈讨论中国哲学史的若干问题》为题，报道了会议概况。《哲学研究》编辑部还编辑了《中国哲学史问题讨论专辑》，收入45位作者撰写的55篇文章，由科学出版社1957年出版。学者们对两军对战的质疑，主要集中在以下三个问题上。

一、如何看待唯心主义

按照两军对战观点，一个哲学家要么是唯心主义者，要么是唯物主义者，必须戴上一顶帽子。经过定性之后，两大阵营壁垒分明：一边是唯物主义阵营，另一边是唯心主义阵营。双方拉开阵势，兵戎相见，你死我活，没有调和余地。在新中国的语境中，已经无人表示站在唯心主义者派别了，都把自己归入唯物主义阵营。那么，作为唯物主义者，该如何看待哲学史上唯心主义呢？是否将其统统打倒在地呢？许多哲学理论工作者难以接受如此论断，深感迷惑不解，予以大胆的质疑。

有的学者批评简单化倾向，反对敌视唯心主义。1956年《哲学研究》第3期发表了贺麟与陈修斋合著的《为什么要有宣传唯心主义的自由》一文，其

[1] 汪子嵩:《一次争鸣的讨论会》,《读书》1994年第9期。

[2] 林可济:《求解“真问题”：如何对待唯心主义——从1957年中国哲学史座谈会说起》,《哲学分析》2013年第5期。

中写道：“在过去，由于片面狭隘地了解哲学的党性，和学术思想不能脱离政治，在哲学史工作的实践中，是几乎把历史上的唯心主义哲学家都当成政治上的敌人来处理。”1956年10月18日，郑昕在《人民日报》上发表《开放唯心主义》一文，他说：“过去的宣传品或课堂中对现代的唯心主义的批评都是用‘一棍子打死’的办法，事实证明这样做，对我们并无好处。”“为着最后战胜唯心主义，就要深入地研究唯心主义，要做具体分析工作，不能以政治口号代替论证。”

有的学者要求打破对立的思维定式，承认唯心主义与唯物主义构成对立统一的矛盾关系。1956年10月23日，冯友兰在《人民日报》上发表《关于中国哲学史研究的两个问题》一文，他指出：“哲学史是唯物主义与唯心主义斗争的历史，这是哲学史的一般性。这个斗争在各个时代和各民族的哲学史里是围绕着不同的问题进行的，这是各时代各民族的哲学的特殊性。研究哲学史的工作，应该在特殊里显出一般。这样的一般才是有血有肉的具体真理。中国哲学史必须这样做，才可以显出它的丰富的内容和它的特点。”“在这几年的工作中，我们总以为要说明斗争的情况，必先划出一个明确的阵线。在这阵线上，唯物主义与唯心主义‘两军对战’，沿着‘为界’的黄河各自继承着各自的传统，各自的发展，像两条平行线一样，为各自的阶级利益服务。”“我们近年来的哲学史工作，就是把唯心主义看成是毫无意义的东西。”他认为两军对战是一种形而上学的思想方法，“我们近年来的哲学史工作，大概用的是形而上学唯物主义的方法，把哲学史中的唯物主义与唯心主义的斗争，简单化、庸俗化了，使本来是内容丰富生动的哲学史变成贫乏、死板。”

有的学者指出，唯心主义在哲学史上具有不可忽视的学术价值。1957年1月11日，任继愈在《光明日报》发表《试论中国哲学史的对象和范围》一文，他说：“唯心主义的哲学流派也有它的历史的必然性。唯心主义哲学学说的产生，一方面有它的阶级根源，另一方面也有它的认识论根源。”“不是多余的，而是必要的。”1957年1月13日，张岱年在《人民日报》发表《如何对待唯心主义》一文，他说：“容许唯心主义有宣传的自由，不仅无伤于唯物主义的威信，反而可以促进唯物主义的繁荣。”1957年1月22日，张岱年又在《人民日报》上发表《关于唯物主义思想的几个问题》，文中明确提出：“我们应该承认，在过去的历史观和伦理学说中也有唯物主义的萌芽。……而在后者的范围内，唯物主义的观念不免是片段的不成体系的，而且往往与唯心主义观念夹杂在一起。”在他看来，唯物主义与唯心主义绝非截然对立，也有你中有我、我中有你的情形。石峻指出，把唯物主义同唯心主义截然对立起来，是教条主义的表现。“目前教条主义影响在哲学史工作中突出的表现，就是他们从不注意中国不同历史时期的一切特点，也不喜欢研究任何过去实际存在的具体问题。简单地只从抽象的概念出发。”[1]

二、如何看待主流人物

按照两军对战口径，用外来方法剪裁中国哲学史，把老子、孔子、孟子、庄子、董仲舒、程颢、程颐、朱熹、陆九渊、王阳明等大多数主流派哲学家都冠以“唯心主义者”，全盘否定其思想价值。他们似乎只配当作批判的对象，仿佛在历史上只起到负面作用，而没有正面作用。可是，他们都曾对中华民族思想世界产生巨大影响，则是铁的事实，无论如何也否定不了。对于这种情况该做何解释？按照两军对战口径，只有那些非主流派哲学家，才有资格戴上“唯物主义者”的桂冠，而主流派哲学家与此无缘。于是，从业者不能不产生第二点质疑：是否应该以同情的态度对待主流派哲学家呢？两军对战论者给出的答案自然是否定的。可是，郭沫若、侯外庐等中国马克思主义历史学家，对儒家的同情态度是显而易见，并且讲出比较充分的道理。这两种相反的观点，孰对孰错？令人迷惑不解。根据两军对战，有人编织出由

[1] 赵修义、张星翼等编：《守道1957：1957年中国哲学史座谈会实录与反思》，第111页，上海：上海人民出版社，2012。

非主流派哲学家构成的“唯物主义阵营”，可是，这些人的著作读者很少，在历史上几乎没有产生实际的影响力，怎么可能取代主流派哲学家所起到的历史作用呢？中国人世世代代读的书，大都是主流派哲学家写的，并不是非主流派哲学家写的，现在来一个颠倒，难道符合历史事实吗？怎么能使人信服呢？

三、如何继承思想遗产

如果主流派哲学家皆被否定了，如何继承思想遗产自然就成为一道不可解的难题。历史上的主导观念都是通过他们倡导起来的，为历代中国人所接受，形成中华民族的优秀文化传统。把他们全盘否定，思想遗产如何继承？对于这个难题，冯友兰提出一种解决办法，那就是区分一种观念的抽象意义和具体意义。他认为，抽象的意义有可继承性，而具体意义没有可继承性。比如“忠”，在历史上具体的意义是忠于帝王，而抽象的意义是忠于民族国家。现在没有帝王了，具体意义也就失效了；而国家民族还在，抽象意义上的“忠”还可以讲，例如，忠于祖国、忠于人民。冯友兰的意见提出后，竟招致一片反对声，竟被人概括为“抽象继承法”，发起猛烈的攻击潮。1957 年 5 月 11—14 日，在北京大学临湖轩召开座谈会，讨论继承问题，反对冯友兰的声音竟占了上风。有人发言表示不同意冯友兰的观点。具有官员身份的关锋痛下毒手，对冯友兰打棍子、戴帽子，指责冯友兰“否认哲学命题的‘一般意义’具有阶级性”。《人民日报》对此次会议作了报道。从此，冯友兰被树立为对立面。一些人连篇累牍地发表批判文章，大批所谓“抽象继承法”，还编成论文集出版。他们纷纷指责冯友兰只讲继承不讲批判，背离了“马克思主义原则”。

1957 年“反右派”运动以前，学术环境比较宽松，学者们还可以公开发表不同的意见。1957 年 4 月 24 日，贺麟在《人民日报》上发表文章，题目是《必须集中反对教条主义》。他在文中写道：“教条主义者气焰太盛，使人不敢‘放’不敢‘鸣’。教条主义即使不会断送科学研究，至少也会大大妨害社会主义文化建设。……教条主义者虽然以正统的马克思主义者自居，但实际上却是陷入形而上学和唯心主义的反马克思主义者。”后来事态的发展，不幸被贺麟所言中。“反右派”运动开展起来以后，学术环境变得更加严峻起来，中国哲学史从业者担心被扣上“右派”的帽子，不能再公开发表自己的见解了。于是，中国哲学界呈现万马齐喑的局面，教条主义者完全掌控了话语权。1958 年，关锋撰写《反对哲学史方法论上的修正主义》一书，同年 8 月由人民出版社出版。在此书中，他以“学术警察”自居，对贺麟、冯友兰、任继愈、张岱年既做了学术审判，也做了政治审判，并且不许辩解。他强行推行两军对战，肆意压制反对声音，致使教条主义之风畅行无阻。倘若有谁不服，他就毫不客气地给谁戴上“修正主义”的帽子，让他闭嘴，让他出局。1959 年，人民文学出版社出版《日丹诺夫论文学与艺术》一书，再次刊发日丹诺夫《在关于亚历山大洛夫著〈西欧哲学史〉一书讨论会上的发言》，进一步强化两军对战观念，反对教条主义的声音完全被压制下去了。从此，两军对战便成为不容置疑的大经大法，霸占了中国哲学史领域。

第四节　灾难性后果

1978 年以前，在两军对战控制下，中国哲学史从业者已经被剥夺自由研究的权力。“学术警察”不允许他们发表自己的研究心得，限定他们必须按教条主义调门跳舞。他们实际上已经不是中国哲学史研究者，充其量不过是“中国哲学史工作者”了。他们所取得的成果十分有限，值得一提的，大概仅有三项半拉子工程。一是冯友兰著《中国哲学史新编》，1962 年由人民出版社出版，1964 年修订再版。《新编》只写出两册，就进行不下去了，就连冯友兰本人都不满意。直到 1979 年以后，他才宣布此书作废，开始重新撰写多卷本的《中国哲学史新编》。二是中国科学院哲学所中国哲学史组集体编写的多卷本的《中国哲学史资料简编》，因“文革”到来，也没有全部编完。在新的历史时期才续成。三是以任继愈名义主编的教科书《中国哲学史》，从 1963 到 1964 年由人民出版社出版 1 ～ 3 册，第 4 册直至 1979 年才出齐，也是一项半拉子工程。

一、“文革”前的危害

以任继愈挂名、集体编写的《中国哲学史》，被教条主义者勒令全国各个大学哲学系当教材使用，在全国影响极大。此书由人民出版社于 1963 年出版第 1 版，到 1996 年出版第 5 版，印数高达 393300 册。参加这套书编写的人来自中国科学院哲学所、北京大学哲学系中国哲学史教研室、中国人民大学哲学系中国哲学史教研室，人数众多。任继愈虽挂名主编，其实说了不算，没有决定权，只能听命于“学术警察”所规定的口径。全部编写工作在监控中进行，即便主编本人也不例外。他不能把自己的学术观点写入其中。此书出版后，两军对战成为不容置疑的金科玉律，任何关于中国哲学史的言说，都必须遵照此种调门。两军对战给中国哲学史事业造成的危害，至少有以下几点。

一是思路模式化。对于所有哲学家思想的表述，皆被纳入“两条线、四大块”的模式中。“两条线”中一条线是指唯心主义与唯物主义的斗争，另一条线是指辩证法与形而上学的斗争；“四大块”是指本体论、认识论、方法论、历史观。经过这样的处理，每个哲学家思想的系统性和学术个性统统看不见了。这样写出来的东西千篇一律，都是采用外来的方法、外来的问题拼凑起来，势必脱离中国哲学史的实际，造成编写中国哲学史而“中国”缺位的情形。打个比方，就像用解剖学讲中医学，根本无法讲出中医学的精髓。无论多么高明的解剖师，显然都无法在人体上找到经络和穴位。采用外来方式剪裁中国哲学史，同用解剖学讲中医学没有什么两样，结果只能是越讲越糊涂，不知其所云。

二是话语单一化。只允许使用来自苏联哲学教科书上的规范话语，除此之外，皆被贴上“资产阶级学术”标签，一概不用，初创者的内在方法完全被否定了。中国哲学史实际上被篡改成证明正统哲学教科书的插图册，反映不出中国哲学史的真实情况。由于受到单一话语的限制，造成编写中国哲学史而“哲学”缺位的情形。编写者学术视野狭窄，学术话语贫乏，只能使用正统哲学教科书上十分有限的语汇，因而无法揭示中国哲学家的问题意识，也不可能对中国哲学家的学说做透辟的理论分析和哲理诠释。哲学史从业者除了对哲学家做出唯物主义者或是唯心主义者的定性判断，讲不出更多、更深刻的哲学道理来。于是，索性只讲知识，不讲道理，靠大量引文充斥篇幅。按照两军对战口径，思维与存在的关系问题，或物质与精神的关系问题，被说成唯一的哲学问题，不容许其他哲学问题出现。哲学史本应该是不断提出问题或改变提问题方式的历史，如果仅限于一个问题，哪里还会有“历史”可言？这样编出来的东西，造成“历史”缺位的情形，便毫不奇怪了。

三是操作团体化。几十个人共写一套教科书“大帮哄”的做法，是我们从苏联人那里学来的。这种做法最大的弊端，就是不容许作者表现出自己的学术个性，不容许写自己的研究心得。团体写作通常要指定某位名人做主编，其实这位主编并无法真正履职。一方面，他要听命于上面的口径，不能写自己的研究成果；另一方面，他要考虑到初稿撰写者的面子，不可随意改动初稿。初稿撰写者交上来的初稿，主编即便不满意，也不便做大的修改，免得伤了和气，惹得人家不高兴。团体写作所形成的著作，学术含量并不取决于主编，而取决于编写者中水平最差的那个人，验证了所谓“木桶效应”：用多条木板拼成的木桶，盛水的容量不取决于最长的那根，而取决于最短的那根。由若干人组成一个“学术合作社”，所拼凑出来的东西，不会有什么学术含量可言。这种东西除了可以应付考试，难以发挥启迪心智的作用。

编写中国哲学史应当有编写者的心得，体现编写者的个性，在这一点上，跟写小说有些相似。多人写的小说不堪卒读，多人合写的中国哲学史著作难道还可以读吗？黑格尔、罗素、文德尔班、梯利、冯友兰、冯契、劳思光等人的哲学史著作都是独自完成的，至今仍然拥有广大的读者群。这就说明：有个性、有见识的哲学史著作才会受到欢迎。由于团体化写作没有一以贯之的“史识”贯彻其中，结果只能按照历史上朝代更迭顺序书写“封神榜”或“点鬼簿”，跟编字典没什么两样。中国哲学史本应当以“中国哲学”为主语，可是现在竟变成以朝代更迭为主语。朝代更迭对哲学思想发展固然有影响，但没有必然的联系。哲学不会因朝代更迭而马上改变。按朝代顺序罗列人名，无法反映出中国哲学自身的问题意识和逻辑脉络，无法使“中国哲学”真正成为中国哲学史的主语，自然会造成名曰中国哲学史而无哲学识度的情形。

二、“文革”中的危害

“文革”期间中国哲学史事业被迫中断，但两军对战的控制力，非但没有中断，反而愈演愈烈，并且染上“中国特色”，上演出两幕闹剧。

一幕是所谓“儒法斗争”。两军对战本来就是一种对立思维方式，“四人帮”自然会从中演绎出“儒法斗争”说。在“文革”后期，“四人帮”出于篡党夺权的目的，大搞影射史学，导演出“儒法斗争”闹剧，强迫全国人民参与。他们把历史人物分为两类：一类是“勇于改革的法家”，其中有荀子、秦始皇、韩非、王安石、张居正等人，皆被戴上“唯物主义者”的桂冠；另一类是“复古倒退的儒家”，以孔子、孟子、董仲舒、朱熹为代表，皆被赐以“唯心主义者”的恶谥。“四人帮”以“当代法家”自居，为篡党夺权制造口实；诬称周恩来总理为“当代大儒”，欲置之于死地而后快。“儒法斗争”可以说是两军对战的恶性发展。

另一幕是所谓“批林批孔”。两军对战本来就是政治干预学术的产物，“学术为政治服务”自然是其不可或缺的宗旨。“文革”期间把这层诉求也演绎到了极致，上演出一幕“批林批孔”的闹剧，也强迫全国人民参加。1973

年林彪叛逃，在清理他的遗物时，发现在他书写的条幅中，有一条写着“悠悠万事，唯此为大，克己复礼”。于是，一些假马克思主义者便趁机大做文章，硬把林彪和孔子联系在一起，在全国范围内掀起所谓“批林批孔”运动。这是“文革”期间上演的最后一幕闹剧。打倒“四人帮”以后，“儒法斗争”随之谢幕，而“批林批孔”仍在延续。直到1978年党的十一届三中全会召开，宣布“文化大革命”结束，才给这场闹剧画上了句号。

第三章 新时期的复苏

以 1978 年中国共产党召开十一届三中全会为标志，中国社会主义建设事业迈入新的历史时期。在邓小平理论的指导下，拨乱反正，解放思想，改革开放，各项事业蓬勃发展。中国哲学史事业终于摆脱两军对战魔咒，走出低谷，开始复苏。中国哲学史的从业者力求在唯物史观指导下，再走由内容出方法的路线，回归内在方法传统。

第一节　走出困境

中国哲学史事业走向复苏迈出的第一步，就是逐渐从两军对战魔咒中走出来，摆脱“工作状态”，进入“研究状态”。这一步迈得相当不容易。中国哲学史学会成立后，先后召开三次年会，每次会议都涉及这个话题。中国哲学史从业者对两军对战的教条主义本质看得越来越清楚，终于突破了这一禁锢思想的魔咒。

一、太原会议

进入新的历史时期以后，中国哲学史从业者热情高涨，开始重新组建研究队伍。著名的综合性大学和师范大学，纷纷成立中国哲学史教研室，开设中国哲学史课程。中国社会科学院和各省社会科学院，也在哲学所组建中国哲学史研究室。1978 年恢复研究生教育，北京大学、中国社会科学院率先招生。1979 年，许多大学设立中国哲学史专业硕士点，攻读中国哲学史专业硕士研究生人数激增。1982 年，一些大学被批准设立中国哲学史专业博士点，开始招收博士生。从此，后备人才培养走上正轨。各种学术刊物和多家出版社创办，于是，大量有独到见解的论文和专著，得到了发表或出版的机会，万马齐喑的氛围终于被打破了。1979 年 10 月，中国哲学史界的领军人物齐聚太原，召开了新时期第一次学术会议。在这次会议上，中国哲学史学会宣告正式成立，并创办中国哲学史学会的专门刊物《中国哲学史研究》。张岱年教授出任第一任会长，石峻、任继愈、冯契、肖萐父出任副会长。学会请侯外庐任名誉会长，请于光远、冯友兰、孙耕夫、孙叔平、吕振羽、杨超、张恒寿、郭化若、容肇祖、蔡尚思担任顾问。有了专门的研究机构，有了专门的学术园地，现在又有了全国性的学术组织，从此中国哲学史事业蒸蒸日上。

由于刚刚进入新时期，“左”的风气还没有完全消除，一时间不可能直接讨论两军对战问题。不过，太原会议也间接触及这个敏感的话题。这次会议的主题是讨论中国哲学方法问题，可是竟没有人出面为两军对战辩护。在这次会议上，提出一个寓意深刻的口号，呼吁“使中国哲学史研究科学化”。言外之意，以往两军对战方法并不科学，需要我们重新探索。这次会议呼吁开创中国哲学史研究的新局面，要求从多年停滞不前的困境中走出来，推动中国哲学史事业复兴。

二、杭州会议

1981 年 10 月，由中国哲学史学会主办、在杭州召开国际学术研讨会，以宋明理学为主题。这是学会主办的第二次学术研讨会，也是一次规模空前的学术研讨会，参会人数 200 余人。我当时正在吉林大学哲学系攻读中国哲学史专业硕士学位，也随同导师吴恩溥教授出席会议。我被安排到会务处秘书组工作，负责记录代表的发言，编辑会议简报，因此对会议上发生的一些事情比较了解。国内知名学者冯友兰、张岱年、贺麟、任继愈、石峻、冯契、孙叔平、丁宝兰、肖萐父等人皆出席会议；海外学者陈荣捷、狄百瑞、秦家懿、刘述先等人，也第一次参加在中国召开的国际学术研讨会。由于参会人数众多，杭州新新饭店一时接待不过来，只好找些空房子打地铺，临时安排年轻代表居住。我自然也享受到了这种“大串联”式的待遇。

这次会议讨论的主要问题有:（1）宋明理学对中国后期封建社会在政治、文化方面的影响;（2）宋明理学在中国哲学史上的地位、意义;（3）对宋明理学伦理思想的评价;（4）宋明理学的派别如何划分及其相互之间的关系。与会学者不再像从前那样，只把宋明理学家当成批判的对象，而是当成研究的对象，不再随意给他们扣上“唯心主义者”“地主阶级代言人”之类的帽子。与会者围绕上述四个问题，展开热烈的讨论，一扫以往儒学研究中的沉闷学风，不再有人打棍子、扣帽子，收到了良好的效果。在这次会议上，有位精通马克思主义的老先生发言，直接批评两军对战，反对简单地给先哲先戴上唯心主义或唯物主义的帽子，然后再去找资料“证明”。他主张先从资料出发，让方法为内容服务，而不能让内容服务于方法。他强调，研究中国哲学史的任务首先是搞清内容，这比戴上什么帽子重要得多。他原本说出大家心里想说的话，可是由于当时思想解放程度不够，竟没有人敢站出来做出积极的回应。他的发言没有赢得喝彩声，却惹来了麻烦。这次会议设立有临时党委。晚上，临时党委成员开会，议论这位老先生的发言，有些人觉得不合时宜，与历来的口径相抵牾。于是，临时党委决定派人与这位老先生沟通，请他收回发言。老先生倒是积极配合，表示接受临时党委的意见，声明收回发言。可是，发出的言，怎么收得回来呢？尽管这位老先生的发言被收回，但他讲出的道理，已经深入人心。大家心知肚明，只是不便说出来而已。从这件事反映出，两军对阵已经不得人心，冲破它的桎梏只是早晚的事情。从这次会议反映出，关于中国哲学史的研究氛围逐渐形成，从业者希望找到名副其实的学术话语方式，打破两军对战魔咒。

三、广州会议

1985 年 5 月，中国哲学史学会主办的第三次全国性学术研讨会，在广州召开。广州会议以近现代中国哲学为主题。会议规模虽没有杭州人数多，但也相当可观。参加会议的代表，大多数来自全国各地，少数来自苏联、日本等国，有120余人。会议收到论文67篇、专著3部。我当时在中国人民大学哲学系攻读中国哲学史专业博士学位，也随同导师石峻教授参加了会议，提交了一篇题为《略论“五四”以来的“新儒家”哲学》的文章，在国内第一次提出“现代新儒家”的概念。这篇文章实际是我博士论文《现代新儒家研究》的初步提纲。这次会议主要研讨的问题是:（1）中国近现代哲学的历史地位及其对改革的现实意义;（2）中国近现代哲学史的方法，以及分期、形态、特点、发展规律和基本线索;（3）马克思主义哲学与中国革命具体实践相结合的历史经验;（4）中国资产阶级哲学的重新评价和历史地位。围绕这四个问题，与会学者各抒己见，畅所欲言，进行了热烈的自由讨论。大家不再理会两军对战魔咒，大胆破除旧框框、旧观念，互相鼓励切磋，交流研究心得，共同探索新的思维方式，提出许多新鲜观点。我作为参会者感觉收获颇多，真有一种思想解放的感觉。

在这次研讨会上，北京大学有位在读硕士生被安排在大会上发言。发言人激烈批评两军对战，要求在马克思主义的指导下找到研究中国哲学史的新路径。发言虽没有引起强烈反响，不过也不再有人提出异议。这次会议学术环境比杭州会议要宽松一些。尽管如此，大多数人即便认同发言人的观点，但有碍于两军对战包裹着马克思主义外衣，也投鼠忌器，不便在公开场合多说话，只能在私下里对发言者表示支持。从会议交上来的论文看，再无人为两军对战说话。这种外来的、教条主义方法已经受到冷遇，不再有人问津。中国哲学史从业者冲破两军对战束缚之后，再次走上由内容出方法的正确道路。

第二节　标志性成果

在新时期，教条主义者被赶出学术殿堂，已经失掉往日的地位和威风。

中国哲学史事业又迎来了繁荣。学术刊物纷纷涌现，大量学术论文得以发表；出版事业活跃，各种专著纷纷出版，中国哲学史事业呈现出欣欣向荣的气象。在众多论著中，冯友兰著《中国哲学史新编》、冯契著《中国古代哲学的逻辑发展》堪称标志性成果。他们甩开教条主义者宣扬的外在方法，强调方法应当服务内容，在唯物史观的指导下接续内在方法传统。他们在深入研究中国哲学史内容的基础上，提炼出切实可行的内在方法。他们摒弃"大帮哄"的旧模式，开启个人编写中国哲学史的新模式。二位冯先生都用几十年的时间精研先哲原著，以一己之力写出独创性的代表作，表现出与众不同的学术风格。他们直抒胸臆，大胆表达自己的真情实感，绝不做虚与委蛇的官样文章。冯契的中国哲学史著作于 1989 年出齐。冯友兰的中国哲学史著作于 1999 年出齐。他们的基本思路同两军对战刚好相反：前者强调内容在先，方法服务于内容；后者强调方法在先，以方法剪裁内容。尽管他们还保留着"两军"观念，但认为唯心主义和唯物主义之间只是学术分歧，不是敌对关系，没必要闹到"对战"的程度。他们在摆脱两军对战控制方面，迈出关键性一步。也许过些时日，他们连"两军"观念都不再提，还会向前再跨进一步。我们可以从冯友兰先生写的《中国哲学史新编》最后两册中看出端倪。在这两册之中，他已不再使用唯心主义或唯物主义等范畴。

一、冯友兰著《中国哲学史新编》

1980 年，85 岁高龄的冯友兰发愿从头编写《中国哲学史新编》，他克服种种常人难以想象的困难，用他生命中最后的 10 年，终于完成了 7 卷本、81 章、长达 150 余万字的鸿篇巨著《中国哲学史新编》。前 6 卷由人民出版社出版，第 7 卷独立成书，题为《中国现代哲学史》，由台湾蓝灯出版社、香港中华书局出繁体字版，广东人民出版社出简体字版。这套书出版是冯友兰晚年取得的一项最重要的学术成果，也是名副其实的晚年定论。

（一）恢复学术自信

在拨乱反正、解放思想的氛围中，冯友兰也颇有感触。他在《吸取教训，继续前进》一文中，反思自己从20世纪50年代以来研究中国哲学史的经验与教训，坦率地承认自己在这30年的时间里，走了两个弯路。一个弯路是中华人民共和国成立初期。那时提倡向苏联学习，请苏联专家到大学里讲课，中国哲学史从业者接受苏联哲学界关于哲学史的定义，照搬苏联研究西方哲学史的模式剪裁中国哲学史。冯友兰说："我也向苏联的'学术权威'学习，看他们是怎样研究西方哲学史的。学到的方法是：寻找一些马克思主义的词句，作为条条框框，生搬硬套。就这样对对付付，总算是写出了一部分《中国哲学史新编》，出版了第二册，'文化大革命'就开始了，我的工作也就停了。"另一个弯路是"文化大革命"期间。那个时候虽不再学习苏联，学术界却仍旧被极左思潮控制着，人们被剥夺独立思考的权力。"对于中国哲学史的有些问题，特别是人物评价问题，我就依傍党内的权威的现成说法，或者据说是他们的说法，我的工作又走入了歧途。"通过总结这两次经验教训，冯友兰终于摆脱了自卑心理，恢复了学术自信。他认识到："路是要自己走的，道理是要自己认识的，学术上的结论是要靠自己研究得来的。一个学术工作者写的应该就是他所想的。不是从什么地方抄来的，不是依傍什么样本摹画来的。"[1]

值得注意的是，冯友兰在恢复学术自信的同时，并没有放弃马克思主义的立场、观点、方法，仍旧坚信"历史唯物主义的理论和原则，永远是我们的方法和指南"。他明确地表示要用马克思主义的立场、观点和方法重写一部《中国哲学史新编》。走过两段弯路的冯友兰，深刻地认识到"马克思主义的立场、观点和方法是在长期的学习和实践过程中形成的，不是照猫画虎就可

[1] 冯友兰：《吸取教训，继续前进》，载《中国哲学史研究》1980年第1期。

以掌握的；运用马克思主义的立场、观点和方法为指导去发现问题、分析问题、解决问题，并不等于依傍马克思主义，更不是抄写马克思主义。”他现在看透了：那些满口马克思主义辞藻的理论骗子们，其实一点也不懂马克思主义。自己过去曾经那么相信他们，结果是上了当、受了骗。通过总结经验教训，他的马克思主义理论水平提高了，学术自信心增强了，研究的方向明确了。他不顾自己年事已高，以 85 岁高龄重新撰写《中国哲学史新编》，力求给自己终身从事的中国哲学史事业画上一个圆满的句号。他郑重地声明：“我决定继续写《新编》的时候，只写我自己在现有的马克思主义水平上所能见到的东西，直接写我自己在现有马克思主义水平上对于中国哲学和文化的理解和体会，不依傍别人。”[1]有了这样的认识，他不再跟风了，要做有主见的中国哲学史从业者，迈入了新的学术境界。

（二）哲学界定

在《中国哲学史新编》第一册，冯友兰写了长达 47 页的《全书绪论》，阐述了他关于中国哲学史基本理论问题的独到见解，确立了整套《中国哲学史新编》的写作指导思想。冯友兰重写《中国哲学史新编》，做的第一件事就是更新哲学观念。他不再坚持自己以往信奉的“道理”说，也不理会苏联哲学教科书的提法，对于“何谓哲学”的问题，给出一种新的说法，表达一位当代中国哲学家的真知睿见。

首先，他把哲学定位为精神现象学，没有像有些西方人那样，把哲学定位为自然现象学。他说：“哲学是人类精神的反思。所谓反思就是人类精神反过来以自己为对象而思之。人类的精神生活主要部分是认识，所以也可以说，哲学是对认识的认识。对于认识的认识，就是认识反过来以自己为对象而认识之，这就是认识的反思。”[2]按照这种说法，不应该再把哲学归结为解释

---

[1] 冯友兰：《中国哲学史新编》第 1 册，第 2 页，北京：人民出版社，1982。

[2] 冯友兰：《中国哲学史新编》第 1 册，第 9 页，北京：人民出版社，1982。

世界的“物学”，而应当视为人类自我反思的“人学”。如果把哲学视为“物学”，尚可归结为“一”，因为人类住在同一个地球之上；而把哲学视为“人学”，由于反思的主体各不相同，就只能归结为“多”了。按照冯友兰的这种新哲学观，哲学的主题是人，而不是物。这同马克思在《关于费尔巴哈的提纲》中的看法是一致的。冯友兰把人看成哲学的主题，也是对中国哲学传统的发扬光大。中国哲学从来就不是西方那种解释世界的哲学，而是一种行动的哲学、实践的哲学。中国哲学家把世界存在当成不证自明的事实，并不做刻意地探究。正如冯友兰所说：“在中国哲学传统中，哲学是以研究人为中心的‘人学’。”[1] 这一论断，可谓是颠扑不破、见解独到。

其次，他拓宽了哲学的论域。基于精神现象学的考量，他认为哲学的论域并不像单数哲学观描述的那样，仅仅是一个自然界。在复数哲学观视野中，哲学论域不是一个，而是三个。“概括地说，有三个方面：自然，社会，个人的人事。人类精神的反思包括三方面以及其间互相关系的问题。这些都是人类精神的反思的对象，也就是哲学的对象。”他的这种看法，承接了中国哲学“究天人之际”的传统。

再次，根据以上两点，他认为哲学的作用不能只是一个方面，而应当是两个方面：“一是锻炼、发展人的理论思维能力，一是丰富、提高人的精神境界。”关于第一点作用，恩格斯已经谈到，冯友兰表示完全同意。至于第二点作用，则是作为中国哲学家才会有的独到见解。在西方哲学家的眼里，哲学起于好奇，跟人的精神境界没有什么关系，只有中国哲学家才会如是说。冯友兰认同中国哲学的传统，他说：“用中国的一句老话说，哲学可以给人一个‘安身立命之地’。就是说，哲学可以给人一种精神境界，人可以在其中‘心安理得’地生活下去。”[2] 由此来看，冯友兰的新哲学观葆有鲜明的中国特色。在冯友兰关于哲学功用的看法中，贯穿着工具理性与价值理性并重的原则：

[1] 冯友兰：《中国现代哲学史》，第 244 页，广州：广东人民出版社，1999。

[2] 冯友兰：《中国哲学史新编》第 1 册，第 27 页，北京：人民出版社，1982。

承认哲学可以锻炼、发展理论思维，表示他重视工具理性；承认哲学可以丰富、提高人的精神境界，表示他重视价值理性。

最后，他对金岳霖提出的复数哲学观做出回应，明确表示认同。冯友兰早年主张“道理”说，认同单数哲学观；而金岳霖主张“成见”说，认同复数哲学观。金岳霖曾对“道理”说提出过批评，直到晚年冯友兰才做出回应。据冯友兰讲，金岳霖在英国剑桥大学讲学时，阐发复数哲学观，提出一种诙谐的说法，认为哲学是概念的游戏。游戏不可能只有一种，必然是许多种。在金岳霖那里，“成见”说和“游戏”说是一致的，意思都是说，哲学结论很难能使所有人都满意。接受某种哲学，犹如认同一种游戏规则，只有如此，参与此项游戏的人才能玩到一起；而拒斥游戏规则的人，则无法参与此项游戏。金岳霖指出，一个哲学家创立的哲学体系，有如创立一套游戏规则；既然是讲规则，一定用概念，一定要讲理性，并且力求自圆其说。冯友兰在《中国现代哲学史》一书中，表示认同金岳霖的“游戏”说，他写道：“现在我认识到，这个提法说出了哲学的一种真实性质。试看金岳霖的《论道》，不就是把许多概念摆来摆去吗？岂但《论道》如此，我的哲学体系，当时自称为‘新统’者，也是如此。”[1]

（三）哲学史界定

冯友兰从“哲学是什么？”讲起，进一步探讨“哲学史是什么？”他的看法是：

> 哲学在历史中表现为各种派别。这些派别表示哲学发展的线索、阶段或环节。这些派别和当时的政治、经济是互相影响、互相制约的。这种互相影响、互相制约，是哲学发展的本来历史所固有的内容。写的哲

[1] 冯友兰：《中国现代哲学史》，第239页，广州：广东人民出版社，1999。

学史都要把它们写出来，特别要说明哲学流派在当时所起的作用，是推进历史前进或者是阻碍历史前进。[1]

冯友兰给出的哲学史定义同两军对战说截然不同，已经破除“斗争史”观念。他没有把唯心主义同“反动”联系在一起，把唯物主义同“进步”联系在一起。由于受两军对战魔咒的制约，许多人仅限于给古代哲学家“划成分”，而不去深入地了解先哲的实际思想情况。针对这种倾向，冯友兰强调哲学史就是发展史，有纠偏的意向。他正确地揭示了哲学发展的连续性和阶段性的统一，推翻了把唯心主义等同于反动的简单公式。不过，冯友兰并不否认哲学史上确实存在着唯心主义与唯物主义两大派别。他说：“主观与客观是两个对立面。这两个对立面，哪一个是主要的？是由哪一对立面决定这个统一体的性质？对于这个问题的回答的不同，就成为哲学两大派：唯物主义和唯心主义。唯物主义认为客观是主要的对立面，唯心主义认为主观是主要的对立面。”[2]他认为，唯物主义和唯心主义的分歧，乃是统一体中的学术分歧，不是相互敌对的“两军”。对于它们在哲学发展中的作用，应当具体分析，不可以简单地一概而论。

（四）目的与写法

冯友兰由哲学史的定义，进而讲到研究中国哲学史的目的。他指出，中国哲学史是中国哲学的历史，以中国哲学为具体的研究对象。中国哲学既然是哲学，当然在“人类精神的反思”的范围之内，当然与其他民族的哲学有共同之处，否则就不能叫作“哲学”；“但就表现形式说，中国哲学和其他民

[1] 冯友兰：《中国哲学史新编》第1册，第35页，北京：人民出版社，1982。

[2] 冯友兰：《中国哲学史新编》第1册，第29页，北京：人民出版社，1982。

族的哲学，则有所不同。”[1]研究中国哲学史的任务，一方面要注意哲学的共性，揭示中国哲学发展的规律，另一方面也要抓住中国哲学的个性，突出中国哲学的民族特点。研究中国哲学史免不了借鉴西方哲学史的研究方法，但借鉴不等于照搬照抄。“有许多西方哲学的‘术语’可以用以分析、解释、翻译、评论中国古代哲学。但是，翻译必须适当。”[2]冯友兰的这句话是有感而发的，批评了中国哲学史研究中曾存在的简单化倾向。

关于中国哲学史的写法问题，冯友兰也提出独到的见解。他注意到，中国哲学存在着“术语”比较少、论证往往不很详尽、形式上的体系往往不完备、正式的哲学论著比较少等情况，中国古代哲学家喜欢“言简意赅”“文约义丰”。但是，他们不采取形式上的表述系统，并不等于他们的思想没有实质上的系统；他们没有直接讲明得出结论的过程，并不等于没有这个过程。鉴于中国哲学的实际情况，冯友兰提出，在写中国哲学史的时候，“哲学史家必须把这种过程讲出来，把结论的前提补足，但是这种‘讲’和‘补’当然不能太多。就是说，只能把中国古代哲学家们要说而还没说的话替他们说出来，而不能把他们还没有要说而在当时实际上不可能有的话说出来。不可太多，也不可太少。太多了就夸张古人的意思，太少了就没有把古人的意思说清楚，讲透彻。怎样才能既不太多也不太少，恰如其分，那就要看这个哲学史工作者对于古人的理解的能力和程度了。”“中国哲学史工作者的一个任务，就是从过去的哲学家们的没有形式上的系统的资料中，找出他的思想体系，用所能看见的一鳞半爪，恢复一条龙来。在写的哲学史中恢复的这条龙，必须尽可能地接近于本来的哲学史中的那条龙的本来面目，不可多也不可少。”[3]写中国哲学史要想达到这个要求，必须做到以下三点：第一，必须具体地说清楚一个哲学家的哲学体系；第二，必须具体地说清楚一个哲学家得出结论的理

[1] 冯友兰：《中国哲学史新编》第1册，第35页，北京：人民出版社，1982。
[2] 冯友兰：《中国哲学史新编》第1册，第37页，北京：人民出版社，1982。
[3] 冯友兰：《中国哲学史新编》第1册，第37—38页，北京：人民出版社，1982。

论思维过程；第三，必须具体地说清楚哲学家所提供的世界观，使学习哲学史的人可以得到一些“受用”或教训。冯友兰提出这样的要求，也是针对两军对战而发。有些人使用外来方法把古代哲学家的思想划成本体论、认识论、方法论、历史观四大块来表述，看起来好像面面俱到，实则割裂了古人的思想体系。对于此种做法，冯友兰作出这样的批评：“这样，就好像把一个活人分割为几块，然后再缝合起来。缝合可以成功，甚至是天衣无缝，但是那个人已经死了，没有生命了。”[1]

冯友兰的《中国哲学史新编》改变了以往通史那种按历史年代排列哲学家人名的辞书式的写法（冯友兰戏称“点鬼簿”），紧紧把握时代的变迁，把握思潮的演变和中心问题，把有代表性的人物或著作放到思潮中考察，以简洁明快的手笔勾勒出数千年中国哲学发生发展的长卷。这种新的写法克服了以往中国哲学史著作内容零乱、缺少内在联系等不足之处，给读者描述出一条哲学思想发展的基本线索。读者抓住这条线索，就比较容易掌握中国哲学史的基本内容与发展规律了。

（五）中国哲学史分期

冯友兰用他生命的最后的十年，独自写完《中国哲学史新编》，成为新中国书写中国哲学通史的大家之一。以往集体编写的中国哲学史教材以“从孔夫子到孙中山”为框架，没有通到现代部分，这个旧例被冯友兰打破了。《中国哲学史新编》不但写了从五四时期到中华人民共和国成立这三十年中国近代哲学史的发展情况，而且涉及现代哲学，是一部名副其实的中国哲学通史。

他声明，重写中国哲学史绝不沿用排列人名的俗套，要创立新的体裁。“照这个体裁，书不以人为纲，以时代思潮为纲；以说明时代思潮为主，不以罗列人名为贵。每一个时代思潮都有一个真正的哲学问题成为讨论的中心，

[1] 冯友兰：《中国哲学史新编》第1册，第8页，北京：人民出版社，1982。

哲学史以讲清楚这个问题为要，不以堆积资料为高。全书讲了 7 个时代思潮：先秦诸子（分前后期），两汉经学，魏晋玄学，隋唐佛学，宋明道学（分前后期），近代变法，现代革命。这是客观的中国哲学史的 7 个中心环节，也是客观的中国哲学史发展的自然格局。”“所谓自然格局就是说，这不是从别的地方搬过来，硬套上去的。”[1]他认为，迄今为止中国历史经历三个大转变时期，中国哲学史应当以此为基本线索。

第一次大转变时期是春秋战国时期。在这一时期，中国社会发生了空前大变革，新兴地主阶级建立的政权取代奴隶主阶级的政权；封建社会取代了奴隶制社会，政治、经济、文化各方面都起了根本的变化，有了全新的面貌。第二次大转变时期是近代。1840 年帝国主义列强借助船坚炮利的优势，轰开中国的大门，使中国由封建社会变成半封建半殖民地社会。第三次是现代，中国进入社会主义社会时期。“在这三个大转变时期中，现代这一次最大。以前的转变是以一个剥削阶级替代另一个剥削阶级为其中心内容。现代的转变是以无产阶级消灭一切剥削阶级为其中心内容。”[2]以三大转变时期为关键，冯友兰把中国历史划分为四个时代，按照这四个时代安排全书的框架结构和基本内容。

第一个时期指第一个大转变及其以前的时期，他称这一时期为古代。古代又分为前期和后期。前期是殷周至春秋战国初，他把这一时期的中国哲学写入第一册。第一册有《自序》《全书绪论》《第一册绪论》各一篇。在《第一册绪论》里，冯友兰首先总论社会制度的变革，然后从经济基础的变化谈到诸子学的产生和百家争鸣局面的初步形成。接下来安排九章。第一章《商、周奴隶社会的兴盛与衰微——商代和西周时期（公元前 16 世纪至公元前 8 世纪）宗教天道观的变化和古代唯物主义思想的萌芽》，简略地叙述上古时期的思想情况，侧重介绍周公旦的天命论和古代唯物主义和自发辩证法思想萌芽的出现。第二章《春秋战国时期的社会大变革——由奴隶制向封建制的过

[1] 冯友兰：《中国哲学史新编》第 5 册，第 1—2 页，北京：人民出版社，1988。

[2] 冯友兰：《中国哲学史新编》第 1 册，第 47 页，北京：人民出版社，1982。

渡》，在阐述这一时期的生产力、生产关系、意识形态的情况之后，着重论述百家争鸣局面形成的原因。第三章《齐、晋两国的改革及齐桓、晋文的霸业》绍述管仲等改革家的举措和思想。第四章《前期儒家思想的形成——孔丘对于古代精神生活的反思》是第一册的重点，评述孔子关于古代道德生活、宗教生活、文艺生活、学术生活以及他自己的精神境界的反思，比较详细地论述了孔子的仁学、礼学及其完全人格论，充分肯定孔子作为儒家创始人的学术地位。第五章《邓析与子产的斗争，名家的起源》把邓析看成前期名家的代表。第六章《春秋末期军事思想经济思想中的唯物主义和辩证法》重点介绍孙武的军事哲学思想，兼论范蠡的政治哲学思想和计然的经济哲学思想。第七章《墨翟和前期墨家的哲学思想》是这一册的另一个重点，绍述墨家创始人墨翟的“尚贤”“兼爱”“尚同”“非功”等思想。第八章《晋法家思想的发展》评述早期法家李悝、申不害的思想。第九章《道家的发生与发展和前期道家》把杨朱视为道家的开山，这是冯友兰提出的新见解。

古代的后期主要指战国。冯友兰这一时期的哲学思想写入第二册。第二册除《绪论》，有十五章。第十章《秦国进一步的改革——商鞅变法》、第二十三章《战国时期最后的理论家韩非的哲学思想》，评述后期法家的哲学思想，重点论述韩非的法、术、势相统一的学说及其唯物主义的认识论。第十一章《道家哲学体系的形成和发展——〈老子〉的客观唯心主义哲学体系》、第十四章《庄周的主观唯心主义体系，道家哲学向唯心主义的进一步的发展》，评述后期道家的哲学思想。冯友兰依然坚持《老子》晚出说，并做出《老子》倾向客观唯心主义、庄子倾向主观唯心主义的论断。第十二章《孟轲——儒家思想向唯心主义的发展》、第二十一章《易传的具有辩证法因素的世界图式》和第二十二章《荀况——儒家思想向唯物主义的发展》，论及后期儒家的发展情况。冯友兰认为，孟子趋向唯心主义，荀子趋向唯物主义，《易传》趋向客观唯心主义但包含丰富的辩证法思想，皆从不同的侧面发展了孔子创立的儒学。第十三章《墨家的支与流裔宋钘、尹文；农民思想家许行》、第十九章《墨辩——后期墨家向唯物主义发展》，介绍墨家在后期的发展趋向。第十五章《惠施、公孙龙及其他辩者，后期名家的发展》，着重论述惠施的“合异同”说和公孙龙的“离坚白”说，兼论其他后期名家的思想。第二十章《阴阳五行家的具有唯物主义因素的世界图式》，绍述了《洪范》《月令》以及邹衍的哲学思想。冯友兰还突破传统的六家或十家的提法，根据马王堆出土的材料，把稷下黄老之学当作单独的一家来研究。在第十六章《慎到和稷下黄老之学》、第十七章《稷下黄老之学的精气说——道家向唯物主义的发展》、第十八章《楚国的改革与屈原，稷下精气说的传播》等三章中，他发表了新的见解。他认为，稷下黄老之学实则是道家与法家的统一。该册最后一章即第二十四章《先秦百家争鸣的总结与终结》，分别介绍儒家、道家、法家对百家争鸣所作的总结，把杂家的代表作吕不韦的《吕氏春秋》的问世看作先秦哲学的终结。

第二个时期指从第一个大转变时期以后到第二个大转变时期的前夕，冯友兰称这一时期为中古时代。中古时代分为三个段落。第一个段落是两汉，冯友兰把这一时期的哲学写入第三册。这一册除《第三册绪论》外，含十四章。他认为，经学是两汉哲学的主潮，所以围绕这一主潮安排此册的内容。第二十五章《汉初黄老之学》和第二十六章《汉初最大的政论家和哲学家——贾谊》，绍述经学问世前的哲学发展情况。第二十七章《董仲舒公羊学和中国封建社会上层建筑》，评述今文经学代表董仲舒的哲学，是这一册的重点。第二十八章《〈礼记〉与中国封建社会的上层建筑》，以《礼记》为代表，概述经汉儒整理后的儒家经书所表达的基本思想。第三十二章《古文经学的兴起及其哲学家——刘歆、扬雄、桓谭》，绍述经学另一大分支古文经学的发展情况及其代表人物的哲学思想。第三十一章《纬书中的世界图式》，概述经学的变种谶纬之学的思想。第二十九章《董仲舒哲学体系的对立面淮南王刘安的黄老之学》、第三十章《〈盐铁论〉与“义利之辨”》和第三十三章《王充——两汉时代最大的无神论者和唯物主义哲学家》，评述经学对立面的思想，其中以评述王充的唯物主义哲学思想为重点。第三十四章《东汉末无神论和进步的社会思想》和第三十五章《东汉末农民大起义和〈太平经〉》，论述两汉经学衰微后的社会情况和思想变化。

中古时代的第二个段落是魏、晋至隋、唐，冯友兰把这一时期的哲学思想写入第四册。这一册有《第四册自序》和《第四册绪论》各一篇，含十三章。冯友兰认为玄学是魏晋时期的主潮，该册的前八章围绕着这一主潮安排。第三十六章《玄学的先河——刘劭的〈人物志〉和钟会的〈四本论〉》，可以说是玄学的导言。第三十七章《通论玄学》，可以说是玄学思潮的总论。冯友兰认为，玄学的主题是有无关系问题，对这一问题回答的方式不同，构成玄学思潮发展的三个阶段。第三十八章《王弼、何晏的贵无论——玄学的建立及其发展的第一阶段》和第三十九章《嵇康、阮籍及其他“竹林名士”》，论述玄学发展的第一阶段。这一阶段，以贵无论为主导。第四章《裴頠的崇有论和欧阳建的言尽意论》，论述玄学发展的第二阶段。在此阶段，以崇有论为主导。第四十一章《郭象的“无无论”——玄学发展的第三阶段》，论述玄学发展的第三阶段。这一阶段，以“无无论”（这是冯友兰提出的新术语）为主导，实则是贵无论与崇有论的合题。第四十二章《魏晋之际玄学以外的唯物主义和进步的社会思想》，简述玄学以外的思想。第四十三章《玄学的尾声及其历史的功过》，对玄学思潮作了总结性评判。

冯友兰认为，佛学是隋唐时期的主潮，该册的后五章围绕这一主潮安排。第四十四章《通论佛学》提出，主观唯心主义和客观唯心主义的斗争是佛学的主题；佛学在中国的发展，经历了三个阶段。第四十五章《佛学在中国发展第一阶段——“格义”》，叙述第一阶段的情况。第四十六章《中国佛学发展的第二阶段——教门》，评述三论宗、《大乘起信论》、唯识宗、华严宗的佛学思想。第四十七章《中国佛学发展的第三阶段——“宗门”》，评述禅宗的佛学思想。第四十八章《隋唐佛学向宋明道学的过渡》，从佛学融入儒学的角度评述韩愈、李翱、柳宗元、刘禹锡的哲学思想。

中古时代的第三个段落是宋、元、明、清，冯友兰把这一时期的哲学写入第五册。该册有《第五册自序》《第五册绪论》各一篇。他认为这一时期的主潮是道学，围绕着道学安排了十一章。第四十九章《通论道学》，概述道学的发展情况，认为道学的主题是讲“理”。程氏兄弟是道学的创始人：程颢创立心学，程颐创立理学，构成前期道学的肯定阶段；张载提出“气学”，构成否定阶段；而朱熹理气并称，是前期道学的否定之否定，又是后期道学的肯定阶段。陆九渊、王阳明是后期道学的否定，而王夫之则是否定之否定，成为后期道学的集大成者。第五十章《道学出现的政治条件——庆历新政和熙宁变法》和第五十一章《道学的前驱——周敦颐、邵雍》，叙述道学产生的时代背景和先驱者的思想。第五十二章《道学的奠基者——二程》、第五十三章《道学的奠基者——张载》和第五十四章《朱熹》，论述前期道学代表人物的哲学思想，并且以朱熹为重点。第五十五章《陆、王心学的兴起》、第五十六章《后期道学的高峰——王夫之的哲学体系》论述后期道学代表人物的哲学思想，并且以王夫之为重点。第五十六章《道学外的思想家——陈亮和叶适》、第五十七章《气学的复兴和理学的自我修正及革新》、第五十八章《心学的发展》介绍了几位道学以外的思想家和有一定影响的道学家的思想。

第三个时期是从第二个大转变时期以后到新民主主义革命时期，冯友兰称其为近代。他把这一时期的哲学写入第六册。该册除《第六册自序》《第六册绪论》各一篇，含十一章。冯友兰指出：“中国近百年历史的发展，在思想上看有四个层次：第一层是全封建思想，以慈禧太后为代表；第二层是半封建思想，以康有为为代表；第三层是半资产阶级思想，以严复为代表；第四层是全资产阶级思想，以孙中山为代表。”[1] 他把近代理解为资产阶级思想逐步取代封建主义思想的历史。第六十章《中国历史第二次大转变时期思想界中的先行者——黄宗羲》、第六十一章《颜元对于道学的批判》和第六十二章《戴震反道学的斗争》，写了清代三位思想家的思想，冯友兰把他们视为近代的思想先驱，这是他的创见。第六十三章《魏源应付大转变的新形势的总对策及其哲学思想》，评述魏源“以夷为师”的观点。第六十四章《农民大起

[1] 冯友兰：《中国哲学史新编》第 6 册，第 10 页，北京：人民出版社，1989。

义和太平天国的神权政治》，评述洪秀全等人的思想。第六十五章《所谓“同治中兴”和“同治维新”的中心人物——曾国藩》，评述洋务派代表人物曾国藩的思想。第六十六章《戊戌变法（所谓“光绪维新”）的组织者和领导人物——康有为》、第六十七章《戊戌维新运动的激进理论家和哲学家——谭嗣同》和第六十八章《中国第一个真正了解西方文化的思想家——严复》，分别绍述三位启蒙思想家的思想。第六十九章《中国近代美学奠基人——王国维》，第一次把美学家写进中国哲学史。第七十章《关于中学、西学斗争的官方结论》，对近代思想斗争作了简要的总结。

第三个大转变时期指社会主义革命和社会主义建设时期，冯友兰称其为现代。他把这一时期的哲学写入第七册，由于某种原因，未能在人民出版社出版。第七册以《中国现代哲学史》为名，单独出版。该书除《第七册自序》和《第七册绪论》，含十一章。冯友兰把中国现代理解为旧民主主义革命、新民主主义革命的交替时期，围绕这一时代变化展示几位有代表性的思想家的哲学思想。第七十一章《革命派和立宪派的宣传斗争与章炳麟》和第七十二章《旧民主主义革命的最大理论家和最高领导人——孙中山》，分别阐述两位旧民主主义革命时期著名思想家的理论活动和学术思想。第七十三章《新文化运动的创始人、教育家、哲学家——蔡元培》、第七十四章《 新文化运动的右翼——胡适、梁漱溟》和第七十五章《新文化运动的左翼——陈独秀、李大钊》，分别阐述了五四时期几位有代表性的思想家的哲学思想。第七十六章《二十至四十年代之间的三大论战》，概述了科学与人生观论战、社会性质论战、中西文化论战三次现代哲学史上发生的重大事件。第七十七章《毛泽东和中国现代革命》，评述毛泽东的哲学思想。第七十八章《中国哲学现代化时代中的理学（上）——金岳霖的哲学体系》和第七十九章《中国哲学现代化时代中的理学（下）——冯友兰的哲学体系》，把金岳霖和他本人的哲学体系定位为现代理学的典型。第八十章《中国哲学现代化时代中的心学——熊十力的哲学体系》，把熊十力定位为现代心学的典型。最后一章即第八十一章《〈中国哲学史新编〉总结》，分两部分对全书作了总结，“第一部分为从中国哲学史的传统看哲学的性质及其作用，第二部分为从中国哲学的传统看世界的未来。”[1]

写完七册八十一章巨著，冯友兰已届95岁高龄。在写第七册的时候，他双目失明，已不能动笔，完全靠口授，由助手记录下来整理成书稿。古人口占一绝句，堪称奇才；冯友兰口占一本书，可谓是旷世奇才！皇皇七册八十一章全部完稿后，他以这样两句话表明自己在中国哲学史事业上终生求索的心灵轨迹：一句是“修辞立其诚”；另一句是“海阔天空我自飞”。他做完自己想做的事情，释然驾鹤西去。“智山慧海传真火，愿随前薪做后薪。”他以这样的诗句为自己的宏愿画上了句号。

通过以上极其简略的介绍，我觉得冯友兰著《中国哲学史新编》的确是一部高水平的精品力作。它凝结着冯友兰毕生的心血。这部书七巨册一气呵成，融会贯通，冯友兰的确实现了自己的预想：根据古人留下的只鳞半爪，恢复中国哲学史的“龙形”。他用清晰的线条勾勒出从古到今中国哲学史的长卷，真不愧是大手笔，不愧是深得中国哲学精髓的学界泰斗。冯友兰的写作风格，也是我辈折服的。他善于用最精练的文字，表述最复杂的思想，深入浅出，娓娓道来，使人读起来真会觉得是一种享受，绝不像集体编写的中国哲学史教材那样晦涩。他敢于突破禁区、富有探索精神，构成此书的独到之处。从他提出的几个“非常可怪之论”，不管我们接受与否，都会感到震撼。当然，此书也有不足之处。有些章节的安排不大合理；某些观点可以作为一家之言，但很难能得到普遍认同；近代和现代部分写得比较单薄，哲理性也不够强，有点“急就章”的味道。倘若老天再给冯友兰一些时日，或许他能把此书写得更好一些。

二、冯契著《中国古代哲学的逻辑发展》

在新时期另一位独立写完中国哲学通史的大家就是冯契先生。他给我

[1] 冯友兰：《中国现代哲学史》，第236页，广州：广东人民出版社，1999。

们留下的不是一套书，而是两套书。第一套书题为《中国古代哲学的逻辑发展》，分上、中、下三册，绍述1840年以前的中国哲学史，1983年作为高等学校教材由上海人民出版社出版；第二套书题为《中国近代哲学的革命进程》，论述从1840年到1949年间的中国哲学史，1989年由上海人民出版社出版。他所说的近代包括通常所说的现代。第一套书《中国古代哲学的逻辑发展》，冯契酝酿很久，在"文革"之前就已写出初稿。不幸的是，书稿在"文革"期间被搜走，以至丢失，多年的心血付诸东流。"文革"结束以后，冯契决心远仿司马迁故事，近效业师金岳霖故事（金岳霖著《知识论》在抗日战争期间丢失，后重新写出），重新写出此书。他在后记中不无感慨地写道："我同许多知识分子一样，从劫灰中复活过来，获得了新的生命力。于是我决心使我的书也复活过来，便结合研究生的教学，对过去已初具规模的著作进行系统的回忆，先写出比较粗糙的讲稿，课后整理出讲课记录稿，然后再加工琢磨，修改成书。《中国古代哲学的逻辑发展》就是这样一部从劫灰中复活过来的著作。"[1]他的这套书着意突出"发展"二字，试图纠正集体编写的中国哲学史教材只讲斗争、不讲发展的倾向，突破了教条主义者对外来方法的崇拜。冯契写的古代中国哲学史，不再是点的集合，而强调有逻辑线索贯穿其中。

（一）辩证的内在方法

《中国古代哲学的逻辑发展》是一部完整的中国古代哲学断代史。此套书的《绪论》长达54页，系统阐述写作此书的指导思想。《绪论》第一节题为《哲学史研究方法论》，阐述他自己在这方面的独到见解。冯契申明："本书试图用马克思主义的辩证方法来研究中国古代哲学史。"[2]至于如何运用辩证法研究中国古代哲学史，他提出以下四个要点。

[1] 冯契：《中国古代哲学的逻辑发展》，下册，第1180页，上海：上海人民出版社，1985。

[2] 冯契：《中国古代哲学的逻辑发展》，上册，第1页，上海：上海人民出版社，1985。

第一，把握哲学历史发展的根据。依据唯物史观社会存在决定社会意识的原理，冯契认为社会实践是哲学史发展的根据。他给哲学史下的定义是："根源于人类社会实践主要围绕着思维和存在关系问题而展开的认识的辩证运动。"[1]他对"社会实践"的理解是广义的，并非仅限于阶级斗争、生产斗争和科学实验，与一般哲学教科书的提法不同。他说："一个哲学家的实践活动往往是多方面的，不只是参加阶级斗争或政治活动，还研究科学、整理文献，或者还从事教育工作和文艺创作等。如果只注意他的政治态度，或者只注意他的科学研究成果，就往往不足以全面地说明他的哲学思想是怎样从社会实践中产生的。"[2]这种理解已经突破了教条主义框框，注意到社会实践的丰富内涵，纠正了对社会实践的解释过度政治化的偏向。

集体编写的中国哲学史教材往往把"阶级斗争"等同于农民起义，用大量篇幅交代每次农民起义的来龙去脉；往往把"科学实验"等同于具体的技术发明，用大量篇幅交代每朝每代技术发明进展的情况。至于如何解释农民起义和技术发明对哲学发展的影响，则语焉不详，未能做出令人信服的解释。冯契放弃了这种写法。他不再把哲学斗争直接同农民反对地主的阶级斗争相挂钩，而是明确指出"哲学斗争主要是在地主阶级内部进行的"。这种斗争也不能简单地归结为中小地主反对大地主之间的斗争，或者革新派与顽固派之间的斗争。"仅仅用地主阶级的革新派反对顽固派，或中小地主反对大地主的政治斗争来解释哲学上的唯物主义和唯心主义的斗争，也是缺乏说服力的。"[3]他的看法是："首先是社会生产力的发展推动了科学反对宗教迷信的斗争，其次是社会矛盾促进了地主阶级内部的政治思想斗争。将二者结合起来考察，我们就可以把握中国封建社会中哲学发展的根据。"

集体编写的中国哲学史教材努力突出劳动人民的地位，甚至有人试图写

[1] 冯契：《中国古代哲学的逻辑发展》，上册，第 11 页，上海：上海人民出版社，1985。

[2] 冯契：《中国古代哲学的逻辑发展》，上册，第 3 页，上海：上海人民出版社，1985。

[3] 冯契：《中国古代哲学的逻辑发展》，上册，第 6 页，上海：上海人民出版社，1985。

一本以劳动人民为主体的中国哲学史。冯契认为这种想法不切实际。在中国封建社会，农民阶级虽然是劳动人民的主体，“但农民阶级不是新的生产力的代表者，不可能建立新的生产方式，因而不可能像无产阶级那样建立科学的哲学体系。”[1]他不否认劳动人民是社会实践的主体，但不同意把劳动人民看成哲学史的主角。

第二，历史的方法与逻辑的方法相结合。冯契主张用辩证的观点看待历史与逻辑的一致性。总的来看，历史和逻辑是一致的，但也有矛盾之处。历史往往比逻辑更丰富、更生动，常常伴随着偶然因素的出现。中国哲学史从业者必须坚持唯物史观，把现实的历史看作逻辑思维表现，撇开历史的偶然性，从历史现象中概括出逻辑发展的环节来，把握历史的方法与逻辑的方法相结合的原则。“历史从哪里开始，思维进程也就从哪里开始。所谓历史的方法，就是要把握所考察对象的基本的历史线索，看它在历史上是怎样发生的，根据是什么；又是怎样发展的，经历了哪些阶段。而真正要把握基本的历史联系，就要清除掉外在形式和偶然的东西，以便对对象的本质的矛盾（即根据）进行具体分析，对每一发展阶段或环节都能从其典型形式上进行考察，而后综合起来，把握其逻辑的联系和发展的规律。这其实也就是逻辑的方法。”[2]正是基于这样的认识，他才以《中国古代哲学的逻辑发展》为书名，努力贯彻历史的方法与逻辑的方法相结合的原则。他突出“逻辑发展”而不再是“两军对战”，构成此书鲜明的特色。

从历史与逻辑一致的观点看，中国哲学史上每位有代表性的哲学家，都是发展过程中不可或缺的环节，不可以简单地否定。后来的哲学家总是以前辈留下的思想资料为出发点，为进一步发展的前提。唯物主义是哲学发展的逻辑环节，唯心主义同样也是哲学发展的逻辑环节。他举例说，墨子继承了孔子，又批判了孔子。按照他的看法，唯物主义与唯心主义既有对立的方面，

[1] 冯契：《中国古代哲学的逻辑发展》，上册，第 5 页，上海：上海人民出版社，1985。

[2] 冯契：《中国古代哲学的逻辑发展》，上册，第 12—13 页，上海：上海人民出版社，1985。

也有统一的方面。有些哲学家即便是“唯心主义者”，从业者也要正确对待，抱具体分析的态度，实事求是地叙写。他举例说，孔子的哲学虽说是“唯心论的先验论”，但“他尊重理性，这是认识史上的一个重要环节。他‘不语怪、力、乱、神’，是理智的态度。他说：‘知之为知之，不知为不知，是知也。’这就有实事求是的精神，触及了认识过程中‘知’与‘不知’的矛盾，含有辩证法思想。”[1] 出于历史的方法与逻辑方法相一致的观念，冯契不再把“唯心主义”同“唯物主义”尖锐地对立起来，认为二者皆为哲学逻辑发展的必要环节，实际上已经突破了教条主义者的对立思维，只是碍于当时还没有彻底摆脱“左”的氛围，不能不保留“唯心主义”或“唯物主义”等提法。他只承认“两军”，拒斥“对战”观念。

第三，运用科学的比较法。冯契认为，中西哲学比较研究不能停留在形式上的简单比附，必须贯彻辩证思维原则。他指出，掌握科学的比较法应当抓住两个环节：一是类比，二是对比。这两个环节相互联系，“只有对过程本身进行矛盾分析、对比，才能在不同过程之间进行类比；而对不同过程进行类比，又帮助我们去深入揭露所考察的过程的矛盾。”[2]

关于类比，他解释就是“把不同的过程、领域或不同的阶段进行比较，比较它们在本质上的相同之点和相异之点”。例如，中国先秦哲学与欧洲近代哲学相比，它们之间的共同点在于：都处在哲学和科学获得迅速发展的时代，都处在比较典型的革命时代，并且哲学革命成为政治变革的先导。不同点在于：欧洲处在资产阶级革命的时代，处于机械唯物论阶段；中国先秦处在地主阶级革命的时代，处于朴素唯物论阶段。至于对比，他的解释就是“对事物、过程本身内部矛盾的双方进行比较”。例如，列宁把欧洲哲学内部矛盾展开的过程，概括为三个圆圈：一是从笛卡尔、伽桑狄到斯宾诺莎；二是从霍尔巴赫经过贝克莱、休谟、康德到黑格尔；三是从黑格尔到费尔巴哈，再

---

[1] 冯契：《中国古代哲学的逻辑发展》，上册，第 16 页，上海：上海人民出版社，1985。

[2] 冯契：《中国古代哲学的逻辑发展》，上册，第 20 页，上海：上海人民出版社，1985。

到马克思。“回顾这三个圆圈，清除其外在的形式，把握它的基本概念，就可以看到围绕着思维与存在关系问题而展开的认识的辩证运动中的三对主要范畴，即感性和理性、绝对和相对、唯物论和辩证法。”[1]在先秦诸子哲学中，也可以看到人类认识运动过程中矛盾的展开：“墨子用经验论来反对孔子的先验论，而老子想要超越经验论和先验论，提出‘反者道之动’的命题，有辩证法思想。”[2]

第四，站在发展的高级阶段回顾历史。冯契指出，我们不能站在古人的立场呈现中国哲学史，只能站在现时代的立场回顾中国哲学史。研究哲学史的目的，不是为古人竖碑立传，而是对历史遗产进行马克思主义的分析，取其精华，去其糟粕，提高我们自己的理论思维能力，建设社会主义新文化。

回顾中国哲学史，必须立足于哲学发展的高级阶段，超越“以中解中”的诉求，掌握“古”与“今”的辩证法。他引用马克思的话说：“人体解剖对于猴体解剖是一把钥匙。低等动物身上表露的高等动物的征兆，反而只有在高等动物本身已经被认识之后才能理解。”[3]他所说的“高级阶段”，指的是马克思主义哲学；所说的“回顾”，不是套用，而是对哲学家做出实事求是的分析和评判，看每一时代的哲学发展到了什么水平，既肯定哲学家的贡献，也指出他们的局限。一个哲学体系所包含的积极因素与局限性，常常是互相联系着的，必须用辩证的眼光来看待。例如，“《易传》提出了‘一阴一阳之谓道’的两点论，在辩证法上较老子更前进了一步，看到了否定的东西与肯定的东西的统一。并且它是向前看的，说‘天行健，君子以自强不息。’《易传》的辩证法确实是生气勃勃的，但也有局限性。它把由阴阳组成的六十四卦看作世界的模式，是先天的，认为人世间的一切大事业都是按这个模式造成的，这就是一个客观唯心主义体系。”[4]冯契提出“站在发展的高级阶段回顾历史”

[1] 冯契：《中国古代哲学的逻辑发展》，上册，第 23 页，上海：上海人民出版社，1985。

[2] 冯契：《中国古代哲学的逻辑发展》，上册，第 24 页，上海：上海人民出版社，1985。

[3] 《马克思恩格斯选集》第 2 卷，第 108 页，北京：人民出版社，1972。

[4] 冯契：《中国古代哲学逻辑发展》，上册，第 31 页，上海：上海人民出版社，1985。

的方法，既坚持了马克思主义哲学立场，又纠正了集体编写中哲学史教材的教条化、简单化倾向，力求贯彻古为今用的原则。他采用的方法，既符合马克思主义的立场和观点，又是内在方法的进一步发展，把二者有机地结合起来。

（二）中国古代哲学特点

由于受“两军对战”魔咒的制约，集体编写的中国哲学史教材存在着中国特点不突出的问题。针对这种倾向，冯契在《绪论》中专门设辟出一节，论述中国传统哲学的特点。在他看来，写中国哲学史必须突出中国哲学史的特点，否则便不配称为“中国哲学史”。他从近代哲学革命的角度，回顾中国传统哲学的特点，把这种特点概括为以下三条。

第一，在认识论方面的特点。冯契不认同“中国哲学较多讲道德实践和修养而较少讲知识”的观点。在他看来，持这种观点的人对认识论的理解有误，没有全面把握认识论的内涵。冯契把认识论涉及的问题，概括为四个：一是感觉能否给予客观实在？二是理论思维能否达到科学真理？三是逻辑思维能否把握具体真理？四是人能否获得自由？由于中国古代没有出现近代实证科学，中国古代哲学家对于前两个问题关注的程度，自然没有休谟、康德等西方近代哲学家那么强烈，但也绝非没有触及。例如，对“感觉能否给予客观实在”和“理论思维能否达到客观真理”两个问题，庄子已有很深的思考，提出种种问难。在认识论方面，中国古代哲学的特点在于，用较多精力和较长时间考察后两个问题：“逻辑思维能否把握宇宙发展法则的问题，发端于先秦的‘名实’之辩；理想人格如何培养的问题，发端于先秦的‘天人’之辩；‘天人’‘名实’之辩贯穿于整个中国哲学史。”[1]总之，说中国哲学讲认识论的侧重点有别于西方近代哲学可以；说中国哲学不讲认识论，则不可以。

[1] 冯契：《中国古代哲学的逻辑发展》，上册，第 42 页，上海：上海人民出版社，1985。

第二，在逻辑学和自然观方面的特点。冯契不认同“中国传统哲学不重视逻辑学和自然观”的观点。在他看来，持这种观点的人，对逻辑学和自然观的理解有误解，实际上把逻辑学等同于形式逻辑，把自然观等同于原子论。关于形式逻辑，中国古代哲学家也有建树，《墨辩》就取得了很高的成就。只是到后来的中国哲学家不再像欧洲人和印度人那么热心于此道；至于原子论，《墨辩》也有论述，称之为“端”，不过后来没有成为主流看法。“原子论思想和形式逻辑没有得到充分发展，这是中国传统哲学的一个弱点。但是中国人却比较早地发展了朴素的辩证逻辑和朴素的辩证法自然观（气一元论），从而对逻辑思维能否把握宇宙发展法则这个认识论问题作了肯定的回答和多方面的考察，这却是一个优点。”[1]他引用英国学者李约瑟博士的说法，作为中国传统哲学在逻辑学和自然观方面有独到之处的佐证。李约瑟在《中国科学技术史》中写道：“当希腊人和印度人很早就仔细地考虑形式逻辑的时候，中国人则一直倾向于发展辩证逻辑。与此相应，在希腊人和印度人发展了机械原子论的时候，中国人则发展了有机宇宙的哲学。”[2]

第三，在考察人的自由问题上的特点。冯契认为，关于人的自由问题可以从多方面考察。这个问题既关涉认识论，也关涉伦理学，中国哲学家通常把这两方面结合起来考察。例如，“孔子提出仁智统一学说，就是要在社会伦理关系中来培养理想人格。仁智统一，意味着人道（仁爱）原则和理性原则的统一，伦理学和认识论的统一。孔子讲认识论主要是讲伦理学（‘知人’），而讲伦理学也是从认识论角度来考虑（‘未知，焉得仁？’）。”[3]他不认同那种把“复性”“无对”说成中国哲学特点的说法，认为这只是一部分儒者的看法，不代表全局。从全局看，强调不离开人和人之间的伦理关系来讲天人之际，那才是中国哲学的特点。

---

[1] 冯契：《中国古代哲学的逻辑发展》，上册，第 47 页，上海：上海人民出版社，1985。

[2] 李约瑟：《中国科学技术史》第 3 卷，第 337 页，北京：中国科学出版社，1990。

[3] 冯契：《中国古代哲学的逻辑发展》，上册，第 49 页，上海：上海人民出版社，1985。

中国和西方古代哲学家都意识到道德行为应该是自觉自愿的行为，但各有所侧重，显示出各自的特色。“相比之下，如果说中国哲学较多地考察了伦理学上的自觉原则和‘为学之方’（道德教育和修养），那么西方哲学则较多地考察了自愿原则和意志自由问题。”[1]在古代，中西哲学独立发展，形成各自的特色，其中既有优点，也有不足。双方发生接触后，可以取长补短，推动人类探讨自由问题的深度。

冯契认为，关于人的自由，也是一个美学问题。在古代，中国和西方哲学家都意识到人在艺术创作和艺术欣赏中是自由的，意识到艺术对于培养人的性格、陶冶人的性情可以发挥重要作用。其各自的特点在于：“西方人比较早地提出了美学上的模仿说（再现说）和典型性格理论，而中国人则比较早地发展了美学上的言志说（表现说）和意境理论。”[2]

冯契关于中国传统哲学特色的概括，是他多年研究的结果，相当精辟，相当深刻，见解独特，发人所未发。他通过比较中西哲学，彰显出中国传统哲学特色，说服力极强。对于中西双方哲学他既不贬抑，也不拔高，分寸拿捏得十分准确。倘若不对中西哲学史皆作深入、细致的研究，很难做到这一点。

（三）总体框架

《中国古代哲学的逻辑发展》全套书62万多字，分为两篇。第一篇《先秦》，纳入上册；第二篇《秦汉—清代（鸦片战争以前）》，纳入中册和下册。关于中国古代哲学史的分期，冯契与早年的冯友兰相似，但没有采用“子学时代”和“经学时代”的称谓。

第一篇《先秦》论述春秋战国时期中国哲学诞生以及百家争鸣的情形，

[1]　冯契：《中国古代哲学的逻辑发展》，上册，第51页，上海：上海人民出版社，1985。

[2]　冯契：《中国古代哲学的逻辑发展》，上册，第53—54页，上海：上海人民出版社，1985。

由四章和小结组成。第一章《中国古代哲学的诞生》，由两节构成。第一节《原始的阴阳说与五行说》，认为中国哲学思维发端于阴阳五行说。阴阳的观念可以追溯到《易经》，五行观念可以追溯到《尚书・洪范》。“西周末年的阴阳说和五行说比之《易经》和《洪范》有了明显的进步，科学的成分增加了，科学与神话间的比例也不同了。”[1]这标志着中国哲学开始起步。第二节《“古今”“礼法”之争与“天人”之辩的开始》，从概述社会制度的变迁讲起，进而把守旧与革新之争归结为“礼法”之争和“古今”之争。与此相联系，哲学上的“天人”之辩在春秋时期也开始了。这三个问题的出现，标志着中国哲学进入“童年时代”。

第二章《儒、墨、道、法诸子的兴起》，论述春秋时期先秦哲学诸子阶段的情形，由四节构成。第一节《孔子的仁智统一学说》是关于孔子的个案研究。冯契针对把孔子妖魔化的倾向，分析孔子的两面性。孔子的政治态度虽有保守倾向，但他的教育实践具有创新性；孔子“畏天命”传统色彩较重，但他“敬鬼神而远之”，高扬理性精神。冯契指出，“仁”是孔子人道观的核心，展开了则形成忠恕之道。孔子把人道原则与理性原则统一起来，把认识论与伦理学统一起来，在中国哲学史上产生了非常深远的影响。第二节《墨子以及儒墨之争——经验论与先验论的对立》是关于墨子的个案研究。冯契把墨子定位为“平民的哲学家”，着重绍述墨子“兼爱”及其功利主义思想，绍述他关于名实关系的看法，也分析了“非命”说与“天志”说之间的矛盾。他把墨子同孔子联系起来看，认为儒墨之争实际上是经验论与先验论之争。“孔子有见于理性的作用，所以能提出一些合理的见解；而墨子有见于实践经验的作用，在认识论和逻辑学上做出重大贡献。”[2]儒墨皆为中国哲学发展的逻辑环节。第三节《〈老子〉：“反者道之动”——辩证法否定原理的提出》是关于《老子》的个案研究。冯契避开了老子晚出说与老子早出说之争，只研究

[1] 冯契：《中国古代哲学的逻辑发展》，上册，第 71 页，上海：上海人民出版社，1985。

[2] 冯契：《中国古代哲学的逻辑发展》，上册，第 117 页，上海：上海人民出版社，1985。

《老子》这本书，不研究老子这个人。他认为《老子》书中有些思想是针对儒墨提出来的，故放在孔墨之后评述。《老子》在礼法之争中持否定观点，有复古倾向；在“天人”之辩中主张“无为”；在“名实”之辩中主张“无名”：构成儒墨的对立面。《老子》的最大贡献，在于提出辩证法的否定原理，因而在中国哲学史上占有重要地位。第四节《〈孙子兵法〉以及法家之初起》论述兵家和法家的哲学思想，以《孙子兵法》为重点。冯契把法家和兵家视为“新兴地主阶级的代表者”，予以肯定的评价。他对《孙子兵法》和《老子》的辩证法做了比较，认为前者富有积极进取精神，更胜一筹。

第三章《百家争鸣的高潮》论述战国初期和中期先秦哲学争鸣阶段的情形，由五节构成。第一节《〈管子〉和黄老之学》，认为《管子》为法家和黄老之学合流的产物，在哲学上对《老子》做了改造，为“法”提供了哲学基础。第二节《儒法之争与孟子性善说》对儒家思孟做了专题研究，着重论述孟子关于“王霸”“义利”之辩的看法、先验主义的性善说、天人合一论以及“知言”学说。第三节《庄子：“万物一齐，孰短孰长”——相对主义反对独断论》是关于庄子的个案研究。冯契把庄子学说概括为具有泛神论色彩的天道观、用自然原则反对人为、以相对主义作为认识论的基础三个方面，认为用相对主义反对独断论，是构成哲学向辩证法发展过程中的一个必要环节。第四节《名家“坚白”“同异”之辩》评述惠施的“合同异”说和公孙龙的“离坚白”说，认为他们虽然分别导致相对主义和绝对主义，但亦包含有认识发展的必要环节。第五节《后期墨家论名实关系》认为后期墨家继承发展了墨子的功利主义和经验主义，提出“以名举实”的认识论、形式逻辑学说、自然观上的原子论，皆有独到之处。

第四章《先秦哲学的总结阶段》论述战国晚期先秦哲学尾声阶段的情形，由四节构成。第一节《荀子对“天人”“名实”之辩的总结——朴素唯物主义与朴素辩证法的统一》是关于荀子的个案研究。冯契肯定荀子在“古今”“礼法”之争中所持的进步立场，认为荀子在天道观和社会历史观方面皆围绕“明于天人之分”展开，并且从中引申出“性伪之分”说和“化性起伪”说；

关于认识过程，则提出“制名以指实”理论；通过对“名实”之辩的总结提出“制名”以“以辨同异”的逻辑学说；提出“符验”“辨合”“解蔽”等观念，表达了客观地、全面地看问题的诉求；对于如何“成人”即培养理性人格，荀子也提出精辟见解。冯契的评价是：“荀子对‘天人’‘名实’之辩作了出色的总结，达到了朴素唯物论和朴素辩证法的统一，在天道观、认识论和逻辑学上都作出了杰出的贡献。”[1]第二节《韩非：“不容之事不两立”》是关于法家集大成者韩非的个案研究。韩非反对“杂反之学”，用暴力的独断论拒斥折中主义，提出法、术、势相结合的法治理论。与此相应，在哲学上倡导历史进化观念，提出“缘道理以从事”“因人情”“因参验而审言辞”等独到的见解。第三节《〈易传〉：“一阴一阳之谓道”——朴素的对立统一原理的确立》，认为《易传》的突出贡献在于提出“一阴一阳之谓道”的论断，确立了朴素的对立统一原理。第四节《阴阳五行学说的发展——辩证逻辑的比较法运用于具体科学》，评述阴阳五行学说在战国末期的发展，绍述辩证逻辑比较法在《礼记·月令》和《黄帝内经》中的具体运用。

冯契把先秦哲学看成完整的断代史，故而专门做《第一篇小结》，这是有别于其他统编教材的独到之处。通过回顾先秦哲学的发展历程，他得出三个结论：第一，哲学和社会实践相互作用，通过政治思想斗争和科学反对迷信的斗争得以实现；第二，先秦哲学经历了螺旋式的发展过程，最后达到了“天人”“名实”之辩的比较全面、比较正确的解决；第三，先秦哲学主要的积极成果体现在认识论和逻辑学两个方面。从这三个结论反映出，他对古代哲学家充满了同情和敬意，摒弃以往那种把古人妖魔化的谬见。

第二篇《秦汉—清代（鸦片战争以前）》论述了从秦统一中国到1840年鸦片战争爆发这两千余年间中国哲学发展的情形，由五章和小结组成。第五章《独尊儒术与对儒家神学的批判》论述两汉时期中国哲学的发展情形，由六节构成。第一节《独尊儒术以及哲学论争中心的转变》指出，在两汉宇宙

[1] 冯契：《中国古代哲学的逻辑发展》，下册，第313页，上海：上海人民出版社，1985。

论问题和形神关系问题成了哲学的中心，“言意”之辩取代了“名实”之辩。第二节《董仲舒：“道大原出于天”——神学目的论的“或使”说》是关于董仲舒的个案研究。冯契把董仲舒哲学的核心论点归结于“道之大原出于天”，并且有形而上学和神学目的论倾向。第三节《〈淮南子〉与西汉儒道之争》认为《淮南子》代表西汉时期的黄老之学，有机械论倾向，同以董仲舒为代表的目的论构成对立面。第四节《〈易纬〉与扬雄的象数之学》对汉代象数之学做专题研究，认为《易纬》可能是孟喜、京房一派学者的著作，以形式因为动力因，充满神秘主义色彩；扬雄反对神秘主义，倾向于朴素唯物论和朴素辩证法。第五节《王充对谶纬神学的批判——唯物主义的“莫为”说反对“或使”说》对王充做个案研究。冯契盛赞王充的批判精神，认为他继承发展了《管子》和《淮南子》的唯物主义一元论，第一次考察必然与偶然的关系，用气禀解释人性，提出“精神依倚形体”“知物由学”“不徒耳目必开心意”等论断，是一个杰出的唯物主义者。第六节《张衡和王符的宇宙论》简要地评述了张衡的盖天说和王符的元气说。

第六章《玄学盛行与儒、道、释的鼎立》论述魏晋时期中国哲学发展的情形，由九节构成。第一节《名教危机与玄学之兴起》论述玄学的成因、问题及其哲学特点。第二节《王弼：“贵无”说》是关于王弼的个案研究，评述王弼“崇本抑末，形名俱有”“以无为本”“天命无妄”和“圣人有情”“寻言观意”和“得意忘言”等思想。第三节《嵇康：“越名教而任自然”》是关于嵇康的个案研究，评述嵇康“非汤武而薄周孔”“自然之和”“得志”“得意忘言”和“越名任心”等思想。第四节《裴頠“崇有”论以及辩析名理的思潮》绍述裴頠针对“贵无”论提出的“崇有”论、欧阳建针对“言不尽意”说提出的“言尽意”说以及鲁胜和刘徽的辨析名理的思想。第五节《向秀、郭象论“有而无之”——“独化”说反对形而上学的本体论》评述玄学思潮中“独化”论者的学说，认为其实质在于用相对主义反对形而上学的本体论。第六节《葛洪的道教哲学》对葛洪做个案研究，认为他的思想主要围绕“有无”“形神”等问题展开。第七节《佛学的玄学化》以僧肇和竺道生为例，评述玄学与佛学会通形成的新观点，如“非有非无”说、“般若无知”说、“顿悟成佛”说。第八节《范缜对“形神”之辩的总结——唯物主义的质用统一原理的运用》评述范缜的“神灭”论思想，认为他用质用统一原理克服了以往唯物论在形神关系问题上的理论缺陷，有力反驳了唯心论的神不灭论。第九节《贾思勰〈齐民要术〉的科学方法》挖掘了《齐民要术》中的唯物论思想和比类取象思想方法的运用。

第七章《儒、道、释的相互作用与合流》论述唐代中国哲学发展的情形，由七节构成。第一节《儒、道、释合流的趋势及其对哲学的影响》概述唐代哲学发展的趋势。第二节《天台宗论“三谛圆融”》是关于天台宗的个案研究，围绕着核心观点“三谛圆融”展开。第三节《法相宗论“一切唯识”与华严宗论“法界缘起”——唯心主义的经验论与唯理论的对立》是关于法相宗和华严宗的合论，认为玄奘的“法相唯识”说有经验论倾向，而法藏“理事圆融”说有唯理论倾向。第四节《禅宗的“顿悟”说》是关于惠能的个案研究。惠能认为“凡夫是佛，世间即出世间”，认为“自心是佛”，主张“顿悟成佛”，特点在于用相对主义反对烦琐哲学，强调在世界观方面“传法”。第五节《李筌论“盗机”》评述道教学者李筌的哲学思想。李筌认为万物生成源于对阴阳之气的盗窃，称之为“盗机”。第六节《韩愈、李翱：理学的先驱》是关于韩愈和李翱的合论，评述韩愈的“原道”说和李翱的“复性”说。第七节《柳宗元、刘禹锡：“天人不相预”与“天人交相胜”——对“力命”之争的唯物主义的总结》是关于柳宗元和刘禹锡的合论。柳宗元的中心论点是“天人不相预”，刘禹锡的中心论点是“天人交相胜”，都是对荀子天人学说的发展，都是对魏晋以来“力命”之争的批判性总结。

第八章《理学盛行与对理学的批判》论述宋明时期中国哲学发展的情形，由十一节构成。第一节《理学的兴起与哲学论争大发展》是关于宋明理学思潮的概述，认为“理气（道器）”之辩和“心物（知行）之辩”是哲学论争的焦点。第二节《正统派理学的奠基》分专题评述周敦颐的宇宙论及其“主静”说，评述邵雍的先天象数之学，评述程颢、程颐兄弟的天理观以及“复性”说。第三节《张载对“有无（动静）”之辩的总结——以气一元论阐发对立统一原理》是关于张载的个案研究，评述张载的气一元论思想，分析张载在“理气（道器）”问题是同二程的分歧，认为张载的天道观基本上达到了朴素唯物主义与朴素辩证法的统一。第四节《王安石“荆公新学”与理学的对立》是关于王安石的个案研究，认为王安石提出的新学，构成理学的对立面，在“心物（知行）”之辩和“天人（性习）”之辩上，用朴素唯物主义反对先验论，提出了很深刻的见解。第五节《沈括〈梦溪笔谈〉中的科学方法》，论述沈括的朴素唯物主义思想和朴素辩证法思想及其在科学技术领域中的运用。第六节《朱熹：正统派理学的完成——客观唯心主义的理一元论体系》是关于朱熹的个案研究。认为朱熹是正统派理学的集大成者，对其“理在气先”说、“理一分殊”说和“物无无对”说、“即物穷理”说和“铢分毫析”说以及心性学说做了梳理和评判。第七节《朱陆之争与陆九渊的心学》评述理学与心学之间的分歧，认为这是客观唯心主义与主观唯心主义之间的分歧。第八节《朱陈之争与陈亮、叶适的事功之学》评述朱熹与事功学派之间的分歧，认为这是朴素唯物主义与客观唯心主义之间的分歧。第九节《王守仁的“致良知”说——主观唯心主义的心一元论体系》是关于王守仁的个案研究。冯契认为王守仁是心学派的集大成者，对其“心外无物”说和“心外无理”说、“知行合一”说、“致良知”说做了梳理与评判。第十节《王廷相：“元气之上无物、无道、无理”》绍述罗钦顺和王廷相对王学的批判，认为王廷相对气一元论和唯物论的反映论推进了一步，构成从张载到王夫之的中间环节。第十一节《李贽的异端思想》认为李贽思想是王学向左发展的结果，构成封建主义异端，有唯意志论倾向。

第九章《中国古代哲学的总结阶段》论述明清之际中国哲学发展的情形，由七节构成。第一节《封建社会的自我批判与古代哲学的总结》概述明清之际哲学的新趋势，指出进步思想家通过批判宋明理学，在总结阶段把中国古代哲学发展到高峰。第二节《王夫之对“理气（道器）”“心物（知行）”之辩的总结——朴素唯物主义与朴素辩证法统一的气一元论体系》是关于王夫之的个案研究。认为王夫之“建成朴素唯物主义与朴素辩证法统一的气一元论体系，在天道观、认识论和逻辑学上做出了杰出的贡献，形成了中国古代哲学的发展高峰。”[1] 第三节《黄宗羲的启蒙思想与历史主义的方法》是关于黄宗羲的个案研究，评述黄宗羲的民主论、泛神论、工夫论、历史方法论、人格论等思想。第四节《顾炎武以科学方法治经学》是关于顾炎武的个案研究。冯契认为，顾炎武用朴素唯物主义观点考察知行关系、理性与感性关系，进而提出一套科学方法，用于经学、音韵学、地理学，取得了显著成就。第五节《颜元论“知行”》评述颜元强调“习行”、重视“践履”、反对理学家空谈心性的思想。第六节《戴震论“知”》认为戴震在哲学上的主要贡献，在于“对‘心物（知行）’之辩做了唯物主义的解决，并着重考察了‘知’，提出了一些新的见解。”[2]

在《第二篇小结》，冯契把这一时期的积极成果概括为四点。第一，在认识论方面，以先秦哲学为基础进一步概括出一些唯物主义的认识论原理和认识过程的辩证法。王充、嵇康、颜元、戴震等唯物主义者有理论贡献；王弼、佛教各派、李筌、程朱、陆王等唯心主义者考察认识过程的某些环节，也有积极作用。第二，在逻辑学方面，哲学家和科学家联手，取得重要成果。“张载、沈括、贾思勰、王夫之、黄宗羲、顾炎武大致代表了这个时期的逻辑和方法上取得的成就。”[3] 第三，在天道观方面，形成以气一元论为基础的关于世界的统一原理和发展原理。王充、柳宗元、刘禹锡、王安石、张载、王夫之皆有重要的理论贡献。第四，在人道观方面，柳宗元讲“势”，叶适加以发挥，到王夫之形成“理势合一”的社会发展理论，其中包含着逻辑与历史统一的思想萌芽；经嵇康、柳宗元、刘禹锡、王安石、王廷相、王夫之、戴震等人的不断努力，还形成比较完备的个人发育理论。

[1] 冯契:《中国古代哲学的逻辑发展》，下册，第 1021 页，上海：上海人民出版社，1985。

[2] 冯契:《中国古代哲学的逻辑发展》，下册，第 1074 页，上海：上海人民出版社，1985。

[3] 冯契:《中国古代哲学的逻辑发展》，下册，第 1098 页，上海：上海人民出版社，1985。

冯契还把这一时期的理论思维教训概括为两点。第一，由于汉代儒学独尊，特别是自宋以后理学唯心主义长期处于支配地位，严重地禁锢了人们的头脑。这使得资本主义生产方式在中国难以产生，使得近代哲学在中国难以产生。第二，由于忽视形式逻辑，妨碍中国人在明清之际制定出实验科学方法。这可能是中国在近代实验科学方面落后于西方的原因之一。

《中国古代哲学的逻辑发展》一书紧紧抓住了三个关键词。第一个关键词是“古代”。冯契把中国古代哲学发展处理成完整的断代史，给人很强的整体感。他时刻注意把握古代哲学的特色，注意把古代哲学家放在古代特定的语境中考察，绝不强迫古人说现代人话语。第二个关键词是“哲学”。冯契特别注重对古代哲学家做理论分析，讲出哲学道理来，不再像以往集体统编教材那样，仅仅把先哲当成表述的对象。他把先哲当成评述的对象，并且对其做辩证的解读。此书既肯定先哲的贡献，也不讳言他们的局限，纠正了集体编写中国哲学史教材哲理性不强的倾向。读者读冯契的书，不仅仅是获取知识，更为重要的是提高了理论思维能力。第三个关键词是“逻辑”。在《中国古代哲学的逻辑发展》一书中，每位哲学家不再是没有联系的点，而是逻辑进程中的必要环节。由于把人物之间的逻辑联系找出来了，贯彻历史和逻辑相统一的原则，从而纠正了集体编写中国哲学史教材历史感不强的倾向。

至于此书的不足之处，我觉得有三点：第一，两大阶段的划分，似乎仍旧以政治体制变化为标准，未能使“哲学”真正成为哲学史的主语；第二，对董仲舒、朱熹、王阳明等主流思想家同情程度不够，在《第二篇小结》中几乎不提他们的名字；第三，涉及人物有 60 多位，虽比集体编写中国哲学史教材少了 20 多人，但还是嫌多一些。由于人数太多，很难把每个人都处理成逻辑环节，从而致使代表性人物不够突出。

冯友兰和冯契的力作，为推动中国哲学史研究事业在新时期的复苏，做出巨大的贡献，称其泽被万世并不为过。他们的名字将永远留在中国哲学史上，他们的书仍会拥有读者群。可是，他们也不可避免受到历史条件的限制。对于如何认清两军对战的教条主义本质，应该说他们做得都还不算到位。他们有突破，也有残留。他们不再把中国古代哲学史写成“斗争史”，认为每个哲学家都是中国哲学发展上的必要环节，这无疑突破了“对战”的旧观念；可是他们尚未彻底清除“两军”观念，有时还要去区分中国哲学史上的唯物主义者和唯心主义者，这不能说不是一种残留。他们这样处理，也许有不得已而为之的苦衷。或许考虑到当时公众话语的容忍程度，他们不得不用“唯心”“唯物”“阶级”等字眼把自己包装起来，以免惹上麻烦。

第三节　所谓“合法性”危机

由于两军对战魔咒披着马克思主义的外衣出现，不好直接评论，大多数中国哲学史从业者都采取回避的态度。即便像冯友兰、冯契这样的哲学史大家，也时常不得不用“唯心”“唯物”之类的字眼点缀一下自己的著作。因此，两军对战的教条主义本质还没有被彻底揭示出来，致使人们对中国哲学史研究现状并不令人满意。大多数中国哲学史从业者努力改进方法，开创新局面，要求突破两军对战魔咒的束缚。这种积极的变化，不意竟被一场关于“中国哲学合法性”问题的讨论，引向了歧途。“中国哲学合法性”否定者利用人们对两军对战的厌恶心理，竟刮起一股虚无主义之风。他们同教条主义者一样，也用外来的尺度为标准评判中国哲学史内容，公然作出“中国哲学没有合法性”的误判，粗暴地否定中国哲学史学科的存在。在否定者眼里，只有一种哲学是合法的，其他哲学一概不合法，其中包括中国哲学在内。他们同教条主义者一样，都是单数哲学观的信徒。这股虚无主义之风可以看作教条主义的余绪，区别仅在于前者奉西方哲学为圭臬，后者奉苏联哲学为圭臬。

一、问题由来

2001年，后现代主义者德里达到上海访问，王元化教授接待了他。在谈话中，王元化请他谈谈关于中国哲学的看法，他的回应是：中国只有“思想”，没有哲学。德里达这样说，并没有贬低中国哲学的意思，而是采用一种解构主义的言说方式。在他的眼里，不仅中国哲学不具有合法性，西方哲学也不具有合法性：因为任何一种哲学话语，都属于“宏大叙事”，都被他纳入解构之列。关于“中国哲学合法性”问题，可以说肇端于此；不过德里达本人并没有这样提出问题。

关于“中国哲学合法性”问题，其实是一些中国人自己生造出来的。确切地说，是某些中国人从德里达的说法中演绎出来的。2002年，中国社会科学院哲学所某研究员出席在韩国召开的一次学术研讨会，他在发言中否定“中国哲学合法性”，遂挑起关于“中国哲学合法性”的讨论。此人的观点很快在国内得到回应，一些学术刊物陆续发表一些否定“中国哲学合法性”的文章，逐渐形成一股不大不小的思潮。某知名学术刊物将此问题列为2003年十大理论热点问题，起到了推波助澜的作用。2004年3月20—21日，由中国人民大学哲学系、中国人民大学孔子研究院、中国社会科学杂志社、中国人民大学学报共同举办“重写哲学史与中国哲学学科范式创新”学术研讨会，在中国人民大学召开。来自中国社科院以及全国著名高校、期刊的60余名专家学者参加了会议。在这次会议上，有些人借用“范式创新”的名义，大谈“中国哲学合法性”问题，遂使此种思潮达到高峰。我也参加了这次会议，对否定者的论调颇为反感，但碍于东道主的身份，不便当场反驳，故而没有正式发言。会后，有些学术刊物对“中国哲学合法性”问题兴趣依然很浓，陆续发表了一批文章，促使热度继续升温。某知名度很高的学术刊物换了一种提法，又把“中国哲学学科建设问题”列为2004年十大理论热点问题。

我率先发起对否定者的反驳。2005年6月4日至6日，“中国哲学史学会2005年年会暨中国哲学的现代化与世界化”学术研讨会在西安陕西师范大学召开。我在大会上发言指出，“中国哲学”与“合法性”毫不相干，这种提问题的方式本身就站不住脚。我的发言整理成文，题为《关于中国哲学研究的几点意见》，发表在《中国哲学史》2005年第4期上。对于我的观点，那些否定者至今未做出回应，也不知他们做何想法。实际上，关于“中国哲学合法性”问题，未形成真正意义上的讨论，无论是立论者还是反驳者，都自话自说，两种意见没有直接交锋。

二、意向纠结

从1919年算起，中国哲学史学科已经存在几十年了，然而在否定者眼里，其存在的合法性，竟一下子成了“问题”。我认为，这是一个十足的伪问题。如果说“中国哲学合法性”真的成了“问题”，等于说中国哲学史从业者几十年的工作毫无意义，等于白做，一笔抹杀他们的贡献。在医学界，经常有人出来质疑中医的“合法性”，认为中医不是医学，理由是用西医的理论解释不通。不意这种偏见，在中国哲学领域也出现了。

否定者观点不完全一致，大概可以分为两种类型，一种是极端派，另一种是温和派。极端派认为，哲学纯粹是舶来品，在中国历史上既无其名，亦无其实，所谓“中国哲学史”，乃是现代哲学人照猫画虎编造出来的，乃是“以西范中”的产物，所以不具有“合法性”。按照他们的说法，既然中国哲学不具有“合法性”，那么书写中国哲学史无异于从事“非法活动”。他们甚至主张用“道术”取代“哲学”二字，重新书写所谓“中国道术史”，取代现有的“中国哲学史”。换言之，在中国书写“中国道术史”才是合法的，而书写“中国哲学史”则是非法活动。极端派对中国哲学史学科建设完全持否定态度。抱有这种观点的人，基本的理由是，哲学是西方特有的文化现象，“哲学”一词是从日本传入中国的；既然中国古代根本没有“哲学”这门学问，那么研究中国哲学史无异于徒劳。极端派是中国哲学史学科的取消派。他们自知此看法偏激，不可能写文章公开发表，通常在学术研讨会上口头表述。在否定者当中，极端派人数不多。

温和派认为，中国哲学虽无其名，但有其实，只是表达方式不对头，陷入“以西范中”的误区，从而造成“中国哲学合法性”危机。如果改弦更张，还可以“走出合法性”危机，度越“合法性”问题。走出危机的办法是“以中解中”或者“中话中说”，用中国人自己的话语方式，重新写一部原汁原味的中国哲学史，完全摆脱西方哲学话语的干扰。极端派的意向是取消中国哲学史学科，温和派的意向是改进中国哲学史书写方式，两种意向往往纠结在一起，因为否定“中国哲学合法性”是他们的共识。在否定者当中，温和派占多数。应当说温和派的意见，有合理的诉求和改革的意向，流露出对教条主义外在方式的不满，因而可以赢得一部分读者的同情。但他们的合理诉求与偏激的表述纠结在一起，并不旗帜鲜明地对“中国哲学合法性”表示认同，也不能同极端派划清界限。因此，他们的合理诉求与改革意向也无从谈起：你既然已认定中国哲学不具有“合法性”，投了否决票，再说别的岂不都是废话？承认中国哲学合法性是建设中国哲学史学科的前提。离开这个前提，等于把自己放在旁观者的位置上，而离开了参与者的位置。温和派从旁观者的视角看问题，判定学科建设陷入“中国哲学学科合法性”危机，这种判定是否具有“合法性”呢？

三、迷雾澄清

我不认同否定者的观点，愿意以直率的方式表达自己的看法，同他们商榷。我的看法未必妥当，希望得到否定者的回应，以便相互切磋，共同探索中国哲学史学科建设的道路。我认为，在质疑“中国哲学合法性”思潮中，泛起的种种迷雾，有待于澄清。

（一）关联不当

我认为，“中国哲学合法性”的提法不妥，乃是把两个毫不相干的词硬拼凑在一起，于学理不通。哲学原本是无法无天的学问，鼓励哲学家大胆创新，根本不存在合法与否的问题。对于某种哲学，你可以批评它肤浅、错误乃至荒谬，但你不能指责它不具有合法性。搞哲学的信念是“吾爱吾师，吾犹爱真理”“弟子不必不如师”“学术者乃天下之公器”，绝不想用什么“法”把自己框起来，怎么能说某种哲学是合法的、某种哲学是不合法的呢？迄今为止，人类还没有谁可以为哲学立法，遑言“哲学合法性”？遑言“中国哲学合法性”？“合法性”是近年来在西方流行起来的学术话语，通常与政治、权力、法律等关联在一起，未见谁把它同哲学关联在一起，因为这个词同哲学根本没有关联在一起的可能。道理很简单，我们可以讨论鸟的飞翔性，讨论昆虫的飞翔性，但不能讨论狗的飞翔性，因为“狗”与“飞翔性”之间没有关联在一起的可能。所以，用“合法性”评判中国哲学，实在拟于不伦。

（二）评价不当

提出“中国哲学合法性”问题，涉及如何评价中国哲学史学科初创者的问题。否定者用“合法性”一词，把初创者的贡献一笔勾销了，这是不公允的，是一种偏激的、片面的评判。

我认为，如果把“合法性”提法，换成“合理性”一词，或许不至于对初创者做出偏激的、片面的评判。“合法性”是个刚性判断，而“合理性”是个柔性判断。“合理性”与“不合理性”可以兼容并用：我们承认中国哲学史学科初创者有某些不尽如人意的地方，需要进一步改进；但并不否认也存在着合理的贡献需要发扬。“合法性”的提法缺少弹性，似乎令人只能做出一种选择：要么合法，要么不合法；要么全盘肯定，要么全盘否定，二者必选其一，不可兼容，没有回旋的余地。“合法性”是一种旁观者的话语，而“合理性”才是一种参与者的话语。从否定“中国哲学合法性”的前提中，自然得出的结论：对中国哲学史初建者的成绩全盘否定。这种偏见对中国哲学史学科建设有什么益处呢？

否定者通常把批评的矛头指向胡适和冯友兰，视之为“以西范中”的例证，似乎一开头他们就犯了方向性错误，置中国哲学史学科于“不合法”的境地。这种以偏概全的批评，与事实相违。本书第一章《学科初建》详述胡适、冯友兰、张岱年对于中国哲学史学科建设所作的贡献，倘若没有他们的努力，就没有中国哲学史学科的建立。他们建立中国哲学史学科，以事实证明中国哲学的存在，就是要破除某些西方哲学家认为“中国没有哲学”的偏见。在中国哲学史学科初建时期，说他们受到西方哲学的影响可以，但说他们“以西范中”则不可。胡适提出的明变、求因、评判等三条方法论原则，绝非照搬照抄西方，就是从中国哲学史内容自身提炼出来的方法，至今仍然颠扑不破。他在《中国哲学史大纲》一书中，没有引用任何西方哲学家的话作为立论的根据。他不像现在有些食洋不化的“学者”那样，开口“雅思贝尔斯”，闭口“罗尔斯”或“哈贝马斯”，被人们讥讽为“炒三丝”。如果说有人“以西范中”的话，是当下这些不会动脑筋的“学者”，并不是胡适。胡适写《中国哲学史大纲》，采用白话文的形式，通俗易懂，并不像现在有些人那样，故意卖弄西方话语，以晦涩冒充深刻。胡适也运用传统的汉学方法，把很大篇幅用于考证。对于这些，否定者怎么能视而不见呢？

否定者批评冯友兰“以西范中”，常常引用他的这段话作为依据：“所谓中国哲学者，即中国之某种学问或某种学问之某部分之可以西洋所谓哲学名之者也。所谓中国哲学家者，即中国某种学者可以家名之者也。”冯友兰在这里实际要讲的意思是，中国哲学与西方哲学具有“家族的相似性”，故而可以相互借鉴，从而树立自觉的哲学学科意识。西方哲学虽为殊相，但体现着哲学的共相，并且早于中国哲学意识到哲学的学科性质。因此，中国哲学史家可以吸收这种理论思维成果，树立自觉的哲学学科意识，从中国学术史中梳理出中国哲学史。中国哲学史的书写，可以师法西方哲学所体现出的共相，但不可以照搬照抄西方哲学的殊相。在处理中西哲学关系时，冯友兰特别强调“别共殊”，只是由于表述得不够清楚，才容易使人产生“以西范中”的误解。我们评判冯友兰的哲学史方法，不能抓住他的某些说法做文章，还得看他实际上的做法怎样。本书第一章讲到，冯友兰把他的实际做法归纳为钻研西洋哲学、搜集哲学史料、详密规划迹团、探索时代背景、审查哲人身世、评述哲人哲学等六条。否定者对此视而不见，将他的方法武断地归结为“以西范中”一条，岂不有以偏概全之嫌吗？

否定者还常常拉出金岳霖，作为他们批评“以西范中”的同道。金岳霖在冯友兰著《中国哲学史》审查报告中，试图把“中国哲学的史”和“在中国的哲学史”区分开来，对冯友兰的哲学观提出委婉的批评。在金岳霖看来，冯友兰把哲学视为“讲出道理的道理”，过分看重哲学的共性，未免遮蔽了中国哲学的个性。不过，他并没有指责冯友兰“以西范中”，还是充分肯定了冯友兰的成绩。他的结论是：“从大处看来，冯先生这本书，确是一本哲学史而不是一种主义的宣传。”金岳霖也从不怀疑中国哲学的合法性，还用英文写了一篇题为《中国哲学》的长文，谈他对于中国哲学的理解。在金岳霖那里，中国哲学的合法性毋庸置疑。否定者把金岳霖请出来，怎能帮上他们的忙呢？

（三）出拳不当

在中国哲学史学科初建阶段，初创者们受西方哲学影响乃是事实，但否定者指责他们“以西范中”实属不当。否定者把批评的矛头对准他们，可以说选错了靶子，亦属出拳不当。

我在回顾中国哲学史学科建设历程时，得出的结论是：中国哲学史学科初建阶段的发展是正常的，问题出在以两军对战方法强行干预，才使中国哲学史走上弯路。在初建阶段，“以西范中”至多可以称为一种“倾向”，事实上并没有成为“模式”；而“以苏范中”则确确实实作为模式，在中国强力推行数十年。这才是造成中国哲学史学科建设陷入危机的原因，不能归咎于初创者，而应当归罪于那些教条主义者。初创者在20世纪50年代初就已被划入“资产阶级学者”的行列，被剥夺了发言权，成了名副其实的弱势群体；到21世纪，否定者还向他们发难，有这个必要吗？对中国哲学史学科建设伤害最大的是教条主义，是两军对战魔咒，是“以苏范中”，而不是“以西范中”。否定者对教条主义者默不作声，而对初创者大加鞭笞，是不是有点“捏软柿子”的味道？也许有人会辩解说，“苏”在地理区位上也属于西方，“以苏范中”也可以说是“以西范中”。这种辩解犯了偷换概念的错误，不能把地理区位同学术取向混为一谈。在西方，任何一位哲学史家都不会把苏联哲学教科书写入西方哲学史。

（四）诉求不当

否定者认为，造成“中国哲学合法性”危机的根本原因，就在于“中话胡说”，而解除危机的办法，则是“以中解中”或“中话中说”。他们提出的这种办法，其实并没有可行性，属于诉求不当。

否定者拒斥西方哲学的霸权话语，希望用中国固有的话语表述中国哲学的意涵，用意有可嘉的一面。其积极意义在于强调中国哲学的特点，反对照搬照抄西方哲学的研究模式，但如何具体操作呢？否定者没有了下文。事实上，“中话中说”在当下是任何人都做不到的事情。现代汉语是在中西文化交流后形成的，来自西方的许多名词、术语以日语为中介变成了汉语语汇。倘若把这些“胡话”一概弃置不用，我们将无法交流思想，将无话可说。据说，张之洞曾经下发一个文件，要求属下今后不要滥用“新名词”。有人偷偷地向张之洞指出破绽：您老提到的“名词”二字，本身就是一个新名词。看来在张之洞时代就不可能做到“中话中说”，时至21世纪，当然就更加不可能了。问题不在于“中话”还是“胡话”，关键在于“人话人说”：用现代中国人能懂的语言表述中国哲学的精义。这里涉及的问题是：怎样看待和处理中国哲学与西方哲学的关系？哲学是西方的特产还是人类的公产？中国哲学研究如何创新？许多哲学家都曾指出：哲学纷无定论。意思是说，哲学处在不断探索的过程，任何结论都具有相对性，不可以拘泥于某种现成的说法。西方哲学只是哲学中之一种，并非哲学的范本。照搬照抄苏联不可取，照搬照抄西方也不可取，故意卖弄西方哲学的新名词更不可取，但这不能拒斥西方哲学所取得的理论思维成果。

如果完全拒斥西方哲学的理论思维成果，完全采取“以中解中”的书写方法，把自己封闭起来，那么中国哲学史学科连产生的可能性都没有。本书第一章《学科初建》指出，哲学史是哲学的二级学科，中国哲学史学科的出现以哲学在中国成为一门独立学科为前提。在哲学没有成为独立学科之前，可以有中国学术史的书写，但不能有中国哲学史的书写。事实上也是如此。谢无量、陈黻宸名义上写的或讲的是中国哲学史，其实没有超出学术史的范围，因为他们没有意识到哲学的学科性质。只有胡适、冯友兰等人树立了自觉的哲学学科意识之后，才创立出中国哲学史学科。西方在17世纪哲学便成为一门独立学科，比中国早得多。如果不吸收西方哲学的理论思维成果，中国人怎么会突然意识到哲学的学科性质呢？从这个意义上说，在中国哲学史学科建设起步阶段，“以西解中”乃是躲不过去的一步，无可厚非。倘若完全采取“以中解中”的书写方法，岂不意味着回到谢无量、陈黻宸那里了吗？这究竟意味着中国哲学史学科建设的发展呢，还是倒退呢？

（五）误以为有抽象的方法

否定者的诉求之所以不当，问题出在他们抽象地看待哲学史方法，过分看重这种范式或那种范式的指导意义，而脱离了中国哲学史的实际内容。他们仿佛只在那里看病，却开不出医病的药方。我认为，推进中国哲学史学科建设需要找到与内容结合在一起的方法，并不是脱离内容，抽象地议论什么

"范式"。这种内在的方法才是中国哲学史学科建设的必由之路。

对于社会科学研究方法，既可以从理论层面考量，也可以从操作层面考量。从理论层面考量社会科学研究方法，那是少数学术史专家的事情。对于大多数社会科学研究者来说，有所了解当然是必要的，但不必都参与研讨。大多数社会科学研究者所关注的研究方法，恐怕主要还是停留在操作层面的内在方法。在操作的层面上，研究方法同研究内容、研究过程是统一的，方法就寓于研究过程中，不能脱离内容单独存在。每个研究者都有自己的研究方法，甚至每个研究课题都有独特的研究方法。这种可操作的研究方法是研究者在研究过程中自己摸索出来的。当然，他可以学习和借鉴别人的方法，但是学习和借鉴不能代替自己独立探索。想从别人那里找到现成的方法是不可能的。抱有这种念头的人，恐怕已陷入方法论的误区，只能被"方法论的焦虑"折磨得焦头烂额，不会有什么收获。鲁迅先生说过，从事文学创作的作家，不一定先要把《写作方法》《创造大全》之类的书都读透了之后才动笔，而是在创造过程中体味自己适用的写作方法。搞社会科学研究恐怕也是如此。"绣出鸳鸯与君看，不把金针度于人"，这并不意味着绣花师傅太保守、太小气，因为"金针"确实难对不知者道。徒弟要想掌握刺绣的方法，只能在刺绣的实践中去摸索，用心揣摩师傅绣出的"鸳鸯"，不能指望师傅告诉你绣出鸳鸯的现成的方法。方法不完全是学来的，更重要的是靠自己去"悟"，"如人饮水，冷暖自知"。如果指望从别人那里得到现成的方法，恐怕只会落得邯郸学步者的结局。邯郸学步者觉得邯郸人走路的方法好，就去学，结果没有学会，竟连自己原来走路的方法也忘记了，最后只得狼狈地爬出邯郸城。

（六）误以为哲学是单数

否定者之所以硬把"合法性"与"哲学"扯在一起，真正的原因在于：他们的理论视野过于狭窄，受到单数哲学观的局限。他们似乎不明白哲学乃是复数的道理，不明白哲学乃是"类称"的道理，不明白各种哲学理论形态都有其存在的理由。在他们的眼中，只有一种哲学形态是“合法”的，而其他形态一概被打入“非法”之列。在中国人民大学召开的“重写哲学史与中国哲学学科范式创新”学术研讨会上，某教授大言炎炎，一口咬定哲学就是单数。至于此单数哲学究竟为何物，他自己恐怕也说不清楚。其实，在否定者的心目中，那个“合法的哲学”就是西方哲学，以此为标准衡量，任何哲学皆被判定为不具有“合法性”。否定者总是批评别人“以西范中”，其实“以西范中”的正是他们自己：立论的起点，接着西方人话头讲；“合法性”话语，取自西方；至于评判“合法性”的尺度，也完全以西方哲学为准则。

第四章 确立前提

冯友兰著《中国哲学史新编》摆脱外来方法的束缚，采取唯物史观指导下的内在方法，对于重建中国哲学史学科建设作出巨大贡献。他的著作跟之前集体编写的中国哲学史教材风格完全不同，乃是他几十年精研中国哲学史内容的结晶，乃是有真情实感的心得，绝不是拼凑起来的杂拌。他已经摆脱两军对战魔咒，接续初创者讲新意。由于时代条件的限制，“左”的风气没有完全清除的缘故，他不得不程度不同地保留着唯物主义或唯心主义等观念，但已不再像教条主义者那样，把二者截然对立起来。他没有给每个哲学家都戴上唯物论者或唯心论者的帽子，没有按照外在方法剪裁中国哲学史，没有把唯心唯物关系再当成主线。尽管他的著作里还残留着“两军”观念，但已跳出“对战”意识，这是重大的突破。他注重中国哲学史自身的发展轨迹，不再把方法凌驾在内容之上。他在唯物史观指导下，采用内在方法，再次启动了中国哲学史学科建设进程。我十分佩服冯先生的理论勇气和理论成就，决心沿着他开辟的道路继续前行。我仿效前辈，也写了一部《中国古代哲学通史》。我认为古代中国哲学史主要是人生哲学，而不是自然哲学，不宜使用唯物主义或唯心主义等术语。中国古代哲学的基本问题是天人关系，基本思路是天人合一，并不关注外物是否独立的问题。所以，唯物主义或唯心主义等术语只适用自然哲学，不适用于中国古代的人生哲学。中国哲人并不关心此类问题，只关注“人和世界的关系怎样？”不涉及如何看待纯粹的客观世界问题。我在《中国古代哲学通史》中，不再使用唯物主义或唯心主义提法，将两军对战魔咒彻底赶出中国哲学史领域。

至于中国哲学史的内在方法，我完全师承前辈。我不再走外在方法之路，转向走内在方法之路。令人遗憾的是，冯友兰先生写完《中国哲学史新编》以后，已届垂暮之年，无力再把他奉行的唯物史观指导下的内在方法提炼出来了。我觉得后学有责任完成他的未竟之志，对内在方法作出理论概括，为后来从业者提供参考。我把内在方法概括为三个方面：一是树立复数哲学观，二是找到必须遵循的路径，三是掌握具体做法。这一章先从确立前提谈起。

任何写的哲学史都是对本然哲学史的诠释，写中国哲学史也是一样。既然是诠释，那就少不了前提。用解释学的话说，叫作前件。我之所以严厉批评“中国哲学合法性”的否定者，就是因为他们消解了中国哲学史学科建立的前提。既然中国哲学不具有“合法性”，中国哲学史学科建设还从何谈起？中国哲学史内在方法还从何谈起？所以，讲内在方法，必须从确立前提入手。

第一节　树立复数哲学观

第一条原则是我从教条主义者和虚无主义者的教训中总结出来的。无论是教条主义者还是虚无主义者，都误认哲学是单数观。教条主义者认为世界上只有一种哲学，无论写何种哲学史，都必须接受两军对战规范。这样写出来的中国哲学史，不可能反映中国哲学史的真实情况。虚无主义者认为中国哲学没有“合法性”，根本用不着写。我们重写中国哲学史必须更新哲学观念，摈弃“哲学只有一个”的旧观念，树立起复数哲学观。这是掌握内在方法的首要前提。道理很简单，如果哲学是单数，有如数学那样，我们就只能写“哲学在中国的历史”，无法写“中国的哲学史”了。只有以哲学复数观为前提，“中国哲学史”这个概念才能成立。换句话说，倘若以单数哲学观为前提，中国哲学史学科根本就无法建立起来。

哲学到底是复数还是单数呢？这是一个有争议的问题。在有些人眼里，哲学是单数，认为哲学是西方特有的文化现象。例如，德国现代哲学家海德格尔认为，不必用“西方”两字来修饰“哲学”，因为只有西方才有哲学，别的民族都没有哲学，其中自然也包括中国在内。如果按照他的逻辑，中国既然没有哲学，那么，“中国哲学史”无疑是一个虚假概念。在两军对战魔咒中，哲学也是单数，因为无论何种哲学，都围绕着“何者为第一性”讲，写中国哲学史也不例外。按照这种说法，研究中国哲学史的任务，其实不是写中国哲学自身发展的历史，而是找“哲学基本问题”在中国的表现。“中国哲学的合法性”的否定者也奉行单数哲学观，拒斥复数哲学观。在他们眼里，只有一种哲学是“合法”的，那就是西方哲学；除此之外，皆不配称为哲学。他们同海德格尔一样，恐怕也被单数哲学观遮蔽了视野。倘若撇开单数哲学观，树立复数哲学观，就会发现：中国哲学史的存在，乃是无可争议的事实。

一、哲学三义

何谓哲学？这是一个人见人殊、百人百义的问题，没有人能够说清楚哲学的定义，哲学家也没有达成共识。人们提出了各种各样关于哲学的说法，迄今为止，并没有哪种说法，可以称得上人人都接受的定义。不过，关于哲学含义有三种说法，可以得到比较广泛的认同。从三种哲学含义看，哲学是复数，绝不是单数。从复数哲学观看，建立中国哲学史学科无疑有充分的理由，无可厚非。

关于哲学的第一种说法，就是原初义，叫作“菲拉索斐”(Philosophy)。这是一种广义的哲学观。在希腊语中，哲学等同于“爱智慧”，表达一种关于哲学的含混说法。在这里，“爱”是动词，“智慧”是宾词。严格地说，“爱智慧”其实不是一词，而是一个动宾结构的短语。哲学不断地追求真理、探索关于世界总体的奥秘，关注着常学、常讲、常新的话题，关注着一个永远也讲不完的话题。所以哲学要永远讲下去，并且不断地花样翻新。在“爱智慧”的意义上，哲学乃是包罗万象的学问，乃是“一切学之学”。关于世界总体的学问属于哲学的范围之内，关于世界局部的学问也属于哲学的范围之内。在原初的哲学观中，哲学与科学同属于“智慧”的范畴，还没有彼此分开。这种类型的哲学观于公元前五世纪出现在古希腊，也出现在中国。我们先哲所说的“弘道”“穷理”“通几”“求是”等，与“爱智慧”的意思相近，至少有“家族的相似性”。依据原初的哲学观，不能得出“中国没有哲学”的结论。但凡是人，谁会不“爱智慧”？由此可见，哲学是人类的公产，并不是西方人的专利；“爱智慧”不是封闭的话题，而是开放的话题，适用于各个民族的人。

“爱智慧”意义上的哲学，可能产生于“人性的弱点”。人是有理性、有思维能力、爱智慧的动物，总想获得总体性的、终极性的认识；可是，每个人的生命又是有限的，这就造成了庄子所说的“吾生也有涯，而知也无涯”（《庄子·养生主》）的情形。这种矛盾，只能在人类不断延续的过程中，得到一定程度的解决，但不可能得到完全的解决。哲学是“爱智慧”，不等于说哲学家就已经垄断了智慧。“爱智慧”是一个不断延续的探索过程。借用海德格尔的话说，哲学永远在途中。任何民族的哲学家其实都是智慧的追求者，谁也不是智慧的占有者。作为智慧的追求者，每个民族有平等的权利，每个人有平等的权利。“爱智慧”的主体是复数，而不是单数；“爱智慧”的方式是复数，而不是单数。这就意味着：哲学只能是复数，不可能是单数；哲学的讲法不能只有一种，可以有许多种。西方哲学是其中之一，中国哲学也是其中之一，谁也不比谁高明。因此，我们可以理直气壮地讲中国哲学史，摒弃那种“言必称希腊”的民族自卑心理。

哲学注定处在“爱智慧”的过程，哲学家的结论只具有相对性，任何一种哲学理论都不具有终极的性质。每个民族都有独特的爱智慧的方式。西方小伙子可以用弹吉他的方式表达爱意，中国小伙子也可以用唱山歌的方式表达爱意。中国人爱智慧的独到方式，就形成中国哲学史。中国哲学有着悠久的历史，早在两千多年以前，我们先哲就创立了独特的哲学思维模式和理论体系，标志着中华民族很早就进入了高度抽象的哲学思维阶段。黑格尔在《哲学史讲演录》里，把中国哲学、印度哲学、古希腊哲学并列为早期世界哲学的三大系统。与古希腊哲学相比，中国哲学不但毫不逊色，并且保持着更旺盛的生命力。古希腊哲学虽然有过辉煌的时代，然而中世纪却走向了衰微，直到文艺复兴时期才再次抬头；中国哲学则不然，它不仅源远，而且流长，绵延数千年而从未中断过，这在世界历史上绝无仅有。中国哲学以其特有的精神风貌挺立于世界哲学之林。

关于哲学的第二种说法，就是一般哲学教科书上的提法，认为哲学是关于世界观的学问。这种狭义哲学观是西方近代才出现的，特点在于意识到哲学的学科性质。这种哲学观不再把哲学看成包罗万象的“一切学之学”，而是一种关于世界总体的学问。哲学虽有别于科学，但也是一门独立的学科。西方近代以来，科学昌明，各门学科纷纷从哲学中独立出去，此时方显出哲学的本来意义。西方近代哲学已意识到哲学是关于世界观的学问，比原初的哲学观更加清晰、更为明确，更加贴近哲学的本质。在中国古代哲学史上，有类似“爱智慧”意义的哲学观，但没有“关于世界观学问”意义上的哲学观。这种新型哲学观在五四时期由西方传入中国，培育出第一批专业哲学家。他们对哲学学科性质有了深层次的认识。在他们的影响下，中国形成了一支哲学理论工作者队伍，创立独立的哲学学科，开启了中国哲学史事业。

我也认同“哲学是关于世界观的学问”的说法，但觉得需要做一些解释。首先，这里所说的“世界”，不能理解为与人无关的、纯粹的客观世界，而是指物质世界和精神世界的总和，二者都与人休戚相关。其次，这里所说的“观”，并不是对象性观察意义上的“观”，因为世界总体不能成为人观察的对象。人无法站在世界之外，不能在世界总体之外找到观察点。“世界观”不能等同于“观世界”。人生存在世界之中，不可能与之对象化。我觉得这个“观”字，其实是“观念”之“观”，即以一种哲学观念来把握世界总体。哲学实则是一门以哲学观念理解世界、把握世界的学问。这种哲学观念来自人，是哲学家提出来的。从这个意义上说，世界观包含着人生观。准确地说，哲学应当是关于世界观和人生观的学问。哲学是关于世界观（含人生观）的学问，但并不能与世界观画等号。人人都有自己的世界观，并不能说人人都有自己的哲学。能够创立哲学理论，即提出关于世界观的系统学说的人就是哲学家。普通人不一定创立关于世界观的学问，但可以接受或拒斥某种哲学理论。每个人都可以有自己的哲学思考，但不必一定成为哲学家。

有些哲学教科书表述“哲学是关于世界观的学问”这一观点时，往往隐去了主语。准确地说，哲学是人提出来的关于世界观的学问。这里的“人”，不是抽象的人，而是具体的人，即隶属于不同民族的人。他可以是希腊人，也可以是中国人。中华民族作为世界上最大的民族，怎么可能没有自己的世界观呢？怎么可能不提出一套关于世界观的学问呢？中国人创立特有的哲学，乃是理所当然的事情，无可置疑。黑格尔曾把哲学叫作“精神现象学”，套用他的说法，可以把中国哲学看成关于中华民族的精神现象学。在“哲学是关于世界观的学问”的提法出现以后，以此种观念诠释中国学术史，便开创出中国哲学史事业。在哲学成为独立学科之前，古代哲学尚未成为一门独立的学科，不可能有中国哲学史的书写。那时中国古代哲学同古希腊哲学停留在含混的观念上。在古代哲学家广义的哲学观念中，尽管没有自觉地意识到哲学是“关于世界观的学问”，但也朦胧地涉及此问题。我们研究中国古代哲学，应当注意把握古代哲学观的独到之处，不能把古人现代化，不能用现代的观念苛责古人，不能用现代人的哲学观否认古人的哲学观。从“哲学是人提出来的关于世界观的学问”的说法中，引申出来的结论则是：哲学是复数，而不是单数。因为“观”者是多，“观”的方式也是多，形成的观点也是多。在各种各样的哲学观点中，各有优长，也各有限制，相互交流后可以进一步促进哲学的发展，不必扬此抑彼。哲学观点作为总体性判断，不可能像科学观点那样得到实证或证伪，也无法达成人类全体的共识。哲学永远摆脱不了民族性色彩。

第三种是罗素的说法。他没有给哲学下定义，而是采取了划论域的方法，认为哲学的论域就是宗教和科学之间的无人之域。科学以外在的物质世界为观察对象，追求客观的知识；宗教以精神世界为把握对象，建立终极信仰；哲学介乎二者之间。宗教以超人间的形式建立群体信仰，稳定性较强。哲学属于个体探索过程，变化性比较大。哲学思考往往不是解决问题，而是转换问题的提法。在哲学史上，最初侧重于本体论追问，探讨世界的本原；近代西方哲学实现知识论转向，研究知识是从哪里来的问题；现代哲学实现了实践论、存在论、价值论转向，特别关注生活世界、意义世界和价值世界。中国固有的学术思想不具有典型的科学形态，也不具有典型的宗教形态，称其为“哲学”似乎更为合适。世界上大多数民族都以宗教的方式安顿精神生活，而大多数中国人则以哲学的方式安顿精神生活，从这个意义上说，中华民族天生就是一个哲学的民族，而不是一个宗教的民族；中国的伦理就是哲学的伦理，而不是宗教的伦理。中国哲学是一门关于怎样做人的学问，为中国人精神生活提供理论指导，提供价值上的“安身立命之地”；也为中国人实际生活指出方向。按照罗素的说法，哲学乃是一个开放的话题，并非西方特有的文化现象，也蕴含着哲学是复数的意思。从这个角度看，中国哲学也可以说是一种独特的哲学理论形态。

二、哲学三性

从上述三种关于哲学的说法中反映出，哲学具有三点特性。第一点是民族性。哲学同科学相比较，有一个明显的区别，那就是跟民族性有密切关系。科学同民族性的关系不大，甚至可以忽略不计。例如，数学、化学以及物理学等，全世界只有一门，没有必要区分什么中国数学、美国化学、英国物理学……哲学则不然，它同民族性息息相关，法国哲学不同于英国哲学，英国哲学不同于俄国哲学，东方哲学不同于西方哲学。哲学关涉人们的精神世界，而人们的精神世界并不一样，同民族性密切相关。从这个意义上说，哲学是有民族性的学问。世界上可以有只是“科学的科学”，但没有只是“哲学的哲学”。在哲学的前面，总要加上一个前缀，如称东方哲学、印度哲学、德国哲学、中国哲学等。各个民族有各自的哲学思考话题和哲学思考模式，也有各自的哲学观点。我们不能以某种民族哲学为尺度，批评另一种民族哲学如何“不合法”。哲学的民族性意味着哲学形态的多样性，意味着哲学是复数而不是单数。

第二点是人类性。我承认哲学有民族性，但不能因此而否认哲学是人类的公产。尽管人们的精神世界是复数，但所处的物质世界却是单数。地球是人类共同的家园。我反对把哲学视为西方人的专利，也反对把不同的哲学理论形态截然对立起来的观点。人类只有一个地球，生活在同一个世界中，对世界总体的认识肯定具有共同性和可交流性，由此决定哲学必然带有人类性。哲学是一门人提出来的关于世界总体的学问，而对于世界的总体，谁也不敢说完全把握透了。哲学是一门讲不完、讲不透的学问，应当在各种哲学形态的对话、交流、启发的过程中得到不断发展。按照通行的说法，语言是哲学的家。既然语言具有可交流性，各种哲学当然也具有可交流性，可交流的前提就是必须承认哲学具有人类性。张岱年把哲学的人类性叫作“类称”，意思是说，各民族的哲学可以相似，但不可能相同。人类性表示哲学的共相，民族性表示哲学的殊相，两方面是相容的，不是对立的。借用中国哲学的术语，叫作“一即一切，一切即一”。人类性不能脱离民族性单独存在，不能把某种哲学形态视为人类性的代表，武断地把其他哲学形态排斥在外。

第三点是时代性。所谓时代性，是指人们只能在特定的时代、特定的语境中进行哲学思考。无论民族性还是人类性，都是变量而不是常量，都要在时代性当中得以体现。哲学是民族精神的精华，更是时代精神的精华。哲学的时代性和民族性是紧密地结合在一起的。准确地说，哲学是时代精神和民族精神的统一。哲学是一门活的学问，不可能有一成不变的问题，也不可能有一成不变的终极结论。哲学史上的各种哲学理论，都是当时哲学家在特定的时代取得的理论思维成果，只为我们提供推动哲学发展的思想资源，并不能提供一成不变的终极结论。有些哲学家喜欢标榜所谓道统，其实是标榜他自己。在哲学史上并不存在什么亘古不变的道统。倘若真有道统的话，哲学就不可能有历史可讲了。正是因为哲学有时代性，哲学史才成为一门学科。哲学理论将随着时代发展变迁而变化。后来的哲学家总要讲出一些前人未讲的东西，否则他便没有资格被写入哲学史。我们研究哲学史，应当注意把握不同时代语境的变化、文本的变化、话题的变化，把握每个哲学家的独到理论贡献。

哲学史记录了以往的哲学，但没有穷尽哲学，并不能涵盖哲学的全部内容。哲学作为一门发展着的、活的学问，固然离不开哲学史，但并不受哲学史的限制。后来的哲学家总是要超过前人的。我们研究哲学史，不是拜倒在先哲的脚下，不是满足于做某位哲学家的信徒，而是要训练我们的理论思维能力，推进哲学的发展。我们研究哲学史就是要站在巨人的肩膀上，力求看得更高一些、更远一些。我们不能仅仅满足于记住他们的警言隽语，更重要的是用心开发他们留下的、弥足珍贵的哲学思想资源，提高我们的哲学理论思维能力，打造出属于我们自己的精神世界，建构出体现时代精神与民族精神完美统一的新哲学理论形态。我们现在可利用的思想资源比先哲多，除了中国哲学，还有马克思主义哲学和西方哲学。我们学习马克思主义哲学，研究西方哲学史，掌握现、当代国际哲学思潮的发展动向，归根到底是为了提高本民族的理论思维水平。我们应当在理论深度上超越我们的前辈，为推动哲学发展做出贡献。

第二节　树立中国特色观

树立复数哲学观，承认中国哲学的正当性，这构成中国哲学史内在方法的前提之一，但还不够充分。应当加上第二个前提，即抓住中国哲学特色。只有抓住中国哲学特色，把研究目标锁定在“中国”上，才能使“中国”真正成为“中国哲学史”的主词。纠正以往集体编写中国哲学史而中国缺位的情况。这一条是上一条的逻辑延伸：既然哲学是复数，那么，中国哲学当然是哲学家族中的一员；同其他哲学形态相比，中国哲学自然有其特色之所在。中国哲学源远流长，绵延数千年而从未中断过。中国哲学浓缩地反映出中华民族特有的民族性格、社会心理、风俗习惯、价值观念、思维方式、认知结构等，简言之，浓缩地反映出中华民族的特有的思想传统。如果给中国古代哲学一个说法的话，可以说它是古代中国哲学家创立的把握世界总体的观念体系，是中国人“爱智慧”的独到方式，属于中华民族的精神现象学，乃是国学中的国魂学。书写中国哲学史，就应当抓住中国哲学特色，如同认识一个人，必须抓住此人的特征一样。你不了解此人的特征，凭什么把此人同其他人区别开来？你不了解中国哲学的特点，怎能将中国哲学同其他哲学形态区别开来？所以，抓住特点是我们重写哲学史的必要的第二个前提。第二条原则是我从张岱年、冯友兰、冯契等人的写作经验中概括出来的，在他们的著作里，都用很长篇幅论述中国哲学的特色。我们重写中国哲学史，必须写出中国哲学的特色，否则就是失败。

一、特有的哲学形态

中国哲学史学科属于中国社会科学的范围，当然要突出“中国”二字。但是，以往集体编写的中国哲学史教材对此似乎重视不够。在教条主义者的误导下，不仅中国哲学史学科对“中国”二字重视不够，似乎整个中国社会科学界普遍存在着这种倾向，常常有人用看待自然科学的眼光看待社会科学，受制于科学主义思维。

在科学主义的话语中，社会科学的研究方法和自然科学的研究方法往往被混为一谈，忽视了二者之间的区别。科学主义者不能简单地把自然科学的研究方法搬到社会科学研究领域中，也不能用看待自然科学的眼光批评社会科学的研究方法。实际上，社会科学的研究方法与自然科学的研究方法并不一样。不弄清楚这一点，就无法找到社会科学研究的正确方向和路径。

自然科学以物质现象为研究对象，研究者面对同一个客观的物质世界，有确定的外延，容易达成方法论上的共识，形成大家都可以接受的结论。自然科学的研究方法不具有区域性或民族性，可以建构全世界统一的学科。例如物理学，全世界只有一门，没有必要把“中国物理学”同“外国物理学”区分开来。社会科学则不然。社会科学以精神现象、社会现象为研究对象，而精神现象和社会现象不像物质世界那样确定、有共同的外延。迄今为止，人类社会还没有统一，各个民族或各个地区处在不同的发展阶段，并不平衡，因而社会科学研究方法不能不表现出民族性或区域性的特点。现代汉语中的“社会”一词是从日文引入的，就是“群体”的意思。严复曾把“社会学”译为“群学”，可惜没有推广开来。外国社会科学以外国特定的社会群体为研究对象，中国社会科学则以中国社会群体为研究对象，由于各自处在不同的发展阶段，有不同的发展轨迹，研究方法自然是不一样的。虽然具有相通性，但毕竟是有区别的。对于不同的社会群体来说，各自的文化背景不同，认知主体不同，认知模式不同，研究对象不同，研究的方法自然也就不同。社会科学所面对的精神世界是复数，而不是单数。在研究方法上，可以说“有共法而无成法”。所谓有共法，是指具有“家族的相似性”，可以相互学习、相互交流、相互借鉴；所谓无成法，是指没有一成不变的模式可以套用。在社会科学研究方法上，不可以轻言“与国际接轨”，不可以照搬照抄外国社会科学的研究方法。当然，沟通和借鉴是十分必要的，也是有益的，但决不可以生搬硬套、食“洋”不化。中国社会科学的研究者，应当时刻关注中国社会科学的民族性、区域性特点，树立起方法论上的自信心，不能唯西方人马首是瞻，把自己摆在附庸的位置。吃别人嚼过的馍没有味道，跟在别人后面爬行，永远是个落伍者。中国社会科学的研究方法，只能是中国的社会科学研究者自己在研究过程中去探索。中国社会科学研究的问题，应当是中国社会发展过程中存在的实际问题，而不是从别人那里找来的话题。对于西方社会科学研究的问题和方法，我们可以“比着讲”，但不必“照着讲”。“取他人之火，烧自己之肉”，方是明智的态度。重写中国哲学史也应当抱着这种态度，认清楚中国哲学的特色之所在。

在中国哲学史学科的初建阶段，从业者比较注重哲学的共性，对中国哲学的特色重视不够，这是不可避免的。例如，胡适认为，哲学的对象就是研究人生的根本道理，仿佛此道理无民族差异。冯友兰认为，哲学根本是“说出一种道理的道理”，无论西方哲学，还是中国哲学，大体上都可以归结为益道、损道、中道三种类型。益道哲学主张人力胜天行，中国的墨家、西方的黑格尔哲学属于此类；损道哲学主张返回自然，中国道家哲学、西方的叔本华哲学属于此类；中道哲学主张以人力辅助天行，中国儒家哲学、西方的亚里士多德哲学属于此类。在他看来哲学可以有类型的差别，不可以有民族的差别。贺麟指出，哲学是人类的公共精神的产业。在中国哲学中有唯物主义，也有唯心主义；"西洋哲学家亦有儒者气象（如亚里士多德，康德，黑格尔，格林，鲍桑凯等），有道家风味（如伊壁鸠鲁，斯宾诺莎，布拉德雷，桑提耶纳），有墨家精神（如孔德，马克思，边沁，穆勒等）。"[1]在中国哲学史研究的起步阶段，研究者从哲学的共性出发，常常参照西方哲学的表述方式，对中国哲学史特色有不同程度的遮蔽。金岳霖读了胡适的《中国哲学史大纲》，竟感觉好像是美国人写的一本关于中国哲学史的书。

在中国哲学学科初建阶段，注重中西哲学的共性也是十分必要的。运用这种方法，可以帮助研究者尽快弄清中国哲学的基本内容，大致理出个头绪来。问题在于，不能总是停留在这个阶段，而应当把研究视角逐步从对哲学共性的关注移向对中国哲学特色的关注，写一本真正贴近中国人精神世界的哲学史。令人遗憾的是，迟迟没有实现这种转移。

我认为，关注人生是中国哲学的特色之所在。倘若我们把中国哲学与西方哲学比较一下，就可以看得更清楚一些。关于哲学的来历，西方哲人有一句话说：哲学起于好奇。哲学来自人们对世界的好奇感，总想弄清楚世界的本原是什么，或者第一原理是什么。中国哲人不做如是想，强调"知人则哲"，人生哲学情结显然比西方哲人强。由此反映出，在哲学思维的起步阶段，西方哲人就把世界当成解释的对象，用认识论的眼光看待世界，强调哲学的首要任务就是寻求解释世界的理由或原理。基于这种思路，西方哲人把"存在"当成哲学思考的起点。他们对世界做出的第一个判断就是"世界存在"，然后追问：什么存在？是心还是物？二者哪个为第一性？从存在出发，西方哲学逐渐形成主客二分的哲学思维模式。在他们眼里，世界在价值

[1] 贺麟：《哲学与哲学史论文集》，第130页，北京：商务印书馆，1990。

上中立，只求真假就可以了，不必追问善恶。这种传统促进了自然哲学的发达，也促进了科学的发展。不过，沿着这种思路，也可能走向歧途。从存在出发，寻求世界存在的终极原因，也可能追寻到超自然的彼岸，追寻到上帝那里。这或许是古希腊哲学不敌基督教的原因，使哲学沦为神学的婢女的缘故。基督教在西方的影响力超过了希腊哲学，左右着人们的精神世界。中国哲学家的问题意识、理论动机、思考进路、价值取向皆有别于西方哲学。中国古代哲学没有沿着主客二分的路径展开，故而形成一种有自身特色的理论形态。在大多数中国哲学家的眼里，世界从来就有，并且只有一个，不赞成把世界二重化。在中国古代，先哲热衷于解释人生，并不热衷于解释世界。

二、特有的思考进路

当西方哲人把目光投向世界并追寻到超自然的上帝的时候，中国哲人则把目光投向人自身。他们没有单纯解释世界的兴趣，而特别关注如何做人的问题。他们把世界看成人生存的场所，看成做人的价值依据或价值担保。他们提出的哲学问题，不是世界为何存在，而是世界怎样存在以及人怎样在世界中实现自我完善。中国哲学家十分重视做人的问题，不太关心纯粹的自然哲学问题，没有像古希腊哲学家那样，写出许多《论自然》之类的哲学论著。当然，他们也不是不涉及自然哲学问题，他们同古希腊哲学家的区别在于，他们探讨世界或自然总是同人事联系在一起，用司马迁的话说，就是“亦欲以究天人之际，通古今之变，成一家之言。”（《报任安书》）在中国哲人的眼里，重要的不是把世界当成解释的对象，而是当成人生实践不可缺少的要素。他们树立的世界观，不是认识论意义上的世界观，而是人生论或实践论意义上的世界观。由于他们的理论动机并不是解释世界，而是解释人生，因而并不热衷于追问“世界是什么”或者“世界从哪里来”之类的问题，不热衷于探寻世界的终极成因，没有创世说之类的构想。

中国哲学家心目中的世界，在价值上并不是中立的，而是人生价值的终极依据。大多数中国哲学家认为，世界在本质上是至善的，人性善来自天性善。在他们的哲学思考中，宇宙论与人生论是紧紧地联系在一起的，甚至把宇宙论同人生论合而论之，称为宇宙人生论。中国哲人谈论宇宙本身并不是目的，只是为了弄清楚人生的真谛。在中国哲学的著作里，常常是第一句话谈天，第二句话紧接着就是论人。例如，《周易·乾卦·象传》上说：“天行健，君子以自强不息。”“行健”是关于天的论断，而从中引申出来的则是做人的准则——自强不息。这样，就形成了中国哲学特有的天人合一的哲学思维模式。如果说西方哲学指向存在的事实世界，那么中国哲学指向意义的价值世界。在中国哲学中，表示天人合一的哲学命题大量存在，如“道法自然”“天人合德”“尽心、知性、知天”“上下与天地同流”“天地与我并生，而万物与我为一”“泛爱万物，天地一体也”“诚者天之道，诚之者人之道”“吾心即是宇宙”“仁者与万物同体”“一即一切，一切即一”等。对于这些命题，恐怕只能从价值论的意义上领会，不能从存在论的意义上领会。在以往集体编写的中国哲学史教材中，大都忽视了中国哲学的特色，从存在论的角度对中国哲学家做出唯心论者或唯物论者的判断，实则拟于不伦，并不符合中国哲学的思想实际。在中国哲学中，“天人合一”不是存在论的话题，而是人生论的话题。这一话题的落脚点，不是“天”而是“人”，所要回答的问题，是如何成就理想人格。西方哲学思考的起点是“存在”，而中国哲学思考的起点则是“人生”，彼此之间思路不同。由于彼此思路不同，理论的侧重点也不一样。西方哲学从存在出发，自然哲学、科学哲学、宗教哲学比较发达；中国哲学从人生出发，人生哲学以及与之相关的价值哲学、道德哲学、政治哲学、社会哲学比较发达，而对自然哲学、科学哲学、宗教哲学重视程度，显然不如西方哲学。

三、特有的重行传统

西方哲学从存在出发，形成了“为知识而知识”的重知传统；中国哲学从人生出发，形成知行合一的重行传统。基于重知的传统，西方哲学家特别重视理论体系的建立，重视概念的厘定、逻辑的推理和学说的建构；基于重行的传统，中国哲学家不怎么看重理论体系的建构，而特别看重理论的实践效果，看重做学问和做人的一致性。翻开中国哲学史，人们不难发现，中国古代哲学家没有像西方哲学家那样写出许许多多大部头的哲学专著，他们习惯于用短文、札记、书信、语录、注疏等形式表达自己的睿智哲思。他们当然有自己的哲学，不过他们的哲学，往往不仅仅是表现在语言文字上，更重要的是体现在他们的人生实践当中。例如，孔子本人并没有写出什么大部头的鸿篇巨著，只有弟子记载他的言行而形成的一部大约一万五千多字的《论语》，然而他的言论却是后世儒家心目中的经典，他的行为举止却是后世儒家效法的楷模。孔子也正是因此而获得“世界文化名人”的盛誉。

有些人常常用看西方哲学的眼光看中国哲学，指责中国哲学家的思想不够系统、不成体系。其实，该指责的正是他们自己，因为他们仅仅从语言文字等表现形式上着眼，用看待西方哲学家的眼光看待中国哲学家，没有从内容上把握住中国古代哲学家注重人生实践的特色，没有看到中国哲学乃是中华民族特有的精神现象学。如果我们不是停留在表现形式上，而是深入思想实际中，就应当承认，注重人生实践恰恰是中国传统哲学的特色，恰恰是中国哲学值得发扬的优良传统。我们不能因为中国哲学不重视建立形式上的体系，而否认其有实质上的体系。正如冯友兰所说：“中国古代哲学家们比较少作正式的哲学著作。从古代流传下来的哲学史资料，大多是为别的目的而写的东西，或者是别人所记录的他们的言语，可以说是东鳞西爪。因此就使人有一种印象，认为中国古代哲学家的思想没有系统。如果是就形式上的系统而言，这种情况是有的，也是相当普遍的。但是形式上的系统不等于实质上的系统。”如果不承认古代哲学家有实质上的系统，等于不承认他们是哲学家，等于不承认中国哲学的存在，这显然是说不过去的。正因为中国哲学有这种特殊性，给我们研究中国哲学史提出了更高的要求：“中国哲学史工作者的一个任务，就是从过去的哲学家们的没有形式上的系统的资料中，找出其实质的系统，找出他的思想体系，用所能看见的一鳞半爪，恢复一条龙出来。在写哲学史中恢复的这条龙，必须尽可能地接近于本来的哲学史中的那条龙的本来面目，不可多也不可少。”[1]冯友兰此种说法，有普遍的指导意义。

四、特有的安顿方式

西方哲学从存在入手，以解释世界为主题；中国哲学从人生入手，以解释价值为主题。由于各自的侧重点不同，因而在人们精神生活中所处的位置也不一样。

一般地说，西方哲学在西方人的精神生活中并不扮演指导人生、安顿价值的角色，主要是为人们提供原理原则、认识路径或思想方法，帮助人们提高理论思维能力。对于西方人来说，指导人生、价值安顿，那是神学的事，而不是哲学的事。在西方普通人的精神生活中，神学比哲学重要得多。在漫长的中世纪里，哲学曾被人们视为“神学的婢女”。近代以后，哲学的地位有所提升，不再扮演婢女的角色，但也没有真正进入普通人的精神世界。对于大多数的普通人来说，哲学仍是文化精英把玩的奢侈品，并不是寻常百姓离不开的日用品。他们觉得五花八门的哲学不过是不同的说法而已，并不是切实可行的做法，既无法指导人生，也无法安顿价值。

同西方人相比，哲学在精神生活中的位置，显然大不一样。中国哲学的主要功能就是指导人生、安顿价值，并且从来就没有成为神学的婢女。中国哲学已经融入大多数中国人的精神生活之中，它不仅仅是说法，更重要的也是做法，具有很强的实践性。由于中国哲学具有这样的特点，遂成为大多数中国人的生活指导准则，成为百姓不可缺少的日用之道。“君子之道，费而

[1] 冯友兰:《中国哲学史新编》第1册，第37—38页。

隐。夫妇之愚，可以与知焉；及其至也，虽圣人亦有所不知焉。夫妇之不肖，可以能行焉；及其至也，虽圣人亦有所不能焉。”《中庸》上的这段话，充分肯定了中国哲学在人们精神生活中的指导地位。在中国人的精神生活中，占主导地位的是哲学，而不是神学。尽管宗教在中国也独立存在，在意识形态领域中也有相当大的影响，但在大多数中国人的精神生活中并不是主角，哲学才是大多数中国人的精神导师，才是他们的安身立命之地。

第三节　树立精神面貌观

上述两条前提是观念方面的前提，而第三条则属于态度方面的前提，要求我们抱着同情和敬意来研究中国哲学史，改变以往那种菲薄先哲的偏狭心态。这条原则是从以往集体编写中国哲学史教材失败的教训中总结出来的。在教条主义者的驱使下，编写者不得不把先哲区分为“唯物论者”或“唯心论者”两大阵营，只对“唯物论者”表示同情和敬意，而对“唯心论者”大加鞭挞。由于大多数有广泛影响力的哲学家，都被戴上“唯心论者”的帽子，都成为被审判的对象，根本展现不出中国古代哲学的精神面貌。这种不正常的心态，已构成深入中国哲学史实际的严重障碍。不清除这种障碍，中国哲学史事业便无法进行。从这一点来说，端正心态，同情地理解古代哲学家，展现中国哲学的精神面貌也是重写中国哲学史不可或缺的前提。

我们研究中国哲学史，其实不是为古人着想，而是为我们自己着想，目的在于汲取先哲的智慧，搭建我们自己的精神世界。研究中国哲学史不等于报道中国哲学史上发生的事情，从业者必须从当下语境出发，了解中国古代哲学的精神面貌，做出同情的理解，方能古为今用、打造我们的精神世界。我们不可能纯客观地呈现哲学史，因为我们无法回到古人所处的语境。任何一种写的哲学史，其实都是作者在写自己的研究体会，写自己的研究心得，写自己对精神世界的领悟。在“中国哲学”后面加上“精神”二字，这就变成了关乎我们活着的人、活的话题。古人已经没“精神”可言了。因为他已经作古，不再说话，该说的话都已经说完了。古人虽然没精神，但是他们给我们留下了精神遗产。我们可以在古人留下的精神遗产基础上，打造一个属于我们自己的精神世界。正如我们每个人身上都有先祖留下的生理基因一样，我们的精神基因也是先祖留下来的。不过，这种精神基因要活化，要跟活人的精神需求结合起来，才能发挥作用。我们研究中国哲学史，不能抱着参观博物馆的心态，而是要回味自己祖先的精神世界，在精神层面上与先哲对话。在研究中国哲学史的时候，我们不能做一个旁观者，而应当做一个参与者，谋求我们的精神世界与古人精神世界之间的沟通。所谓中国哲学精神，就是我们作为一个活着的中国人，作为先哲的后代，找到自己精神世界跟先哲精神世界相沟通的接点。从这个意义说，树立中国哲学精神观构成第三个前提。这种哲学精神观就是“解释学的前见”，无论如何是回避不了的。倘若从业者找不到古今中国人精神世界之间相沟通的接点，便写不出有见识的、为我们所受用的中国哲学史，便是一种失败。

何谓中国哲学精神？这是一个说不完、讲不透、开放性的话题，一个有个性的、有多种讲法的话题。“中国哲学精神”的提法来自冯友兰。他写过一本关于中国哲学史论的专著，题为《新原道》。这本书译成英文时，改称为“中国哲学的精神”。冯友兰把中国哲学精神概括为一句话，取之于《中庸》，叫作“极高明而道中庸”。按照冯友兰的解释，中国哲学的精神就是在境界上讲究“极高明”，领悟天人合一的道理；在生活实践中讲究“道中庸”，不做与众不同的事。两方面结合起来，就是追求理想的圣人人格。杜国庠不认同冯友兰的观点，把中国哲学精神概括为实事求是。牟宗三则把中国哲学精神归结为“道德形上学”。他们各自的说法都有一定道理，但只是一家之言。我对他们的说法，既不反对，也不完全认同。按照我的理解，用一句话概括中国哲学精神比较困难，遂把中国哲学精神概括为以下六点。

一、自强不息

《周易·乾卦·象传》上说:“天行健,君子以自强不息。”这里所说的“天”,并不是今天所说的大气层,而是指世界总体,其中包括地,也包括人,跟现代的哲学范畴“世界”或“宇宙”意思一样。这句话最能体现中国哲学的积极进取意识,代表了我们先哲在宇宙观方面的基本态度。中国古代哲人崇尚健动,以动态的眼光看待世界、看待人生。在他们看来,宇宙是生生不息、流迁不止的运动过程,不存在任何一成不变的东西;人生也是动态的过程,乃是宇宙大过程中的小过程。

在世界观方面,中国古代哲学家提问题的方式就同古希腊哲学家不一样,思路也不一样。古希腊哲学家提出的第一个哲学问题是:“世界是什么?”他们首先把世界总体作为判断的对象,把世界处理成一幅静态的画面,看成“有”(存在);然后从“有”(存在)出发,开始自己的哲学思考,并且采取了分析的进路。他们对作为存在的世界总体加以分析,寻找质料因、形式因、动力因、目的因,开启了西方哲学重分析的思想传统。中国古代哲学家提出的第一个哲学问题是:“世界怎么样?”他们首先把世界总体作为描述的场景,把世界看成动态的过程;然后从“生”出发,开始自己的哲学思考,并且采取了综合的进路,概述世界的总体特征。实际上,人只能对有限的事物才能做出“它是什么”的全称判断,而世界是无限的(用中国哲学的术语说叫作“未济”),对于无限的世界,怎么可能做出“它是什么”的全称判断?显然,中国哲学提问题的方式同西方哲学相比,更具有合理性。我们的先哲崇尚健动,以动态的眼光看待世界、看待人生。孔子曾站在河边,面对奔流的河水发出感慨:“逝者如斯夫,不舍昼夜!”(《论语·子罕》)他认为,任何事物都像流水一样,永远处在发生、发展的过程中,旧的东西消灭了,新的事物又产生出来。宇宙永远保持着生生不息的活力。有的西方哲学家说:“太阳底下没有新东西”,而按照中国古代哲学家的看法,太阳底下总会出现新东西,这叫作“变化日新”。《易传·系辞》上说：“天地之大德曰生。”一个“生”字最能体现中国哲学的特有的精神气质。

古希腊哲学家从“有”（存在）开始他们的哲学思考，中国哲学家从“生”（形成）开始自己的哲学思考。由于彼此的思路不同，故所取得的理论思维成果也不一样。古希腊哲学的理论思维成果是原子论；而中国哲学的理论思维成果是元气论。“气”与原子的不同之处在于，它是柔性的，有状而无形，唯其如此，它可以成为一切事物的终极依据；而古希腊哲学中的原子是刚性的，犹如硬邦邦的圆球。刚性的原子只是质料因，必须另外寻找动力因；而在中国哲学中，气既是万物的质料因，又是万物的动力因，不必另外寻找动力因。这种动态的、有机的宇宙观，乃是中国哲学的独到精神。

在西方哲学中，世界观和人生观通常是分开来讲的。许多西方哲学家讲完世界观问题，获得知识性的满足以后，不再引申到人生观问题，或者另外单讲人生观问题。中国哲学不这样处理。在中国哲学中，将世界观问题和人生观问题紧紧地结合在一起讲，讲究天人合一。在《周易·乾卦·象传》中，第一句话“天行健”讲的是世界观问题，表述的是对世界总体的理解；第二句话“君子以自强不息”讲的是人生观问题，一下子就从世界观问题联系到人生观问题，告诉你应当怎样做人。那就是要做一个自强不息的君子。中国哲学家立足于动态的宇宙观，也以“生”作为人类社会的最根本原则，他们鼓励人们积极进取，奋发向上，高扬乐观主义精神。中国哲学教导我们，尽管人生的道路并不总是平平坦坦、一帆风顺，难免会遇到艰难险阻，但前途毕竟是光明的。按照《易传》的说法，总会有“否极泰来”的那一天。《易传》在解释六十四卦的卦序时指出，易经之所以把“未济”卦放在最后，就是表明发展、生化的无限性，帮助人们燃起心中的希望之灯。这种自强不息、尚健尚动、奋发进取的意识，无疑是中国哲学的精华。它代表着我们的民族精神，对于中华民族的形成、繁衍、发展、腾飞起着积极的指导作用；它帮助中华民族渡过一道道难关，坚忍不拔地向着光明的未来迈进，使人们对发展前景充满信心。自强不息强调人的责任感和使命感，对于每个人的成长也有积极的指导意义。它令人回味无穷，人们可以从中获取精神鼓舞、精神力量，尤其在身处逆境的时候，能帮助人树立自信心，坚定自己的理想信念，向着光明的前景行进。

自强不息是中国哲学中最基本的精神，是中国哲学的第一原理，是先哲留给我们的十分宝贵的文化遗产。自强不息支撑起中华民族积极进取、乐观向上的精神境界，历来受到近现代先进思想家的重视。他们发扬中国哲学自强不息的优良传统，从中汲取巨大的精神力量，投身于反对帝国主义、反对封建主义的斗争洪流。面对帝国主义列强伺机瓜分中国、民族危机日趋加深的严峻形势，他们生命不息，战斗不止，从未失掉中国革命必定胜利的坚定信念，从未失掉中华民族必定腾飞的坚定信念。伟大的民主主义革命的先行者孙中山先生，发动多次武装斗争，遭到了一次又一次的失败，但是，他毫不气馁。他“至诚无间百折不回，……穷途之困苦所不能挠，吾志所向，一往无前，愈挫愈奋，再接再厉”。[1]孙中山的“百折不回，愈挫愈奋”的精神，正是自强不息的民族精神在近代的发扬。孙中山还把自强不息的民族精神同进化论思想结合起来，使之获得近代的理论形态。他认为天下之事并不仅仅是渐进发展着的，有的时候可以打破常规，后来居上。因此，通过我们的努力完全能够尽快地改变中国的落后局面，“一跃而登中国于富强昌盛之地”。他坚信，中国必将会迎来“突驾”“腾飞”的新时代。毛泽东同志把自强不息的民族精神同马克思主义普遍原理结合起来，使之获得现代的理论形态，发展为革命的乐观主义精神。他的名言“前途是光明的，道路是曲折的”，为中国革命事业提供了强大的精神动力。

二、实事求是

与自强不息的进取精神相一致。中国哲学家特别关注现实问题，使中国

[1]《孙中山选集》，第104页，北京：人民出版社，1956。

哲学形成注重人生实践这样特有的品格。《汉书·河间献王传》称赞河间献王“修学好古，实事求是”。“实事求是”后来便成为中国哲学中特有的术语，恰当地概括出中国哲学在知行观方面的精神传统。如果说自强不息代表先哲在宇宙观方面的基本态度，那么，实事求是则代表了先哲在知行观方面的基本态度。实事求是深化了自强不息，是由自强不息自然而然延伸出的这种结论。自强不息讲的是动态的宇宙观，实事求是讲的则是动态的知行观。在中国哲学中，不看重知识的既定形态，特别看重知识的动态功用，故而没有形成西方哲学式的知识论。在西方哲学中，知识论和实践论是两个话题；而在中国哲学中，则是一个话题。知行观是中国哲学特有的哲学范畴。

实事求是的核心词，乃是那个“是”字。“是”含有智慧、知识、原则、办法、道理、真理等意思，与“非”相对。“求是”二字同古希腊哲学家所说的“爱智慧”比较接近，但表达了中国哲学家求真务实的人生态度。中国哲学家认为，做人“只是为了成就一个是”。实事求是的特色在于“实事”两个字。“实事”其实就是实践的别称，所以，实事求是也就是注重实践、强调从实践中获取真知的意思。按照中国哲学家的看法，“求是”以“实事”为前提、为目的，这是一种独特的提法，在西方哲学中没有类似提法。按照西方哲学家的说法，“求知识”就够了，没有必要牵扯到“实事”。人为什么要“求知识”呢？西方哲人的回答就是“哲学起源于好奇”，就是为求知识而求知识，不必抱有任何实用目的。在西方，有“为学术而学术”“为艺术而艺术”“为知识而知识”的传统。相比较而言，这样的传统在中国恐怕不是那么明显。西方哲学出于“为知识而知识”的传统，哲学家研究理论问题、探求知识，只是为了弄清道理，满足求知的欲望，并不问这种知识是否有实际的功用。中国哲学与西方哲学不同，中国哲学家并不出于纯粹的理论兴趣去探求知识，而是把“求是”即探求知识同“实事”紧密地联系在一起，主张为“实事”而求知识，求那种可以解决实际问题的实用知识。

实事求是原本是一个形容词，到后来演变成哲学术语，用以表征中国哲学家在知行观方面的诉求。在古代中国，“实事”主要是指关系到国计民生的大事。古人把这种大事归纳为三条：“正德、利用、厚生，谓之三事。”（《左传·文公七年》）南宋学者蔡沈在注释《尚书·大禹谟》时，对三事做了具体的解释：“正德者，父慈、子孝、兄友、弟恭、夫义、妇听，所以正民之德也；利用者，工作什器，商通货财，所以利民之用也；厚生者，衣帛食肉，不饥不寒之类，所以厚民之生也。”所谓“正德”，就是端正价值观念，接受道德规范的约束，使人们养成良好的道德风尚，维系社会的秩序。所谓“利用”，就是发展生产，改进生产工具，促进商品流通，增加社会财富的总量。所谓“厚生”，就是改善人民的生活条件，提高人民的生活质量，使大家都能过上丰衣足食的日子。《尚书·洪范》把“实事”概括为“五事八政”。“五事”是貌（容貌）、言（言谈）、视（视察）、听（听受）、思（思虑），指的是执政者身心修养方面的事。“八政”是食（管理民食）、货（管理财务）、祀（管理祭祀）、司空（管理住行）、司徒（管理教育）、司寇（管理司法）、宾（接待宾客）、师（治理军务）。《大学》列出四件大事：修身、齐家、治国、平天下。中国哲学家非常关注这些大事，研究与这些大事相关的哲学问题，为处理好这些大事建言献策。同西方哲学家和印度哲学家相比，中国哲学家都有较强的关心国事民瘼的政治情结。

西方哲学讲究“为知识而知识”，形成了重知的传统；中国哲学关注实事求是，形成了重行的传统。“行”的原义是脚踏实地、走在路上。许慎在《说文解字》中对行的解释是：“行，人之步趋也。从彳（chì），从亍（chù）。凡行之属，皆从行。”从“行”中可以引申出践履、行动、探索、活动等多种意思，把这些意思用现代的哲学术语概括起来说，那就是实践。“行”包含着目的性，对于目的的清楚了解和准确定位，那就是中国哲学中所说的知。所以，在中国哲学中，知并不是指那种为学术而学术的纯知识，而是与行、与实践密切相关的实用知识。这种知识来自实际，指导实际，故而中国古代哲学家往往把知与行相提并论，强调知必须落实到行动中。严格地说，在中国哲学中没有西方哲学中的那种认识论或知识论，有的是中国哲学特有的知行观。

知行观所讨论的问题，同认识论或知识论所讨论的问题，既有相通之处，也存在着差别。

中国哲学中实事求是精神是先哲留给我们的一份宝贵的遗产，它同辩证唯物主义的思想路线是息息相通的。毛泽东同志把中国哲学中实事求是的优良传统提升到马克思主义哲学的高度，对“实事求是”作了新的解释。他说：“‘实事’就是客观存在着的一切事物，‘是’就是客观事物的内部联系，即规律性，‘求’就是我们去研究。我们要从国内外、省内外、县内外、区内外的实际情况出发，从其中引出固有的而不是臆造的规律性，即找出周围事变的内部联系，作为我们行动的向导。”[1] 毛泽东同志站在马克思主义哲学的立场上，一方面继承和发扬中国哲学的优良传统，把它提升到新的理论高度；另一方面也用中国哲学的精华丰富、发展了马克思主义思想宝库，推进了马克思主义哲学的中国化进程。邓小平同志正确地把实事求是概括为毛泽东思想的基本点，进一步发展毛泽东哲学思想，创立有特色的社会主义理论。他坚持实事求是、一切从实际出发的思想路线，推倒“两个凡是”，拨乱反正，解放思想，找到了一条在中国这样一个经济比较落后、基础比较薄弱的国家建设社会主义现代化的正确道路。习近平同志进一步弘扬了实事求是的传统，提出一系列创新论断。

三、辩证思维

与注重发展、注重有机联系的宇宙观相随，中国哲学在方法论方面也贯彻动态原则，形成辩证思维比较发达的精神传统。正如英国著名科学史家李约瑟在《中国科学技术史》中指出的那样：“当希腊人和印度人很早就仔细地考虑形式逻辑的时候，中国则一直倾向于发展辩证逻辑。与此相应，在希腊人和印度人发展机械原子论的时候，中国人则发展了有机的宇宙的哲学。”[2] 著

[1] 《毛泽东选集》第 3 卷，第 801 页。

[2] 李约瑟：《中国科学技术史》第 3 卷，第 337 页，北京：中国科学出版社，1990。

名的物理学家爱因斯坦、普利高津也有类似的看法。中国传统哲学中的辩证法思想极其丰富，关于变易发展、对立统一、相辅相成、物极必反、整体联系、生化日新等问题，历代哲学家都有相当精彩的论述。可以毫不夸张地说，中国传统哲学中的辩证法思想，已达到欧洲中世纪不可比拟的程度，凝结着中华民族的聪明睿智。注重辩证逻辑，代表了中国哲学家在思想方法论方面的基本态度。

思想方法方面，中国哲学与西方哲学相比，有一个明显的区别，那就是特别注重辩证思维，辩证法思想很丰富。中国哲学家擅长用生生不息、动态的思维描述动态的宇宙，可以说是人类辩证思维的源头之一。大多数古希腊哲学家把世界总体看成静态的画面，通常采取形式逻辑或称静的逻辑的办法，分析世界总体的构成要素。中国哲学把世界看成动态的过程，不能用静的逻辑把握世界总体，必须借助于动的逻辑。这个动的逻辑就是辩证逻辑。用毛泽东的话说，辩证逻辑是一种可以称为“两点论”的思想方法，就是从正、反两个角度看问题。在中国哲学，这两个基本点，一个是“阴”，另一个就是“阳”。我们的先哲依据阴阳的辩证关系，解释世界，解释人生。

中国古代的辩证法思想以阴阳为基本范畴。关于阴阳范畴的来历，传说为伏羲所画，但不可确考。学者们的说法大致有三种。一种是两性说，认为阳是对男性特征的抽象，阴是对女性特征的抽象。另一种是蓍草说，认为古人用蓍草占卦，中间有结的蓍草为阴，中间没有结的蓍草为阳。再一种是山体说，认为山朝向太阳的一面为阳，背着太阳的一面为阴。第三种说法比较贴切，同《易传》中“远取诸物，近取诸身”的意思比较接近。但无论哪一种说法，都肯定了这样一点：我们的祖先很早就注意从两点论的角度看待世界，而不是从一点论的角度看待世界。以阴阳范畴为核心，在先秦时期形成三个辩证法学说系统。第一个系统是道家的“贵柔”辩证法，以老子为代表；第二个系统是兵家的“尚刚”辩证法，以孙子为代表；第三个系统是儒家的“执中”辩证法，以《易传》为代表。

先秦哲学家奠立的辩证思维传统为后世学者继承发展，形成中国哲学注重辩证思维的传统。几乎每个哲学家都不同程度地认同辩证思维，甚至在被误解为“形而上学宇宙观”的代表人物董仲舒那里，也有辩证思维的闪光。他一方面主张“天不变，道亦不变”，另一方面也承认“王者改制”的必要性。他提出的“阴者，阳之合”的观点，他关于五行相克相生的论述，都闪烁着辩证思维的火花。诚然，董仲舒是有形而上学的思想倾向，但不能把他等同于西方哲学史中以孤立、静止、片面看问题为特征的形而上学家。佛教传入中国以后，中国的僧人都努力用辩证思维诠释佛教教义。在中国，最流行的佛教理论不是空宗，也不是有宗，而是中观派。中国僧人试图辩证地解释空与有的关系、真谛与俗谛的关系、诸佛与众生的关系、菩提与烦恼的关系、生死与涅槃的关系、净土与秽土的关系、此岸世界与彼岸世界的关系，运用辩证思维把印度佛教改造成中国佛教。宋代以后，辩证法思想发展出新的理论高度。哲学家们抓住辩证法的核心与实质，深入探讨两一关系问题，取得了许多新的理论思维成果。

了解中国古代哲学中的辩证思维传统，可以使我们进一步认识到：辩证法是人类思维所固有的，主观辩证法不过是客观辩证法的反映而已。这有助于我们深入地领会辩证唯物主义的真理性。尽管中国古代的辩证法思想尚处在自发阶段，而未达到自觉的程度，但其基本精神同马克思主义辩证法思想是相通的。我们可以立足于现代辩证唯物主义的思想高度，继承发展中国辩证思维传统，提高中华民族的理论思维水平。在这方面，毛泽东同志堪称典范。他从中国古代哲学中找来“一分为二”的命题，重新加以解释，用来说明对立统一规律，遂使之成为具有崭新意义的唯物辩证法命题。由此可见，运用马克思主义哲学观点开发中国古代的辩证法资源，对于马克思主义哲学的中国化，对于马克思主义哲学的发展，都具有不容忽视的促进作用。

四、以人为本

由于中国哲学把世界观问题与人生观问题合在一起讲，强调天人合一，讲究实事求是，注重人生实践，从而铸就了“以人为本”的哲学精神。这种以人为本的精神表明，中国哲学属于人生哲学类型。

古代哲学大体上可以归结为三种类型。一种类型是自然哲学，以古希腊哲学为典范。古希腊哲学以自然为本，以解释世界为主题，哲学家最常用的书名就是《论自然》。另一种类型是宗教哲学，以佛教哲学和基督教哲学为典范。宗教哲学以彼岸为本，特别关注人死后的归宿，而不大重视关于活着的人的事情。这种类型的理论指向彼岸世界，而不是此岸世界。再一种类型就是人生哲学，以中国哲学为典范。

以人为本的精神传统在先秦时期就已经初步形成了。先秦时期的哲学家一般都把自然论与人事论紧紧地联系在一起，并没有把人同自然割裂开来、对立起来。儒家一向把人道作为理论研究的中心，不太关心宗教神学问题。学生子路向孔子请教鬼神问题，孔子回答说：“未能事人，焉能事鬼？”子路又向孔子请教关于死的问题，孔子的答复是：“未知生，焉知死？”（《论语·先进》）对于鬼神以及死后的情形，孔子讳莫如深，“敬鬼神而远之”，不愿意谈论怪、力、乱、神之类的事情。他关心的是此岸，而不是彼岸，即应当怎样做人的问题。孔子以人为本的思想集中体现在他提出的“仁”的观念中，在一部《论语》中论及“仁”的地方就有一百多处。在孔子关于仁的多种解说中，核心的一条当属仁者爱人。“樊迟问仁，子曰：‘爱人’”（《论语·颜渊》）具体地说，爱人就是博施、济众。“子贡曰：‘如有博施于民，而能济众，何如？可谓仁乎？’子曰：‘何事于仁，必也圣乎！尧舜其尤病诸！’”（《论语·雍也》）孔子主张关心人、尊重人、帮助人、爱护人，有一次他家的马厩失火，孔子回家后首先问的是伤着人没有，并不过问马匹的损失情况。孔子把仁视为做人的终极价值目标，甚至把仁看得比生命还重要。他说：“志士仁人，无求生以害仁；有杀身以成仁。”（《论语·卫灵公》）生命诚然可贵，然而做人的道义比生命更为可贵。在需要为道义献出生命的时候，不敢挺身而出、贪生怕死的懦夫是可耻的，而那些杀身成仁、舍生取义的志士才是令人敬佩的。孔子的这种人生价值观包含着利他奉献、自我牺牲的精神，倡导崇高的节操，对于中国人培养正义感一直发挥积极的作用。中国历史上的民族英雄、伟人壮士，都曾从孔子的人道至上的价值观中受到启发和熏陶。

在中国哲学史上孔子第一个明确地提出人道原则，形成了儒学的一贯精神传统。后世儒者纷纷把论证人道原则，当作自己的宗旨。孟子认为，治理国家应当以民为本。在他看来，处理人民、社稷、君主三者之间的关系时，应当贯彻“民为贵，社稷次之，君为轻。”（《孟子·尽心下》）的原则。就重要性而言，首先是人民，其次是象征着国家政权的社稷，最后才是君主。道理很简单，只有获得人民的拥护，国家政权才会具有稳固的根基；国家政权有了稳固的根基，君主的位子才会坐得住。孟子这种“民贵君轻”的民本主义思想，虽然没有达到以民权为核心的民主主义的高度，但冲击了君权神授的传统观念，表现出富有远见卓识的政治智慧。先秦另一位儒家大师荀子恰当地把君主和民众之间的关系比作船与水的关系，他说：“君者，舟也；庶人者，水也。水则载舟，水则覆舟。”（《荀子·王制》）君主好比是船，民众好比是水，水可以把船浮起来，也可以把船掀翻。荀子比孟子更透辟地阐发了民本思想。他提醒那些掌权者说：“君人者，欲安，则莫若勤政爱民矣；欲荣，则莫若隆礼敬士矣；欲立功名，则莫若尚贤使能矣：是君人之大节也。”（《荀子·王制》）掌权者要想坐稳位子而不翻船，必须处理好勤政爱民、隆礼敬士、尚贤使能三件大事，牢牢地把握住以人为本的统治原则。荀子“君舟民水”的思想对中国古代社会影响很大，唐太宗李世民将此看成治理国家的金律。

《大学》对孔子、孟子和荀子的民本思想加以总结，提出三纲领和八条目。关于三纲领，《大学》在开篇写道：“大学之道，在明明德，在亲民，在止于至善。”在这里，作者以极其简明的语句点明儒家的根本宗旨，即提高道德意识的自觉性，树立以民为本的观念，向往尽善尽美的理想人格。为了实现这三条根本宗旨，《大学》提出的具体方法和步骤是：“古之欲明明德于天下者，先治其国。欲治其国者，先齐其家。欲齐其家者，先修其身。欲修其身者，先正其心。欲正其心者，先诚其意。欲诚其意者，先致其知。致知在格物。物格而后知至，知至而后意诚，意诚而后心正，心正而后身修，身修而后家齐，家齐而后国治，国治而后天下平。”这就是格物、致知、诚意、正心、修身、齐家、治国、平天下等八条目。三纲领和八条目是一致的，都围绕着治国以民为本、以修身为本这一主题展开论证，简洁明了地概述了儒家内圣外王统一、政治和伦理紧密结合的一贯思想。孙中山先生对《大学》以民为本、以德辅政的理论评价很高，称之为中国特有的“政治哲学”。他说：“中国有一段最有系统的政治哲学，……就是《大学》中所说的‘格物、致知、诚意、正心、修身、齐家、治国、平天下’那一段话。把一个人从内发扬到外，由一个人的内部做起，推到平天下止。像这样精微开展的理论，无论外国什么政治家都没有看到，都没有说出，这就是我们政治哲学的知识中独有的宝贝，是应该保存的。”[1]在他看来，儒家的这种政治哲学相当完整，相当系统，相当有特色，相当有实用价值。他要求革命党人从中获得启发，把民国的政治建设同伦理建设有机地结合起来，使二者同时并进，相辅为用，相得益彰。他认为，只有这样，才能在中国造就出新的国民；有了新的国民，新的民国才会建立起稳固的根基。

在先秦与儒家并称“显学”的墨家也大力倡导以人为本的人道原则，提出“兼相爱，交相利”的主张。墨子指出，当时社会之所以存在着祸害怨恨、强欺弱、众劫寡、富侮贫、贵欺贱、诈凌愚等丑恶现象，其根本原因在于“以不相爱生也。”（《墨子·兼爱中》）倘若每个人都不那么自私，而是设身处地、推己及人，处处为他人着想，上述丑恶现象自然不会发生，世界将会成为另外一种样子：“若使天下兼相爱，爱人若爱其身，犹有不孝乎？视父兄若

[1] 《孙中山全集》第1卷，第684页，北京：中华书局，1979。

其身，恶施不孝？犹有不慈者乎？视弟子与臣若其身，恶施不慈？故不孝不慈无有，犹有盗贼乎？故视人之室若其室，谁窃？视人之身若其身，谁贼？故盗贼无有，犹有大夫之相乱家、诸侯之相攻国乎？视人家若其家，谁乱？视人国若其国，谁攻？故大夫之相乱家、诸侯之相攻无有。若使天下兼相爱，国与国不相攻，家与家不相乱，盗贼无有，君臣父子皆能孝慈，若此则天下治。"（《墨子·兼爱中》）墨子认为人与人的关系应当是"兼相爱"的和睦关系，每个人都应该出以爱心，而这种爱心必将获得爱的回报。"爱人者，人必从而爱之；利人者，人必从而利之；害人者，人必从而害之。"（《墨子·兼爱中》）墨子这种关于人以及人际关系的看法，尽管带有理想主义色彩，但洋溢着强烈的人道主义精神。

与儒家、墨家大力倡导人道原则不同，道家大力倡导自然原则；但是，在道家的自然原则中，也蕴含着以人为本的精神。老子强调"人法地，地法天，天法道，道法自然。"（《老子》第二十五章）同样把人事论作为全部哲学思考的归宿。在他的"道法自然"的主张中，包含着顺应民心之自然的意思。老子说："圣人无常心，以百姓心为心。"（《老子》第四十九章）就是说，圣人并不为自己的私利着想，而是为天下百姓着想。在老子倡导的自然原则中还包含着公平的原则，他说："天之道，损有余而补不足，人之道则不然，损不足以奉有余。"（《老子》第七十七章）他认为"天之道"是公平的，而现实生活中的"人之道"则是不公平的。他对当时社会中的种种不公平现象，提出严厉的批判，指责当权者"朝甚除，田甚芜，仓甚虚，服文彩，带利剑，厌饮食，财货有余，是谓道夸。非道也哉！"（《老子》第五十三章）他指出，正是因为统治者贪得无厌，不顾人民的死活，才造成人民生活困苦、社会秩序混乱的局面。

由上述可见，中国古代哲学以人为本的精神是十分突出的，哲学家们特别重视对人性、人际关系、处世之道等问题的探究。那么，怎样看待中国古代哲学中的以人为本的精神呢？学术界的看法并不一致。一些学者把中国古代哲学的以人为本的思想同西方文艺复兴时期的人本主义思想等量齐观，予以很高的评价。例如，贺麟先生在《五伦观念的新检讨》一文中说：“……西洋文艺复兴以后，才有人或新人的发现。17 世纪和 18 世纪内，人本主义盛行。足见他们也还是注重人及人与人的关系，我们又何必放弃自己传统的重人伦的观念呢。”[1]他认为儒家五伦观念所包含的以人为本的精神直接地同西方近代的人文主义思想相契合。另一些学者把中国古代哲学中以人为本的思想同西方近代的人本主义思想截然对立起来，予以很低的评价。胡绳不同意贺麟把五伦观念归结为人本主义的观点，提出反驳意见。他说：“儒家思想并不是人本主义。以为儒家思想是人本主义的唯一理由就是儒家不谈天，不讲自然，其学说以人伦为中心。但是在我们看来，儒家的人伦观念不仅不足以证明其为人本主义，恰恰足以证明它不是人本主义。因为，凡人的思想行为由独断的教义所严格地规定着，无论这教义是宗教还是伦理的，那都是反乎人本主义的。”“当把人与人的关系，固定化成为不变的伦理，发挥着控制的功能时，于是个人与集体都隐没到抽象的伦理教条之中，巍然存在的只是那三纲五常的金字了。这是什么人本主义呢？”[2]

我认为上述两种看法，各有各的理由，但都不是不可以商榷的不刊之论。其实，人本主义并不是西方文艺复兴时期的一个专用语汇，它可以有普遍的意义。“人本主义”是相对于“神本主义”而言的，并非文艺复兴时期的特有现象。在西方的中世纪，宗教神学在意识形态中占主导地位，哲学不过是神学的婢女而已。在这种情况下，文艺复兴思潮兴起后，启蒙思想家们自然把推倒神的权威、把人从宗教蒙昧主义的思想束缚中解放出来当作自己的首要任务。他们高唱起“人”的颂歌，强调“人”的尊严，凸显“人”的价值，争取“人”应有的权利，开创了哲学、文学、艺术繁荣的新时代，极大地改变了西方人的精神面貌。西方学者把这股新思潮叫作“人本主义”或“人文主义”。中国古代历史上也曾有过神本主义专制时期，这就是商周原始天命观

[1] 贺麟：《文化与人生》，第 53 页，北京：商务印书馆，1988。

[2] 胡绳：《思想漫步》，载《群众》1943 年第 8 卷第 10 期。

占主导地位的时期。不过，从春秋末期起，中国思想界就形成了一股强大的无神论思潮，逐渐地推倒了“天命”或“上帝”的权威，形成了“万物之中人为贵”的观念。正是在这股无神论思潮的基础上，才产生出中国哲学。在这种思想背景下形成的中国哲学自然不会选择以神为本位的道路，而只能选择以人为本位的道路，叫作人本主义未尝不可。在漫长的中世纪，大多数民族都把宗教当作自己意识形态的中心，中国也许是个例外。在中国几千年的文明史上，虽然宗教也曾有过较大的思想影响，曾出现过儒释道三教并立的局面；但从总体上看，在意识形态领域中占主导地位的是哲学（尤其是儒学），而不是宗教。在中国，哲学始终保持着独立的地位，没有像西方那样沦为神学的婢女。中国古代哲学关注的中心是“人”，而不是“神”，从这个意义上说，当然可以把中国哲学叫作人本主义。

但是，也应注意到，中国古代哲学中的人本主义思想，同西方近代以来的人本主义思想，还是有区别的。西方近代以来的人本主义思想注重个性解放，倡导人权观念，主张民主政治，是同近代资本主义社会商品经济比较发达的社会基础相适应的。中国古代哲学的人本主义思想，不是建立在商品经济的基础之上，而是同自然经济相联系的，因而不可避免地会落上封建主义的灰尘。例如，中国古代的人本主义所着眼的是群体而不是个体，其中包含着人身依附的观念；所着眼的是人际关系，而不是人的主体性，因而缺乏近代的人权意识。但是，我们绝不能抓住一点不及其余，全盘否定它的价值。在中国古代以人为本的思想传统中，既有精华，又有糟粕，而精华是主要的。看不见其中有糟粕，把它直接地等同于近代的人本主义，容易导致与封建主义相妥协的倾向；而看不到精华是它的主要方面，把它完全等同于封建主义，容易导致民族文化虚无主义的倾向。

在中国古代以人为本的哲学精神中，包含着尊重他人、尊重民意、与人为善、利群利他、忧国忧民、严于律己、推己及人、向往高尚人格等合理思想，曾对中华民族的形成发展产生极大的影响。中华民族之所以形成世界上最大的民族，同中国哲学中的以人为本的精神传统有密切的关系。事实证明，中国哲学中的以人为本的精神传统为中华民族提供了基本的价值观念，提供了强大的民族凝聚力。甚至可以说，倘若没有以人为本的精神传统，中华民族将不可能发展成世界上最大的民族。我们没有理由拒绝这笔文化遗产，而应当取其精华、弃其糟粕，使之实行现代转换，变为社会主义精神文明建设的有用的思想材料。

五、内在超越

与中国古代哲学中以人为本的精神相一致，哲学家们常常把现实中人生道路的探索同理想的价值目标的追求合在一起讲。他们讲哲学的目的，一方面在于认识世界、指导人生，另一方面在于确定价值取向，寻找安身立命之地，以便成就理想人格、体现内在超越精神。他们从不企慕超验的彼岸世界。从前一方面看，中国哲学表现出现实主义品格，看重实用理性，倡导经世致用的入世精神，这就是人们常说的“内在性”；从后一方面看，中国哲学又表现出理想主义的品格，要求超凡入圣，看重价值理性，这就是人们常说的“超越性”。在中国哲学中，内在性与超越性是统一的。内在超越贯彻了以人为本的原则，表达了基本的价值导向，也是中国哲学的精神特质之一。

如果我们把中国古代哲学的人生价值观同中世纪其他民族的人生价值观比较一下，可以对中国哲学讲究内在超越的特质看得更清楚。拿西方人来说，他们向往的理想境界是天国而不是人间；他们心目中的理想目标不是“人”而是“神”，即所谓“上帝的选民”。按照《圣经》的说法，人类的始祖夏娃和亚当是因为偷吃了智慧果被上帝逐出伊甸园的，因而人生来就有罪，并称之为“原罪”。人只有洗清“原罪”，才可能重新返回天国。如此说来，人是不可能自己解救自己的，必须靠上帝的恩惠才能超凡入圣，实现终极的价值目标。显而易见，西方人的人生价值观，以“外在超越”为基本路向。按照印度佛教的说法，人一生下来就掉入“苦海”之中。佛教的基本教义“四圣谛”的第一谛就是“苦谛”，认为人生来就要受生、老、病、死的折磨，除此之外，还要受八苦、一百一十苦乃至无量苦的逼迫恼扰。总而言之，人生是不值得留恋的。茫茫苦海，回头是岸，与人生相对的彼岸就是佛国净土。这就是佛教为信徒们指示的终极目标。按照佛教的理论，人生是没有价值的，只有否定人生，接受佛教教义，才能超越苦难的人生，跳出六道轮回，证成佛果，进入“涅槃寂静”“常乐我净”的极乐世界。基督教和佛教的具体说法有所不同，但至少有一点是共同的：他们都否定人生的价值，追求超越的终极价值目标。这表明，在人生价值观方面，印度人同西方人一样，也选择了一条外在超越的路向。

同基督教和佛教不同，中国哲学选择的是内在超越的路向。所谓“内在”，是指肯定人生的价值，肯定在人性中存在着自我完善的内在根据，因而不必否定人生的价值，不必寄希望于外力的拯救与超拔；所谓“超越”，是指设定理想的价值目标，以此作为衡量自我完善的尺度，作为意义追求或形上追求的方向。在中国哲学中，超越性与内在性是联系在一起的，并不同彼岸世界相联系，因而没有神性的意味。照中国哲学家看来，超越的依据并不是神学意义上的彼岸世界，而是哲学意义上的本体，用中国哲学的术语来说，就是道或理。道或理既是宇宙万物的究极本体，也是人生的最高准则。道或理不在宇宙万物之外，也不在人类生活实践之外，这就叫作“体用一源，显微无间”。所以，在中国哲学中内在性与超越性是统一的，这就形成了中国哲学“内在的超越性”或“超越的内在性”的品格。

在十六世纪，西方传教士利马窦到中国之后，经过多年的潜心研究，他也发现中国哲学内在超越的路向与西方外在超越的路向不一样。他说：“吾窃贵邦儒者，病正在此。常言明德之修，而不知人意易疲，不能自勉而修；又不知瞻仰天主，以祈慈父之佑，成德者所以鲜见。”（《天主实义》）利马窦站在西方天主教的立场上，对儒家哲学内在超越的路向提出批评，认为仅仅靠人自身的道德修养很难达到超越的境界，主张树立对上帝的信仰，借助至高无上的外在力量的推动，进入完满的超越境界。利马窦的批评很难获得中国哲学家的认同，但他指陈儒家内在超越的路向与西方天主教外在超越的路向有区别，的确符合中国哲学的实际。

正如利马窦指出的那样，儒家哲学内在超越的路向是显而易见的。儒家的这一思想路线是由儒家的创始人孔子确立的。众所周知，孔子思想的核心是“仁”，一部《论语》，谈到“仁”的地方有一百多处。从哲学上看，孔子所说的“仁”正是对宇宙人生“内在性”的肯定。孔子强调，人的价值的实现，人的自我提升，完全是一种主体的理性自觉，“我欲仁，斯仁至矣”（《论语·述而》）他把这条原则称为“为仁由己”，要求人在修己求仁时表现出主动性，而无须外在的约束与强制。他大力倡导“为己之学”，批评“为人之学”，他说：“古之学者为己，今之学者为人。”（《论语·宪问》）“为己之学”出于自我完善的内在要求，故而孔子大力提倡；“为人之学”受外在功利目标诱惑，故而孔子表示反对。荀子对孔子这句话的解释是：“古之学者为己，今之学者为人。君子之学也，以美其身；小人之学也，以为禽犊。”（《荀子·劝学》）荀子的解释是符合孔子的意思的。孔子提出儒家的内在性原则，也提出儒家的超越性原则。儒家的超越性原则集中体现在孔子的“道”的观念之中。孔子对“道”十分重视，曾表示“朝问道，夕死可矣。”（《论语·里仁》）对于人来说，“道”是超越的终极目标，人为了求道可以舍弃一切，乃至于生命。但在孔子看来，“道”并不与人相外在，也不具有拯救人的力量，只是人追求自我完善的目标而已，所以他才说：“人能弘道，非道弘人。”（《论语·卫灵公》）孔子提出了内在性原则，也提出了外在性原则，不过他对二者之间的关系说得尚不十分清楚。也许是由于这个原因，他的弟子子贡才会有“夫子之文章，可得而闻也；夫子之言性与天道，不可得而闻也。”（《论语·公冶长》）的惶惑之感。

关于内在性和超越性如何统一起来的问题，在孟子那里得到比较妥当的解决。孟子继承孔子“为仁由己”的思想，提出人性善的理论。他认为，人生来就有向善的能力，叫作“良能”；生来就有道德意识，叫作“良知”。“人之所不学而能者，其良能也；所不学而知者，其良知也。”良能良知是万善之源，由此而形成恻隐之心、羞恶之心、恭敬之心、是非之心等四端，由四端而形成仁、义、礼、智等四个基本的道德观念。孟子断言:“仁、义、礼、智非由外铄我,我固有之。”(《孟子·告子上》)他认为人性善正是人与动物的本质区别。“人之所以异于禽兽者几希,庶民去之,君子存之。”(《孟子·离娄下》)孟子在这里强调的是“人之所以异于禽兽者”,而不是“人异于禽兽者”。“人异于禽兽者”属于现象上的差异,一眼就可以看清楚;而“人之所以异于禽兽者”属于本质上的差异,就不那么容易发现了,必须经过自觉的省思、理性的直觉才能达到。孟子认为,人与禽兽的根本区别,就在于人有求善的意识,而禽兽则没有这种意识。正是因为人性善,按道理说“人皆可以为尧舜”,即人都可以成就理想的人格——圣人。孟子的性善论是对儒家思想的重要发展。孔子提出“仁”的观念,确立了内在性原则;但他的说法带有很强的规范性,只告诉人们应当以“仁”为价值取向,至于人为什么应当履行仁道以及何以可能履行仁道,并没有充分地说明。孟子的性善论从理论上阐释履行仁道的内在依据,说明履行仁道的可能性,使儒家的内在性原则得以深化。孟子立足于内在性原则,进一步探讨超越性原则,提出“尽心,知性,知天”的哲学思想体系。孟子把传统天命观中人格神意义上的天,改铸为伦理学意义上的“义理之天”,赋予天道德的属性,作为超越性原则的形上依据。他认为,人所具有的仁义忠信等善良品格,都来自天:“仁义忠信,乐善不倦,此天爵也。”(《孟子·尽心上》)“仁,天之尊爵也。”(《孟子·公孙丑上》)天具有仁义等善性,人性善实则源于天性善。在“性善”这一点上,天人合一。所以,只要诚心诚意地尽量扩充人生来就有的善心,就可以了解到人的本性;了解到人纯善的本性,也就是了解到天的至善本性。这就叫作“尽其心者,知其性也;知其性也,则知天矣。”(《孟子·尽心上》)孟子把“上下与天地同流”“万物皆备于我”视为人生的最高境界,认为只有进入这种境界,才是人生的最大快乐,才是终极价值的实现,即所谓“反身而诚,乐莫大焉。”(同上)孟子这种天人合一的思想,比较妥当地把内在性与超越性统一起来了,奠立了儒家“道德的形而上学”的理论基础。

在汉唐时代,天又恢复了神学意义,成了监督人事的权威。君主实行仁政，天会降下祥瑞表示奖赏；倘若君主有“失政之败”，天会降下灾害予以谴责。董仲舒提出的这种“天人感应”思想，有违于先秦儒家内在超越的路向，表现出外在超越的趋势。魏晋玄学追求超越的本体，加剧了这种趋势。引入佛教的超越本体论学说之后，在一段时期内哲学家们特别关注超越性，不太关注内在性。不过，这种局面到宋代便有了改变。宋明理学成功地应对佛教超越本体论的挑战，化超越为内在，恢复了中国哲学讲究“超越的内在性”或“内在的超越性”的精神传统。程朱理学和陆王心学两大派，在许多问题上存在着分歧，但在贯彻内在超越路向这一点上，他们却是一致的。程朱理学的基本思想是“性即理”，从“天理”的超越性入手，说明人在本质上的内在性。朱熹认为，天理在逻辑上先于天地万物而有，“未有天地之先，毕竟也只是理。有此理便有此天地，若无此理，便亦无天地，无人无物，都无该载。”（《朱子语类》卷一）天理在逻辑上先于人和万物，却不在人和万物之外。天理虽是超越的，但不是外在的超越，而是内在的超越，所以朱熹又说：“性只是理，万理之总名。此理亦只是天地间公共之理，禀得来，便为我所有。”“性毕竟无形影，只是心中所有的道理。”（《朱子语类》卷四）这样，朱熹便从超越的天理讲到内在的人性，体现既内在又超越的致思趋向。陆王心学的基本思想是“心即理”，首先肯定人的本质的内在性，然后从中引申出超越的天理。陆九渊在《与李宰书》中写道：“人皆有是心，心皆具是理，心即理也。”在他看来，“万物森然于方寸之间，满心而发，充塞宇宙，无非此理。”（《陆九渊集》卷三十四）他所说的“心”不是指具体存在的个人的心，而是指人的抽象本质，即所谓“本心”。“本心”既是内在的，又是超越的，“本心”与“天理”是同等程度的哲学范畴。王阳明对“心即理”的解释是：“心即理也，此心无私欲之蔽，即是天理，不须外面添一分。”（《传习录》）天理是具体存在的个人应当追求的价值目标，达到了这一目标也就成了圣人。相对于具体存在的个人来说，圣人的境界是超越的。这样一来，陆王心学便从内在性入手讲到了超越性，与程朱理学殊途同归。总的来看，儒家虽一度表现出外在超越的倾向，但其基本路向是内在超越。

除了儒家，道家思想也是沿着内在超越的路向展开的。老子哲学中的最高范畴是“道”。“道”作为天下万物的本体，无疑是超越的。天下万物作为具体的存在物，具有各种具体的规定性；而“道”作为超越的本体，则没有任何具体的规定性。《老子》第十四章说：“视之不见名曰夷，听之不闻名曰希，博之不得名曰微。此三者不可致诘。”这里的“夷”“希”“微”都是对道的超越性的描述。道虽然名曰具体的规定性，但它是“无状之状”“无象之象”；唯其如此，道才可以成为任何有形有象的具体存在物的根据。在老子哲学中，与“道”相联系的另一个哲学范畴是“德”。“德者，得也。”“德”是指具体存在物得之于“道”的“德性”（性质）。天下万物都从“道”那里获得本质规定，人作为万物中之一物，也不例外。人的“德”是指“人之所以为人者”的内在规定性，这种规定性来自“道”，故而老子说：“道生之，德畜之。”（《老子》第五十一章）“道”是超越的，而“德”是内在的，二者密切相关。由此可见，老子哲学贯穿了内在超越的原则。

内在超越的原则在庄子哲学中体现得也很充分。如果说老子把论说的重点放在超越性方面，庄子则把论说的重点转向内在性方面。庄子不再着意凸显“道”的超越性，而特别强调“道”的普遍性。他把“道”称为“一”，道作为世界统一原理，并不是“造物者”，并不在天地万物之外。东郭子向庄子请教：“所谓道，恶乎在？”庄子的回答是：“无所不在。”比如“在蝼蚁”“在梯稗”“在瓦甓”“在屎溺”……庄子最后概括说：“周、遍、咸三者，异名同实，其指一也。”（《庄子·知北游》）他用周、遍、咸三个字形容道，同老子的夷、希、微三个字的意味大不一样。庄子把“道”视为人生的终极价值目标，人追求这一目标的过程就是人自我完善的过程。倘若人达到了“得道”的境界，也就是超越了世俗社会的种种限制，获得精神上的绝对自由。他在《逍遥游》中这样描述进入“得道”境界的人：“若夫乘天地之正，而御六气之辩，以游无穷，彼且恶乎待哉！故曰：至人无己，神人无功，圣人无名。”（《庄子·逍遥游》）至人、神人、圣人都是庄子对得道之人的称谓。对于得道之人来说，道既是超越的又是内在的，因为他与道同在，他就是道的体现者。

人们通常把禅宗视为中国化的佛教，禅宗之所以能够把佛教“中国化”，很大程度取决于它已把佛教从原来的外在超越的路向转入内在超越的路向。禅宗的实际创立者慧能对佛教外在超越的路向提出疑问：“东方人造罪，念佛求生西方；西方人造罪念佛求生何国？”（《坛经·疑问品》）照他看来，一个佛教信徒倘若存有“外在超越”的念头，恐怕永远也解脱不了，因为“佛性”不是外在的修行目标，而是佛教信徒自己内心的坚定信念。所以，要求解脱，要求成佛，就不能从外面寻找修行目标，而只能从内心寻找修行目标。“凡愚不了自性，不识身中净土，愿东愿西；悟人，在处一般。所以佛言随所住处恒安乐。”（同上）成佛的关键在于确立内心的坚定信念，没有这一条就永远成不了佛。慧能指出，一切痛苦、一切烦恼其实都是由于自己认识上的错误造成的，因而要想求得解脱，唯一的途径就是转变思想观念，接受佛教教义。他的说法是：“菩提只向心觅，何劳向外求玄？所说依此修行，西方只在眼前。”（同上）又说：“一切般若智，皆从自性而生，不从外入。”（《坛经·般若品》）经过惠能这种解释，佛教信仰不再指向外在超越目标，转而指向内在超越的佛性，把讲究“心性本净”的印度佛教，改铸为讲究“心性本觉”的中国佛教。

与内在超越的路向相联系，中国古代哲学中的无神论思想较为发达。在中国古代社会，虽然宗教神学在意识形态领域有很大的影响，但总的来看并没有占据主导地位。除了个别的朝代，大多数皇帝都没有指定某一种宗教为国教。尽管中国思想史上也存在着哲学与宗教神学融合在一起的情形，但哲学始终保持着独立的品格，没有成为宗教神学的婢女。与西方中世纪哲学相比，这是中国古代哲学的鲜明特色。总的来看，儒学在古代中国意识形态领域占据正统地位。佛教、道教虽有较大势力，但不能取代儒学而成为意识形态的主体。在古代，儒学也叫作“儒教”，把儒、释、道并称为“三教”。但这里所说的“儒教”，是指以儒家的礼教或名教对百姓进行道德教化，并不意味着儒学就是宗教。在古代中国，非议孔子被视为违法的行为，至少被视为“名教罪人、士林败类”；而批判宗教神学一般来说则是合法的举动，不会受到限制。人们拥有指斥道教虚妄、力辟佛教荒诞的自由，势必削弱宗教神学的势力，从而为无神论思想的发展提供良好的氛围。在这样的思想氛围中，涌现出许多无神论者。例如。东汉哲学家王充针对谶纬之学，旗帜鲜明地举起"疾虚妄"的大旗；晋朝哲学家范缜盛称"神灭论"，敢于同皇帝大臣们面对面地辩论，并且获得胜利。在中国哲学史上，从未发生过西方历史上那种"宗教裁判"之类的悲剧。

六、有容乃大

由于中国哲学属于人生哲学类型，而不属于宗教哲学类型，因而没有宗教哲学常有的那种排他性。中国哲学具有很强的包容精神，可以同任何优秀的外来思想资源融会贯通，善于吸收一切人类文明的成果，不断地丰富发展中国哲学的内涵。有容乃大就是对中国哲学这种精神特质的概括。

虽然中国传统哲学发端于中原地区，其创始人皆为汉族人，但中国哲学的受众绝不仅限于汉族，中国的少数民族大都认同中国哲学。中国哲学是中华民族的哲学，是中国各个民族共同拥有的精神财富。

在中国漫长的历史中，也发生过多次少数民族入侵中原的事件。但值得注意的是，一个少数民族入主中原之后，很快就融入中国哲学精神氛围之中了。少数民族在军事上是一个胜利者，可是在文化上却是一个加盟者。尽管他们做了皇帝，但他们并没有改变中国哲学的精神传统，少数民族接受中国传统哲学的例子很多。例如，蒙古族曾经征服了欧亚大陆很多地方，但只是在中国真正落了根，最终还是融入中国哲学的精神系统之中。众所周知，程朱理学在封建社会后期占据思想领域中的统治地位，之所以会如此，同元、清两朝少数民族统治者采取的扶植政策有密切的关系。程朱理学在南宋时期并不走俏，甚至还遭到打击。庆元元年（1195），朱熹因参与劾奏韩侂胄，受到贬逐，以朱熹为代表的理学家被视为"伪学"，被归入"逆党"，史称"庆元党禁"。朱熹的理学受到重视，实则在元代。元朝皇帝忽必烈于 1267 年建大都于现在的北京，下令建造太庙祭奠祖宗牌位，表示认同儒家文化。他采纳儒者刘秉忠的建议，立国号为“元”，取义于《易传》“大哉乾元，万物资始”。忽必烈还采纳理学家许衡“必行汉法”的建议，起用儒者参与朝政。元代修《宋史》，打破以往惯例，特辟《道学传》。清代也是如此。满族人入关之前就已经接受汉族文化，入关后，就更顺畅地融入了中国哲学的精神传统当中了。清廷入关后，也采取扶植理学的政策。理学名臣李光地进呈康熙皇帝称：“自孔子后五百年而至建武，建武五百年而至贞观，贞观五百年而至南渡”，“自朱子而来至我皇上又五百岁。应王者之期，躬圣贤之学，天其殆将复启尧舜之运，而道与治之统合。”（《榕村全集》卷十八）他颇受清廷赏识，受命编纂《性理精义》和《朱子大全》。由于清初理学家们的共同努力和清廷大力扶植，故在清代，程朱理学在思想领域中继续保持统治地位。就连科举考试的题目，也都从朱熹撰写的《四书集注》里面出。这些事实都雄辩地证明：中国哲学具有“海纳百川，有容乃大”的包容性。中国哲学在信仰上同外来的优秀文化没有冲突，因而外来优秀文化传入中国遇到的阻力相对来说比较小，尽管有时也存在一些困难。总的来看，中国对外来的优秀文化，都是积极接纳的。中国哲学有独特的发展道路，但并不故步自封，并不拒斥一切优秀的外来文化。中国哲学家有覃思精察、细入毫芒的头脑，也有“海纳百川，有容乃大”的胸怀。他们善于发扬本民族哲学的优良传统，也善于“取他山之石，攻自己之玉”，学习、借鉴、吸收、融会外来哲学的理论思维成果，并且进一步发展中国哲学，使之获得新的理论形态。在中国哲学史上，有四次比较大的中外文化或哲学的交流，都曾对中国哲学的发展起到积极的推动作用。第一次是印度佛教的传入。东汉初年，佛教经西域传入内地，过了若干年后，佛教完成了中国化历程，形成了禅宗这样一种具有中国风格的佛教宗派。佛教最后汇入中国哲学的主流，形成了儒、释、道三教合流的宋明道学。第二次是明末基督教和西方近代科学的传入，促使中国哲学发生变化，涌现出王夫之、方以智等著名哲学家，他们对中国哲学作了出色的总结。第三次是西方进化论思想以及其他自然科学、社会科学学说的传入，引起中国哲学在近代的变革，出现了康有为、谭嗣同、严复、梁启超、章太炎、孙中山等学贯中西的思想家。第四次是五四时期马克思主义哲学的传入，引发中国哲学在现代的变革，使之面貌焕然一新。马克思主义哲学同中国革命和建设实践相结合，同民族形式以及民族文化传统相结合，形成了毛泽东思想、邓小平理论、习近平特色社会主义思想。

我之所以称树立复数哲学观、树立中国哲学特色观、树立中国哲学精神观为内在方法论三个前提，是因为它们都是进入具体研究之前必不可少的理论准备。树立复数哲学观的目的，在于排除教条主义和虚无主义的干扰，提升学术自信心；树立中国哲学特色观目的在于走出照搬照抄的误区，回到中国哲学史自身，贯彻实事求是原则；树立中国哲学精神观目的在于纠正敌视先哲的偏狭心态，真正把古为今用原则落到实处。

第五章
找到路径

唯物史观是研究中国哲学史总的指导原则，不是社会意识决定社会存在，而是社会存在决定社会意识。哲学思想属于上层建筑的组成部分，自然不能凭空产生，也不能凭空发生变化，都必须以社会存在为基础。任何一种哲学思想都是这一基础的折射。哲学思想虽然为经济基础所决定，但并非机械地决定，而是辩证地决定。哲学发展史自身也具有相对的独立性。我出于对唯物史观的理解，认为重写中国哲学史应当找到以下三条路径。这是我接着“胡三条”“冯六条”“张四条”讲内在方法的心得，也是个人写作经验的总结。

第一节　由“源”而入，语境求因

哲学作为一种社会意识形态，无疑是社会存在的反映。哲学家只能在特定的语境中思考哲学问题，第一步就是求“源”，即在哲学家所处的语境中考察他的哲学思想形成的客观原因。语境是指人们进行哲学思考的时代环境，哲学家只能在他所处时代提供的语境下讲哲学。由于每一时代的语境不同，哲学的讲法自然也就不同。我们要想了解中国哲学发展的情形，首先应当从了解语境的变化着眼。语境是哲学思想的根源，我们必须牢牢把握这条原则，对每位哲学家的思想做出准确的绍述、判断和定位。

一、大语境

哲学是时代精神的精华。哲学家不是书斋里的书呆子，他一定同他所处的时代同呼吸、共命运，以哲学为手段满足特定时代的精神需要。时代背景是每个哲学家离不开的大语境，因而我们从事研究，首先要从此处下手。总的来看，中国古代哲学史未超出封建主义时代，但在每个历史时期仍有不同的特点。中国哲学史历经长达两千五百多年的历史，我们可以将其划分出原创期、展开期、高峰期三个小阶段。在每一阶段都体现出各自不同的时代特征，形成迥异的哲学思想地图。

（一）原创期——百家争鸣

中国古代哲学原创期的起点，可以定位于公元前5世纪，也就是老子和孔子所处的春秋末年；至于终点，可以定位于秦王朝建立，大约300年。历史学家通常称这一历史时段为先秦时期，看成中国封建社会的形成阶段。哲学史家冯友兰称之为“子学时代”，冯契称之为“先秦”。我认为这是中国哲学原创期，或者称为奠基期，哲学发展的总体特征是百家争鸣。具体表现为思想活跃，内容丰富，诸家蜂起，学派众多，相互辩难。哲学家从不同的角度探索哲学问题，还没有哪一家获得主导地位。先秦哲学家为中国哲学举行了一个成功的奠基礼，各种世界观的萌芽在他们那里都可以找到。

在人类的精神生活史上，哲学不是第一形态，而是第二形态。在蒙昧时代，也就是在人类的童年时期，原始宗教支配着人的精神世界，那时哲学还没有出场，因为还不具备产生哲学的条件。哲学的历史没有宗教的历史长，它出现在人类的文明时代。中外各种哲学形态，都是在文明发展到一定程度以后才出现的；但由于各自文化传统不同，哲学起步的路径和情形不完全一样。但有一点是共同的，那就是只有当经济、政治、文化发展到一定程度的时候，形成哲学得以产生的语境，哲学才能出现。春秋末期，中国哲学产生的语境方才形成。换句话说，中国哲学史从这一时期写起，是有历史依据的。

第一，经济的发展使哲学产生成为可能。

哲学的产生需要有两个条件。第一个条件是人的认识能力和自我意识有了提高。人对自己有了自信心，开始把人自身看成主动的存在，看成认识世界的主体，不再把自己看成被动的存在，看成神的依附者。当人有了相当大的本事的时候，才会有这样的自信心；如果本事不大，对自己没有自信心，那就没有办法讲哲学。第二个条件是社会上出现了专门从事精神创造的知识阶层。他们不必从事生产劳动，衣食无忧，有充分的时间去思考哲学问题。借用西方人的说法，第一个条件叫作“哲学起于好奇”，把世界看作思考的对象；第二个条件叫作“哲学起于闲暇”，有了从事研究哲学的人。这两个哲学产生的条件，只有当生产力水平发展到一定程度的时候，才能满足。

在春秋末期，中国的生产力水平发展达到了可以产生哲学的水平。那时，中国有两项了不起的重大发明。一是发明了牛耕，以畜力代替人力，解决了动力问题，极大地提高了生产效率。二是发明了锄、铲、犁等铁制农具，改善了劳动工具，极大地提高了粮食的产量。湖南长沙、河北邯郸、河南信阳等地的考古发现证明，在春秋末期铁制农具已得到广泛的使用。牛耕和铁犁结合起来，大大地推动了农业经济的发展，使深耕细作成为可能，使大规模开荒成为可能。由于生产力水平有了极大的提高，社会财富多了，容许一些人不必从事物质生产劳动，专门从事精神生产劳动，这就为中国哲学的产生提供了经济方面的语境。

第二，社会转型使哲学产生成为可能。

根据郭沫若的研究，春秋末年中国社会发展进入由奴隶制到封建制的转型期。在牛耕技术和铁制农具出现之前，奴隶集体劳作是农业生产的主要方式。《诗经》中“十千维耦”“千耦其耘”等诗句，描述的就是这种情形。由于有了牛耕技术和铁制农具，不必再用奴隶集体劳作的方式了，使一家一户的小农经济成为可能，于是中国社会开始转型。

在社会转型期，政治体制也发生了变化。春秋末年以前的中国，虽然有夏、商、周等朝代，每个朝代都有最高的统治者即君王，但其实是一个分散的社会。由于实行分封制，全国分为无数个小邦，国家只是一个形式上的总体，没有形成真正的有内在联系、有严密组织的国家。那时的中国，实际上处于一盘散沙状态。周朝有几百个诸侯国，尚处在“王国时代”，各个诸侯国各行其是，各自为政。全国不是一个统一的社会，只是由若干个小诸侯国组成的、松散的联合体。到春秋末年，周王朝名存实亡，社会陷入一片混乱之中，各个诸侯国之间经常发生战争，史书称“春秋无义战”。通过战争，少数诸侯国变得强大起来，成为霸主，大部分诸侯国被消灭，诸侯国的数量变得越来越少，小社会逐渐整合为大社会，呈现出全国走向统一的趋势，呈现出集权制取代分封制的大趋势，中国社会发展开始从“王国时代”走向“帝国时代”。怎样能使中国的政局由乱转治？新的中央集权体制应该是什么样子？怎样在全中国的范围内建构一个大社会？天下归一的路该怎么走？大帝国如何建立起来？这些问题需要思想家进行深入的思考，在理论上给予回答。这就为中国哲学的产生，提供了政治方面的语境。

第三，文化的积累使哲学产生成为可能。

哲学思考需要使用思想材料，需要依据文本。只有文化积累达到一定的程度，哲学才有可能产生。到春秋末年，中国文化的积累已达到了这种程度，为哲学思考提供了必要的、充足的读本。第一种读本是甲骨文。甲骨文是中国迄今为止发现最早的文字，其内容大部分是殷人留下的占卜记录。已发现甲骨文文字有六千多个字，但现在可以认得出来的，仅有一千多个字。由于我们对甲骨文的研究还不够充分，目前尚不能具体说明它对哲学家产生怎样的影响，但可以断定，它对哲学家必然有影响。第二种读本是金文。金文是商周时代刻在青铜器上的文字，很原始，也很珍贵，对当时的社会生活、思想状况都有所反映。金文对哲学家的影响，已经得到史实的证明。例如，在四书之一《大学》中，就引用了《盘铭》上的铭文“苟日新，日日新，又日新”，并且做了哲学上的发挥。第三种读本是六经。六经是《诗》《书》《礼》《乐》《易》《春秋》的合称，是写在帛书或刻在竹简上的文献。这些读本的出现，为中国哲学产生提供了文化方面的语境。

中国哲学的起步，是从突破传统的天命观开始的。传统的天命观是一种原始形态的宗教观念。按照这种观念，人是被动的存在，人的命运由天神掌控；天神是一种至高无上的支配力量。在人类的童年时期，通常把自己看成天神的依附物，这是一种普遍的情形。那时人的本事太小，总觉得自己被某种神秘的力量所控制。不过，中国人的天命观念，同别的民族所崇拜的至上神相比，有一些不同之处。例如，在西方人的眼里，至上神是上帝。上帝是世界和人的创造者，上帝的形象与人类似，有胳膊有腿，有头有脸。上帝权限很大，他不但创造了世界和人，而且管人死后的事情，一切都在上帝的控制之下。中国古人心目中的“天”不是这样。“天”不是造物主，“天”与人同在。“天”有神性而无神形，没有宗教形象，也不管人死后的事情。因此，突破这样的天命观念，相对来说要容易一些。

中国哲学的起步从重新看待天人关系契入。按照传统的天命观，“天”什么事情都管，也管着人。必须改变这种观念，哲学才能起步。必须对“天”有一个新的、理性的认识，摒弃那种旧的、神性的认识。到春秋末年，人的本事大了，开始思考这样的问题：人到底是一种被动的存在，还是一种主动的存在？所谓被动的存在，就是说人只能被天来规定；所谓主动的存在，就是说人自己规定自己。有了自我意识的思想家，不再把人看成被动的存在，而看成主动的存在，于是中国哲学开始起步。思想家们对天有了新的看法，不再把天视为神，要求用理性来取代神性。讲神性属于原始宗教话语，讲理性则属于哲学话语了。中国哲学一出场，就紧紧抓住天人关系问题作为下手处，遂使这个问题成为中国哲学的基本问题。中国哲学的起步，不可能一下子就完成，也经历了一个不断探索的过程。

商朝人的天命观念很强，他们在采取重大行动之前，都要向天神请示。请示的方法就是祈祷或占卜，故史书上有“殷人每事卜”的说法。现在挖掘出来的甲骨文，大多是占卜后留下来的记录。周朝人的天命观念也比较强。例如，周公旦曾这样教导康叔：“汝惟小子，乃服惟弘王，应保殷民。亦惟助王，宅天命，作新民。”（《尚书·康诰》）意思是说，你这个小伙子掌权之后，应当弘扬王道，接受天命，把商朝的遗民改造成周朝的新成员。不过，在周朝人那里，天控制一切的观念已经有所松动，较为看重人的因素。周本来是商纣王治下的一个小邦，他们打败了商朝，必须找出改朝换代的理由来。周人对天命观念做了一些修正，提出“天命靡常，惟德是辅”的新说法。周朝人强调，天只照顾那些有德之士，等于承认人在天的面前有一定的主动性。周朝人虽提出“敬天保民”“以德配天”等思想，为开展理性认识活动开辟出一定的空间；但从总体上说，还没有突破原始宗教意义上的天命观念的束缚。

春秋初年，思想界出现了一股无神论思潮，对原始天命观形成强大的冲击波。一些思想家开始对天神的权威表示怀疑，把目光从对天的关注，转向对人的关注。公元前679年，季梁说：“夫民，神之主也，是以圣王先成民而后致力于神。”（《左传·桓公六年》）他所说的“主”，是凭借的意思。他认为，民众对国家的重要性要高于神，因为民众是神的依凭、寄托。在他看来，就重要性而言，民众是第一位的，而神是第二位的。尽管他没有否定神的存在，但毕竟把神降到次要的位置了。公元前663年，史嚚发展了季梁这种观点，进一步指出：“国之将兴听于民，将亡听于神”（《左传·庄公三十二年》）他把重视民众还是重视神，看成关系到国家兴亡的大事，把“听于神”与亡国联系在一起。这对神的权威来说，显然是极大的贬抑。无神论思潮的兴起，标志着原始天命观的统治地位已经动摇，从而为哲学的发展提供了必要条件。

到春秋末年，在哲学逐渐起步的过程中，郑国的子产是一个标志性的人物。他提出的“天道”和“人道”，可以说是中国哲学史上最早的一对哲学范畴。据史书记载，郑国发生了一场火灾，有人请求子产采纳占星术者裨灶的建议祭神避火灾，子产表示反对，他的理由是：“天道远，人道迩，非所及也，何以知之？灶焉知天道。”（《左传·昭公十八年》）照子产看来，天道是遥远的事情，而人道是切近的事情，两者未必是一回事，裨灶怎么会知道天道一定要干预人事呢？他把天道与人道区分开来，并且把二者当作认识的对象，可以说是选择一种哲学的、理性的考察方式，摆脱了宗教的、感性的考察方式。中国哲学的正式起步，要从子产算起，不过，还无法断定他就是第一个中国哲学家，因为我们无法读到他的哲学著作。

在先秦时期，留下哲学著作的第一代中国哲学家，有道家的创始人老子，有儒家的创始人孔子，还有墨家的创始人墨子。在中国哲学的起步阶段，他们都各自做出独到的理论贡献，同为中国哲学的奠基人。

老子就是从正面出发，推倒“天”的权威，大力倡导“道”的理念，开启了哲学话语。《道德经》的开篇写道：“道可道，非常道”。（《老子》第一章）老子认为，世界终极的原因不在于“天”，而在于“道”。以前人们总以为一切都是“天”说了算，老子推翻了这个传统观念，强调在“天”之上还有一个“道”。他用一种理性的权威取代了神性的权威，踏上了讲哲学之路。他指出，对于道来说，“吾不知谁之子，象帝之先。”（同上，第四章）“象”就是仿佛的意思。在老子看来，天帝即便真的存在，在道的面前也不过是晚生后学而已，因为再没有什么比道更为根本的了。道就是宇宙万物的老根、老母。老子强调，道并不是具体的存在物，而是抽象的普遍原理。从本原的意义上说，道是万物的始基；但这只意味着万物自然而然地从道产生出来，并不是有意志的人格神创造出来的。道同造物主不同，道造就万物，“成功事遂”，“万物归焉而弗为主。”道不以主宰者自居。老子的这些论述清楚地表明：他的天道观是原始天命观的对立物。老子的天道观在中国哲学史上具有划时代意义，标志着哲学对神学的胜利，标志着理论思维繁荣的时代真正到来了。

老子以“天”为切入点，开辟了讲哲学的一条进路；孔子以“人”为切入点，开辟了讲哲学的另一条进路。他重新认识人，重新解释人，把人从天神的重压之下解放出来。孔子也很看重“道”，甚至把道看得比生命还重要，曾表示“朝闻道，夕死可矣”（《论语·泰伯》）。老子所说的道，包含着天道和人道两方面意思，但侧重点放在天道方面；孔子所说的道也包含着天道和人道两方面意思，却把侧重点放在人道方面，强调道是人们必须遵守的行为准则。孔子把道同人相联系，提出“人能弘道，非道弘人”（《论语·卫灵公》）的论断。孔子指出，人道的基本内容就是“仁”。他教导自己的弟子说：“君子无终食之间违仁。”（《论语·公冶长》）意思是说，正人君子时时刻刻都不能违背仁道。仁道原则集中表现在恰当地处理人我关系问题上：一方面，要严格地要求自己，“苟志于仁矣，无恶也”（《论语·里仁》）；另一方面要宽容地对待他人，做到“己欲立而立人，己欲达而达人”（《论语·雍也》）、“己所不欲，勿施于人”（《论语·颜渊》）。这就是孔子“一以贯之”的忠恕之道。我们姑且不去评论孔子仁学思想的正确与否，仅从他考察人道的思维方式看，他没有从天神那里寻求人道，而是从人自身寻求人道，这显然也是一种理性的考察方式，而不是神学的考察方式。由此可见，孔子通过彰显人道的途径，也达到了哲学意识自觉的水准，可以说与老子殊途同归。

在中国哲学起步阶段，与儒家并称显学的墨家，也在寻找突破传统天命观、建构新的人道观念的路径。他们以阐释“圣王之道”为下手处，找到了第三条讲哲学的进路。按照他们的解释，“圣王之道”应当包括兼爱、尚贤、尚同、节用、节葬、非乐、非命、非攻、尊天、明鬼等十项内容。墨家倡导的“圣王之道”，在形式上有神秘主义色彩，而在内容上十分注重实际，有明显的功利主义倾向。例如，墨子紧紧地把“兼相爱”同“交相利”联系在一起，他说：“今若夫兼相爱，交相利，此其有利且易为也，不可胜计也，我以为则无有上说（悦）之者而已矣。”“故兼者圣王之道也，王公大人之所以安也，万民衣食之所以足也。故君子莫若审兼而务行之，为人君必惠，为人臣必忠，为人子必孝，为人兄必友，为人弟必悌。故君子莫若欲为惠君、忠臣、孝子、友兄、悌弟，当若兼之不可不行也，此圣王之道而万民之大利也。”（《墨子·兼爱下》）他从人与人的利益（“交相利”）关系出发，说明人与人之间建立道德关系（“兼相爱”）的必要性和可行性，没有像宗教家那样把神视为道德的根源。墨家对“人”有新的认识，认为人与动物之间的本质区别就在于人能劳动。动物靠着自己的皮毛就可以御寒，靠着自然界中现成的食物就可以活命；而人却不能这样做。人与动物不同，人“赖其力者生，不赖其力者不生”（《墨子·非乐上》）。墨子这种人道观反映了古代劳动人民在生产实践中形成的自我意识，在当时是一个了不起的创见。墨子的这种人道观同蔑视人、压迫人的传统天命观是格格不入的，故而他旗帜鲜明地提出“非命”主张。他指出：“命者，暴王所作，穷人所述，非仁者之言也。”（《墨子·非命下》）照墨子看来，传统的天命观不符合“圣王之道”，理当予以清除。墨家把“天”和“命”拆开来看，对于“天”保留形式，但更新其内涵；对于“命”，则坚决否定。墨家的这种批判意识是建立在理性主义的基础之上的，表明他们也以自己的方式达到了哲学意识的自觉。

（二）展开期——三教并立

从公元前206年西汉王朝建立，到960年北宋王朝建立，这一段将近1200年的历史区间，是中国古代哲学的展开期。在这一时期，儒、释、道三大思潮悉数登场，中国哲学的内容全面展开。三教宗旨不同，风格迥异，各自有各自的理论优势。三教相互辩难，相互借鉴，共同展开中国古代哲学的丰富内容。经过近1200年的发展，形成三教并立、各有侧重的格局，学者通常概括为以儒治国、以道治身、以佛治心。在这近1200年的历史区间，语境的变化，可以分为三个时段来把握。前400年，中国大体处在统一状态；中间400年，处在分裂状态，但趋向于统一；从隋唐开始，重新回到大体统一的状态。唐以后，除了朝代更迭之间有短暂的分裂，基本上保持着统一状态。

1. 汉初的选择

同先秦相比，汉初语境的变化，首先是时代的理论需求发生了变化，由“打天下”转到了“平天下”。先秦时期的百家争鸣，最后以法家胜出而宣告终结。法家学说被秦始皇选为官方话语，并且获得付诸实践的机会。秦始皇依据法家的治道理论，扫平六国，统一天下，用实践证明法家学说的合理性。但是，秦王朝二世而亡，同样以实践证明了法家学说的偏激性。在打天下方面，法家学说是有效的，是成功的；可是，在平天下方面，法家学说是无能为力的，免不了失败。汉代秦立，再次统一中国，必须吸取秦朝迅速灭亡的教训，到法家之外去寻找理论支持，巩固“大一统”的中央集权制。哲学家必须适应这种维护“大一统”的需要，帮助皇帝找一种足以“平天下”的哲学理论。这就是汉初哲学发展的主要政治语境。由于处在这种语境中，汉初的哲学家有较强的政治哲学情结。从这个意义上说，汉初哲学是接着法家讲的，不过是法家学说的颠覆者，希望克服法家的缺陷，另外建构政治哲学理论体系。

同先秦相比，汉初语境另一个大的变化是：哲学家的独立话语权被剥夺，哲学家只能在皇权至上的语境中讲哲学，不能公开发表对皇权不利的言论。形象地说，他们不得不在皇权的笼子里跳舞。在先秦时期，诸侯纷争，没有人可以干预学术探讨，哲学家可以自由思考，自由争辩，自由地游走于各个诸侯国之间，有良好的发挥思想原创力的语境。到汉代，由于建立了“大一统”的全国政权，哲学家已经无处可走了。皇帝掌握政权，也掌握教权，实行政治专制主义，也实行文化专制主义。皇权限制哲学家的学术自由，影响了他们思想原创力的发挥。在这种语境中，哲学家不得不依傍天上的神权，依傍地上的皇权，依傍古代的圣贤。他们即便提出原创性的学说，也不敢自我标榜，只能借助“代天立言”或“代圣贤立言”的权威话语形式表达出来。这种语境当然对哲学发展很不利，不过，哲学家仍然可以找到一定的发展空间。由于先秦留下的学术资源比较丰富，学者可以采用选择的方式，表达不同的思想倾向。尽管学术受到朝廷的干预，但官员毕竟不是学问家，没有能力完全搞清楚学术问题，没有能力完全消除学派之间的分歧。另外，朝廷对于政治哲学之外的领域，一般不加干预，哲学家可以在这些领域中做文章。佛教引入以后，在一定程度上打破了朝廷对于话语权的垄断，也为哲学发展争取到更多的空间。

由于多年征战，汉朝刚刚建立时国力较弱，不得不采用“与民休息”的政策。与此相应，道家学说便成为学术界所开发的主要资源，黄老之学一时成为主流话语。这种情况，已从长沙马王堆出土的帛书中得到证实。出土的帛书，大多属于黄老之学。黄老之学对于稳定局面，可以起到理论支撑的作用；可是对于维系“大一统”，则不够得力。“无为而治”的口号，常常成为地方诸侯向皇帝争权甚至造反的口实，形成“尾大不掉”的局面。对于汉朝初年诸侯屡屡作乱的问题，以黄老之学为指导，是解决不了的，必须另谋出路，于是，儒家思想越来越引起学术界的关注。到武帝时期，国家的实力有了很大提升，有了励精图治的资本，遂放弃了“无为而治”的政策，采取一系列措施，加强中央集权的力度，削弱诸侯的力量。与此相应，道家思想逐渐失掉主导话语权，儒家思想的影响力迅速上升。今文经学大师董仲舒利用“举贤良文学”的机会，向武帝提出建议：“诸不在六艺之科、孔子之术者，皆绝其道，勿使并进。邪辟之说灭息，然后统纪可一，而法度可明，民知所从矣。”（《汉书·董仲舒传》）这个建议迎合了朝廷维系“大一统”的需要，遂被武帝采纳，开始实行“罢黜百家，独尊儒术”的文化政策。经学由于受到皇权的支持，逐渐成为一种主导性话语。

经学得到皇权的保护，既有有利的一面，也有不利的一面。由于经学拥有独尊的殊荣，能够借助政权的力量得以推广，至少在“量”的向度上，可以压倒其他各家；然而，经学因此也失去理论深化的可能，在“质”的向度上，并不可能真正战胜其他各家。经学家的霸权话语，只能让人口服，并不能让人心服。学术只有在不同的思想流派的碰撞、讨论、交汇过程中，才能发展。一种学说一旦成为霸权话语，肯定要失去发展空间，趋于僵化。这是经学不可避免的宿命。东汉初，经学就遇到社会批判思潮的冲击；而到东汉末年，随着刘氏王朝的覆灭，经学再也“尊”不下去了，于是中国哲学在展开期进入第二阶段。

2. 魏晋的转型

汉代经学家讲的儒学，主要是一种政治哲学，而且使用一种权威的话语，强调纲常伦理对于人的规范作用。经学的权威性，主要不是来自理论的力量，而是来自皇权政治的力量。东汉王朝解体后，皇权失落，经学随之也失落了主导话语权，讲哲学的语境发生了变化。

220 年东汉灭亡以后，中国历史发展进入三国、两晋、南北朝时期。在这大约 400 年的时间里，中国社会处于分裂状态，直到隋唐，中国再次进入统一状态。由于社会处于分裂状态，皇帝在全国范围内不再成为政治主体，人们的话语权不再受到控制，哲学获得了新的发展机会。黑格尔把哲学比喻为猫头鹰，他说，猫头鹰只有在夜幕时分才起飞。所谓“夜幕时分”，是指社会发展处在非正常状态，对于哲学有了新的需求。东汉以后，中国社会正处在这样一种“夜暮时分”。在这种语境中，那种“半是哲学，半是神学”的经学，遭到了冷遇；那种束缚人们的行为和思想的政治哲学话语，更是令人生厌。于是，当人们重新思考哲学问题的时候，把理论重心由政治哲学论域转到了人生哲学论域。在连年征战、动荡不已的年代，身家性命朝不保夕，人们关注人生哲学，自然在情理之中。这种理论重心的转折，在魏晋玄学中得到集中体现。经学家讲政治哲学，可以采用权威主义的讲法，以势压人；而玄学家涉入人生哲学论域，则必须采用自由主义的讲法，以理服人。那时中国处在分裂状态，为玄学家提供了合适的语境，允许他们自由地探索、思考和清谈。魏晋时期同春秋战国时期有些相似，士人有活动空间，“此处不留爷，自有留爷处”，可以游走于各国之间。那时，小君主们也都努力笼络士人，谁都想猎取“礼贤下士”的美名，谁都不想背负“迫害士人”的骂名。就连霸道的曹操，被名士祢衡臭骂了一顿，居然咽下一口恶气，没有当场杀死祢衡，还得想办法借刀杀人。

政治哲学的主题是社会群体的组织、协调和管理，可以在实际世界的范围内来讲；而人生哲学的主题是个人身心的安顿，只在实际世界的范围讲，就不够了。个人的“身”，可以在实际世界中得到安顿；而个人的“心”，却只能在精神世界中得到安顿。经学家讲政治哲学，可以不必论及人的精神世界；玄学家涉入人生哲学，必须超出实际世界，论及人的精神世界。要想把精神世界搭建起来，必须先找到一个理论基础。这个基础就是哲学本体论。只有以哲学本体为终极依据，精神世界才可以搭建起来。由于这个缘故，玄学家大都有强烈的本体论诉求。“玄学”之“玄”，就是表示超越实际世界，企慕本体世界、意义世界、精神世界。玄学家把哲学思考指向了本体，有了自觉的本体论意识，试图寻求到精神的安顿之处。

在他们眼中，世界已经有了二重化倾向：一层是“体”；另一层是“用”。

可是，由于受到中国固有哲学“一个世界”传统的限制，玄学家虽讲到本体，却无法讲出单独存在的本体界。换句话说，玄学家的话语还被限制在“形而中学”的范围内，尚未到达“形而上学”的高度。他们提出的种种本体论理念，都过于抽象，不能发挥积极的价值导向作用，无法为人提供“安身立命之地”。他们虽然涉入人生哲学论域，却没有把人生哲学讲到位，没有找到精神世界的搭建方式。他们实际上徘徊于政治哲学与人生哲学之间。玄学家的本体论追问，为佛教哲学进入中国学术殿堂铺平了道路。佛教哲学干脆否定掉实际世界，直接讲超越的真如本体，解决了玄学解决不了的问题。佛教在实际世界之上，搭建了一个纯粹的精神世界，以此作为人生追求的终极价值目标，为人们提供了一种可以选择的终极关怀之所。称实而论，佛教才比玄学更“玄”，真正把“形而上学”讲到位。由于佛教哲学拥有这种理论上的优势，故而迅速地把玄学挤到了后排。此后相当长的时间里，中国哲学的主流话语，不再是政治哲学，一度变为宗教哲学。

3. 唐代的定格

隋朝再次统一中国，但同秦朝一样，很快灭亡。直到唐太宗李世民当皇帝，才又建立起比较稳固的“大一统”帝国。为了维系“大一统”，唐朝重新拾回扶植经学的文化政策。李世民当政期间，恢复了科举制度，并且以经学为教材。当他看到举子们鱼贯进入考场的情形，十分得意，慨叹道：“天下英雄尽入彀中！”贞观四年，李世民诏前中书侍郎颜师古考订《周易》《尚书》《毛诗》《礼记》和《左传》等文献，“颁于天下，命学者习焉”（《旧唐书·儒学传上》）。贞观十二年，李世民诏国子监祭酒孔颖达与诸儒撰定《五经正义》，于贞观十五年编成。太宗诏令国子监以此为规范教材。此书经多次增损裁定后，于唐高宗永徽四年颁行全国，作为官方的经学读本。永徽五年，唐高宗下诏：“依次考试。”（《旧唐书·高宗纪》）由于皇帝的大力扶植，经学再次取得主导话语权。不过，经学的主导权仅限于政治哲学领域。唐代没有采取汉代那种“罢黜百家，独尊儒术”的做法，允许儒、释、道同时存在，实行三教并用的文化政策。按照传说，道家的创始人老子叫作李耳，于是跟李氏皇帝成了同宗，道家和道教自然会受到朝廷的保护。武则天当皇帝，对讲究男尊女卑的儒学不可能感兴趣，道家和道教同李氏有关系，也不在她的考虑之列，只能选择佛教，实行保护佛教的政策。

在唐代，儒释道三教并立，各自皆有优势。在政治哲学领域，经学掌握主导话语权，取得“以儒治国”的荣耀。在宗教哲学领域，佛教掌握主导话语权，取得“以佛治心”的荣耀。道家和道教涉猎哲学和宗教哲学两个领域，既重视“身”的安顿，也重视“心”的安顿，取得了“以道治身”的荣耀。

（三）高峰期——理学行世

从 960 年北宋赵氏王朝建立到 1840 年鸦片战争为止，这大约 900 年的历史区间，为中国古代哲学发展的高峰期。本书之所以称之为高峰期，是因为这一时期中国哲学的发展，超越了政治哲学和宗教哲学阶段，理论重心转到了人生哲学，充分体现出以人为本的哲学精神。在这一时期，儒、释、道三大思潮尽管在事实上仍旧延续着，但已不再构成三足鼎立的态势。在学理方面，儒道两家基本陷入停滞状态，没有取得新的进展；唯有儒家保持着发展的活力。在宋代以后，儒者充分利用三教提供的思想资源，独立思考，综合创新，创立了儒学的新形态——宋明理学。实际上宋明理学并不限于宋明两代，也涵盖元代和清代。尽管宋明理学不是高峰期唯一的思潮，但它掌控着主流话语是不争的事实。宋明理学行世，可以说是这一时期的基本特征。

以赵宋王朝建立为转折点，中国古代社会发展进入后期。这时，以汉族为主体的宋朝，开始走下坡路。在宋代以前，大一统的王朝建立之后，通常会有开国气象，如汉代的文景之治，唐代的贞观之治，可是，赵宋王朝却没有这样的开国气象。赵宋王朝建立三十多年，就屡屡爆发大规模的农民起义。960 年，宋太祖赵匡胤发动“陈桥兵变”，从后周柴氏手中夺取政权，登上了皇帝宝座。开国之后，他吸取了唐代藩镇割据的教训，加强了中央集权制度，尤其是加强了对兵权的控制。961 年，赵匡胤安排酒宴，召集禁军将领石守信、王审琦等人饮酒，夺取了他们的兵权；969 年，又召集节度使王彦超等人饮酒，解除了他们的藩镇兵权，史称“杯酒释兵权”。后来的皇帝沿袭了宋太祖的做法，不信任武将，严格控制兵权。甚至故意弄得官兵不相认，以防止主将拥兵自重。这种做法，固然收到了防止军人发动政变的效果，可是也极大地削弱了军队的战斗力。当赵宋王朝走下坡路时，北方少数民族却相继崛起。这些民族有后发优势，屡屡南下犯境，皆为宋朝的劲敌。

中国古代社会后期是中华民族定型的时期。在历史舞台上，汉族不再是唯一的主角，少数民族有时也可以扮演主要角色。在中国古代社会后期，宋、元、明、清皆被视为全国性王朝，其中元朝是蒙古族建立的，清朝是满族建立的。把宋朝称为全国性朝代，有些名不副实。北宋的辖区大约占现在中国版图的三分之一，南宋的辖区大约仅为五分之一。在北宋建立之前，契丹人耶律阿保机就在北方建立起强大的辽王朝；在北宋成立以后，女真人完颜阿骨打建立了金王朝，党项人元昊建立了西夏王朝。在宋、辽、金、西夏相互对抗的过程中，北宋在军事上不占优势，以至在 1127 年被金朝所灭。赵构逃到临安（今杭州），建立南宋王朝，偏安一隅，无力亦无心收复失地。后来蒙古人崛起，扫平宋、辽、金、西夏，建立起更强大的帝国。最后蒙古王朝统一中国，定国号为元。1368 年，朱元璋把蒙古贵族赶回大漠，建立明王朝。1644 年清兵入关，明朝灭亡，满族人又坐上了皇帝的宝座。

对于多元一体的中华民族来说，需要有一种文化共识作为精神纽带，把所有成员凝聚起来。这样的文化共识，必须有广泛的可接受度。在儒、释、道三种文化资源中，佛教和道教属于宗教文化形态，只对宗教徒有可接受度，而对于非教徒则没有可接受度。在大多数中国人都不是宗教徒的情况下，佛道二教显然不可能在中国扮演文化共识的角色。在三教之中，只有儒家具有广泛的可接受度，因为它是一种非宗教的文化形态。

文化共识是一种精神现象。可是，经学形态的儒学，主要是一种政治哲学，而不是人生哲学，不能直接成为全民族的文化共识。这样的儒学在政治生活中占有明显的优势，而在精神生活领域却不占有优势。它可以发挥“以儒治国”的功能，却难以收到“治心”和“治身”的功效，因而在精神生活领域中，无法同佛道二教抗衡。如果不改变这种情形，儒学便不能成为全民族的文化共识。如何在政治哲学的基础上，进一步从儒学中讲出人生哲学，使之兼有治国、治心、治身的功能，为全民族提供必不可少的文化共识呢？这是历史给理学家提出的重大课题。在社会形态、政治体制没有发生根本性变化的情况下，理学家在政治哲学领域不可能取得什么理论创新，只能沿袭传统的理念。把儒学的发展空间，拓展到人生哲学领域，才是他们可能的选择。

其实，中国佛教和道教的形成，已经为宋明理学问世做好了理论准备。中国佛教不完全遵循印度佛教那种真俗二谛对立的讲法，已经回归中国天人合一的轨道。在华严宗和禅宗那里，此岸世界与彼岸世界之间的界限已经变得模糊了。他们的价值取向，已不是印度式的外在超越，而是中国式的内在超越了。道教的内丹学尽管还保留宗教哲学的形式，在内容上却越来越靠近人生哲学了。佛道二教这种变化，为宋明理学产生提供了合适的语境。在这种语境中，宋明理学家“出入于佛老”，吸取二教的哲学理论思维成果，援二教入儒，得心应手地把儒学从一种政治制度的论证方式，讲成精神生活的安顿方式。

宋明理学之所以发端于宋代，还有一个特殊的原因，就是宋代的学术环境比较宽松。武将出身的赵匡胤建立宋王朝以后，对武将控制很严，剥夺了他们的兵权，对文人反倒比较客气。他立下不杀文官大臣的规矩，后来的皇帝基本沿袭了这种做法。同以往相比，宋代的文人享有较多言论的自由、讲学的自由和著书立说的自由。朝廷允许个人办书院授徒，没有发生因言论不当而被杀头的事情。在文人中间，政见不同，也可能发生纷争，但只要把对手赶下台就罢手，并不把对手置于死地。司马光是王安石的政敌，反对王安石变法。王安石罢相，司马光居相位，只是废除王安石的新政，并未加害于王安石本人。宋代的教育事业也比较发达，办了许许多多的书院。儒学被编入童蒙教材，如《三字经》等，这也为宋明理学发展提供了良好的氛围。宋明理学创立于宋代，但得以弘扬的机会却出现在元代。元朝初建，涌现出两位有名的理学家，为推广程朱理学做出了很大贡献。一位名叫刘英。他没有到朝廷做官，但以其人格魅力扩大了理学在民间的影响力。另一位名叫许衡。他做了元朝的官，建议忽必烈推行汉化政策，按照儒家的一套理念治理国家、建立共识。由于许衡在元朝为理学“承流宣化”作出大贡献，被明代儒者誉为“朱子之后一人”。他大力弘扬理学，使之在元朝不坠。他去世以后，儒生们对他歌颂备至，元廷封他为魏国公，谥文正，从祀孔庙。

中国古代哲学进入高峰期，内容十分丰富，学派众多，三教仍旧在场，但是宋明理学毕竟是一条主线。宋明理学的发展历程，大体可以概括为以下五个小阶段。

1. 北宋五子初创理学

在宋明理学草创阶段，周敦颐、邵雍、张载、程颢、程颐都做出了理论贡献，学术史上称他们为“北宋五子”。他们试图改变传统儒学中本体论缺位的情形，提出各种本体论理念，同佛道二教的本体论抗衡；他们重申“一个世界”的原则，消解所谓彼岸世界；他们强调世界的真实性，要求清除虚无主义的迷雾。周敦颐从道士陈抟的《无极图》得到启发，提出的本体论理念是“无极—太极”。邵雍从陈抟的《先天图》得到启发，提出的本体论理念是“太极”。他指出：“太极一也，不动，生二，二则神也。神生数，数生象，象生器。”（《皇极经世·观物外篇》）太极是绝对的“一”，由它分化、设置出数、象，由数、象发生出宇宙万物。太极既是宇宙万有的本原，又是主体意识的依据。他说：“心为太极，又曰道为太极。”（《击壤集·自余吟》）这种主体意识通过人表现出来，所以在万物之中人最灵；而在人群中，圣人最高明。“是知人也者，物之至者也；圣也者，人之圣者也。”（《观物内篇》）圣人“心代天意，口代天言，手代天工，身代天事”（同上）。圣人为天传法，为万民作则，把抽象的本体落实到现实生活层面。通过对圣人的描述，邵雍重申了儒家天人合一的原则，以对“太极”的崇拜为前提，引导出对圣人的崇拜。张载从道教“太虚”的观念中受到启发，提出“太虚即气”的存在本体论学说，证明世界的此岸性、真实性，否定所谓的彼岸世界，为儒家入世主义诉求奠定了理论基础。二程兄弟（程颢、程颐）以“天理”为最高范畴，提出价值本体论学说，为纲常伦理规范找到了形而上的理论依据。

在“北宋五子”中，周敦颐和二程的贡献最大。周敦颐首先开启儒家本体论思路，被视为“理学宗祖”；二程提出的“天理”观念，被大多数理学家所接受，成为理学的核心范畴，因而是正统理学当之无愧的奠基者。

2. 朱熹集正统理学之大成

到南宋时期，理学在理论上更加成熟，出现了正统理学集大成者——朱熹。他在二程以“天理”为核心范畴，吸收张载“元气”观念，综合周敦颐的“无极—太极”说和邵雍的“太极”说，建立了一个庞大的理学体系。在这个体系中，价值本体论和存在本体论被统一在一起。他用毕生精力编纂的《四书集注》，成为后世科举取士的题库。在中国古代社会后期，朱熹是社会影响力最大的理学家。

3. 陆九渊转向心学

为了突出“理”的本体论地位，朱熹将其置于万有之上，描述为自在之物。可是，理作为自在之物，如何转化为我之物？对于朱熹来说显然是个难题。朱熹强调了“理”的超越性，却忽略了“理”的内在性。与朱熹同时代的陆九渊觉察到了这个问题，不再突显“理”的超越性，转而强调“理”的内在性，提出“心即理”学说，在宋明理学中开启了心学方向。陆学与朱学尽管有分歧，但属于正统理学内部的分歧。他们都认同“理”为本体，只是对“理”在天上还是在心中，看法有所不同。

4. 王阳明宣告正统理学终结

朱熹注重本体的超越性，陆九渊注重工夫的内在性，明代的王阳明则把这两个方面统一起来，构筑了更为精致的“道德形上学”体系。他是最后一位正统理学大师，宣告了正统理学发展历程的终结。王阳明去世后，在古代社会中当然还有人讲正统理学，不过，基本是“照着讲”，再也没有出现有能力“接着讲”的人物了。

5. 朴学的兴起

宋明理学家有较强的哲学意识，但文化意识比较淡薄；他们注意发扬儒学的理性主义精神，却比较忽略儒学的历史主义精神；他们注重发挥儒家内圣学，却忽略了儒家的外王学。宋明理学的局限之处，正好构成清初朴学的生长点。对于正统理学来说，清初朴学无疑是一种反弹。大多数朴学家都对正统理学提出尖锐的批评。对于非正统理学来说，则是进一步发展。在朴学家中，在哲学上贡献最大的，当数王夫之。他接着张载的气学讲的，并且比张载讲得更深刻，使气学理论臻于完备。

朴学家的哲学理论视野比正统理学家更开阔。他们认为，人不能只沉湎于理想的精神世界，更要正视现实的生活世界；哲学不能仅仅关注主观世界，更要关注客观世界；只讲“穷理尽性”是不够的，还得讲“经世致用”；只讲人生哲学是不够的，还得讲实践哲学。由于中国古代社会的性质没有发生根本变化，朴学家的讲法不可能成为主流话语。

宋明理学是中国古代哲学发展高峰期的主流话语，但并不是一个严格的学派。许多研究者喜欢把宋明理学划分为若干个派别，往往流露出夸大各派差异性的倾向，而忽视了各派的相通性。其实，各派之间的差异，不过是大同小异而已，并不构成截然对立的关系。造成各派的差异，固然有观点不同的原因，但主要还是侧重点不同使然。由于侧重点不同，各派的差异恰恰构成互补关系。宏观地看，宋明理学大体上可以分为正统派和非正统派两大系列。正统理学一系以“理”为本体论范畴，涵盖程朱理学和陆王心学。非正统理学一系以“气”为本体论范畴。总括起来，宋明理学的主要流派可以概括为以下三派。

一是程朱理学，由北宋程颢、程颐兄弟发其端，南宋朱熹集大成。这一派最大贡献在于提出“天理”观念，对释、道二教的本体论做出有力的回应，把超越的本体转化为本根本体，建立了儒家的本体论学说，为儒家的道德理想主义奠定了哲学基础。他们突破了经学家用政治哲学话语讲儒学的方式，采用人生哲学话语讲儒学。朱熹沿袭儒家以人为本的传统，讲哲学仍以人为主要话题。他所讲的人，不仅仅是政治哲学意义上的规规矩矩的人，而是本体论意义上的明明白白的人。他把儒家的世界观讲到了高峰，把儒家的超越性诉求讲透了。

二是陆王心学，由南宋陆九渊发其端，明代王阳明集大成。这一派的贡献在于：把释、道二教的超越本体转化为内在本体，提出“心”或“良知”的观念，把本体和主体统一起来了。他们强调道德实践的自觉性，有力地凸显出儒家哲学的内在性品格；成功地将禅宗的佛性修养理论改造为儒家的心性修养理论。王阳明把儒家人生观讲到了高峰，把儒家的内在性诉求讲透了。在人学方面，他既主张明明白白地做人，更主张堂堂正正地做人。经过王阳明的阐发，儒学不仅能发挥“治国平天下”的政治哲学功能，而且能发挥“安身立命”的人生哲学功能，为普通民众提供了一种精神生活方式。在王学的推动下，儒学不再是文化精英的专利，已演变为一种大众文化。儒学终于走出了庙堂，走进了民间。明代后期，心学盛行一时，对于纠正程朱理学的僵化倾向、促进思想解放，也发挥了一定的积极作用。

三是张王气学，由北宋张载发其端，明清之际王夫之集大成。他们继承中国传统哲学有关“气”的思想，以“气”为最高范畴建立存在本体论学说，把事物之间的普遍联系建立在物质基础上。他们比正统理学更为彻底地扬弃了佛教哲学，重新恢复了现实主义的权威，并且力求把现实主义同辩证法结合起来。气学一派没有把理论重心放在人生哲学方面，不太重视精神生活的安顿；而是放在实践哲学方面，比较重视对现实生活的应付。王夫之把儒家实践观讲到了高峰，把经世致用的诉求讲透了。在整个宋明理学思潮中，气学一派虽不占正统地位，但有独特的理论贡献，并且同朴学思潮相衔接。气学派和朴学家有共同的诉求，他们不反对明明白白地做人，也不反对堂堂正正地做人，但更看重轰轰烈烈地做事。

在宋明理学外部，也存在着许多学派，他们大都是正统理学的批评者。在南宋时期，以陈亮和叶适为代表的事功学派很活跃。陈亮曾同朱熹论学，批评“存天理灭人欲”之说，强调“天理人欲可以并行”，主张“王霸并用，义利双行”(《复朱元晦书》)。叶适主张“以利和义”，认为“既无功利，则道义者，乃无用之虚语尔”(《习学记言》卷二三)。明末清初的朴学思潮，也是正统理学强有力的批评者。在某些方面，朴学的理论深度超过了正统理学，但并没有改变正统理学占主导地位的情形。正统理学仍在讲，仍旧是主流话语。清代涌现出张履祥、陆世仪、陆陇其、熊赐履、汤斌、李光地等一批理学名家或名臣。皇帝亲自出面扶植理学，诏令编纂《朱子大全》，科举考试依旧从《四书集注》中出题。

二、小语境

宏观地说，中国哲学史是时代精神的写照；微观地说，中国哲学史是哲学家理论创新的记录。倘若离开对哲学家的个案研究，也就谈不上关于中国哲学史的研究。我们对哲学家做个案研究时，除了把握他所处的大语境，还应当把握他所处的小语境，即把握他的个人阅历。处在同一时代的哲学家，哲学思想会有种种差异；对于哲学家的个性特征，恐怕不能用大语境来解释，而只能用小语境来解释。例如，王充之所以提出“有定数”的思想，恐怕同他一生郁郁不得志有关系。

中国古人做学问同西方不同，讲究知人论学，此乃为一大特色。在西方，学问就是学问，同人品无关。知人论世是个好传统，研究中国哲学史也应该发扬这一传统，搞清楚每位哲学家所处的小语境。小语境应当有下面这些内容。

1. 姓名字号。古人有姓，有名，有字。如孔子，姓孔，名丘，字仲尼。名用来自称，有谦虚的意思。例如，在《礼运》中，孔子用第一人称的口气说“丘之未逮”，绝不能说“仲尼之未逮”。字是对他人的称谓，表示对对方的尊敬。例如，古人可以说“天不生仲尼，万古如长夜”，但不能说“天不生孔丘，万古如长夜”。有些人还有号。有的号是自定的，如朱熹号晦庵、晦翁；有的号是别人对他的尊称，如张载，世人称其为横渠先生，简称张横渠，又如王守仁，世人称其为阳明先生，简称王阳明，以至后世皆如此称呼，很少有人使用他的原名。还有一种号叫作谥号。在古代，名人去世之后，朝廷表彰他生前的功绩，封予谥号，后世便以这种谥号称呼他。如朱熹，谥号文，后人遂称其为朱文公。有些名人的谥号，不是朝廷封的，而是他的亲友、门生、故吏所赠予的，这叫作私谥。如陶渊明，生前自号五柳先生，私谥靖节，后世遂称其为靖节先生。

2. 生卒年。了解哲学家何年出生、何年去世很重要，便于把他置于特定的时代背景中考察。若是搞不清楚这一点，便没有办法对他做出准确的历史定位。不过，由于历史久远，史料不全，想完全搞准确某些哲学家的生卒年也很难做到。如果一时搞不准确，可以采取模糊定位的办法。如老子，可以标注“生卒年不详”；孔子可以标注“约公元前 551—前 479”。虽不能搞得十分准确，但大体可以断定他们都是公元前 5 世纪的学者。哲学史从业者不可能对每位哲学家的生卒年都加以详细考订，主要还是利用史学家提供的研究成果。哲学史从业者应当留意史学家在这方面的研究成果，力求把模糊之处搞清楚。例如，关于老子，有人主张早出说，认为他是春秋时代的学者；有人主张晚出说，认为他是战国时代的学者，两派争论不休。出土文献发现了公元前 3 世纪的《老子》残篇，证明早出说是对的，晚出说是错的。原来搞不清楚《孙子兵法》到底是春秋时期的孙武所作，还是战国时期孙膑所作。《孙膑兵法》在山东临沂银雀山出土后，《孙子兵法》为孙武所做，便成了定论。

3. 籍贯、家庭教育背景。了解哲学家的籍贯和出生地，有助于掌握在他身上所体现出的区域文化特色。例如，孔子是鲁国陬邑（今山东曲阜）人，在他身上体现出齐鲁文化的特色；庄子是宋国蒙（今河南商丘一带）人，在他身上体现出楚文化的特色。家庭教育背景是哲学家成长的初始环境，对他的思想形成往往有极大影响。如程颢、程颐兄弟，他们的父亲同周敦颐是至交，就有理学倾向。正是由于在这样的环境中成长，他们才会“体贴出‘天理’二字”。有的哲学家，可以说是秉承家学。如葛洪，几代人都信奉道教，正是由于生活在这种语境中，他才成长为著名的道教哲学家。有的哲学家出生于豪门世家，在他身上正统意识会强一些，如王弼对名教的维护；有的哲学家出身于寒门，在他们身上会反映出平民意识和批判意识，如王充“疾虚妄”。

4. 师承、同窗。对于学者的思想成长，老师的影响可能比家长还要大。研究某位哲学家，必须摸清他的师承情况，了解他的学问是怎么来的，这十分重要。学者的师承关系大体上有三种情形。一是亲炙弟子。如李塨直接从学于颜元，后人把他们统称“颜李学派”。二是间接师从。如朱熹直接师从李侗，间接师从二程，为二程四传弟子。朱熹继承二程学脉，并且将其发扬光大，后人把他们的学问连称为“程朱理学”。三是私淑弟子。同老师既没有直接的师承关系，也没有间接的师承关系，后学自认师门，把前辈当作精神导师，这叫作“私淑”。例如，孟子自称私淑于孔子，曾表示“乃所愿，学孔子”。他发展了儒家学说，成为儒门的亚圣，后人把孔孟连称为孔孟之道。

老师对弟子的思想成长当然重要，而同窗的影响也是不可或缺的因素。“独学而无友，则孤陋而寡闻。”师兄弟之间相互交流、切磋学问，大有裨益。在《论语》中，我们经常可以看到同窗之间切磋学问的情景。例如，“司马牛忧曰：人皆有兄弟，我独无。子夏曰：商闻之矣：死生有命，富贵在天。君子敬而无失，与人恭而有理。四海之内，皆兄弟也。君子何患乎无兄弟也？”（《论语·颜渊》）在朱熹、王阳明的著作中，也记载了许多弟子们在一起探讨学问的场景。

5. 弟子、门人。弟子又称“入室弟子”，是先生直接的学生；门人是弟子的学生，是先生间接的学生。弟子可以直接提问题，门人也可以间接提问题。与先生关系密切的人，除了老师和同窗，就是弟子和门人。这也是学者不可缺少的言说语境。学者往往在同弟子的问答中，阐发自己的哲学观点。一个好学的弟子，提出高水平的问题，对老师颇有启发作用，这叫作“教学相长”。《论语》中经常出现孔子回答弟子提问的情形，宋明理学家的“语录”，大都是在回答弟子提问时留下来的记录。

6. 讲友、学派。构成学者小语境的要素，还有讲友。讲友是指同学者在一起讨论学问的人，并且往往观点相左。正是因为看法不一样，激烈争论，才会激发思想火花，才会有思想深度。庄子与惠施互为讲友，留下“濠上观鱼”的对话。庄子曰：“儵鱼出游从容，是鱼之乐也？”惠子曰：“子非鱼，安知鱼之乐？”庄子曰：“子非我，安知我不知鱼之乐？”惠子曰：“我非子，固不知子矣；子固非鱼也，子之不知鱼之乐，全矣。”庄子曰：“请循其本。子曰‘汝安知鱼乐’云者，既已知吾知之而问我。我知之濠上也。”（《庄子·秋水》）惠施去世后，庄子写了一则“运斤成风”的寓意故事，怀念自己的讲友。他写道：有一位技术高超的木匠师傅，劈斧子很有准头。他挥起斧头，劈向一个人的鼻子，把涂在鼻子上的白灰砍掉，却丝毫伤不到对方的鼻子。木匠师傅好久不在众人面前表演他的绝技了，有人问他为什么，他回答说：那个敢于在鼻子上涂白灰叫我砍的人，已经不在了。在庄子的心目中，这个敢于在鼻子上涂白灰的人就是惠施。

朱熹与陆九渊也互为讲友，观点虽不同，但不是敌对的两派，并不构成什么“朱陆之争”。正如黄宗羲所说：“二先生同植纲常、同扶名教，同宗孔孟。即使意见终于不合，亦不过仁者见仁，智者见智，所谓‘学焉而得其性之所近’，原无有悖于圣人，矧夫晚年又志同道合乎！”（《宋元学案·象山学案》按语）黄宗羲打趣地说，假如哪个冒失鬼以为朱、陆真的闹翻了，出手帮着朱熹打陆九渊，朱熹非但不领情，反而会回手打那个冒失鬼。

大多数学者都从属于某个学派。摸清学者的学派归属，也是从业者要做的事情。学派归属大致上有两种情况。一种有紧密的学脉联系，认同开山者的宗主地位，后学自觉地维护宗主的基本理念，一代一代传承下来，形成比较严格意义上的学派。如先秦儒学，孔子为开山鼻祖，孟子展开孔子的仁学，荀子展开孔子的礼学。周敦颐为理学的宗主，后世理学家皆以为自己是周敦颐的传人。另一种没有学脉联系，也不认同开山者的宗主地位，只是学术观点有相似性，故而从后学的角度把前辈引为同道。于是，后世学者便把他们联系在一起，归结为一个学派。如庄子和老子，他们之间事实上并不存在师承关系。后人把他们归结为“老庄学派”或“先秦道家”。如果庄子本人地下有知，未必会认同这种说法。再如王阳明和陆九渊，他们之间也不存在师承关系，称其为“陆王心学”，也是后人的说法，王阳明本人未必会认同。

7. 履历。论其学先得知其人。对于研究对象的生平履历，从业者应当尽可能了解得详细一些。要了解他求学的情况、科举及第的情况、出仕以后升迁的情况、治学和办学的情况、社会影响的情况等等。尤其对他所参与或经历的重大政治事件和学术活动，绝不能忽略。对于一些与他哲学思考有关的闲闻逸事，也应知道一些，这会使研究增加一些生动性。例如，陆九渊在童年时代曾问父亲：“天地何所穷际？”父亲只是笑笑，没有回答他的问题。他自己很想找到答案，“遂深思至忘寝食”。从这个故事反映出，陆九渊从小就对哲学问题抱有浓厚的兴趣。

8. 文本、著述。哲学家从事理论创造，离不开文本。每个时代的哲学家都有重点阅读的文本，每位哲学家也有自己所选择的重点阅读文本。这些重点文本对哲学家的影响很大，甚至影响到他的学术个性。例如，董仲舒重点研习《春秋公羊传》，主要利用此文本阐释自己的哲学观点。张载重点研习《中庸》，在他的著作中可以看到此文本对他的影响。从业者对于研究对象的著作情况，必须有清楚的了解，因为这是从事研究的基础工程。要尽可能收集研究对象的全部著作，了解其著作编纂、流传的情况，特别是了解其著作整理的最新进展，选择善本作为研究的依据。例如，《朱子全书》有很多版本，最新的版本则是朱杰人等人整理的《朱子全书》，由上海古籍出版社和安徽教育出版社联合出版。从业者在泛读研究对象全部著作的基础上，从中选出代表作精读。例如，《朱子全书》有27册之多，全部精读难以做到，可以从中选出《四书集注》《周易本义》《诗集传》《朱子语类》等代表作精读。研究对象的著作往往有许多种，对于各本著作之间的关系，从业者也应当掌握。

至于如何了解小语境，有以下几种办法可以参考一下。

一是查阅史书。哲学史所研究的对象，大都是历史上的名人，在二十四史上会找到关于他们的记载。例如，关于孔子，在《史记·孔子世家》有专门的记载。孔子之外的学者，可以在《列传》中查找。

二是查阅年谱。有些学者去世后，有人整理和编辑关于他的年谱，对他一生的经历有比较详细的记载。

三是查阅行状和墓志铭。行状是关于学者生前事迹简略的记载，会提供一些情况；墓志铭是对学者生前的概括，可做参考。

四是查阅关于去世学者的回忆录以及自述。从这些渠道得来的材料，也应当分析鉴别。其中有些是溢美之词，未必可信。即便是学者自己的说法，也不能全都当真，有可能是他为了表达思想所采取的特殊手法。例如，慧能在《坛经》中说自己“不识字”，未必是事实。从《坛经》的结构、文句以及引用的经文看，不是文盲可以做到的。他说自己不识字，无非是突出禅宗“不立文字，以心传法”的宗旨。王阳明“格竹子”也未必是事实，其实所表达的意思是说，天理不能从经验的途径得到，需靠良知智慧来体悟。

第二节　沿“流”展现，文本寻理

语境可以解释哲学思想形成的根源性，而用文本则可以解释哲学思想发展的相对独立性。如果说语境是哲学思想之“源”的话，那么，文本可以说是哲学思想发展之“流”。哲学家从事哲学思考，离不开语境，也离不开文本。文本是指前人留下的思想材料。后来的哲学家做出的理论创新，绝不能空穴来风，他必须利用前人留下的思想材料从事理论创造，才能搭建起属于自己的思想世界。如果他不尊重文本，将陷入“束书不观，游谈无根”的窘境，也谈不上有什么创新之处。从这点来看，阅读文本、整理文本、选择文本、诠释文本，乃是促成哲学发展的基础工程。哲学家所取得的理论思维成果，必须写成文本，才能保存下来并且传给后人；后人通过文本获取思想材料，在新的语境中做出创造性诠释，再取得新的理论思维成果。文本把一代接一代的哲学家联系在一起，形成中国哲学源源不断的发展长河。立足文本乃是我们重写中国哲学史必须遵循的第二条路径。

一、文本的时代性

文本作为思想材料，已经构成既定的事实，可谓是个常量，不会有多大变化；而文本所包含的思想意涵，却是一个变量。对于同一个文本，处在不同语境中的读者，会读出不同的思想意涵来，这就是所谓解释学的偏差。例如，同一本《论语》，注本竟有三千多种，原因就在于不同时代的人，有不同的读法，读出的思想意涵不同。其中有文本的原意，也有读者的创意。从解释学来看，原意与创意是搅在一起的，后人不可能原原本本地讲出前人的原意，因为他无法回到前人特定的语境中言说。对于文本固然有照着讲的因素，但以接着讲为主。不要相信某人自吹自擂，好像他知道原意。所谓照着讲，就是尽量弄清楚文本字面上的意思，不随意曲解，准确地占有思想材料；所谓接着讲，就是谋求与前人进行视界交融，发挥创造性思维，讲出新意来，推动哲学的发展。

需要注意的是，文本只是前人留下的思想材料，而思想材料不等同于后人形成的思想。哲学家利用文本从事哲学思考，绝不会拘泥于文本。说穿了，一部中国哲学史就是接着讲的历史，尽管有些学者不愿意承认这一点。在中国哲学史上，往往有这样一些哲学家努力掩饰自己哲学思想的创新性，标榜“代圣贤立言”，自封为道统的继承者。我们千万不能被这种“夫子自道”所蒙蔽，要善于透过现象看本质。其实，在中国哲学中根本就不存在什么一成不变的道统。那些标榜道统的人，不过是“拉大旗作虎皮”而已。他好像在标榜古人，其实是在为他自己张目。研究中国哲学史不能迷信道统说，必须贯彻今胜于古的历史主义原则。如果以为古代圣贤在中国哲学起步阶段就已经把所有的道理都讲完了，后人只不过是重复而已，怎么会有哲学发展可言呢?

在不同的时代，哲学家为了满足时代精神的需要，会选择不同的文本，作为他从事哲学创造的文献依据。文本的变化与语境的变化具有密切关系。在不同的语境中，被选择的文本也会不同；而被选择的文本往往带有明显的时代性。汉唐哲学家选择的文本主要是“五经”——《易》《诗》《书》《礼》《春秋》，玄学家选择的文本主要是三玄，即《周易》《老子》和《庄子》，宋明理学家选择的文本却是“四书”，即《大学》《中庸》《论语》《孟子》。

（一）原创期文本

中国有文字的历史可以追溯到甲骨文时期，而有文本的历史目前只能追溯到六经。经孔子整理编纂成书的六经即《诗》《书》《礼》《乐》《易》《春秋》，乃是流传下来的基本文献。早期哲学家主要利用六经所提供的资源，从事哲学理论研究和思想创造。我们在《论语》中，经常可以看到孔子对于六经资源的开发和利用，孔子说:“加我数年，五十以学《易》，可以无大过矣。”(《论语·述而》）他研读《易经》，乃至“韦编三绝”的程度，可见其用功之勤。子夏读到《诗经》中“巧笑倩兮，美目盼兮，素以为绚兮”的诗句，向孔子请教，孔子答复:“绘事后素”，从中引申出重视诗教和礼教的思想。孔子师徒显然不是解释文句，而是借题发挥，做创造性诠释。道家也常常提到六经，不过不像儒家那么推崇，有时还抱着批评的态度。如老子说:“夫礼者，忠信之薄而乱之首。”（《老子》三十八章）这可能是他在读《礼》时，有感于时艰，故发出如此感慨。庄子最早提出“六经”的观念，他说：“夫六经，先王之陈迹也，岂其所以迹哉！”（《庄子·天运》）他批评儒家过于拘泥于六经文本，主张从文本中寻绎出道理来。如果他没有读过六经，绝不会如此说。墨子也熟读过六经。《墨子·公孟》写道：“诵诗三百，弦诗三百，歌诗三百，舞诗三百。”总之，在春秋末年中国哲学起步阶段，儒、道、墨三大派的兴起，都同六经有关系。我不同意把六经仅仅看成儒家典籍，事实证明它是春秋各家共同使用的文本。中国哲学的一些基本范畴也源于六经。如阴阳、太极出于《易》，五行出于《书》，常变、天地、大有、道德、诚等哲学范畴，皆可以在六经中找到文本依据。

（二）展开期文本

展开期时间跨度1200余年，情况比较复杂。儒、道、释悉数出场，不好一概而论，各自的文本情况，分述如下。

1. 经学文本

“经学”之“经”，原指订书使用的线，泛指一切书籍。“经学”一词见于《汉书·倪宽传》：“见上，语经学。上从之。”在汉代，经学特指经汉儒整理而成的儒家典籍，具有官方哲学色彩。“经”有了“大经大法”的新含义，是人们必须遵循、不能违背的信条。《释名·释典艺》上说：“经，径也，常典也，如径路无所不通，可常用也。”相传孔子曾整理古典文献，编定六经即《诗》《书》《礼》《乐》《易》《春秋》。到汉初，《乐》失传，只剩下五经。汉以后的儒生在五经的基础上，逐渐扩展为七经、九经，最后形成十三经。清代学者阮元主持校刻《十三经注疏》可谓集大成者，有中华书局1980年影印本出版。

汉儒整理经学文本，出于政治需要。出于他们之手的经书，有些有古典文献依据，属于接着讲；有些则没有古典文献依据，是他们托古人之名编写的，属于自己讲。在十三经中，《周易》号称第一经典，被放在第一部，居六经之首。第二部是《尚书》，含《今文尚书》和《古文尚书》两种版本。前者为今文经学宗奉，后者为古文经学宗奉。第三部是《诗经》。第四部是《周礼》，第五部是《仪礼》，第六部是《礼记》，合称“三礼”。“三礼”在先秦典籍中得不到印证，在出土文物中也找不到证据，有可能是汉儒编写的。第七部是《春秋左氏传》，第八部是《春秋公羊传》，第九部是《春秋穀梁传》，合称“三传”，都是传述《春秋经》的文本。第十部是《孝经》，托名孔子，实则为汉儒编写。第十一部是《尔雅》，托名周公，实则是汉儒在前人基础上编写的字典，非出于一时一人之手。第十二部是《论语》，第十三部是《孟子》。

经书被立于学官，置于皇权控制下的话语系统之中。经学不可以随便讲，必须遵循家法传承或师法传承。老师怎么讲，学生也得跟着怎么说，后人没有自由思考、自由发挥的空间。讲经学是“代圣贤立言”，只可引证，不必论证。经学是一种官方化、教条化、权威化的霸权话语，严重束缚人们理性思维的发展。不过经书也有维系中国文化传统的作用，有积极的意义，不能一概否定。

2. 玄学文本

东汉以后，经学的权威被消解了，玄学取而代之。玄学家注重人生哲学，仅用儒家的资源就不够用了，遂把目光转向道家。玄学家依据的文本不再是十三经，改为“三玄”即《周易》《老子》和《庄子》。“三玄”之中，道家有二，表明玄学家特别重视开发和利用道家的思想资源。在整理道家文献方面，玄学家是有贡献的，通行本《老子》和《庄子》都经他们之手整理而流传至今。“三玄”之中，虽然不包括《论语》，但其实玄学家对该书仍非常重视。何晏著有《论语集解》，王弼著有《论语释疑》。如何对孔学与老学加以比较，也是玄学家经常谈到的话题，结论是“老不及圣”，认为孔子比老子还高明。

实际上,《论语》也是玄学的一种主要文本。

3. 佛教文本

佛教依据的文本自然是佛经。这是一种外来的文本,将其翻译成中国人可以读懂、可以接受的中文文本,乃是中国僧人完成的一项大工程。在中国僧人中,最有名的佛经翻译家有三位。一位是法显(约 337—约 422)。他西行穿越戈壁滩,到达北、西、中、东天竺;南渡泛海,经狮子国(今斯里兰卡),东渡印度洋,到耶婆提国(在今印度尼西亚的爪哇),游历三十多个国家,带回大量梵文佛经,并将其中一部分译成中文。另一位是鸠摩罗什(344—413)。他是西域龟兹国(今新疆库车一带)人,被姚兴迎至长安主持译经,参与译经者 800 余人。在他的主持下,大量佛经被译成中文。再一位就是玄奘(约 600—664)。他西行求法,扬名印度,带回大量佛经。西安的大雁塔和小雁塔,都是皇帝为他建造的藏经之处。在他的主持下,译出大小乘经论 75 部,共 1335 卷,为译经之最。中国僧人翻译佛经,也是一种再创造的过程,其中不可避免地存在着"误读";而这种"误读"恰恰是一种另类的创新,表明中国僧人对佛教有独到理解,已成为中国哲学的组成部分。

中国僧人对于佛经,也不是照着讲的,而是接着讲的,并且讲出了中国特色。讲中国化的佛教哲学,仅仅依靠译本是不够的,必须利用中国僧人自己编写的佛教文本。中国的僧人编写的经论,有两部最有影响。一部是托名马鸣和尚的《大乘起信论》,此论究竟何人所作,不得而知;但其基本思路是中国哲学内在超越的思路,强调"一心开二门",试图消解此岸与彼岸的对立。另一部就是慧能编写的《坛经》,大讲中国式的"佛性本觉",而不再讲印度式的"佛性本净"。

佛教学者把所有能搜集的经、律、论编成一部庞大的丛书,叫作"佛藏",试图囊括佛教的全部文本。今人编辑的《中华大藏经》,收集最为宏富,已超过了日本人编辑的《大正藏》,堪称善本。

4. 道教文本

当佛教哲学在中国学术殿堂占据一席之地以后，也刺激了中国本土宗教哲学的发展，出现了道教哲学。道士利用道家和佛教两种资源，综合创新，取得新的理论成果，这个成果就是道教哲学。道教有别于道家的地方，在于已建立了宗教组织，有了宗教仪式和神职人员，确立了人、仙两界的世界图式。道教的文本主要还是来自道家。在道教的文本中，《老子》改称《道德真经》,《庄子》改称《南华真经》。为了同佛教抗衡，道教也编纂了道藏，把所有关于道教的典籍搜集起来，称为“三洞四辅”。洞真、洞玄、洞神为“三洞”；太清、太平、太玄、正一为“四辅”。道教依据的文本皆编在道藏之中，已有华夏出版社出版新版本。

（三）高峰期文本

宋明理学家要把讲儒学由政治哲学转向人生哲学，不能完全沿用经学的文本了，必须编辑一套讲人生哲学的新文本。这套新文本就是从十三经中择取出来的“四书”即《论语》《孟子》《大学》和《中庸》。《大学》和《中庸》皆为《礼记》中的一篇文章，被理学家突出出来，单独列为一书，并加以权威化诠释。《大学》被说成是曾参所作，称为“初学入德之门”;《中庸》被说成是孔子的孙子子思所作，视为讲儒家本体论的范本。“四书”与“五经”虽然都属于儒家经典，但由于编纂方式不同，能体现出编纂者不同的学术取向。编纂“五经”，着眼于文献性；而编纂“四书”，则着眼于思想性。同“五经”相比，“四书”文本简洁，只有几万字，便于阅读，也便于作义理发挥。宋明理学流行以后，影响力大的儒家经典，不再是“五经”或者“十三经”，而是“四书”。除了“四书”,《易经》和《易传》也是理学家所依据的主要经典文本，许多理学家都有易学方面的专著。

尽管理学家也标榜“代圣贤立言”，其实他们已经改变了经学家关于儒家经典的讲法。经学家讲政治哲学，目的在于为君主专制制度寻找合法性依据，倡导一种权威的政治理念，以维护“大一统”为宗旨。他们关于儒家经典的讲法，是一种权威主义的讲法，自命为“代天立言”。他们的讲法是一种烦琐的讲法，常常把经书上的一句话，讲出数万言。他们的讲法是一种拘谨的讲法，后学必须恪守家法或师法，不许自己发挥。他们的讲法，甚至可以说是一种神秘主义的讲法。有些经学家讲经书，似乎不是让人听得明白，而是让人听得糊涂，故意使用一些令人费解的语句。对于儒家经典文本，经学家往往只作引证，并不做论证；只作章句上的训诂，并不做义理上的诠释。理学家讲人生哲学，目的在于培育价值理念，树立理想人格，搭建精神世界，他们不能再沿用经学家的讲法，必须找到一种新的讲法。这种讲法就是着重义理诠释。在学术史上，经学家的讲法被称为汉学，理学家的讲法被称为宋学。

对于儒家经典，理学家不再拘泥于章句，而是演绎其中的义理，重新建构儒学思想体系。例如，对于《易》，经学家特别重视象数；而理学家则只重视义理，并不像经学家那样看重象数。有些理学家喜欢打出“代圣贤立言”的旗号，其实，他们所说的圣贤，并不是真实的历史人物，而是他们心目中的理想人格。所谓“代圣贤立言”，不过是借用圣贤的名义，来表述自己的哲学识度而已，并非迷信权威。有的理学家直接举起理性主义的旗帜，甚至发出“不以孔子之是非为是非”的呼声。理学家放弃了权威主义，转向了理性主义，这是学术风气的重大变化。理学家讲人生哲学，目的在于使儒学成为人们构建精神世界的依据，把佛道二教挤出圈外。为了在理论深度上超过宗教哲学，他们必须采用同宗教哲学展开对话的方法，讲出更充分的道理来。在精神世界同宗教对话，引经据典无济于事，必须尽可能地把道理讲透，以学理赢得受众的信任。确切地说，经学家关于儒家经典的讲法，是一种文献学的讲法；理学家的讲法，才是一种哲学的讲法。尽管有些理学家的身上，存在着“束书不观，游谈无根”的弊端，但总的来看，理学家注重义理在哲学发展史上是一种进步。

然而，在文本处理方面，有些理学家确实存在着重视程度不够或者过度诠释等问题，这就招致明末清初朴学家的不满。他们厌恶理学家的学风，主张回归文本，打出“新汉学”或称“考据学”的旗号。顾炎武引古证今，主张经世致用，提倡朴实学风。他认为，理学家偏离了儒学的正宗，因为在孔孟时代并没有单纯的理学，孔孟的理学本来就寓于经学之中。阎若璩以大量确凿的证据证明：东晋梅赜所献的《古文尚书》以及《孔安国尚书传》皆为伪书，因而理学家讲的“十六字心传”并没有文本依据。不过，在朴学家那里，在纠正一种偏向时却萌生另一种偏向，那就是陷入文本主义，以至完全放弃义理诠释，变成为考据而考据。例如以惠栋为代表的吴派在典籍整理、文献考定方面卓有成就，而在思想上却没有做出什么可称道的理论建树。梁启超对吴派的评价是：“在清代学术界，功罪参半。笃守家法，令所谓‘汉学’者壁垒森固，旗帜鲜明，此其功也。胶固盲从，褊狭，好排斥异己，以致启蒙时代之怀疑精神，几夭阏焉，此其罪也。”[1]梁启超的这个评语，切中肯綮，比较公正、恰当、准确地揭示出吴派学术上的局限性。

二、文本的创新性

文本必须经过哲学家的解读，方能阐发出思想意涵来，方能影响人们的精神世界。哲学家既是读书人，也是写书人。他读了前人留下的文本，有所“得”，有所“见”；把他的所得、所见写出来，便形成新的文本，有别于以往的文本。从这个意义上说，文本具有创新性。

中国古代哲学家出于对传统的尊重，不愿意竖起标新立异的旗帜。他们喜欢说“述而不作”“代圣贤立言”一类的话，喜欢以注释的方式表达自己的新观点，但绝不意味着他们真的只是在重复前人的话语；绝不意味着他们写出来的文本，真的没有创新性可言。如果他只会重复前人的话，可以称为教书匠，不配称为哲学家；既然不配称为哲学家，当然没有资格写入哲学史了。

[1] 梁启超：《清代学术概论》，第30—31页，北京：中国人民大学出版社，2004。

事实上，哲学家对于文本从来就不仅仅是照着讲的，而是接着讲的，讲他自己发现的新道理，讲出前人没有讲到或没有讲透的道理。他不能完全离开文本，也不能拘泥于文本。如果他完全离开文本，免不了游谈无根；如果他拘泥于文本，没有创新，便会被人们讥讽为书蠹、书呆子、冬烘先生。

有些哲学家标榜自己依照文本，其实只是一种提升自己立论权威性的策略而已。他不可能回到前人的语境，只能站在当下的语境中说话，怎么可能把古人的意思原原本本地讲出来？事实上，后辈哲学家对前辈哲学家的文本都是接着讲的，他选择何种文本，取决于时代的需要，取决于他从事理论创造的需要。

古人已经发现文本与文意之间存在着不对称的情形。文本属于形式，文意属于内容。在内涵上，文意比文本丰富得多。文本只能简约地传达文意，但不能完全传达文意，有时还会遮蔽文意。孟子看出了这个道理，故而说："尽信《书》，不如无《书》。"（《孟子·尽心下》）庄子也看出了这个道理，他把文本喻为脚印，把文意比作脚。脚印无疑是脚留下来的，但脚印毕竟并不能与脚画等号。针对文本与文意之间不对称的情形，玄学家王弼提出"得意忘象"说，强调文意比文本重要。他反对文本主义，批评经学家解《易》，过度重视文本，过度重视"言"和"象"，反而失落了"意"。明代理学家陈白沙提出"六经秕糠"说，也反对拘泥于文本，嘲讽那些以辞害义的冬烘先生。

文本还存在着不够准确的问题。对于文本，由于解读的视角不同，会形成不同学派。如一部《春秋经》，有公羊传的读法，有穀梁传的读法，还有左传的读法。由于历史年代久远，同一个文本，会有不同的版本出现。由于选择的版本不同，造成不同的学派。同属于儒家营垒中的今文经学与古文经学，争论了几千年，只能说各有各的道理，我们不必出于门户之见，厚此薄彼。我们不能轻易断言哪个版本是真的，哪个版本是假的。由于出土文物的发现，可能还会不断有未曾见到的版本出现，例如湖南马王堆、湖北郭店都出土了一批竹简。出土文物澄清了一些问题，也带来了一些问题。有人利用新出土的材料做文章，动辄宣称通行版本不可靠，似乎过于武断。通行的版本固然存在着不够准确的问题，可是能代代相传，总有它的道理，怎么可以轻率地否定呢？对于文本存在的不够准确的问题，可以研究，但不能完全解决。我们不能指望把文本全都搞清楚以后，再去研究中国哲学史。迄今为止，《周易》《论语》《老子》的原初版本还没有被发现，但中国哲学史事业并未因此而止步。

解读文本可以采用文献学的方式，借用冯友兰的话说，叫作“知其言”。许多经典文本是从古代流传下来的，要想读懂弄通，必须过语言文字这道关，仔仔细细地读，认认真真地读。读古典著作，在身边要预备字典、辞典之类的工具书，搞不清楚的地方就查一查，切不可粗枝大叶、望文生义。对于文本的训诂、注释、考订、辑佚，不是中国哲学史从业者的强项，可以借鉴文献学家的研究成果；但从业者不能犯常识性错误，不能随意解读。“知其言”可以说是从事研究工作的基础，如果基础出了问题，结论肯定站不住脚。

解读文本也可以采用解释学的方式，借用冯友兰的话说，叫作“解其意”。所谓“解其意”，就是把握文本所表达的文意。“知其言”不等于“解其意”。因为文字表述与内容实质不可能完全一致，所以常常会出现这种情形：书中的字都认得，语句也弄通顺了，可还是搞不懂作者的意思。“知其言”是用眼睛读书，“解其意”那就是用心来读书，已超越“学”的层面，进入“思”的层面了。“语言文字是帮助了解书的意思的拐棍。既然知道那个意思以后，最好扔了拐棍。这就是古人所说的‘得意妄言’。在人与人的关系中，过河拆桥是不道德的事。但是，在读书中，就是要过河拆桥。”[1]

由于中国古代哲学家在形式上没有采取系统表达的方式，必须从他非系统的文本中寻找实际上的思想系统。所以，在精读他们的文本时，采取做笔记的办法是必不可少的。从业者可以在笔记的基础上，提炼出典型的观点、范畴和命题，从而对研究对象的思想体系逐渐形成清楚的认识。梁启超对此种方法深有体会，他说：“若问读书方法，我向诸君上一个条陈，这方法是

[1] 冯友兰：《哲学人生》，第255页，南京：江苏文艺出版社，2010。

极陈旧的，极笨极麻烦的，然而实在是极必要的。什么方法呢？是抄录或笔记……当读一书时，忽然感觉这一段资料可注意，把它抄下来。这段资料，自然有一微微的印象印入脑中，和滑眼看过不同。经过这一番后，过些时碰到第二个材料和这个有关系的，又把它抄下来，那注意便加浓一度，经过几次之后，每翻一书，遇有这项资料，便活跳在纸上，不必劳神费力去找了。这是我多年经验得来的实况。”[1]

解读文本还可以采用哲学对话的方式，借用冯友兰的话说，叫作“明其理”。所谓“明其理”，就是对文本的内容做哲理上的探究和评判。如果说“解其意”已进入“思”的层面，那么，“明其理”则达到“深思”的层面。古人写的书固然有道理，但也有局限，不可能穷尽道理。道理是客观的，人的认识是主观的，我们对道理的认识，不能停留在古人的程度上，要在古人的基础上再进一步，力求更为贴近客观的道理。“所以读书仅只得其意还不行，还要明其理，才不至于为前人的意所误。如果明其理了，我就有我自己的意。我的意也是主观的，也可能不完全合乎客观的理。但我可以把我的意和前人的意互相比较，互相补充，互相纠正。这就可能有一个比较正确的意。这个意是我的，我就可以用它处理事务，解决问题。好像我用我自己的腿走路，只要我心里一想走，腿就自然而然地走了。读书到这个程度就算是活学活用，把书读活了。会读书的人能把死书读活；不会读书的人能把活书读死。把死书读活，就能把书为我所用，把活书读死，就是把我为书所用。能够用书而不为书所用，读书就算读到家了。”[2]

在原创期，新创的哲学文本主要有《老子》《庄子》《墨子》《管子》《论语》《孟子》《荀子》《公孙龙子》《韩非子》等书。在展开期，新创的哲学文本主要有《春秋繁露》《淮南子》《论衡》《王弼集校释》《崇有论》《庄子注》《肇论》《华严金狮子章》《华严原人论》《坛经》《抱朴子》《坐忘论》《韩昌

[1] 梁启超：《治国学杂话》，《饮冰室专集》之七十一。

[2] 冯友兰：《哲学人生》，第256页，南京：江苏文艺出版社，2010。

黎集》《复性书》《柳宗元哲学选集》《刘禹锡集》等书。在高峰期，新创的哲学文本有《周子全书》《张载集》《邵子全书》《二程集》《陆九渊集》《朱子全书》《陈亮集》《习学记言》《王阳明全集》《明儒学案》《宋元学案》《王船山全书》《四存编》《戴震集》等书。这些著作都是研究中国哲学必读的基本文献。

三、文本的搜索与鉴别

从业者如何搜索自己所需要的文本？这需要借助于目录学方面的知识。为古代书籍编目录，始于汉代，大体上有三种类型。一种是官府的藏书目录，另一种是私人藏书目录，再一种是史学家编纂的藏书目录。有的目录比较单纯，只注书名；有的附有题解乃至版本。

最早的藏书目录是西汉刘向编纂的《别录》。汉成帝指派刘向整理皇家藏书，他每校完一部书，便作《叙录》一篇，概括大意，汇集成册，编为《别录》一书。刘向去世后，其子刘歆接着做此事，编纂《七略》一书。可惜，这两部书都失传了，但其编辑思路在班固编纂的《汉书·艺文志》中得以延续。《艺文志》把皇家藏书分为六类:《志六艺》《志诸子》《志诗赋》《志兵书》《志数术》《志方技》。古代读书人很看重《艺文志》，有“不通《艺文志》，不能读天下书”的说法。

汉以后，史家继续为皇家图书馆编目录。唐初编纂的《隋书·经籍志》首创四部分类法，其中经部有易、书、诗、礼、乐、春秋、孝经、论语、小学等书；史部有正史、古史、杂史、起居注、旧事、官职、刑法、霸史、杂传、土地、谱系、簿录等书；子部有儒、道、法、名、墨、纵横、杂、农、小说、兵、天文、历数、五行、医方等书；集部有别集、总集、道经、佛经等书。四部包含四十个门类。宋朝编纂有《崇文总目》《中兴馆阁书目》《中兴馆阁续书目》《宋中兴国史艺文志》等。元代编有《宋史·艺文志》。清代编有《明史·艺文志》，还有卷帙浩繁的《四库全书总目》二百卷。

从业者使用网络搜索，当然可以快捷一些，但海量信息也带来了选择上的困难。所以，即便是在网络时代，目录学仍然是有用的工具。从业者可以根据目录学提供的线索，把研究对象的著作尽量都搜集起来，充分占有第一手资料，为进一步研究打下坚实的基础。有的研究对象著作很多，全部通读有困难，可以采用泛读与精读相结合的办法。对于他的代表作，一定要精读。

从业者如何鉴别自己所需要的文本？这需要借助于考据学方面的知识。没有材料固然无法从事研究，而分不清材料的真伪同样得不出正确的结论。正如郭沫若所说："无论作任何研究，材料的鉴别是最必要的基础阶段。材料不够固然大成问题，而材料的真伪或时代性如未规定清楚，那比缺乏材料还要更加危险。因为材料缺乏，顶多得不出结论而已，而材料不正确便会得出错误的结论。这样的结论比没有更要有害。"[1] 在考订古书的真伪方面，有些专著值得参考。如宋代的高似孙著《子略》，明代胡应麟著《四部正讹》、宋濂著《诸子辨》，清代阎若璩著《古文尚书疏证》、姚际恒著《古今伪书考》、崔述著《洙泗考信录》，近人梁启超著《古书及其时代》、罗根泽著《诸子考索》、张心澂著《伪书通考》都可以参考。考据辨伪毕竟不是中国哲学史从业者的专长，要求他们把每本书都考订清楚实在有些强人所难。有的从业者如胡适喜欢做这方面的事情，亦未尝不可，大多数从业者不必效法他。从业者可以借鉴考据学家的观点，不必事必躬亲。不过，对于考据学家的结论，不能不信，也不能全信。他讲得有道理，从业者可以认同；讲得没道理，从业者也可以拒斥。对于有分歧的说法，从业者可以从中选择自己觉得有道理的说法，并注明来源。考据学毕竟不是实证科学，完全证实或完全证伪，都是难以做到的。即便证明某书是伪书，也不意味着此书没有史料价值。如《周礼》，真以为是周公所作，当然是错误的，但作为汉代的作品，则是真实的。我们可以用来作为研究汉代思想的资料使用。

[1] 郭沫若：《十批判书》，第2页。

第三节　因“脉”成线，问题明变

我把中国古代哲学史产生的语境叫作“源”，把文本的变迁叫作“流”，而把二者融会贯通的过程叫作“脉”。所谓“脉”就是问题意识的变化。中国哲学史作为理论思维的历史，应当以问题变化为逻辑线索，不必以朝代更迭为线索。哲学史虽是历史学的分支，但不能等同于一般的历史学。哲学史所关注的主要不是事件，也不是人物，而是问题。讲中国哲学史必须突出问题意识，把每个阶段哲学家所关切的主要问题找出来、讲清楚；把每个哲学家所关注的主要问题找出来、讲清楚。哲学家的问题意识不断发展变化，后来的哲学家对于前辈的问题意识，有所继承，也有所改变。以问题为逻辑线索，才能抓住哲学史内在的普遍联系。这是我们重写中国哲学史必须遵循的第三条路径。这条路径有如“脉”，把“源”和“流”综合起来。以往集体编写的中国哲学史教材之所以失败，一个重要原因就是缺少问题意识，只按照朝代顺序写，结果弄成“点鬼录”或“封神榜”。他们机械地把先哲归入“唯物主义阵营”或“唯心主义阵营”，体现不出人物之间的联系。

哲学家都是思考者，而思考者必须有自觉的问题意识。讲中国哲学史不必把每个有哲学言论的人都讲到，但不能遗漏那些提出新问题或改变提问题方式的人。因为只有这些人才称得上哲学家。以往集体编写的中国哲学史教材似乎没有注意到这一点，讲的人物众多，而且经常说某某人同某某人一脉相承。如果某某人同某某人仅仅是一脉相承的话，恰恰表明他没有新的问题意识，没有独到的理论贡献，没有超越前人之处。对于这样的人写入学术史可以，何必写入哲学史呢？真正的哲学家未必是解决问题的高手，但一定是善于提问题或者改变提问题方式的高手。从这个意义上说，哲学史其实就是哲学问题变迁的历史。

我认为研究哲学史的首要任务，就是把哲学家如何提出问题、回答问题或改变提问题方式的过程揭示出来，总结理论思维经验或教训，探索进一步推进哲学理论发展的可能。“吾爱吾师，吾尤爱真理。”亚里士多德的这句话，道出了哲学家的共同心声。后来的哲学家绝不会停止在前人的理论思维水平上，他要推进哲学的发展，就必须解决前人留下的问题，找到新的解决方案，或者改变提问题的方式，或者提出新的问题。倘若没有问题的不断出现，就意味着哲学的发展停滞不前了。中国哲学史从业者一定要以问题变迁为逻辑线索，展示理论思维发展的画面，这样读起来才会有历史感。体现中国哲学史内在普遍联系的纽带，不是朝代、事件、人物，而是问题。中国哲学史所涉及的问题不是杂乱无章的，而是有系统可循的。这个系统由全局性问题、阶段性问题、个性化问题构成。

一、全局性问题

全局性问题是指贯穿中国古代哲学全过程的基本问题，它是最重要的问题。中国古代哲学有没有一个基本问题呢？我的看法是肯定的。问题在于，中国哲学基本问题被两军对战魔咒遮蔽了，硬把外来的问题说成中国哲学的基本问题。现在重写中国哲学史，首先需要重新认识中国哲学自身的基本问题。教条主义者只允许有一个“何者为第一性”的问题，强迫中国哲学史从业者在唯心主义或唯物主义之间做出选择，不许再出现别的问题。这等于取消了他们从事理论创造的权利，自然也就写不出名副其实的中国哲学史。我们破除这种教条主义框框以后，必须找到中国哲学自身的基本问题，否则重写中国哲学史也无从谈起。

同马克思以前的西方哲学相比，中国哲学的论域比较宽。长期以来，西方哲学把论域限制在如何解释世界方面，遂以“何者为第一性”为基本问题，而中国哲学不采取这种哲学思考方式。中国哲学不属于自然哲学类型，从属于人生哲学类型。中国哲学的论域比较宽，尽管涉及宇宙本原问题，但并不以此为核心话题。按照冯友兰先生在晚年的看法，中国哲学的论域不是一个，而是三个，即宇宙、社会和人生。宇宙是人生活于其中的客观环境，用中国哲学的术语说，就是“天”。社会是群体的生存方式，人生是个人的生存方式，二者合在一起，用中国哲学的术语说，就是“人”。对于中国哲学来说，涵盖三个论域的哲学基本问题，不可能是“何者为第一性”问题，只能是天人关系问题。

在中国哲学中，“人”的含义大体上有两个：从实然的角度说，是指现实中的认知主体或实践主体；从应然的角度说，是指价值意义上的理想人格。“天”的含义大体上有三个：一是指自然之天，二是指主宰之天，三是指义理之天。由于对天或人的含义理解不同，哲学家表现出不同的思想倾向。至于天人关系，有的哲学家强调二者有分有合，接近于辩证统一的观点，有的哲学家则过分夸大天人合一，表现出抽象化的倾向。但是，西方哲学中那种把天和人截然对立起来的观点，在中国哲学中即便有人提出，恐怕也找不到。我认为，中国哲学中的天人关系问题虽涉及宇宙观，包含着思维与存在的关系问题，但不能完全归结为“何者为第一性”问题；我们应当具体地评判中国古代哲学家提出的观点、命题乃至思想体系，不能笼统地给他们戴上“唯物主义者”或“唯心主义者”的帽子。

关于中国哲学的基本问题，古代哲学家自己已有比较明确的论述。其中最典型的说法，就是司马迁在《史记》中说：“亦欲以究天人之际，通古今之变，成一家之言。”他所说的“际”，就是“关系”的意思。如何看待天与人的关系？这是每个中国哲学家必须面对的基本问题，历来就受到重视。庄子说：“知天之所为，知人之所为，至矣。”（《庄子·大宗师》），所谓“至”，就是贯彻始终的意思。显然，庄子把天人关系问题当成最重要的基本问题。《中庸》写道：“思知人，不可以不知天。”《中庸》的作者把“知人”和“知天”两个话题联系在一起，也是把天人关系看成哲学基本问题。邵雍说：“学不际天人，不足以为之学。”（《观物外篇》）他认为，做学问不达到穷究天人关系的程度，就算不得有真才实学。他这里所说的“学”，并不是科学方面的知识，而是哲学方面的知识。在他心目中，天人关系就是哲学基本问题。戴震也说：“天人之道，经之大训萃。”（《原善》卷上）在他看来，关于天人关系的道理才是最基本的哲学道理。从先秦中国哲学原创期到中国哲学高峰时期，哲学家们都在探索天人关系问题，因为这一个问题，就把宇宙、社会、人生三个论域都打通了，自然是中国哲学基本问题。

天人关系问题贯穿中国古代哲学发展的全过程，不过，各个时代的研讨方式和理论重点有所不同。在先秦时期，大多数哲学家把天人关系看成应然的合一关系。他们强调，天道和人道应该是一个道；人应当取法乎道，建构一个理想的社会。“道”含有“过程”的意思，即从起点走到终点。在先秦哲学家的视野中，起点就是当时的混乱的社会现状；而终点则是统一的、和谐的理想社会。“道”作为由现实到理想的发展过程，自然是人类社会向往的终极目标。由于对“道”的理解不同，各家设想的理想社会也不一样。道家心目中的理想社会，是人与人互不干预的“小国寡民”或“至德之世”；而儒家心目中的理想社会，则是天下为公的大同之世。他们的观点虽有不同，但哲学思维方式却是一样的，都认为天人应该合一，并且把理论重点放在“人”这一方面。相比较而言，道家比较看重个体意义上的人，而儒家比较看重群体意义上的人。

在两汉时期，经学家继续探讨天人应然合一关系，但把理论重点从“人”转到了“天”。在先秦时期，社会处于分裂状态，大多数哲学家都是社会的批判者，努力寻找摆脱乱世的出路，自然以“人”为重点；两汉时期已经建立了“大一统”的帝国，经学家不再扮演批判者角色，而思考如何维系“大一统”的问题。他们树立起“天”权威，试图为强化君权提供理论依据。他们关于“天”的构想，有一个明显的意图就是提供所有人的共识，劝慰皇帝不要一味使用暴力，应当采用软硬兼施的治国策略。

到魏晋时期，玄学家探讨天人关系问题的思维方式有了很大的变化。他们从过程论转到了本体论，用本然的天人合一观取代了应然的天人合一观，从天人关系问题演绎出体用关系问题。同此前的哲学家相比，玄学家有了明确的本体论意识。他们不再关心社会问题，转向关注人生问题，努力寻求精神的安顿之所。这个精神安顿之所，不在现实的“用”层面，而在超越的“体”的层面。这个“体”就是把天和人结成一体的终极依据。所谓“用”，就是人对于“体”的受用。玄学家直接讨论的问题是体用关系问题，但其中隐含着天人关系问题。“体”是关于“天”的哲学抽象；而“用”则隐去了受用的主体，也就是人。所谓“用”，其实是说“体”为人所用。

宋明以后，理学家继续以本体论方式探讨天人关系，进一步把体用关系转换成理事关系问题。理学家认为，“天人合一”中的“合”字，实际上并不恰当；天和人本来就是“同体”的关系，用不着那个“合”字。他们强调：“仁者与万物同体。”至于这个“体”为何物，虽然有理、气、心等不同观点，但基本思路是一致的。理学家把体用关系转换成理事关系以后，不再看重本体的超越性，而特别看重本体的内在性，强调内在的超越才是精神安顿之所。理事关系问题同样隐含着天人关系问题：“理”是关于“天”的哲学抽象，“事”显然是对“人”而言的，指人的实践活动。离开人可以设想“物”，但不能设想“事”。

总的来看，天人合一是中国哲学家解释天人关系的基本思路。天人合一实际是一个人学的命题，即把“天”合到“人”那里去，以“天”作为社会和人生的意义和价值的终极依据。哲学思维模式大体上可以分为三种。第一种是西方哲学特别是近代哲学的思维模式，强调主、客二分。这种模式把人想象为主体，世界视为客体，似乎忘了客体乃是人设定的。即便有与人毫无关系的纯粹客体，对于人来说也是黑漆一团，不构成哲学研究的对象。第二种是佛教的模式，讲究真、俗二谛。从真谛的角度看，世界是虚无的幻境；从俗谛的角度看，可以承认世界的假有。佛教对现实世界持否定的立场，认为现实世界不真实，主张摆脱世间的烦恼，进入涅槃寂静的解脱境界。中国哲学属于第三种模式，讲究天人合一。中国哲学认为，现实世界是一个由人和天共同构成的真实世界，人不必到这个世界之外去寻找精神安顿之所，人与天同在，世界只有一个。这样的一种哲学思维模式，才是中国哲学的独到之处。

天人关系是中国哲学的基本问题，但不是唯一的问题。除了天人关系问题之外，中国哲学所讨论的主要问题还有三个。

一是两一关系问题。在思想方法论方面，中国哲学注重辩证思维的精神很突出。中国哲学家以阴阳两个基本点把握动态的世界发展变化的总体进程，形成了讲究辩证思维的哲学传统。中国古代的辩证法以阴阳为核心范畴，遂把两一关系问题视为思想方法论方面的主要问题。

由于受到两军对战的误导，有些中国哲学史从业者看不到中国哲学在世界观方面的独到之处，硬给中国古代哲学家戴上“唯物论者”或“唯心论者”的帽子，把中国哲学关于世界观的图像弄模糊了，使人领略不到中国哲学的精神特质。他们也看不到中国哲学在思想方法论方面的独到之处，硬给中国古代哲学家戴上“辩证法”或“形而上学”的帽子，把中国哲学关于思想方法论的图像弄模糊了，使人更加领略不到中国哲学的精神。由于把世界视为判断的对象，在西方哲学史上，确实存在着“孤立、静止、片面看问题”的形而上学理论。由于把世界视为动态的过程，在中国哲学上并不存在着“孤立、静止、片面看问题”的形而上学理论。在中国哲学中，有些说法即便有形而上学倾向，也没有形成系统的哲学理论。有人说董仲舒的“天不变道亦不变”的说法是形而上学观点，这种说法是站不住脚的。董仲舒在这里实际上只是讲了“道”与“天”在变化上的相关性，并没有把世界看成孤立、静止的存在。阴阳关系也是董仲舒乐于谈论的话题，他的论著中，也存在着大量的辩证法思想闪光。

我们在研究中国哲学在思想方法论方面的独到之处时，不能套用“辩证法与形而上学的对立”的模式，应当寻找中国哲学自身关注的问题。这个问题就是两一关系问题。阴阳是相反的，构成对立关系，用中国哲学的术语来说，叫作“两”。阴阳又是相成的，构成统一关系，用中国哲学的术语来说，叫作“一”。那么，“两”和“一”是什么关系呢？这成为哲学家必须研究的主要问题。这个问题触及辩证法的核心与实质，即如何正确地理解和把握对立统一律。关于两一关系问题，中国古代哲学家的看法不尽一致。有的哲学家强调“两”，提出“一分为二”“阳尊阴卑”“以阴合阳”等观点；有的哲学家强调“一”，提出“合二而一”“中庸和合”“天人一理”等观点。无论是强调“一分为二”，还是强调“合二而一”，都是在辩证法的范围中讨论问题。过分夸大阴阳对立，固然表现出形而上学的倾向，但也不能归结为“孤立、静止、片面地看问题”的形而上学的思想方法；过分夸大阴阳统一，固然有折中主义倾向，但也不能归结为折中主义观点。从总的发展趋势看，中国哲学越来越接近全面地把握矛盾双方对立统一关系的辩证法思想。

二是知行关系问题。在知识论方面，中国哲学的精神特质是实事求是。与此相关，在中国哲学中形成注重实践的传统，中国哲学家关于知识论的研究也有独到之处，那就是把知行关系当作理论研究的主要问题。

基于“为知识而知识”的传统，西方哲学家十分重视知识论研究，特别是近代以后，实行了“知识论转向”，知识论成为哲学研究最主要的问题，以至出现“哲学就是知识论”的说法。西方哲学家关于知识论的研究，主要问题有三个。第一个是主观与客观的关系问题，第二个是感性认识与理性认识的关系问题，第三个是认识与实践的关系问题。基于注重实践的传统，中国哲学家对于知识论的重视程度不如西方哲学家。他们关于知识论的研究，虽然涉及主观与客观的关系、感性认识与理性认识的关系等问题，但没有比较系统的理论体系。

中国哲学家特别重视认识论问题中认识与实践的关系问题，用中国哲学的术语说，就是知行关系问题。在中国哲学中，“知”的意义很广，不仅指关于事实的知识，还指关于价值的知识，因而有别于西方哲学史上的认识论或知识论。在西方哲学史中，知识论着重讨论关于事实的知识（即科学知识）是从哪里来的问题，因此首先必须设定认识主体和认识对象，然后探讨主体与客体的关系。在中国哲学中，没有这种类型的知识论。中国哲学的知行观除了讨论关于事实的知识的来源问题，着重讨论关于价值的知识的来源问题。用中国哲学的术语来说，关于事实的知识叫作“闻见之知”；关于价值的知识叫作“德性之知”。中国哲学家特别重视“德性之知”，不大重视“闻见之知”。“德性之知”同实践理性密切相关，不可能通过主客二分的途径得到。所以，中国哲学家不像西方哲学家那样重视主客关系，而特别重视知行关系。在中国哲学中，“行”的含义有两种。一种是广义的行，泛指个人和社会团体、社会阶层的一切实践活动。一种是狭义的行，专指个人的道德实践。由于“知”有两种含义，“行”也有两种含义，遂使知行关系问题变得复杂起来。

中国哲学家在研讨知行关系问题时，有的哲学家特别注重德性之知，不大关心闻见之知；与此相关，他们对“行”的理解也是狭义的，仅指个人的道德践履。在这些人身上，往往表现出先验主义的倾向。有的哲学家对“知”的理解是广义的，既包括德性之知，也包括闻见之知；对“行”的理解也是广义的，既指个人的道德践履，也指其他实践活动。在他们身上，往往表现出经验主义倾向。中国哲学家对知行关系的看法不尽一致，有的人主张知先行后，有的人主张知行合一，有的人主张行可兼知，但总的倾向是重视行，接近于全面地把握知行的辩证统一关系。金岳霖在《中国哲学》一文中指出，在中国哲学中知识论不发达。这种看法有一定的道理，但需要做些补充。确切地说，中国哲学关于“闻见之知”的知识论的确不够发达，而关于“德性之知”的知识论则比较发达。

三是义利关系问题。中国哲学作为一种以人生哲学为主调的哲学理论形态，不像西方哲学那样关注“世界是什么”“知识从哪里来”等问题，也不像宗教哲学那样关注彼岸世界与此岸世界的关系的问题，而特别关注如何做人问题。人在精神方面或道义方面有理想追求，这在中国哲学中叫作“义”。“义”是道义或义理的简称，指的是做人应该具备的道德意识和价值准则。人在物质方面和利益方面有现实需求，这在中国哲学中叫作“利”。“利”是利益、功利的简称，指的是人用来满足欲望的物质需求。如何正确看待和处理义利关系问题？这成为中国哲学在价值观方面所探讨的主要问题。

义利关系问题实际上也是理想与现实的关系问题。基于“以人为本”和

"内在超越"的哲学精神，中国哲学家没有把理想与现实对立起来，没有在彼岸世界设置理想的、超验的价值目标。在中国哲学中，圣人就是理想的人格，就是道义的体现者，就是做人应该追求的终极价值目标。圣人对于凡人来说，无疑是一种超越，但这是哲学意义上的内在超越，而不是宗教意义上的外在超越。就圣人高于凡人这一点来说，"义"理所当然地被摆在了首要的位置，"利"被摆在了从属的位置。然而，圣人与凡人又属于同类，不能脱离现实，因此还必须正视现实的人的正当的物质利益需求。这样一来，如何在人生实践中处理好义利关系的问题，便成为中国哲学不能不深入研究的主要问题了。

义利关系问题也包含着群体与个体之间的关系问题。"义"是一个关于群体性原则的哲学理念，"利"是一个关于个体性原则的哲学理念。在中国哲学中，群体性原则高于个体性原则，与此相关，"义"理所当然地被大多数哲学家摆在了首要的位置，"利"被摆在了从属的位置。中国哲学家认为，正确处理义利关系或理欲关系，乃是人生中的头等大事之一，所以他们花费很大的力气探讨这个问题。有的人主张"义者，利也"，有的人主张"正其义不谋其利"，有的人主张"存天理灭人欲"，有的人主张"理寓于欲中"。有的人强调义高于利，理想主义和非功利主义色彩比较重；有的人强调义利统一，现实主义和功利主义的色彩比较重。总的来看，中国哲学家比较看重义，而不太看重利，从而表现出强调群体价值、忽视个体价值的倾向，表现出强调道德价值、忽视功利价值的倾向。

天人关系、两一关系、知行关系、义利关系等四个问题都是艰深的哲学问题，很不容易回答。在天人关系上，蔽于天而不知人，容易落入神秘主义的误区；蔽于人而不知天，容易落入主观主义和盲动主义的误区。那么，怎样才能全面把握天人关系呢？今后仍旧是一个需要深入研究的问题。在两一关系上，夸大"两"而失落"一"，容易落入对立思维、斗争哲学的误区；夸大"一"而失落"两"，容易落入折中主义的误区。那么，怎样才能在对立中把握统一、在统一中把握对立，准确地抓住辩证法的核心与实质呢？显然还需要进一步深入研究。在知行关系上，片面地强调“知”而忽视“行”，容易落入坐而论道、空谈无补的误区；片面地强调“行”而忽视“知”，容易落入冥行妄作、胡来蛮干的误区。那么，如何在社会实践中把知行有机地统一起来呢？仍需深入思考。在义利关系上，只讲“义”而不讲“利”，容易养成口唱高调的伪善人格；只讲“利”而不讲“义”，容易养成唯利是图的庸俗人格。那么，如何把义利统一起来，造就健全的理想人格呢？这在今后仍旧是一个需要探索的问题。我们的先哲提出以上四个哲学问题，对人类文明的发展做出了很大的贡献。尽管他们没有完全解决这些问题，但给我们留下了宝贵的经验，留下了深刻的教训，留下了丰富的思想资源。这对我们来说是弥足珍贵的精神财富。

以上四个问题，可以说都是人类最感困惑的难题，至今仍然不能说已找到完满的答案。然而，正是由于对这些问题永不止息的探问，才促使哲学不断地向前发展。

二、阶段性问题

中国古代哲学经历原创期、展开期、高峰期三个发展阶段。在每个阶段，都有阶段性问题的提出，从而显示出各阶段不同的时代特征。

（一）原创期

先秦哲学的第一个话题是天人关系问题。哲学家抓住这个问题作为突破口，推倒神学的统治地位，对天做出理性的解说。儒、道、墨三家都把话题集中到天人关系上，都是要解构那个神学意义上的天，代之以哲学意义上的天；都要把人从神的控制中解放出来，变成一种独立的人格，变成一种理性的存在。天人关系问题首先是先秦哲学的主要话题，后来才成为中国古代哲学的基本问题。

第二个话题是治乱问题，属于一个政治哲学领域的话题。先秦哲学并没有选择自然哲学的路，一下子就把天人关系问题引到治乱问题上。先秦哲学家研究天人关系问题，主要还是着眼于人以及由人组成的社会。对于社会来说，就存在一个如何转乱为治的问题。先秦哲学家普遍认为，他们所处的时代是一个乱世。如何才能摆脱乱世、走向治世？自然成为他们最为关切的一个非常现实的政治问题。黑格尔曾把哲学比喻为猫头鹰，其只有在夜幕降临的时候才起飞。中国哲学这只猫头鹰也是在夜幕降临时候起飞的，即在中国社会的转型时期出现的。哲学家对历史上的政治经验做出理论总结，对未来的、大一统的“中华帝国”提出构想，纷纷拿出摆脱乱局的方案。道家的方案是“无为而治”，墨家的方案是“尚同”，孔子的方案是“为政以德”，孟子的方案是王道仁政，荀子的方案是王霸并用、礼法双行，法家的方案是苛刑峻法。各家都申诉自己的理由，驳斥论敌的观点，遂形成百家争鸣的生动画面。

第三个话题是群己关系问题，属于一个人生哲学的话题。天人关系中的“人”，隐含着个体与群体关系的问题；治乱问题中的“治”涉及个体与群体的关系如何处理的问题。在先秦哲学中，道家比较重视个体性原则，视人如婴儿。道家最典型的说法，就是杨朱所说的“不拔一毛以利天下”。道家的主张是：国家对于个人不加干预，人与人之间互不干预，有如鱼“相忘于江湖”。儒家比较重视群体性原则，视人如兄弟。儒家倡导仁爱之教，主张积极有为，要求用仁德的理念把所有社会成员结成群体，建成统一的国家。当个人利益同群体利益发生冲突的时候，儒家主张个人利益服从群体利益，必须遵循重义轻利的原则。墨家视人如朋友。墨家也重视群体性原则，但强调个体与群体的兼容性。他们呼吁“兼相爱，交相利”，要求消除纷争，建立和谐社会。“爱”是儒墨两家的共识，都把“爱”看成人与人之间在精神上的普遍联系，主张以此为纽带建构更大规模的社会。差别在于，儒家的仁爱是有差别的爱，墨家的兼爱是无差别的爱。法家把群体性原则推向极端，视人如对手。法家完全无视个体性原则，把君王等同群体，把君王同所有个体对立起来，主张采取铁腕政策治理臣民。各家所见不同，相互辩难，群己关系问题以及由此引申出来的义利关系问题，遂成为百家争鸣的焦点之一。

（二）展开期

汉王朝再次统一中国，遂进入中国哲学展开期。这时天人关系问题依然是基本问题。不过，哲学家提问题的方式和回答问题的方式，有了新的特点。天人关系问题发生第一次变形，从中引申出体用关系问题；发生第二次变形，同宗教哲学中此岸与彼岸的关系问题相衔接。

1. 天人关系问题

在先秦时期，哲学家解构传统天命观中天主宰一切的观念，把人从天的控制中解放出来，变成了主动的、自主的人。在先秦哲学家的视野中，已经取消了人上之天。他们讲天人合一，并不是主张与主宰之天合一，而是与应然的“天道”合一，目的在于更合理地做人。显然，在他们天人合一的诉求中，“人”为重心。

到汉代，经学家们为了维系“大一统”，变更了先秦哲学家的理论诉求，把重心由“人”转向了“天”。经学家把天人关系问题变成了这样一个问题：人之上是否还有一个政治之天作为“大一统”的担保者？人跟政治之天的关系如何？出于政治需要，他们重新建构了政治之天，强调天在人之上。例如，董仲舒认为，天是人的“曾祖父”，比人高几辈；天与人有相同的构造，可以相互感应。“天”不仅是伦理的担保者，也是皇权的担保者。皇帝作为“天子”，同“天”一起统治万民。经学家这样处理天人关系，再次把人视为被动的人，视为天的附庸。这种天人学说，是一种半哲学半神学的理论。

批判哲学家王充否定了经学家“天在人上”的观念，提出一种新的看法，强调“天在人外”，不认为天是人的政治权威。在他看来，天与人同为自然存在，不能构成相互感应的关系。批判哲学家与经学家的观点相对立，但他们的哲学思维方式却是一样的，都强调天人两界：前者把天置于人之外；后者把天置于人之上。他不再从政治视角考察天人关系，改由宇宙论的角度考察天人关系。

2. 体用关系问题

到魏晋时期，玄学思潮兴起。玄学家突破了汉代人天两界的宇宙论观念，把两界合成一个有机的整体，创建本体论思维诉求。在天人关系问题上，他们不再选择宇宙论的视角，而转向本体论视角。与此相关，他们也改变了关于中国哲学基本问题的提法，由天人关系问题引申出体用关系问题。“体”的观念的提出，是玄学家的一大重要发现，标志着他们已达到了本体论意识的自觉。

所谓“体”，是天人之所以能够构成整体的终极哲学依据，把天与人联系在一起。在经学家的视野中，天与人是两类不同的存在，尽管可以讲“天人合一”，但只能讲到外在的合一。在这种外在的合一过程中，天是目的，而人是手段；天人合一就是把人“合”到天那里去。在玄学家的本体论视野中，天与人同为一个整体的组成部分，二者合一，不建立在外在关系上，而建立在内在关系上。天不再是目的，人也不是手段。经学家所说的天是一种半神学半哲学的讲法；而玄学家说的“体”才是哲学的讲法。在玄学中，“体”是最高的哲学理念，玄学家用这个理念解释宇宙，也试图用这个理念安顿人的精神生活。至于何为“体”，玄学家的看法不一致，有人主张贵无论，有人主张崇有论，有人主张独化论，但他们的本体论思考方式则是一致的。

由于选择了本体论视角，玄学家把以往的天人合一的诉求，变为体用一致的诉求。所谓“用”，是一个含义复杂的中国哲学范畴，不能完全等同于西方哲学所说的“现象”。在西方哲学中，“现象”是哲学家解释世界时使用的哲学范畴，而在中国哲学中，“用”固然不排除解释世界的意思，但主要是用来解释人生的，是一个与人生有关的哲学范畴。“用”不完全是事实判断，同时也是价值判断，即对人有用。在“用”中，隐含着作为“用者”的人。

只有对人才谈得上“用”，对于物来说，无所谓“用”。“体”对应着“天”，“用”对应着“人”。体用关系问题同天人关系问题有一致性，可以说是关于天人关系问题的更为抽象的哲学表述。在玄学中，“用”是表示人生态度以及人生实践的哲学范畴，就是把“体”用到人生实践，帮助人养成一种应然的人生态度。“体”既要指导人的实际生活，也要指导人的精神生活，并且主要是后者。玄学家讲的本体论，既有存在的意涵，也有价值的意涵。在玄学家的价值取向上，人的精神生活比人的实际生活更重要。正是出于这种倾向，体用关系问题与宗教哲学中此岸与彼岸的关系问题相衔接。

3. 此岸与彼岸关系问题

体用关系问题是一个人生哲学的话题，而此岸彼岸关系问题是一个宗教哲学的话题。在宗教哲学中，“此岸”是指人的生活世界，与中国固有哲学中“人”的意思相近；“彼岸”是指超越于人的生活世界之上的精神世界，与中国固有哲学中“天”的意思相近。此岸与彼岸关系的问题虽然来自佛教，中国僧人却把它同天人关系问题相衔接。在人生哲学中，天与人构成合一的关系，而在中国僧人眼里，天人分属两个世界，但毕竟同在一个整体之中。他们试图把人生哲学一元世界观同宗教哲学二元世界观融为一体。

玄学家都不同程度地看到本体的超越性，但都没有否认实际世界的真实性，都没有把本体看成现象之外的单独存在的本体界。严格地说，他们各自标榜的本体，可以称为抽象的本体，还称不上超越的本体。他们的本体论思考仍然限制在中国固有哲学的框架之内，无法在实际世界之上搭建出精神世界，因而无法满足人们超越性的精神追求，无法帮助人们找到终极的、永恒的价值目标。这时，来自印度的佛学吸引了学者的目光。佛教般若学以思辨的方式论证本体的超越性，其理论深度超过了玄学。佛教与中国固有哲学的思路有明显的区别。在中国固有哲学中，无论哪一派，都首先肯定世界万物的现实性和真实性，肯定人生的价值，然后再对这种现实性和真实性做出哲学解释，进而形成自己的宇宙论、本体论和价值观。佛教与此不同，它首先否定世界万物的真实性，否定人生的价值，径直指向超越的本体，指向彼岸世界。佛教所说的彼岸世界，其实就是精神世界、意义世界或价值世界。

佛教哲学的超越本体论思想的引入，扩大了中国哲学的资源，有利于中国哲学的发展，但并不能改变中国哲学家一元世界观传统。佛教认为此岸与彼岸对立，是一种二元世界观，与一元世界观有别。早期的佛教哲学家比较强调此岸与彼岸的对立，而后来的中国佛教宗派则看重此岸与彼岸的统一，越来越向固有哲学传统靠拢。世俗哲学家吸收中国佛教宗派的理论思维成果，终于把两个世界合成一个世界，遂告别宗教哲学，重新返回人生哲学，促使中国哲学进入高峰期。

（三）高峰期

在这一阶段，天人关系问题作为中国哲学的基本问题，发生了第三次变形。理学家从中引申出理（天）事（人）关系问题，使人生哲学成为中国古代哲学的主调。

理学家提出理事关系问题，乃是对玄学家所重视的体用关系问题的深化。在玄学中，“体”仅对应着“天”，是一个关于存在的本体论范畴，玄学家提出“无”“有”“独化”等本体论理念，可以为存在提供终极依据，却不能为价值安顿提供终极依据，因为没有为人指出一个终极追求的目标。“用”对应着“人”，指属于人的现实世界，其中包括名教，包括儒家倡导的伦理规范。大多数玄学家对名教表示认同，可是，他们仅把名教置于“用”的层面，没有对名教做出本体论证明。在玄学家的本体论学说中，名教本身并不是“体”。他们不在儒学中寻找“体”，而是到儒学之外，到道家的自然学说中为名教找“体”。至于道家式的“体”，如何转化为儒家式的“用”，玄学家并没有解决这个问题。他们只是把“体”和“用”嫁接在一起，并没有把二者统一起来。这意味着，玄学家讲的本体论学说，并不能真正为儒家伦理提供理论支撑。他们的本体论学说过于抽象，也不能为人生提供价值担保，不能帮助人们搭建精神世界，不能指导人们安顿终极价值。在大多数人的精神生活中，玄学没有掌控主流话语权，不得不让位于佛教。

为了对儒家伦理做出本体论证明，理学家把体用关系问题转换为理事关系问题。同“用”相比，“事”更贴近人的生活世界。凡是人所参与的活动，都可称为“事”。恪守纲常伦理规范当然属于“事”的范围，不过兹事体大，因为它就是“理”的直接体现。这样，理学家便从“事”出发，导引出“理”这一本体论观念。同玄学家所说的“体”相比，“理”不再是抽象的本体，因为它是同恪守儒家伦理的道德实践结合在一起的，包含具体的内容。“理”有“应该”的意思，既可以作为关于存在的本体论范畴，也可以作为关于价值的本体论范畴，比抽象的“体”有更广泛的解释力。理学家也不拒斥“体”，特别强调体用的一致性，用他们的话说，叫作“体用一源，显微无间”，不过，他们更愿意使用“理”作为本体论范畴。“理”属于“微”的本体层面，“事”属于“显”的现实层面，但二者不是对立的关系，而是统一的关系。人们在恪守儒家伦理的道德实践中，就可以获得对于“理”的本体论体验，不必再像玄学家那样，另外到山林中寻求本体论体验。在理学家那里，“理”主要是一个价值本体论范畴。“理”有“理所当然”的意思，可以为人们搭建精神世界提供必要的逻辑支点，帮助人们找到“安身立命之地”。一旦树立了“理”的本体论理念，就可以“心安理得”，就可以得到终极价值的安顿。通过对理事关系的本体论考察，理学家把恪守纲常伦理的道德实践提升到了精神生活的高度，为儒家思想体系找到了本体论依据。他们不再像经学家那样“就事论事”，而是以“理”论“事”，极大地提升了儒学的哲理性。

理学家提出理事关系问题，也是对佛道二教重视的彼岸与此岸关系问题的回应。华严宗已经以中国哲学的思维方式，把彼岸与此岸合为一个整体了，形成“一即一切”的观念。那么，何谓“一”呢？佛教可以有自己的答案，理学家也可以有自己的答案。佛教的答案是“空”，而理学家的答案则是“理”。从中国哲学的发展轨迹看，理学家“理”的本体论观念，是从华严宗“一”的观念中转出来的，但他们找到了讲儒家本体论的话语方式。

通过研讨理事关系问题，理学家不再讲宗教哲学话语，转而讲人生哲学话语。在精神生活领域中，他们成功地用哲学理念取代宗教信条，改变了宗教占主导地位的情形。理学家对佛教超越本体论做出有力回应，提出儒家的内在超越路径。华严宗的本体论只肯定“理法界”的价值，肯定彼岸世界的价值，尽管没有否定“事法界”的存在，但否定了“事法界”的价值，否定了此岸世界的价值，仍然保持出世主义的价值取向。华严宗提出理事无碍说，缓解了“理”与“事”之间的紧张和对立，但也没有明确地肯定“事”的真实性，没有从根本上扭转出世主义的价值取向。理学家吸收华严宗的理论思维成果，再前进一步，明确肯定理和事的真实性，由宗教哲学转到人生哲学，由佛教出世主义转到儒家入世主义，对佛教的超越本体论做出有力的回应。佛教的“空”本体论是对现实世界的否定，强调此岸世界与彼岸世界的对立，所表达的是一种宗教世界观；而理学家的本体论肯定现实世界的真实性，取消了彼岸世界，重申了“一个世界”的原则，所表达的是一种哲学世界观。理学家建构的“理”本体论，足以同佛教的“空”本体论相抗衡。理学家既肯定理与事的真实性和一致性，又强调二者之间的差异性。“理”属于“形而上”的层面，具有理想性、超越性，人们可以以此为根据，搭建价值的世界或意义的世界，设立终极的价值目标，追求完美的理想人格，化解不良情绪，净化心灵空间，找到一种精神生活方式。“理”是衡量人生价值的尺度，没有负价值。“事”属于“形而下”的层面，表现于人们的生活世界，具有现实性、内在性。“事”既有正价值，也有负价值。“事”符合“理”，有正价值，叫作“存天理”。“事”不符合“理”，只有负价值，被理学家称为“人欲”。“人欲”妨碍人们以“理”为价值追求的目标，是应当灭掉的消极因素。就这样，理学家以理想主义为价值导向，为人们提供了一种内在超越的精神安顿方式。这种方式有同佛教类似的安慰功能，有助于人们养成宁静、平和等心态，获得真诚、高尚的价值感。这种方式还有佛教所不具备的激励功能，鼓励人们自觉地接受“理”的约束，提升责任感和使命感，养成担当意识。“理”既可以“安身”，亦可以“立命”，却不陷入虚无主义的误区，十分切合中国人的精神生活需要。理学行世后，佛教“治心”的地位受到颠覆，逐渐被挤到了后排。在精神生活领域中，大多数中国人选择的超越路径，不再是佛教的外在超越，而是儒家的内在超越；不再接受宗教世界观的指导，而是接受哲学世界观的指导。

从宋代开始，理事关系问题成为一个新的核心话题，但也不是唯一的话题。这个话题展开来，引导出理气关系、理心关系、理欲关系、理物关系、心物关系、道器关系、义利关系、两一关系、知行关系等一系列哲学问题。哲学家们对这些问题的看法并不一致，他们发挥思想原创力，著书立说，相互辩难，相互启发，解构宗教哲学，建构人生哲学，把中国哲学发展推向高峰。

三、个性化问题

对于每个哲学家来说，全局性问题和阶段性问题属于公共话题，在他们身上自然都会有所涉及；不过，他们还出于独到的问题意识，提出个性化问题。正是由于提出这种问题，才使他们的哲学思考体现出个性化特征。哲学史上不会有两个完全一样的哲学家，犹如没有两个完全一样的树叶。从业者对某位哲学家做个案研究，要注意捕捉他提出的个性化问题，揭示他的理论特色。从业者固然要看到哲学家之间的大同，更要看到大同之中的小异。小异就在于每个哲学家都会提出个性化问题，否则，他就不配被称为哲学家，不配被写入哲学史。

我在《中国古代哲学通诠》一书中，对 19 位哲学家以及中国佛教提出的个性化问题，作了比较详细的梳理。这里仅以王弼为例，看他怎样提出与众不同的个性化问题。

他提出的第一个问题是：名教的根基何在？“名教”是经学“政治—伦理”哲学体系中的核心观念。它的伦理意涵是指纲常伦理之类的道德规范，它的政治意涵是指君主专制主义制度。随着东汉王朝的灭亡，名教陷入了危机，不能发挥“范围人心”的作用了。怎样挽救名教的危机？怎样使之重新发挥作用？这是王弼所面对的重大理论问题。他必须找到一种有别于经学家的话语方式，找到一种新的哲学思维模式。

王弼的哲学思考，以名教为逻辑起点，试图为名教何以成立找到理论依据。他不是名教的拆台者，而是名教的补台者。在反省名教失范的原因的时候，王弼认识到，名教的本身是没有问题的，问题出在经学家们没有找到名教何以成立的根据，只讲到“用”的层面，没有讲到“体”的层面。另外，经学家关于名教的论证方式也有问题，那就是完全依赖一套权威主义的话语方式。他们或者仰仗皇帝的权威，运用政权的力量强制人们统一思想；或者借助至高无上的“天意”，压制人们的理性思考；或者在圣人的典籍中寻章择句，以引证代替论证，并没有在人们内心世界中为名教找到本体论依据。为了给名教找到本体论依据，王弼摆脱了权威主义话语方式的束缚，接受王充的理论思维成果，把目光转向道家的思辨哲学。把“自然”这一道家的哲学范畴引入名教话语之中，提出名教与自然的关系问题。“自然”出于《老子》的名句“道法自然”，王弼把它当作本体论范畴来使用，树立“名教出于自然”的观点，试图对名教做出本体论证明。他并非全盘接受道家思想，既有所取，也有所舍，跟先秦时期的老庄有很大的不同。例如，老子和庄子都是儒家学说的批评者，而王弼则是名教的维护者。

王弼认同名教的伦理意涵，但不认同经学家的解释方式。按照王弼的看法，名教之所以失掉“范围人心”的效力，导致价值失落，其根本原因在于经学家阐发名教的方法不对。经学家最大的失误就在于，只把名教看成一种工具，把人看成被这个工具管理、约束的对象。在名教面前，作为被管理者的人没有主动选择的余地，只能被动地服从。经学家所阐发的名教，对于被管理者来说，完全是一种外在的约束，没有进入被管理者的内心世界。所以，被管理者不可能心甘情愿地接受名教的约束。这种权威主义的阐发方式，可以使人口服，但不能使人心服，势必导致信仰危机、规范失效。在王弼看来，经学家们片面地提倡仁义礼智信等伦理规范，只在细枝末节上做文章，没有能够从根本上下功夫，没有抓住儒学的精神实质。于是，便使儒学伦理规范流于形式，甚至走向伪善。“崇仁义，愈致斯伪”。一些无耻之徒，利用名教欺世盗名，冒充贤良。这就不能不败坏儒学的名声。经学家对名教的阐述，只是告诉人们什么是善的行为，并没告诉人们何谓“善之所以为善”。前一个问题是伦理问题，后一个问题是哲学问题。前一个问题是枝节问题，后一个问题才是根本问题。因此，要使名教真正发挥作用，就不能就事论事，停留在枝节上，而应当从根本入手加固信仰的根基，把名教变成人们的一种自觉的价值选择。

王弼认为，名教的根基就是道家常说的“自然”或“无”。“自然者，无称之言，穷极之辞也。”(《老子·二十五章注》)“自然”或“无”是对世界总体的把握，其中当然也包含着对名教的把握，它才是伦理规范的本体论依据。圣人正是由此出发，才“立名分以定尊卑”，制定出以三纲五常为基本内容的名教来。换句话说，名教是“末”，“自然”才是“本”；名教本乎自然，出于自然。王弼要求人们从哲学高度体认本体，提高履行名教规范的自觉性，从而解决儒学遇到的“信仰危机”。王弼以哲学的方式论证名教的有用性、永恒性和必然性，同经学家以权威主义的方式论证名教的强制性、永恒性和必然性相比，自然要高明得多，深刻得多。王弼认为，只有把名教的有效性建立在自然、自觉的基础上，名教失效的问题才能得到解决。不能像经学家那样，只从“用”的层面看名教，必须上升到“体”的高度。名教何以有“用”？必须由“体”来担保。——这就是王弼的基本思路。他已跳出经学的范围，从一个更高的视角，即从本体的视角证明名教的合理性，努力挖掘、提炼儒学的哲理性，力求把儒家的话语同道家的话语结合在一起。

王弼还指出，就名教的政治意涵来说，也应当建立在本体论的基础之上。他把儒家的尊君原则同道家的无为原则结合起来，提出“执一统众”的观点，用以证明设置名教的必要性。他指出，统辖、主宰万物的本体不是众，而是“寡”；不是“多”而是“一”。“夫众不能治众，治众者至寡也。”“夫少者，多之所专也。寡者，众之所宗也。”(《周易略例·明象》)在他看来，这种以寡治众或以一治多的观点，既见于《周易》，又见于《老子》。他以《老子》中“三十辐共一毂”的论断为例证，说明这一原则的必要性：“毂所以能经三十辐者无也，以其无能受物之故，故能以寡统众也。”车轱辘的三十根辐条之所以形成一个整体，是因为轱辘中间的轴眼（无）在起作用。既然“以寡治众”是世界上的普遍规律，当然亦应当成为治理国家的最高原则了。在王弼看来，以寡治众是儒道两家一致的见解，然而对此见解的阐发，儒家比道家更深刻。他在注释《论语》中“一以贯之”一句时说：“贯犹统也……譬犹以君御民，执一统众之道也。”（《论语释疑》）他认为孔子的“执一统众”之论充分体现出无为的原则，并且对无为的理解比老子更透彻：“圣人体无，无又不可以训，故言必及有。老庄未免于有，恒训其所不足。”（《世说新语·文学篇》）这里的圣人指的是孔子。在王弼看来，孔子提出“一以贯之、执一统众”之论，实则立足于“以无为本”的本体论基础，主张按照无为的原则办事，只是不像老庄那样总是把“无为”挂在嘴边而已。这种“孔胜过老”的看法在玄学家中相当流行。南齐周颙在《重答张长史书》中透露出这一消息：“王、何旧说，皆云老不及圣。”（《弘明集》卷六）王弼为孔子披上玄学家的外衣，把道家思想纳入儒家的思想轨道，为儒学吹入了一股新鲜空气。他提出的“以寡治众”“执一统众”等思想，是对汉儒“春秋大一统”观念的阐发，同样是一种维护皇权的理论建构。他虽为儒学注入新意，但仍旧不可能跳出专制主义的思想藩篱。

王弼提出“名教出于自然”之论，突破了经学的藩篱，纳儒于道，无疑是儒家思想的新开展。但他并没有放弃名教，而是纳道于儒，也可以说是道家思想的新开展。他只认同道家的“自然”“无”等本体论理念，并不认同道家对仁义之教的批评。在他的思想体系中，“自然”同“名教”构成了兼容的关系。

王弼提出的第二个问题是：何为万有的本体？沿着“名教出于自然”的思路，王弼迈入本体论视域。“名教”是他哲学思考的起点，“自然”才是他哲学思考的重心。在本体论方面，他的基本观点就是“以无为本”，故而被称为贵无论。

汉代哲学家通常把宇宙视为人之外的存在，视为无人的宇宙，似乎人存在于宇宙之外，这是一种宇宙论的哲学思考模式。尽管有些哲学家也讲天人合一，但只能讲到外在意义上的合一，即把“人”合到“天”的控制范围之中，并没有真正把天与人看成一个整体。汉代哲学家尚未达到本体论意识的自觉。在中国哲学史，自觉的本体论意识应当从王弼算起。在王弼眼里，宇宙不再是无人的宇宙，而是天与人内在地统一起来的整体。对于这个整体，只能用一种本体论观念来把握。这个本体论理念，既是天地万物存在的终极依据，也是人仿效的最高准则。基于这样的哲学识度，王弼开始了他的本体论追问。

王弼认为世界上的万事万物只是作为现象而存在，故而都可以视为“末”。“末”不能单独存在，必须依附于“本”，有如树枝、树叶离不开树干和树根。经学家们只是就事论事，仅在“末”的范围内讨生活，这种舍本求末的做法，由于没有抓住问题的要害，不可避免落个事与愿违的结局。例如，经学家只讲仁义、刑法等名教的具体条目，却失落了“体”，没有找到指导精神生活的最高原则，因而其社会效应必然是“巧愈思精，伪愈多变，攻之弥甚，避之弥勤。”（《老子微旨略例》）名教条目讲得越烦琐、越形式化，就会引导人们追求形式，沽名钓誉，弄虚作假，甚至欺世盗名，千方百计逃脱名教的限制与制裁，结果造成人性的扭曲，造就伪善的人格。王弼把着眼点从“末”移向“本”，主张深入研究本末关系，从总体上把握宇宙、理解人生，把握真实的人性。用现在的哲学术语来说，就是研究本体与现象之间的关系问题。他没有把目光停留在可见的现象世界（末），要求进一步探讨抽象的本体（本）。这是一种典型本体论思考方式，有别于宇宙论的思考方式。

究竟什么是世界万物的本体呢？在王弼看来，本体不可能是任何具体的存在物或具体的制度安排，就其抽象性来说，只能称为“无”或“自然”。他说：“自然者，无称之言，穷极之辞也。”（《老子·第二十五章注》）在王弼哲学中，“自然”和“无”是同等程度的本体论范畴，都用来表示世界万物的抽象的终极依据。所以，他的哲学被人们称为贵无论。贵无论的核心论点是："天下万物，皆以有为生；有之为始，以无为本；将欲全有，必反于无。"（《老子·第四十章注》）这句话的意思是说，世界万物作为具体存在的东西，并不是自己规定自己，而是被"无"这个本体所规定，因此要了解世界万物全体之有，就必须把握它的根本——"无"。在天地万物之中，任何具体物之有，都是有限的，此物不是彼物，事物之间有明确的界限；然而，各种事物之间，又是相互联系着的，此物有可能转化为彼物，万事万物构成一个有机的整体，显示出发展的无限性。此物转化为彼物的原因，不能在此物自身中得到解释，必须追溯到终极的本体。这个本体不是任何具体的存在物，必须是抽象的，必须是无限的。从这种推论中，王弼得出"以无为本"的结论。他所说的"无"，有"无限"的意思。在他看来，有限的现象世界只能通过无限的本体得到哲学解释。"无"作为本体，把此物与彼物沟通了，为事物相互转化提供了哲学依据，为宇宙万物的多样性提供了哲学依据，为宇宙发展的无限性提供了哲学依据。

在王弼那里，本体既有存在的意涵，也有价值的意涵。他认为"自然"或"无"不仅是世界万物的终极依据，同时也是生活世界的终极依据，尤其是名教的终极依据。"道不违自然，乃得其性。"（《老子·第二十五章注》）依据贵无论，王弼对设置名教的必要性，做出本体论证明。他认为，名教的伦理规范作为"应然"，其正当性来自作为"自然"的本体。"顺自然而行，不造不始"，"因物自然，不设不施。"（《老子·第三十七章注》）圣人正是根据自然本体，"立名分以定尊卑"，制定出规范人们行为的伦理纲常。名教出于自然，本于自然，执政者运用纲常名教来治理人民，必须遵循自然原则，把名教与自然统一起来。只有这样，名教的作用才能真正显示、发挥出来。对于名教的接受者来说，只有从本体论的意义上认同名教的正当性，才不会把名教视为异己的约束力，才会真诚地、自觉地接受仁义礼法的规范，才不至于使名教流于伪善。王弼没有把名教视为异己的力量，视为压制人性的力量，而要求人们真心诚意、自觉自愿地接受儒家伦理规范的约束，变他律为自律，希望以此解决名教流于伪善的问题。

王弼提出的第三个问题是：人如何把握本体？他找到的方法就是“得意忘象”。这既是他在易学研究方面提出的新理论，也是他的本体论理念在思想方法层面的贯彻。他认为，解《易》重要的原则，就是得意而忘象，不可拘泥于言或象。至于最根本的“意”，则是“以无为本”的哲学理念；对此理念的把握，必须超越“言”和“象”的局限性，诉诸理性直觉。

在《周易略例·明象篇》中，王弼对言、象、意三者的关系作了这样的说明：

> 夫象者，出意者也；言者，明象者也。尽意莫若象，尽象莫若言。言生于象，故可寻言以观象；象生于意，故可寻象以观意。意以象尽，象以言著。故言者所以明象，得象而忘言；象者所以存意，得意而忘象。犹蹄者所以在兔，得兔而忘蹄；筌者所以在鱼，得鱼而忘筌。……然则忘象者，乃得意者也；忘言者乃得象者也。得意在忘象，得象在忘言。

在这段话里，“言”是指《周易》中的卦爻辞，这是“意”的文字表述；“象”是指每一卦由阴阳两爻构成的卦象，如震卦的卦象犹如“仰盂”，即开口向上的器皿，这是“意”的符号表显。“意”有两种含义，一是指“言”和“象”传述的道理，即《周易》作者的本意；二是指解《易》者的领悟，即他的所得之意。王弼不否认本意可以通过“言”和“象”表达出来，“意以象尽，象以言著”，但三者毕竟不是一回事。“象”比较接近于本意，然而并不是本意的充分表显，二者之间存在着一定的差别。至于“言”，作为“象”的文字表述，也不能充分表述“象”的意涵。“言”不能直接表述本意，必须以“象”为中介，因而“言”同本意之间的差别会更大。解《易》者读《易》的目的，在于“得意”，而不在于文本上的词句或符号。解《易》者固然不能不借助于文本上的“言”和“象”，不过，他若仅仅拘泥于此，他并不能达到“得意”的目的。解《易》者“得意”，并不是简单地再现作者本意，而是对作者本意做出创造性诠释。王弼不认为有所谓一成不变的“原意”，反对把易理看成死板的教条。换句话说，“所得之意”其实就是解《易》者自己的思想，就是解《易》者与作者之间思想沟通。在这种沟通中，解《易》者处在主动的位置，因为他是有思想创造力的人；作者处在被动的位置，因为他不再具有思想创造力，他只提供思想材料，不能提供思想。作者提供的思想材料，只能在文本中寻找，但文本不等于就是思想材料，解《易》者必须在理解文本的基础上，充分占有思想材料，进而利用思想材料形成自己独到的见解。只有这样，才能形成属于自己的“所得之意”。

解《易》者的“所得之意”，其实是在新的语境中的思想创新，因而不必受文本的限制，也不必受到作者原意的限制。正是从这个意义上，他才说“得象而忘言”，“得意而忘象”。这个道理，犹如钓鱼的人得到鱼了，就不必在意鱼竿（“筌”）了；打猎的人获得了猎物，就不必在意打猎的夹子（“蹄”）了。王弼强调，“言”和“象”仅仅是表示作者之意工具，并不是“意”本身；解《易》者应当努力捕捉作者的言外之象、象外之意，才会形成自己的“所得之意”。言生于象，象生于意。最低的工具是言，较高的工具是象。“象”用符号来表示，比语言更深刻。但二者都是手段，不是目的。既然目的在于“得意”，当然需要超出语言、符号层面，深入“意”本身。借用解释学的理论说，就是实现解《易》者与作者之间的视界交融。所谓“得意在忘象，得象在忘言”，就是说，解《易》者已经进入独立思考、理论创新的境界，不再受到文本的限制了。

王弼的“得意忘象”的理论，可以说是解释学原理在古代的表述。在这种表述中，透露出他反对文本主义的意向，实则是对经学家治学方法的批评。在他看来，经学家解《易》，由于过度重视文本，过度重视“言”和“象”，反而失落了“意”。他鼓励解《易》者独立思考、大胆创新，开启了易学研究中的义理学派。王弼特别重视“意”的抽象性，表现出很高的抽象思维能力。

第六章 具体做法

方法论的前提和路径都属于共性话题，可以在理论层面探讨，相互切磋；而具体做法属于个性话题，不能仅在理论层面探讨，还需要靠自己在实践中摸索，但可以交流。具体做法因人而异，因研究内容而异，没有固定的模式可以遵循。古人很早就清楚这一点，没有谁像现代有些人那样，热衷于研讨什么“方法论范式”。郑板桥是画竹子的高手，有人向他请教如何画竹子，他的答复是：“有成法无定法”。竹子的形象了然于心中，“胸有成竹”，自然就画得神似；竹子形象没有刻入心中，无论用什么方法也画不出来。这大概就是“有成法无定法”的意思。重写中国哲学史的道理恐怕也是如此。没有哪一种具体做法可以屡试不爽。不能指望从别人那里得到具体做法，真正有用的具体做法要靠自己摸索。

第一节　三观结合法

所谓“三观”是指宏观、中观和微观。对中国古代哲学史作综合性研究，应当从这三个维度入手，贯彻从抽象到具体的原则，全面展示中国古代哲学的丰富内涵。

一、宏观总览

中国古代哲学史是一部完整的断代史，从业者首先应对其做宏观总览，迈出综合性研究的第一步。在各种版本中国古代哲学通史或通论著作中，通常有绪论，谈作者关于中国哲学史的总体看法，勾画出中国哲学史的大致轮廓，这就是宏观总览。我觉得，仅在绪论中谈论宏观性话题，似乎单薄了一些，故在《中国传统哲学通论》中加大“绪论”的篇幅，扩展为“总论篇”。我认为，用比较多的篇幅对中国古代哲学史做宏观概述，十分必要，表明作者关于中国古代哲学史有自己的总体理解。宏观总览应当包括这样几项内容。

（1）通过复数中国哲学观，增强读者的亲切感。我主张树立复数哲学观，强调中国有自己的哲学。如果说古希腊哲学已经成为历史，相比较而言，中国哲学至今仍在参与创造历史。中国哲学仍保持着发展的活力，仍在为当代中华民族精神世界建构提供资源。向读者概述中国哲学涉及的主要问题十分必要，犹如给读者绘制一幅中国古代哲学史地图，帮助读者对中国古代哲学史有个大致的了解。

（2）概述主要内容，帮助读者树立大局观。儒、道、释三大流派构成中国哲学的格局，向读者宏观地交代一下三教的来龙去脉，很有必要。我认为，儒学的发展历程可以概括为以下四个阶段。第一个阶段为原典儒学，或者叫原始儒学。以孔子为创始人，以孟子和荀子为两大传人。这就是先秦时代的儒学。第二个阶段是汉代的经学。儒家从一家之言上升到官方哲学的位置。汉武帝实行“罢黜百家，独尊儒术”政策以后，儒学成为统一中国人思想世界中的主要理念。第三个阶段是宋明理学（或称宋明道学）。宋明理学是中国古代哲学发展的最高峰，也是中国儒学发展的最高峰。这时，儒学有了新的讲法，号称“新儒学”。第四个阶段是清初的儒学，也叫朴学。清初儒学的代表人物是顾炎武、王夫之、黄宗羲、戴震、颜元等人。他们在理论上向宋明理学发起挑战，不过，没有成为胜利者。朴学不是在理论上被打败了，而是被清廷文字狱断送了，失去了进一步发展的可能性。

道家和道教的发展历程时断时续，不像儒家那么连贯。在先秦时期，道家学说以老子和庄子为代表，为第一阶段。汉初黄老之学流行，为第二阶段。在魏晋时期，道家又重新寻回了自己的发展空间，借助魏晋玄学再次出场，为第三阶段。受到佛教的影响，道家走上了宗教哲学的发展道路，演变为道教，为第四阶段。

佛教的发展历程可以概括为传入、理解、中国化三个阶段。东汉初，佛教传入中国；继玄学之后，佛教开始在中国兴盛起来，涌现出一批大师级的人物，进入理解阶段；隋唐时期，中国化的佛教宗派出现，最著名的有天台、华严、唯识、禅宗。其中中国化的程度最高的，当属华严宗和禅宗。

（3）提炼中国哲学精神，把读者引入思考层面。我把中国哲学精神概括为自强不息、实事求是、辩证思维、以人为本、内在超越、有容乃大等六条，上文已述，这里不再重复。

二、中观考察

宏观总览仿佛坐在飞机上远观中国哲学，得到的是初步的印象、大致的轮廓，还没有深入中国哲学的内部。仅停留在宏观层面是不够的，还必须进入中国哲学内部，在中观层面做进一步的考察。犹如飞机乘客到达目的地之后，走出机舱到实地勘察。

做中观考察得把两千多年的中国古代哲学史做一下切分，区分出几个断代，对每个断代做中观层面的分析。关于中国古代哲学史的阶段划分，通常有两种分法。一种是二分法。冯友兰划分为“子学时代”和“经学时代”；冯契划分为“先秦”和“先秦—清代”。另一种是三分法，即划分为先秦时期、汉唐时期和宋元明清时期。集体编写中国哲学史教材采用的都是三分法。这两种分法我都不认同，重新切分中国古代哲学史，将其划分为奠基期、展开期、高峰期三个阶段。

奠基期所处历史时段为先秦时期，大约发端于公元前 5 世纪，终结于公元前 221 年秦王朝建立。在这一时期，哲学发展的总体特征是百家争鸣：思想活跃，内容丰富，学派众多，相互辩难。哲学家从不同的角度探索哲学问题，还没有哪一家获得主导地位。先秦哲学家为中国哲学举行了一个成功的奠基礼，各种世界观的萌芽在他们那里都可以找到。由于学派众多，号称“百家争鸣”。其实，主要学派大体上就是司马谈所概括的六家，即阴阳、儒、法、墨、道、名。六家之中，除了阴阳家的话语方式不属于哲学，其余五家都是主要的哲学学派。在这一时期，政治哲学是主流话语，除了名家，其余四家都带有政治哲学色彩。

展开期所处历史时段为汉唐时期，发端于公元前206年西汉王朝建立，到公元960年北宋王朝建立中止。在这一时期，哲学发展的总体特征是三教并立，儒、释、道三大思潮，悉数登场，中国哲学的内容全幅展开。三教宗旨不同，风格迥异，各有特色。三教相互辩难，相互借鉴，各有各自的理论优势。通常被概括为以儒治国、以道治身、以佛治心。在这一时期，哲学发展呈现出从政治哲学向宗教哲学或人生哲学过渡的态势。汉代经学以政治哲学为重点；魏晋玄学有转向人生哲学的态势，但由于摆脱不了名教话语，结果只能游移于政治哲学与人生哲学之间；佛教传入后，政治哲学被搁置在一边，宗教哲学在中国得到长足的发展；佛教被中国化之后，又表现出从宗教哲学转向人生哲学的趋势。

高峰期所处历史时段为宋元明清时期，发端于公元960年宋王朝建立，终结于公元1840年第一次鸦片战争。在这一时期，哲学发展的总体特征是理学行世。之所以称其为“高峰”，是因为中国哲学的发展超越了政治哲学和宗教哲学，理论重心转到了人生哲学，充分体现出以人为本的哲学精神。在这一时期，儒、释、道三大思潮尽管在事实上仍旧延续着，但不再构成三足鼎立之势。在学理方面，佛道两家基本陷入停滞状态，没有取得新的进展；唯有儒家保持着旺盛的活力。在宋代以后，儒者充分利用三教提供的思想资源，独立思考，综合创新，创立了儒学的新形态——宋明理学。我广义上使用“宋明理学”这一称谓，但它不限于宋明两代，也涵盖元代和清代。尽管宋明理学不是高峰期唯一的思潮，但它掌控着主流话语则是不争的事实。

中观考察可以选择横向的专题进路，也可选择纵向的思潮进路。把中国哲学史切分为比较小的断代以后，从横向角度提炼出若干专题，如宇宙论、本体论、方法论、知行观、价值观等等。每个专题都可以理出一个头绪来。例如，关于本体论，第一步，先秦时期哲学家还没有意识到“体”跟

"用"之间的区别，把它们看成原始的、圆满的统一，处在以"原始合一"为特征的本体论初探阶段。第二步，魏晋时期玄学家有了自觉的本体论意识，把"体"作为一个单独的话题来研讨，提出"体用有别"的本体论观念。第三步，佛教般若学认同二元世界观，把玄学家的抽象本体论追问，变成超越的本体论追问，提出"体在彼岸"的本体论观念。第四步，追问"体"到底是在此岸，还是在彼岸？由此引导出一个新的中国式的本体论观念，回归肯定世界的传统。华严宗与理学皆倡导"体在此岸"的本体论观念。第五步，把"体"内在化，化超越为内在。禅宗与心学皆倡导"体在心中"的本体论观念。

中观考察还可以选择纵向的思潮进路。笔者把中国哲学史上的主要思潮归纳如下：先秦儒家思潮、先秦道家思潮、先秦墨家思潮、先秦法家思潮、先秦名辨思潮、汉唐今文经学、汉唐古文经学、东汉批判思潮、魏晋玄学、中国化佛学、程朱理学、陆王心学、张（载）王（夫之）气学、清初朴学等14种。对于每种思潮都可以做专门研究，皆可以理出一个头绪来。例如，先秦儒家学派是孔子开创的，中经孟子推进，到荀子那里画上句号。孔子、孟子、荀子是先秦儒家学派中最主要的三位思想家。孔子实现了从天道学到人道学的转向，孟子在仁学层面推进了儒学的发展，荀子在礼学层面推进了儒学的发展。他们共同表达出儒家"拿得起"的精神诉求。

三、微观辨析

宏观和中观讲的都是"情形"，而不是"人物"，还是比较抽象、比较笼统。讲中国古代哲学史必须有人物出场，落实到微观层面。通过讲人物个案，化抽象为具体，帮助读者获取关于中国哲学史的立体画面。所谓"微观"，就是讲清楚每个有代表性的哲学家的思想，具体展现中国古代哲学的具体内容。做微观层面的辨析，要把握这样四个环节。

（1）知人论学，把人物放在特定的语境中考察。同一般的历史学不同，哲学史研究的对象是学说，不是人物。尽管如此，也应掌握人物与学说之间的紧密联系，因为学说都是某个人提出的学说，而不是抽象的学说。如果只谈学说而不谈人物，容易导致抽象化，使人读起来很乏味。如果只停留在言说层面，不联系作者提出这种学说的语境，也很难抓住作者的思想特色，并且很难向读者解释作者何以如此说的原因。由于年代久远，有些学说已经搞不清楚作者是谁，如《管子》《商君书》《易传》等，只好以书名或篇名为主语，但大多数学说的作者还是明确的。在这种情况下，从业者一定要把学说同人物结合起来考察，弄清楚人物所处的大语境和小语境，做到既知其人，也知其学。把学说与人物联系在一起，放到特定的语境中研究，这是从业者“求因”必须做的事情。写哲学史不可能没有人物出场，了解人物的生平和著述，对于理解他的学说有帮助，对于塑造人物形象有帮助，对于摸准他在哲学史上的定位也有帮助。

（2）抓住接点，把人物放到思潮中考察。研究中国哲学史主要研究那些处在中国哲学史关节点上的哲学家，把他的独到之处讲透，把他的代表性讲透。这样的哲学家在哲学史上占有不可替代的位置，构成中国哲学史不可或缺的、承前启后的一个环节。他一方面“承前”，接着前人讲，但找到新的讲法，有超越前人之处；另一方面“启后”，启迪后来的哲学家，引导出更新的哲学思潮。这样的哲学家不是孤立的人物，而是一种新思潮的代表。讲哲学史不能仅罗列一个又一个孤零零的人物，而忽略了人物之间的内在的逻辑联系，一定要把该哲学家置于思潮之中考察，贯彻人物与思潮相统一的原则。如果只是罗列一个又一个孤零零的人物，势必把哲学史字典化，怎么可能有“史”可言呢?

例如，在先秦时期，孔子、孟子、荀子都构成儒家思潮中的一个环节。孔子作为儒家的开山人物，确立了儒家人道学的基本框架，但是其中的理论环节不可能一下子都充分地展开。孔子的人道学毕竟是一种“原始的完满”，需要经过“深刻地片面化”，才能逐步臻于完善。孟子和荀子各自抓住孔子思想框架中的一个理论环节，推进了人道学的发展。孔子举其要，孟子述其详，故而后世学者才把二人并称，有“孔孟之道”的提法。孟子展开仁学，强调仁是组建社会群体的充分条件，深入阐述儒家教育哲学，鼓励人主动地为善。仁学在孔子那里，只是初步的想法；而到孟子那里，则变成了比较系统的说法，讲出更充分的道理来。孟子把孔子的想法变成了说法，提出了行仁政、性善论、天道诚等一套比较系统的理论。但在孟子那里，儒家人道学仅仅是说法而已，理想主义色彩太重，“迂阔远于事情”，并没有可操作性。到荀子这里，才拿出具体的制度设计、政策设计，把儒家人道学变成切实可行的做法。荀子进一步展开礼学，强调组建社会群体的必要条件，阐发儒家管理哲学，设计出使人被动地不为恶的制度保障。倘若没有荀子，“以儒治国”不可能落到实处。

（3）展开框架，突出亮点。以往在两军对战误导下，集体编写的中国哲学史教材通常把哲学家的思想划分为本体论、认识论、方法论、历史观等几大块。经过这样处理，看起来哲学家似乎很有体系，其实失落了哲学家的个性，割裂了其思想体系的内在联系。一个哲学家的思想，被人为地切割为几大块，使人无法了解他独特的思想框架和逻辑结构。我们可以介绍哲学家的某个思想侧面，但不能脱离他的整个思想体系。冯友兰打的比方很生动，我们不能把手从活体上割下来展示手。脱离了活体的手，已经不成其为手，充其量不过是残肢而已；无论多少残肢，都拼不出一个活体。哲学家建立思想体系，也须如此观。他的思想体系绝不是几大块机械拼凑起来的，而是具有内在联系的有机系统。中国哲学史从业者的责任是把每个哲学家的独到之处写出来。

研究某位哲学家的思想体系，必须展开思想框架，找到其内在的联系，发现他特有的问题意识，看他如何从一个话题转到另一个话题。以老子为例，他的问题意识就是解构原始宗教性质的天命观，用哲学意义上的天道观取而代之。“道”是老子独创的哲学理念，他的整个思想体系以“道”为核心，逐步展开。老子的哲学话题有三个。第一个是“以道说物”，从道的观念解释宇宙万物，涉及宇宙观。第二个是“以道看人”，探讨怎么样从“道”的角度来看待人，涉及人生观。第三个是“以道救世”，讲怎么样从天道学出发，解决政治问题，探讨如何走出纷纷扰扰的乱世，试图给乱世找到一个出路，这就是他的政治哲学。我们可以从宇宙观、人生观、社会观三个维度着眼，来把握老子的哲学思想体系。老子把哲学的三个论域全都涵盖了，他是中国哲学当之无愧的奠基人。只有把老子的思想框架层层展开，我们才能形成整体感和立体感，才能突显他的学术个性。

（4）论从史出，评述结合。研究中国哲学史固然可以传授知识，但这不是唯一的目的，更重要的是锻炼理论思维能力、提升哲学素质。哲学史既是历史，也是哲学。讲哲学史不能只讲历史，不讲哲学；不能只讲史料，不讲史识。中国哲学史从业者不是记者，他应当有较高的哲学素养、较强的理论思维能力，善于提出我见，善于引导读者投入哲学思考的过程中。对于从业者来说，以往的哲学家既是陈述的对象，也是评述的对象。因此，重写中国哲学史应当贯彻史论结合、论从史出的原则，明确提出从业者自己的看法。书写中国哲学史不是简单地复述或报道前人的哲学思想材料，而应当以推动哲学发展为目的，用自己的哲学思考同前人沟通，用前人提供的思想材料建造属于自己的精神世界。从这个意义上说，只有具备哲学素养的人才能参与重写中国哲学史。如果一个从业者没有自己的观点，只是堆积材料，那跟写读书笔记还有什么两样？这说明他还停留在“陈述”层面，没有真正进入“研究”层面。

第二节　集约拓展法

冯友兰在《三松堂自序》一书中，曾谈到自己与金岳霖在治学上的区别。他指出，金岳霖的长处在于能把简单的问题说复杂了，在别人看不出问题的地方看出问题；在别人看来是简单的问题，却能看出问题的复杂性。自己的长处则是善于把复杂的问题说简单了，把哲学家说的一大堆话用一两句话讲清楚。金岳霖的路子是哲学家的路子，擅长发散思维；冯友兰的路子是哲学史家的路子，擅长集约思维。中国哲学史从业者要做的第一件重要事情，就是把书读“薄”了，从哲学家大量的著作中，提纲挈领地把他的观点提炼出来，把他的理论体系揭示出来，写成论文或专著，以便更多的读者了解他，从而强化他的影响力。

一、选题与写作

中国哲学史从业者对整个哲学史有自己的看法，或者对某个专题有自己的看法，抑或对某个人物有自己的看法，将其写出来就是他取得的研究成果。研究成果可以用论文的形式发表，也可以用专著的形式发表。无论写论文还是写专著，大体上都要抓住以下几个环节。

（一）立意

“立意”与“选题”是一个意思。所谓“立意”，就是从业者觉得自己有东西可写，对某个问题或某个人物有所“见”，有了研究心得，有了写作的欲望。“意”从何处来呢？不是接受他人的授意。按照他人的授意写文章，可以写出应景之作，但算不得真正的研究成果。“意”要自己去摸索，主要从两个方面下手。一是用心阅读原著，琢磨作者的“意”，形成自己的“意”。中国哲学家的表意方式与西方人不同。西方哲学家采用系统的、逻辑的表意方式，捕捉他的“意”比较容易。把他的大前提、小前提乃至结论都搞清楚了，“意”自然就出来了。西方哲学家写的哲学专著虽然都是大部头，且数量比较多，但不难读。中国哲学家不采用系统的、逻辑的表意方式，捕捉他的“意”比较困难。中国古代哲学家基本上不写哲学专著，他的哲学思想是通过谈话、书札、笔记、诗文、注释等形式表达出来的，没有形式上的系统可循。从业者要想“立意”，就必须通过哲学家非形式的系统，把他实质的系统找出来。这就要求从业者有很强的思考能力、联想能力和概括能力，从古人的说法中琢磨出古人的想法。借用司马迁的话说，叫作“好学深思，心知其意。”同西方哲学专著相比，中国古人的书比较难读。不读书，当然无法立意；死读书，也无法立意。

为了立意，还得了解前沿进展情况，掌握二手资料。从业者有了“意”，还要判断此“意”是否值得“立”：如果有“新意”，当然值得“立”；如果没有“新意”，别人早已谈过，那只好放弃。要想做出如此判断，前提在于了解关于此问题或人物他人研究的情况，做到心中有数。立意大概有两种情况。一种是人无我有型。选题属于全新，填补空白，有开拓性，值得去做。这叫作新题新作。另一种是人有我优型。虽有人做过关于此专题的研究，但并不到位。从业者找到新的视角切入，找到推进深度的路径，确信可以发人所未发，也值得一做。这叫作老题新作。如果情况不明，自以为有新意，其实是炒剩饭，那么，在立意这个环节就已经失败了。如果硬写下去，也不会有什么好结果。借用《孙子兵法》上的话说，这就叫作“知己知彼，百战不殆。”

立意是从事研究的第一个环节，也是最困难的环节。一方面需要积累，另一方面还需要灵感。只有积累没有灵感，无法立意；没有积累，灵感也无从出现。积累有两方面，一是资料积累，认真读书，摘录研究对象最有代表的观点；二是思想积累，把自己的研究过程中点点滴滴的心得都记录下来，并且时常回味一下。在这两种积累的基础上，还要苦思冥想，融会贯通，力求进入“豁然开朗”的境界。这就是灵感。有了灵感再动笔，自然文思泉涌，犹如陆游所说：“文章本天成，妙手偶得之。”灵感的出现有爆发性，着急也没有用；有了灵感如果不及时抓住，其瞬间便会消失。从业者有了立意，便可以进入写作过程了。立意只是初步的想法，不必纠缠于细节。在写作过程中，所立之意，便会一点一点地清晰起来。

（二）命题

命题是立意最浓缩的表达。无论论文还是专著，都应该有一个得当的题目，这就是命题。为论文或专著找到一个醒目的题目，也不是一件容易的事情，需要反复地推敲琢磨。有些修辞学家把题目比作“文章的眼睛”，很贴切。题目过于平庸，就好像眼睛没有光泽，不会有吸引力。题目吸引不了编辑的眼球，恐怕得不到发表的机会；吸引不了读者的眼球，恐怕就不会形成社会影响。举个简单的例子，假如一篇文章的题目是《论蛤蟆四条腿》，这篇文章谁也不会去读，因为那是常识，谁也不会觉得有“论”的必要；倘若改为《蛤蟆为什么四条腿》，把陈述句改为疑问句，或许有人就会感兴趣，觉得你会讲出一番道理来。学术论著的命题原则，讲究消极修辞。题目要求简洁明了，富有创意和吸引力，但也不能过度花哨。学术论著的命题原则与文学作品不同，后者讲究积极修辞。学术论著的题目通常是短句，不用单词，不用模糊性吸引读者；文学作品可以用单词，可以用模糊性吸引读者。比如，可以用《孔子》为题，写小说或电视剧。写学术论著不能这么办，题目一定要用《孔子评传》或者《论孔子》。题目也可以采用正副标题相配合的形式。正标题可以笼统一点，而副标题则必须明确。例如，正标题是“理学的开山”，而副标题则是“周敦颐思想研究”。从业者在立意的基础上，可以多想几个题目，等到定稿时，最后敲定其中自己最满意的一个。

（三）布局

布局就是拟定写作提纲，对所立之意做进一步的扩充或展开，使之初步明朗化。立意是集约化思维，而布局则是发散思维，为论著先画一幅草图，构思大致的结构。布局原本是下围棋时所用的术语。棋手布局得当，胜算就大；布局不当，那就输定了。写学术论著也是同样道理。从业者要把主题琢磨透，想一想从哪几个角度可以把主题充分地展现出来，便相应地设计为几章、几节。章是主题的第一步拓展。章与章之间可以是递进关系，也可以是并列关系。章与章之间应当如何衔接，也要考虑清楚。如果是并列关系，还要考虑到如何把几个并列的部分组织起来，得出一个共同的结论，否则会导致结构松散。设置章以后，再考虑在章下如何设置节。节是主题的第二步拓展。节同全书的大主题是间接的关系，而同每章的小主题则是直接的关系。节要根据小主题的需要设置，是章的具体展开。节与节之间应当有内在的联系。布局有章与节两个层次大体上就可以了。节下面还可以列出专题，也可以不列专题。可以把想写的内容，以要点的形式写出，暂时不必考虑要点之间的联系。写作提纲只是个大模样，粗一点没有关系，不必太细。在写作过程中，经常需要做很大的调整或修改。

（四）遣词造句

有了写作提纲，就可以进入初稿写作阶段了，把所立之意再进一步具体化。写作离不开两大基本要素，一是遣词，二是造句。学术论著用词以消极修辞为主，大量使用哲学术语、专用语汇、抽象范畴在所难免。适当运用一点积极修辞的手法，也未尝不可，这能避免行文过于晦涩，但不能过分，否则就不像学术论著了。有些哲学术语没有统一的定义，各种说法有分歧，可以采用自定义的方式处理。例如，“本体”一词，在中国哲学和西方哲学中用法不同。在西方哲学中，本体与现象相对而言，本体真而不实，现象实而不真；本体在现象之上或者现象之后。在中国哲学中，本体与本然同义，与虚假相对而言，不与现象相对而言，不认为本体在现象之上或者现象之后。从业者选取哪种说法，一定要申明选择的理由，界定清楚。一旦选定，就得遵循同一律，全书都是一种用法，不能再变了。如果变来变去，会把人弄糊涂。学术论著一般具有创新性，当现有的语汇不足以表达新意的时候，可以创造新的语汇。有些学术论著的新意，主要体现在从业者创立的新词汇上。例如，张立文教授创立“和合学”一词，“和合学”便成为他的思想标志。在创立新语汇的时候，一定要界定清楚，力求使之得到读者广泛的认同。创立新语汇或许不算太难，而使大家接受你所创立的新语汇，并非易事。

词是构成论著中的“点”，仅靠“点”还不能达意。把两个“点”联系起来，就叫作造句。句子犹如“线”，“线”比“点”更有表现力。论著以文句为达意的主要手段。文通字顺是造句的最起码的要求：语句完整，主词、谓词、宾词搭配得当，没有病句。在学术论著中，语句之间联系比较紧密，不容许过度的跳跃，有别于文学作品。几个语句构成句群；几个句群构成一个自然段。每个自然段应该有一个核心论点，句群都围绕这个核心论点叙述。若干自然段构成专题，若干专题构成节，若干节构成章，若干章构成全书。无论全书的篇幅多少，其实都是由文句组织起来的。造句是从业者必备的一项基本功。

写初稿也有个灵感问题。写不下去的时候，不用硬写。硬写出来的东西，大都不能用，最后还得删除。写不下去的时候，不妨暂时放一放，等有灵感再动笔。灵感的出现与注意程度有关。在写初稿的时候，应当专心致志、心无旁骛，最好在一段时间内只做这一件事情，不受别的事情牵扯。写初稿也不好确定进度。没有灵感，几天也写不出几个字；灵感来了，下笔如有神助，几千字很快就出来了。写初稿时不能要求太高，抓住灵感，一口气写下去，不必顾忌文句是否通顺，意思是否完整，先写出来再说，等以后再慢慢加工。如果对自己要求太高，有可能写不下去，失去了灵感。

（五）谋篇

这是写学术论著的最后一个环节，也就是修改定稿。修改首先要着眼全局，通篇考量，然后再推敲细节，字斟句酌，故而称为“谋篇”。

第一步是审查主题。通读初稿后，要做出一些这样的判断：主题思想是否周延？基本观点是否站得住脚？提法是否准确？论证是否充分？立意是否得到充分表达？初稿是不是把自己想表达的内容说清楚了？自己对初稿是否满意？如果连自己都觉得不满意，初稿肯定不成功，必须做大的修改，甚至推倒重来；如果自己觉得还可以，便进入下一步。

第二步是审查结构。在通读初稿时，要检查一下：结构是否严谨？各章之间和各节之间是否有内在联系？上一章或上一节的结尾是否有提起下文的语句？下一章或下一节开头是否有承接上文的语句？是否存在结构松散、章与章之间或节与节之间互不联系的情形？各章各节的分工是否明确？结构审查的重点是开篇和结尾。开篇要明确揭示主题，树立基本观点；结尾要收得住，把全书驾驭起来，真正称得上点睛之笔。

第三步是修改全书。在通盘审查的基础上，进入细节的修改。一个自然段一个自然段地审阅，一句话一句话地推敲。要把初稿中的病句逐一改正；要把与主题无关的字、句、段，统统删去，大胆割爱，毫不足惜。发现需要改写的地方要重写；发现缺少的内容要补写；发现重复的地方要改写；发现顺序不当要调整；发现可以扩充的地方，可以进一步拓展。初稿经修改后，篇幅通常会有较大的增加。数字、标点、注释是否符合规范，也在审查之列。引用他人的说法，一定遵循学术规范，清楚标记，以免有抄袭之嫌。“的”“地”“得”的用法，“做”“作”的用法，特别容易出错，一定要仔细检查。用拼音输入法经常会出现同音不同字的情形，一马虎就会出错。各级标题的表示方法要统一，这也特别容易出错。应避免出现文题不符的情形。

第四步是确定目录。目录不是写作提纲的翻版。提纲主要考虑的是内容，不一定讲究形式；而目录则应当内容与形式并重，必须考虑到形式。修改目录，其实是对各级标题的通盘考量，使之成为严谨的系统。目录通常有三个层次：一是章名，二是节名，三是节下专题名。有些节内容比较少，不列专题名也可以。无论是章名、节名，还是专题名，都不可以重名。目录中的条目应当简洁明了，有吸引力，显示逻辑结构。读者读书，首先要浏览目录，如果他对目录都不满意，肯定会拒斥。

第五步是确定书名。这是最后一步。书名要切合书的内容，不能文不对题；书名要有特色，尽量不与别的书重名。选择一个好的书名很重要，直接涉及销售推广问题。应当与编辑沟通，选择一个恰当的书名。

从业者按照上述五个步骤，用心校稿，最后把齐、清、定的稿子，交到编辑的手上。

二、观点与结论

学术论著强调一个“论”字。从业者在论著中必须树立自己的观点，不树立自己的观点，不能称之为论著。所谓论著，其实是运用材料对自己所树立的观点做充分论证，力求得到广泛的认同，成就一家之言。从业者的观点应当在占有大量第一手资料的基础上形成，这叫作“论从史出”。没有足够的史料积累，观点无从谈起；即便有足够的史料积累，也未必能形成独到的观点，因为能否提出观点，还同从业者的理论思维能力有关。不能否认，中国古代哲学家具有实质的系统；如果他不具有实质的系统，就不配被称为哲学家。不过，中国古代哲学家并不用形式上的系统表达其实质上的系统，这正是中国哲学的特点之一。如何从哲学家非形式的系统中提炼出实质的系统？这需要从业者独具慧眼、善生慧解，树立独到的观点。所谓观点，就是从业者运用自己的理论思维能力，对哲学家实质的系统，所做出的概括、理解和解释。哲学史的书写，未必是哲学家实质系统的写照，但一定是从业者观点的汇集。如果说观点的形成取决于史料，那么，观点的表述则是用史料证明观点。哲学史的书写应当是观点与史料的完美结合。

论著的结构，其实就是观点之间的逻辑联系。观点同标题有区别。二者可以一致，构成直接关系，标题就是观点的直接表述；二者也可以不一致，观点同标题构成间接关系。有的标题只表明论域，如“某某人某某思想研究”，仅从标题看不出作者的观点，但绝不意味着作者没有观点。作者观点通常在开篇明确提出。修改定稿时，特别要注意审查论著结构，也就是审查观点之间的逻辑关系。各级观点应当构成严谨的逻辑系统。全书应当有一个总观点，各章围绕总观点展开，任务在于以次级观点为总观点提供证明，说明总观点成立的理由。每章下设的各节，应围绕次级观点展开，以第三级观点为次级观点提供证明，说明次级观点成立的理由。节下所说各级专题，以此类推。总之，无论哪一级观点，都必须得到论证，一环套一环。如果只有观点，没有理由，这种观点是站不住脚的。在学术论著中，不允许出现这种情形。从业者对自己提出的每个观点，都要自己问自己：我为什么如此看？我的理由是什么？我的理由是否充分？

论著通过章、节、专题逐级展开自己的观点之后，还要对全书做一总结，形成本书的结论。结论是对开篇所立总观点作出的回应，使之更加明确、更加深刻。结论是从各章归纳出来的，不是另立观点。结论应该有高度的概括性，尽量做到条理化，把全书驾驭起来，使全书浑然一体。结论也可以做适度地发挥，适度地展现文采，给全书画上一个精彩的句号。

三、引证与论证

中国古代哲学史著作以古代哲学家为研究对象，根据原文来解释哲学家的思想是必要的，但不能以引证代替论证。有一种说法，认为引证就是论证，对此我不敢苟同。还有一种看法，认为古代学案编纂，就是以引证为论证，好处在于读者可以直接从原著中了解哲学家的思想，不受解释者的影响。我对此说法也不敢苟同。

受上述两种说法影响甚广，有些中国哲学史著作常常存在着以引证代替论证的倾向。有些著作引用的原文，甚至超过了三分之一，不堪卒读；即便不引用原文，也只是把古文翻译成现代汉语，把几段引文串起来。这种写法不是等同于写读书笔记吗？恐怕不能称为学术论著。论著一定要以论者所立的观点为主导，不能以被论述对象的原文为主导。在哲学史著作中，史料是观点的证据，但观点不是史料的简单归纳，而是从业者基于原著的创造性诠释。从业者必须有所“见”，必须把“见”的理由讲充分，然后再引用原文作为证据。引用原文不等于堆砌史料，应当把哲学家最有代表性的说法选出来，贯彻少而精的原则，应尽量避免出现大段引文的情形。引用原文以后，还应当做出解释，并且同自己所立的观点挂上钩。

学术论著除了引用第一手材料，有时还要引用第二手材料，即引用其他从业者的说法。引用第二手材料，更应该注意避免出现以引证代替论证的情形。从业者必须树立自己的观点，不能把别人的观点引用过来，直接当作自己的观点，把自己摆在“打工仔”的位置。自己树立的观点，必须经过充分论证以后，才可以引用他人与此类似的说法作为旁证。在任何时候，他人的说法都不是从业者立论的主要根据。引用他人的说法，必须是他人提出来的有说服力、独创性的说法，而不是他所讲的公众话语。倘若是公众话语，从业者完全可以用自己的方式表达，何必引用他人现成的说法呢？从业者引用他人的说法，有时不是为自己立论找旁证，而是为了批评对方，通过驳论的手法树立自己的观点。在这种情况下，更要尊重对方，注意引文意思的完整性，切不可断章取义。

无论引用第一手材料，还是引用第二手材料，都必须遵守学术论著的规范，在注释中标明作者、书名、卷数或册数、页码、出版地、出版社、出版年等信息。引用古籍，可以采用夹注的方式，注明书名与篇名即可。

第三节　比较评判法

重写中国哲学史不能把古代哲学家仅当成报道的对象，而应当看成评论的对象；也不能把古代哲学家当成崇拜的偶像，而应当看成对话的前辈。从业者必须从自己的视角看待研究对象，有所“见”，即提出自己的看法。这种看法包括对哲学家的比较研究、特色概括和评估定位等几方面内容。

一、比较维度

如果孤立地看待某个哲学家，从业者很难形成自己的观点。从业者必须敞开眼界，运用比较法对每个哲学家做全方位、多角度的考察。没有比较，就没有鉴别，也就谈不上评判。从业者的观点在比较研究的过程中逐渐形成，可以选择以下三个比较维度。

（一）纵向比较

这种比较维度适用于属同一学派但生活在不同时代的两位哲学家。一个大的学派可以跨越不同的历史时代。属于这个学派的两位哲学家，由于生活在不同的时代，思想上自然会形成差异。两者之间存在着“大同”，否则便不能归到同一学派；但也存在着“小异”，否则便无发展可言。对于这样两位哲学家，可以做纵向的比较：看他们之间的“大同”是什么，“小异”是什么，看后学如何发展了前辈的学说。例如，同属于儒家，王阳明与孟子相比，共同点在于维护儒家伦理，但采用的手法不同：孟子用人性善说明儒家伦理的普适性，而王阳明则运用致良知本体论证明儒家伦理。

（二）横向比较

这种比较维度适用于处在同一时代的两位哲学家。两位同时代的哲学家，处在共同的大语境，面对共同的问题，但他们解题的方式未必相同，所处小语境未必相同，因而可以进行比较。例如，同为南宋理学家，朱熹与陆九渊都认同“存天理灭人欲”原则，可谓之“大同”；但对天理的理解有所不同，可谓之“小异”。朱熹主张“性即理”，强调天理的超越性；陆九渊主张“心即理”，强调天理的内在性。他们各有各的理论架构和论证方式，朱熹由超越而内在，陆九渊由内在而超越，可谓殊途而同归。

（三）跨文化比较

这就是对中国哲学家同外国哲学家做大跨度的比较研究。跨文化比较研究应当是具体的，而不是笼统的。对两种文化做笼统的比较，没有什么意义。比如，有人说“中国文化是筷子文化，西方文化是刀叉文化”，这有什么意义呢？同说中国人是黄种人，西方人是白种人一样无聊。跨文化比较研究前提是找到相似点，确立可比性。比如印度佛教和中国禅宗，同属于佛教范畴，当然具有可比性。吕澂对二者做了精当的比较：印度佛教讲究“心性本净”，禅宗讲究“心性本觉”，有同亦有异。再如，黑格尔的哲学中的“绝对精神”与中国哲学家讲的“太极”，同属于哲学本体论范畴，故而可以比较。贺麟曾经指出二者之间的相似性和差别性。比较绝不等于比附。比附是把一方的观念硬套到另一方头上，弄得不伦不类。比如，有人把韩非的历史观称为“进化史观”，就是如此。进化是西方近代的观念，怎么可以用到古人身上？韩非讲的是“变化”而不是进化，不能把他等同于达尔文主义者。比较研究的目的在于从异质文化的视角，加深对所研究对象思想实质的理解，而不是评判两种文化孰优孰劣。那种出主入奴、菲薄固有的心态，有害无益，应该摒弃。

二、概括特色

比较研究本身不是目的，而是手段。在比较研究的基础上，从业者还要准确地概括出所研究对象的理论特色。能概括出某哲学家的特色，说明你对他的研究真的到位了；不能概括出他的特色，说明你研究的深度还不够。当你说“我认识某某人”的时候，你一定是对他的相貌特征有所了解，能够把他与别人区别开来；否则，你凭什么说认识他？研究哲学家的思想，道理也是如此。只有把他的思想特色找出来，才算进入研究层面。

我在《中国古代哲学通史》中，把老子的思想特色概括为“天道学”，认为老子通过三个哲学话题表现这种特色。老子的这种讲法，前无古人，开创道家学派，特色十分鲜明。我把孔子的思想特色概括为“人道学”，认为孔子确立了儒家的基本风格。在天道观方面，孔子基本上是接着老子讲的，接受了动态的、有机的宇宙观，创见不多；他的贡献主要在人道学方面。他接受了“道”的观念，但把“道”同“人”紧紧联系在一起，着重阐述“人道”这一新的理念，实现了中国哲学发展从天道到人道的转折。在中国哲学史上，孔子对老子的第一点推进，在于把哲学话题由天道转向人道，确立了中国哲学以人生哲学为主导的风格；第二点推进则是由“无知之行”转向“有知之行”，首先涉足认识论领域。

三、评估定位

重写中国哲学史必须破除陈旧的道统观念。按照以往的道统说，尧舜禹创立了完美的道统理念，后人只要照着讲就可以了。可惜，后人总是讲得不到位，或多或少有悖于道统。即便是孔子，五十岁之前还存在着对于道统的疏离，讲的仅限于小康学；五十岁以后，方才讲大道学，回归道统。孔子回归道统，仅不过二十几年而已，至于孔子之后的儒者，更不足观了，大家都在不同程度上背离了道统。孔子之后，虽经常有人以道统继承人自诩，但得不到大家的公认。按照道统观点，中国哲学史显然不是一部发展的历史，似乎是一部退化的历史。这一种非历史主义的态度，也绝对不能反映出历史真实。任何一位哲学家，无论他的理论贡献有多大，都是哲学发展史上的一个环节。他有贡献，也免不了有局限。不能设想，在中国哲学的发端就有人已达到后人不可企及的高度，似乎后人无事可做，只是回味道统而已。

我们对任何一位哲学家都不能当成崇拜的对象，而应当成研究的对象。倘若把他当成崇拜的对象，你只能有歌功颂德、啧啧赞叹的份，便无法对其评估定位了。只有把他当作研究的对象，才会抱着辩证评估的态度，一方面指出他学说中的合理内核，一方面指出他所受到的时代局限。以王阳明为例，其积极的理论意义，至少有这样几点：第一，高扬人的主体性。王阳明平生讲的“致良知”，旨在充分调动人主观精神的能动性，提高人把握自己、自己认识和实现自己的内在潜能。他批评朱熹“析心与理为二”的倾向，在把心与理、心与物合而为一的基础上，确立人在意义世界的中心位置。第二，不迷信权威和经典。王阳明致力于打破官方化了的程朱理学的思想垄断。他不赞成“以孔子之是非为是非”，不迷信权威，也不迷信经典，倡导理性主义态度，客观上具有冲击旧权威、旧教条的积极作用。第三，强调道德自律和人性自觉。阳明学主张通过主体的自觉、自悟“复其天地万物一体之本然”（《大学问》），简洁明了，活泼开阔，给当时的学术界带来一股新风气。至于局限性，也是显而易见的，那就是在纠正程朱理学的局限走过了头，引导出“束书不观”、放任不羁的不良学风，不利于人才的培养。

评估是从分析的角度判断哲学家的贡献与局限，而定位则是从综合的角度判断哲学家在哲学史上的地位。每位哲学家作为哲学史上的环节，都扮演着承上启下的角色。大致说来，哲学家“承上”的方式有两种。一是顺承，接着前人的话题讲，但找到自己独到的讲法，达到了新的理论高度，有超越前人之处，力求把道理讲透。例如，朱熹是接着二程的天理论讲的，但他围绕着理气关系做文章，讲出了新意，成为理学的集大成者。后人把程朱连称，叫作程朱理学，就是对他学术地位的肯定。二是逆承，颠覆前人的讲法，开辟新的话题，丰富了中国哲学的内涵。例如，王充举起“疾虚妄”的大旗，就是针对天人感应论讲的。章太炎对王充的学术地位予以充分肯定，对他的赞誉是“汉得一人足以振耻”。

哲学家“启下”的方式，也可以分为两种。一是正面启迪。前辈哲学家的成就为后学提供思想资源，对后学有启发，帮助后学推进学理的发展。例如，孔子提出仁学理念，提出“性相近习相远”的观点，但语焉不详，还是比较模糊的想法。孟子继承孔子的思路，进一步发扬光大，形成了性善论学说，把孔子模糊的想法变成了系统的说法。没有孔子在前，也就没有孟子在后。在后人“孔孟之道”的称谓中，足见孔子对孟子的巨大影响。二是负面启迪。前辈哲学家的局限引起后学的反思，促使他扬弃旧话题，开辟新话题，创立新思潮。例如，王弼“名教出于自然”的观点，就是在批评经学家局限中形成的。在他看来，经学家就事论事，没有用“体”为名教提供价值担保，乃是导致名教失效的重要原因。为名教寻求本体论支撑，这正是玄学要承担的理论任务。

以上几种具体做法乃是我的一孔之见，不奢望人人能接受。哲学在途中，作为哲学家族成员之一的中国哲学自然也在途中；关于中国哲学史的研究当然也在途中。我愿所有的从业者能在研究的路途上，大胆探索到更新、更好、更科学、更有效的方法，推动中国哲学史事业不断地向前发展。“江山代有才人出，各领风骚数百年。”“百年”或许太久，一代学人有一代学人做学问的方法，后浪一定能胜过前浪！

附　录

一、中国古代哲学基本问题

基本问题来自恩格斯，其实是一个隐喻。所谓“基”，乃是对房屋基础的简称。楼房无论多高，总得有个基础，否则便盖不起来。所谓“本”，乃是对树干的简称。树高千尺，总离不开树干，否则便不成为树了。所谓基本问题，乃是一个全局性问题，非常重要。对于某个学科来说，抓住基本问题，等于抓住了钥匙。如果抓不住基本问题，将不可避免地被拒之门外。笔者不质疑恩格斯的论断，只质疑对恩格斯论断的教条主义曲解。如果不破除教条主义的干扰，便不会发现：天人之辨才真正是中国古代哲学的基本问题。

（一）从恩格斯论断说起

恩格斯概述了德国古典哲学的状况：一派是唯心主义阵营，以黑格尔为代表；一派是唯物主义阵营，以费尔巴哈为代表。两大阵营的分野在于：就思维对存在、精神对自然界的关系问题的回答方式不同。恩格斯把这个问题叫作“全部哲学的最高问题”。恩格斯没有抽象化地使用“哲学基本问题”字样，那只是后来人的提法。问题在于，究竟应当怎样理解恩格斯所说的“全部哲学”呢？“全部哲学”是全称呢，还是特称呢？很显然，恩格斯所说的“全部哲学”只是一种特称，并不是全称。把它望文生义地说成全称，恐怕是翻译过程中造成的误导。请注意，恩格斯的论断出现在《路德维希·费尔巴哈和德国古典哲学的终结》一书中，只是对德国古典哲学加以言说，有特定的语境、特定的对象，并非超时代、超地域，并非论及世界上的一切哲学形态。他在文中举的例子，是希腊人、欧洲人，是创世说语境中的人，没有超出西方哲学的范围。因此，“全部哲学”其实是指德国古典哲学，顶多不会超出西方哲学的范围。恩格斯没有研究过中国哲学，没有研究过印度哲学，没有研究过阿拉伯哲学，怎么会做出适用世界上一切哲学形态的全面判断呢?哲学与科学不同，具有多样性。世界上可以有单一性的科学，但不存在不受时代限制、地域限制的哲学。任何人都不可能对一切哲学形态做全称判断。由此可见，并不存在适用于一切哲学形态的、抽象的“哲学基本问题”，只存在适用于具体哲学形态的、具体的基本问题。

（二）教条化曲解

抽象化的“哲学基本问题”，不是恩格斯提出来的，而是苏联哲学教科书编纂者杜撰出来的。在这些编纂者看来，世界上似乎只存在一种哲学，这门哲学的基本问题就是思维和存在何者为第一性的问题，或者物质与精神何者为第一性的问题。其实，这样的哲学并不存在。编纂者引用上述大段恩格斯的论述，并不能支持他们的结论。恩格斯所说的哲学，是具体的，指的乃是德国古典哲学；而他们所说的哲学，是抽象的，泛指任何哲学形态。世界上根本不存在这种抽象的哲学，只存在带有前缀的哲学，如德国哲学、法国哲学、印度哲学、中国哲学，等等。所谓“哲学基本问题”，其实就是教条主义的产物。教科书编纂者把恩格斯所说的德国古典哲学从具体语境中剥离出来，变成只是哲学的哲学，并且生造出一个公式化的“哲学基本问题”，到处乱套，这难道不正是典型的教条主义思维方式吗?

所谓“哲学基本问题”，是建立在单数哲学观的基础上的偏见。破除单数哲学观，“哲学基本问题”说便不攻自破了。哲学与科学之间的区别，就在于哲学同民族性有关。科学同民族性的关系不大，不影响它的普遍性。全世界可以有大家都认同的科学。只有一门数学、化学、天文学，也就够用了，没有必要区分什么美国数学，什么中国化学，什么英国物理学等等。哲学则不然，它同民族性密不可分，绝不能把法国哲学等同于英国哲学，绝不能把东方哲学等同于西方哲学。世界上没有一门大家一致认同的、抽象化的哲学。哲学关涉人们的精神世界，而各个民族的精神世界是有区别的，不可能等量齐观。任何人都写不出一本适用于世界上一切人的《世界哲学》。这就意味着，科学可以是单数，而哲学必须是复数。牛顿三定律全世界都认可，爱因斯坦的相对论全世界都认可，但绝不能找到全世界都认可的哲学。在"哲学"的前面，一定用"中国""印度""西方""马克思主义"一类的修饰语加以限制。世界上有只是科学的科学，并没有只是哲学的哲学。既然没有只是哲学的哲学，那么，所谓"哲学基本问题"，也就成了一句空话。

中国有些哲学家早就意识到哲学的多样性。金岳霖先生认为，哲学是一种"说出道理的成见"，每一种成见不可能不带有"解释学的偏差"。他在英国讲学时，索性把哲学称作"概念的游戏"。在他看来，每一种游戏都有不同的游戏规则。"马走日，相走田"，只是中国象棋的规则，国际象棋完全没必要遵循这种规则。晚年的冯友兰先生认同金岳霖的复数哲学观，认为他真正说出哲学的特性。张岱年先生在《中国哲学大纲》一书中，把哲学叫作"类称"。他认为，哲学不是一门学问，而是一类学问。各种哲学形态之间，可以有"家族的相似性"，但绝不能相互等同，不能互相替代。

关于哲学，如果有一百位哲学家，可能给出一百种定义。迄今为止，人们还无法给哲学下一个大家公认的定义。我们认同希腊人关于哲学的说法，承认哲学是一门"爱智慧"的学问。在希腊语中，菲拉索菲（phlosophy）意思是"爱智慧"。这是一种关于哲学的含混说法。在这里，哲学并不是一个词，而是动宾结构的短语。"爱"是动词，是追求的意思；"智慧"是宾词，泛指所有的知识。"智慧"是一个开放性的话题。与此相应，哲学作为"爱智慧"，也是一个开放性话题。哲学家不可以太傲慢，你不过是智慧的追求者而已，并不是智慧的占有者。哲学的任务是追求真理、关注宇宙的奥秘。这个话题常讲、常新，永远也讲不完，并且不断地花样翻新。在中国古代，虽然没出现“爱智慧”一语，但有类似的提法，如“弘道”“穷理”“通儿”“求是”等等。这些提法，同“爱智慧”的意思相近，至少有“家族相似性”。哲学作为“爱智慧”，处在不断延续的过程中。借用海德格尔的话说，“哲学永远在途中”。我们从“爱智慧”的视角看，不难得出结论，哲学不会只是一种，只能是多种。因为爱的主体是多，爱的方式也是多。任何民族的人都有“爱智慧”的权利，都可以采取不同的方式。西方人可以用弹吉他的方式表达爱意，东方人也可以用唱山歌的方式表达爱意，大可不必厚此薄彼、出主入奴。

我们认同一般哲学教科书的说法，承认哲学是一门关于世界观的学问。不过，需要做出一些解释。我们不能把“世界观”误解为“观世界”。“世界观”中的那个“观”字，恐怕不能误解为“观察”意义上的“观”，因为“世界”作为总体，不能成为人们观察的对象。任何人都无法与世界相外在。人们可以观察到世界的局部，但不能观察到世界总体，因为他也包含在世界总体之中。如果把世界总体当成观察的对象，就像“理发师给全村人理发”一样，无法说得通，都是逻辑学上所说的悖论。人只能在世界中做演员，不能做观众。对于世界观中的“观”字，只能理解为“观念”意义上的“观”。能提出这种观念的人，无疑就是哲学家。中国不乏提出天、道、大全、宇宙、天理等关于世界总体的观念的人，他们是当之无愧的哲学家。世界观中所说的“世界”一词，也是广义的，其中不但包含物质世界，也包含人们的精神世界。人们所面对的物质世界是一样的，而人们的精神世界不必相同。人们对世界的理解是多种多样的。与此相应，哲学也必然是多种多样的，绝不可能是单一的。由于观者不统一，哲学必定是个复数。因为不是一个人在观，而是大家都在观。由于观法不统一，你有你的观法，我有我的观法，哲学必定五花八门、丰富多彩、形形色色。

无论从“爱智慧”的角度看，还是从“关于世界观的学问”的角度看，哲学形态都是多种，而不是一种。由此可见，单数哲学观可以休矣，抽象的“哲学基本问题”可以休矣。

（三）推行模式化

苏联的哲学界依据抽象的“哲学基本问题”，还杜撰出“两军对战”哲学史书写模式，强令哲学史工作者必须无条件地遵守。苏联哲学史家亚历山大洛夫在《西欧哲学史》一书中，给哲学史下的定义是：“哲学史是人类对客观世界认识发展的历史。”这个消息传到苏共中央，竟引起轩然大波。1947 年 6 月，身为政治局委员的日丹诺夫，代表苏共中央在讨论亚历山大洛夫《西欧哲学史》的会议上发言。他狠狠地批评亚历山大洛夫，认为这是一种修正主义观点。他强调，哲学史不是认识史，而是斗争史。“科学的哲学史，是科学的唯物主义世界观及其规律底胚胎、发生、发展的历史。唯物主义既然是从与唯心主义派别斗争中发生和发展起来的，那么，哲学史也就是唯物主义与唯心主义斗争的历史。”于是，便形成“两军对战”的哲学史书写模式。按照这种模式，任何一部哲学史都必须写出唯物主义与唯心主义交战的历史，否则，就违背了“党性原则”。为唯物主义树碑立传，乃是哲学史工作者唯一的任务。

日丹诺夫的《发言》很快传入中国。1947 年 11 月，曾经是中国共产党主要负责人的李立三把《发言》译成中文，书名是《论哲学史诸问题及哲学战线的任务》。1948 年 1 月由华北新华书店出版，在解放区公开发行。此书再版 11 次，总印数有 8 万册之多，理论工作者几乎人手一册。中国新哲学研究会在北京多次组织理论工作者学习讨论，强行在哲学界推广“两军对战”模式。

由于强行推广“两军对战”模式，致使中国哲学史事业陷入低谷，造成了三个缺位。一是中国缺位。对于中国人来说，物质和精神何者为第一性的问题是外来的问题；“两军对战”是外来的方法，根本不符合中国国情。按照恩格斯的说法，物质和精神何者为第一性的问题，只有在具有创世说语境的地方才能发生。而中国并不具有这样的语境，从来不以创世说为主导。也许有人会问，中国不是有“盘古开天地”“女娲补天”一类的说法吗？请注意，那只是小说家言，没有哪个哲学家赞成这种观点。在中国贯彻“两军对战”模式，势必造成中国缺位的情形。迫于政治压力，中国哲学史教科书编纂者按照“两军对战”的口径，硬是杜撰出中国哲学史上两个莫须有的阵营。大部分有影响的古代哲学家被划入唯心主义阵营，他们只有挨批的份。那么，怎样才能继承古人留下的精神遗产呢？人们惶惑不解。大部分没有影响的古代哲学家被划入唯物主义阵营。例如，王夫之的著作写于清朝初年，大部分都没有出版，谈不上有什么影响。几百年以后，也就是到清朝末年，曾国藩为了给湖南人提气，才将湖南人王夫之的著作付梓。王夫之生前没什么影响，不意死后竟登上“最大的古代唯物主义者”的宝座。

二是哲学缺位。哲学家的优势不在于解决问题，而在于提出新的问题或改变提问题的方式。可是，“两军对战”模式只允许一个问题，即物质和精神何者为第一性的问题，其他问题一概不许讲。如果哲学史只围绕一个问题讲，那还有什么哲学道理好讲？读这样的哲学史，不可能起到训练理论思维的作用，哲学焉能不缺位？为了撑篇幅，有些编纂者依靠大段引文，弄得中国哲学史教科书佶屈聱牙，不堪卒读。他们还美其名曰“以引证代论证”。其实，引证任何时候都代替不了论证，顶多是旁证。“以引证代论证”的说法，不过是掩盖哲学上无能而已。由于中国并没有出现两大阵营的分野，区分唯物主义者和唯心主义者很困难。一个哲学家所说的话，有些看起来像唯物论，有些看起来像唯心论。例如《老子》，说过“有物混成”，像是唯物论；也说过“道可道，非常道”，像是唯心论。于是，两派争论不休，一派认为《老子》是唯心论，另一派认为《老子》是唯物论。任继愈先生主编四卷本的《中国哲学史》，竟把两派观点都收入其中。读者读起来，不能不一头雾水、莫衷一是。

三是历史缺位。按照“两军对战”模式编纂中国古代哲学史，既没有哲学，也没有历史。因为这里只有一个问题，即物质和精神何者为第一性的问题。如果只有一个问题的话，那就没有历史可写。编纂者只好用罗列朝代、罗列人名的办法支撑篇幅。其实，哲学史同朝代更迭没有必然联系，哲学形态不会因朝代更迭而发生变化。笔者在《中国古代哲学通史》一书中，试图打破朝代界限，把古代中国哲学史划分为奠基期、展开期、高峰期三个阶段。奠基期以“百家争鸣”为特征，展开期以“三教并立”为特征，高峰期以“理学行世”为特征。罗列人名更是失败，因为只有点，没有线，不可能造就历史感。靠罗列朝代和人名写出的中国古代哲学史，同词典没什么两样。褒义地说，可以叫作“封神榜”；贬义地说，那就是“点鬼簿”。

实践证明，按照“两军对战”模式在中国写古代哲学史，乃是一条走不通的死路。我们必须放弃这种模式，重新探索中国古代哲学史自身的基本问题，力求写出名副其实的中国古代哲学史。

（四）前贤灼见

关于中国古代哲学自身的基本问题，中国古代哲学家早有论述。司马迁说：“亦欲以究天人之际，通古今之变，成一家之言。”他所说的“际”，就是“关系”的意思。在他看来，搞懂天人之间的关系，通晓古今的变化，那就能够成就一家之言；能够成就一家之言，无疑就是哲学家了。他强调，天与人的关系乃是每个哲学家须面对的基本问题。

最早提出天人关系范畴的人是子产。据史书记载，郑国发生了一场火灾，有人请求子产采纳占星术者裨灶的建议祭神避火灾，子产表示反对，他的理由是：“天道远，人道迩，非所及也，何以知之？灶焉知天道。”（《左传·昭公十八年》）照子产看来，天道是遥远的事情，而人道是切近的事情，两者未必是一回事，裨灶怎么会知道天道一定要干预人事呢？他把天道与人道区分开来，并且把二者当作认识的对象，可以说是选择一种哲学的、理性的考察方式，摆脱了宗教的、感性的考察方式。中国哲学的正式起步要从子产算起，不过，还无法断定他就是第一个中国哲学家，因为我们无法读到他的哲学著作。

在先秦时期，留下哲学著作的第一代中国哲学家，有道家的创始人老子和儒家的创始人孔子。在中国哲学的起步阶段，他们都各自做出独到的理论贡献，同为中国哲学的奠基人。

老子就是从正面出发，推倒“天”的权威，大力倡导“道”的哲学理念。《道德经》的开篇写道：“道可道，非常道。”（《老子》第一章）老子认为，世界终极的原因不在于“天”，而在于“道”。以前人们总以为一切都是“天”说了算，老子推翻了这个传统观念，强调在天之上还有一个“道”。他用一种理性的权威取代了神性的权威，踏上了讲哲学之路。他指出，对于道来说，“吾不知谁之子，象帝之先”（《老子》第四章）。“象”就是仿佛的意思。在老子看来，天帝即便真的存在的话，在道的面前也不过是晚生后学而已，因为再没有什么比道更为原始的了。道就是宇宙万物的老根、老母。老子强调，道并不是具体的存在物，而是抽象的普遍原理。从本原的意义上说，道是万物的始基；但这只意味着万物自然而然地从道产生出来，并不是有意志的人格神创造出来的。道同造物主不同。道造就万物，“成功事遂”，“万物归焉而弗为主”，不以主宰者自居。老子的天道观在中国古代哲学史上具有划时代意义，它是原始宗教天道观的对立物，标志着哲学对神学的胜利，标志着理论思维繁荣的时代真正到来了。

老子以“天”为切入点，开辟了讲哲学的一条进路；孔子以“人”为切入点，开辟了讲哲学的另一条进路。他重新认识人，重新解释人，把人从天神的重压之下解放出来。孔子也很看重“道”，甚至把道看得比生命还重要，曾表示“朝闻道，夕死可矣”（《论语·泰伯》）。老子所说的道，包含着天道和人道两方面意思，但侧重点放在天道方面；孔子所说的道也包含着天道和人道两方面意思，却把侧重点放在人道方面，强调道是人们必须遵守的行为准则。孔子把道同人相联系，提出“人能弘道，非道弘人”（《论语·卫灵公》）的论断。孔子指出，人道的基本内容就是“仁”。他教导自己的弟子说：“君子无终食之间违仁。”（《论语·公冶长》）意思是说，正人君子时时刻刻都不能违背仁道。仁道原则集中表现在恰当地处理人我关系问题上：一方面，要严格地要求自己，“苟志于仁矣，无恶也”（《论语·里仁》）；另一方面要宽容地对待他人，做到“己欲立而立人，己欲达而达人”（《论语·雍也》）、“己所不欲，勿施于人”（《论语·颜渊》）这就是孔子“一以贯之”的忠恕之道。我们姑且不去评论孔子仁学思想的正确与否，仅从他考察人道的思维方式看，他没有从天神那里寻求人道，而是从人自身寻求人道，这显然也是一种理性的考察方式，而不是神学的考察方式。由此可见，孔子通过彰显人道的途径，也达到了哲学意识自觉的水准，可以说与老子殊途同归。

历代哲学家对天人关系问题都很重视。《周易·乾卦·象传》写道：“天行健，君子以自强不息。”作者认为，天的特性是躬行变化，人应当效法于天，永远保持自强不息、积极向上的心态。庄子说：“知天之所为，知人之所为，至矣。”（《庄子·大宗师》）他认为，了解天道界限和人道的界限，都是一门大学问。荀子清楚地提出“明于天人之分”，主张把天道的客观性同人的主观能动性统一起来。《中庸》写道：“思知人，不可以不知天。”作者认为，要想了解人道，必须了解天道。邵雍说：“学不际天人，不足以为之学。”（《观物外篇》）学问不达到通晓天人之际的程度，不算有真学问。戴震说：“天人之道，经之大训萃。”（《原善》卷上）也把天人之道看作学问的最高境界。由此可见，天人之辨才是中国古代哲学史的基本问题。只有抓住这个问题，才能写出名副其实的中国古代哲学史。

（五）自身的基本问题

天人之辨作为中国古代哲学的基本问题，并不是一成不变的。随着历史的发展，天人之辨不断发生变化。在中国古代，天人之辨所发生的变化，大致说来有三次。

第一次变化发生在汉代，理论重心由人转移到天。在先秦时期，老子和孔子都不喜欢诸侯纷争的乱世，希望建立和平、稳定的社会。他们虽论及天，却更喜欢谈论人，尤其是圣人。老子构想的圣人人格是消极的，“小国寡民”，“为腹不为目”。圣人的需求有限，绝不会危及他人。庄子把圣人比作遨游在湖海中的鱼，相互忘却，互不打扰。他嘲笑“相濡以沫”的涸辙之鲋。孔子构想的圣人人格是积极的，“博施济众”，“天下为公”。他们都希望圣人出世，改变天下纷争的局面。到汉代，情况发生了变化。“大一统”的中央集权政府已建立，诸侯纷争的局面已成为过去。这时，摆在哲学家面前的问题是：“大一统”如何长治久安？经学家认为，必须接受秦“二世而亡”的教训，解决皇帝无法监督的问题。在秦朝，皇帝是无法无天、为所欲为的暴君；而在汉朝，皇帝是被制约的。这股力量就是天。于是，汉代的思想家不能不把理论重点转向天。汉儒喜欢把皇帝叫作天子，也就是天的儿子。不过，他是天嫡出的长子，与天“共持变化”，统治万民。皇帝做了好事，天会降下祥瑞，予以表彰；皇帝无道，天会降下谴告，予以警示。

第二次变化发生在魏晋时期，玄学家由天人之辨演绎出体用之辨。在魏晋时期，汉室衰微，各国争斗，又形成割据的局面。这时，“天”已经塌下来了，自然不会再成为玄学家的核心话题。他们由天人之辨演绎出体用之辨，由政治哲学转向人生哲学。天人之辨讲的是过程论；玄学家的体用之辨，则上升到本体论。“用”来自儒家，主要指纲常伦理；“体”来自道家，同“道”“自然”同义，都指天人统一体所依托的本体。玄学家认为，经学家虽然重视“用”、重视纲常伦理，但讲法不对。经学家只讲到“用”的层面，就事论事，没有讲到“体”的层面。显然，“体”是从“天”演绎出来的，“用”是从“人”演绎出来的。在“用”中，隐含一个“用者”，那就是人。但凡人参与的活动，才谈得上“用”；没人参与的活动，无所谓用不用。在西方哲学史中，本体与现象对应，都属于存在论范畴。在中国古代哲学史，“体”与“用”相对，而“用”则属于价值范畴。关于“体”，玄学家的看法并不一致。王弼持“贵无论”，视“无”为本体；裴頠持“崇有论”，视“有”为本体；郭象持“独化论”，视“化”为本体。“体”既是万物的终极托付，也是人生的终极托付。在玄学家那里，无论何种本体，都是抽象的本体。玄学家立足“一个世界”的世界观，肯定世界的真实性，因而解决不了本体在哪里的问题。这样的本体论，自然满足不了人们精神寄托的需要。玄学家只是把道家的“体”同儒家的“用”嫁接在一起，没有把二者统一起来。如何从道家式的“体”，引申出儒家式的“用”？玄学没有解决。如果说经学家“有用无体”的话，玄学家则“有体无用”。另外，玄学家也回答不了“本体在哪里”的问题。讲到了这里，玄学讲不下去了，不得不让位给佛教。玄学家只能讲出抽象的本体论，讲不出超越的本体论；后者只能由佛教来讲。佛教立足于“两个世界”的世界观，强调此岸和彼岸有别。在佛教眼中，现实的此岸世界是虚假的，理想的彼岸世界才是真实的。本体在彼岸，不在此岸。继玄学之后，中国古代哲学进入宗教哲学时代。唐朝佛教有长足的发展，道教随之产生，形成儒释道三教并立的格局。玄学家开启体用之辨，不意竟成了佛道二教的引路人。

第三次变化发生在宋代以后，宋明理学家在体用之辨的基础上，进一步从天人之辨中演绎出理事之辨。针对佛道二教“两个世界”的世界观，理学家重返“一个世界”的世界观。与玄学家的体用之辨不同，他们不再从道家寻找“体”的资源，直接从儒家寻找“体”的资源，真正完成了对儒家伦理的本体论证明。他们把体用之辨转化为理事之辨。“事”同“用”相比，更加贴近生活世界。凡是人参与的活动，都在“事”的范围，包括恪守儒家伦理。“理”也不再是抽象的本体，而是具体的本体，比“体”更有广泛的解释力。“理”有“应该”的意思。掌握了“理”，就可以心安理得地过儒家式的生活了。至于理事关系，大多数理学家认为“理事中”“理一分疏”，不认为理是单独的存在物。尽管朱熹有“理在事先”的提法，那只是强调理逻辑上在先，并不否认理事合一。宋明理学终于解决了“本体在哪里”的问题，强调本体就在现实世界之中；终于推翻佛道二教“两个世界”的世界观，重新肯定现实世界的真实性。

综上所述，天人之辨乃是中国哲学古代的基本问题。这一问题经历了“政治哲学—半人生哲学—宗教哲学—人生哲学”的发展过程。在先秦和汉代，立足于“一个世界”的世界观和人性善理论，以治国平天下的政治哲学为中心。在魏晋时期，由政治哲学转向人生哲学，但没有取得成功。在唐代，立足于“两个世界”世界观的佛教传入中国，在佛教中国化的过程中，逐步向“一个世界”的世界观靠拢。在宋代以后，立足于“一个世界”的理学家再次回归主导地位，吸收佛道二教的理论思维教训，兼治国、治身、治心于一身。早期儒学为帝王说法，宋明理学则为大众说法，盛称“满街都是圣人”。宋明理学把中国古代哲学发展到高峰，终于证成“一个世界”的世界观。这是中国古代哲学的最大收获。我们没有任何理由不继承和发扬这笔丰厚的精神遗产。

（原题《天人之辨：中国古代哲学的基本问题》，载《燕山大学学报（哲学社会科学版）》2021 年第 2 期。又见《中国古代哲学通诠》，孔学堂书局 2023 年版）

二、论中国哲学史学科建设的三个障碍

1974 年，本人 27 岁时就开始接触中国哲学史学科，获得博士学位后留高校任教，讲授这门课。到今天，将近 50 年了。笔者虽然已经退休，离开了讲台，但对这门学科仍怀有很深的感情。平心而论，笔者对于中国哲学史的研究现状感到不甚满意，觉得有深化的必要。中国哲学史学科建设之所以难以深入，大概同三只拦路虎作祟有关。第一只虎是教条主义，第二只虎是虚无主义，第三只虎是复古主义。只有清除掉这三只拦路虎，才能开创出中国哲学史学科建设的新局面。

（一）教条主义之风

教条主义之风是从苏联刮进中国的舶来品。1947 年，苏联哲学史家亚历山大洛夫在关于《西欧哲学史》一书的讨论会上，这样诠释哲学史：“哲学史是人类对客观世界认识发展的历史。”这原本是一场寻常的学术讨论，当

然允许表达不同意见，不意却惊动苏联最高领导层。于是，正常的学术讨论突然变得不正常了，由于受政治干预以致变形。在苏联意识形态领域，影响力仅次于斯大林的苏共书记处书记日丹诺夫，针对亚历山大洛夫在会上的发言，明确提出“两军对战”模式，运用政治力量粗暴地干涉学术。这是哲学史研究领域中教条主义的源头。日丹诺夫认为，无论写何种哲学史，必须贯彻“党性原则”，坚决站在唯物主义一边，为唯物主义者树碑立传、歌功颂德；毫不犹豫地把批判的矛头指向唯心主义，否则就是犯了“党性错误”，就应该毫不含糊地给他扣上“修正主义”的大帽子。

按照日丹诺夫定下的调子，苏联编写的哲学教科书对“两军对战”模式做了教条主义诠释，把唯物主义同唯心主义的斗争上升为“哲学基本问题”。他们抬出恩格斯的论断作为口实，极尽曲解之能事。他们表面上高举马克思主义旗帜，其实曲解了恩格斯的论断，为教条主义张目。

恩格斯的论述主要涉及三个理论问题。第一，恩格斯笔下的“全部哲学”究竟何意？笔者认为，恩格斯在这里所说的“基本问题”是有限制的，仅指德国古典哲学，绝非指没有限制的抽象哲学。请注意，恩格斯的这段论述出现在《路德维希·费尔巴哈和德国古典哲学的终结》一书中，讲的问题很具体，始终没有超出德国古典哲学范围，怎么能夸张成抽象哲学呢？恩格斯仅论及德国古典哲学，未涉及印度哲学，未涉及阿拉伯哲学，未涉及中国哲学，怎么可能做出关于任何哲学的抽象论断呢？苏联哲学教科书在恩格斯说的“基本问题”前面，加上“哲学”二字，表示不受任何限制，把“哲学基本问题”强加给任何哲学，完全是没有根据的臆造。他们生硬地把恩格斯的论述从具体的场景中剥离出来，变成无所不适的抽象公式，到处乱套，绝不符合恩格斯的意思。

第二，怎样理解恩格斯阐述基本问题的语境？恩格斯所说基本问题，其具体的语境是指创世说、是指德国古典哲学产生之初的情形，跟没有限制、没有时效、永远不变的所谓“哲学基本问题”，根本不是一回事。德国古典哲学在创世说的背景下产生出来，当然会追问“世界从哪里来的”“物质和精神何者为第一性”之类的问题，并将其视为基本问题。至于别的民族，未必承认上帝的存在，没有创世说的传统，怎么会做出如此追问呢？以中国哲学为例，就从来没出现过创世说。诚然，在中国的神话传说中，有“盘古开天地”的说法，但不是哲学。即便是传说，盘古也不是世界的主宰者。他的毛发已化为山林，胸膛已化为平原，头颅变成山峰，并不过问人间的事，跟西方人心目中的上帝不一样。恩格斯所说的基本问题，有具体的语境，仅限于德国古典哲学的范围；苏联教科书所说的“哲学基本问题”是抽象的，仿佛不受时间限制，仿佛不受语境限制，仿佛适用于任何一种哲学。世界上哪里有这样的哲学？根本找不到！每一种哲学都是具体的，或从属于某一民族，或从属于某一党派，从来没见过抽象的哲学。“哲学基本问题”炮制者出于教条主义的思维，典型地以偏概全。

第三，怎样理解马克思主义哲学的基本问题？苏联哲学教科书硬把“哲学基本问题”强加到马克思主义哲学身上，其实是一种误读。我们知道，马克思本人从来没有提过什么“哲学基本问题”。马克思作为哲学的革新者，强调以往的哲学只是在解释世界，而新哲学的使命在于改造世界。马克思主义哲学即便有基本问题，也不是物质与精神之间关系的问题，而是“社会意识”和“社会存在”之间的关系问题。二者都关乎人，并不只限于物，都是改造世界的话语，不是解释世界的话语。苏联哲学教科书仍旧停留在解释世界的旧观念，对于马克思主义哲学特有品格毫无察觉。笔者坚决反对苏联哲学教科书关于“哲学基本问题”的提法，强调中国哲学有自身的基本问题，撰成《天人之辨：中国古代哲学的基本问题》一文，发表在《燕山大学学报（哲学社会科学版)》上。

从苏联刮起的、以“两军对战”为标志的教条主义之风，很快就传到了中国。1947 年 11 月，李立三把日丹诺夫的《发言》翻译成中文，冠以《论哲学史诸问题及哲学战线的任务》的书名。1949 年中华人民共和国成立后，几乎所有的理论工作者人手一册。中国新哲学研究会曾多次组织在京的哲学理论工作者学习此书，强行在哲学史领域推广“两军对战”的模式。从苏联刮起的教条主义之风，得到了中国教条主义者强有力的回应。

广大哲学史从业者对于两军对战模式，不是没有抵触的。冯友兰、贺麟、郑昕、张岱年、石峻、任继愈、冯契、陈修斋等学者，皆曾坦率地表示不满，但最终还是败下阵来。因为宣传大权并不掌握在他们手里，而为中国教条主义者把持。1957 年 1 月 22—26 日，曾在北京大学召开“中国哲学史座谈会”，出席者有 120 多人，他们来自北京大学、中国人民大学、中央党校、中国社会科学院哲学研究所。其中有人从事中国哲学史研究，也有人从事西方哲学史研究，还有人从事马克思主义哲学研究。座谈会是在“反右”之前召开的，那时政治环境毕竟宽松，大家还可以说想说的话。出席会议的许多学者纷纷撰写文章，表示对教条主义风气的反感。1957 年 4 月 24 日，贺麟在《人民日报》上发表文章，题目是《必须集中反对教条主义》。他在文中写道：“教条主义者气焰太盛，使人不敢‘放’不敢‘鸣’。教条主义即使不会断送科学研究，至少也会大大妨害社会主义文化建设。……教条主义者虽然以正统的马克思主义者自居，但实际上却是陷入形而上学和唯心主义的反马克思主义者。”事态的发展不幸被贺麟所言中。“反右”运动开展起来以后，学术环境变得更加严峻起来，学者们担心被扣上“右派”的帽子，不再公开发表评论了。教条主义者凭借手中的话语权，下狠手强行压制学者们的抵触情绪。1958 年，关锋撰写《反对哲学史方法论上的修正主义》一书，同年 8 月由人民出版社出版。在此书中，他以“学术警察”自居，对贺麟、冯友兰、石峻、任继愈、张岱年等人既做了学术审判，也做了政治审判，并且不许他们辩解。中国教条主义者强行推行“两军对战”模式，不容许出现不同声音。倘若有谁不服，就给谁扣上“修正主义”的大帽子，让他闭嘴，让他出局。1959 年，人民文学出版社出版《日丹诺夫论文学与艺术》一书，再次刊发日丹诺夫《在关于亚历山大洛夫〈西欧哲学史〉一书讨论会上的发言》，进一步强化两军对战观念，反对教条主义的声音完全被压制下去了。从此，两军对战模式横行无忌，成为不容置疑的大经大法，遂使中国哲学史研究领域沦为重灾区。在 1978 年以前，长达二十几年时间里，几乎没有人以个人的名义发表文章，中国哲学史教科书也是集体编写的。任继愈挂名主编的《中国哲学史》仅完成三册，是个名副其实的“半拉子工程”。其实任继愈并不是真正的主编，他得听命于教条主义者的指挥。冯友兰按照两军对战模式写《中国哲学史新编》，仅写两册，实在写不下去了，只好宣布全部作废。实践证明，按照两军对战模式，围绕着一个永远不变的“哲学基本问题”讲中国哲学史，不能不趋于平面化，丝毫没有历史感可言。

（二）虚无主义之风

1978 年，党的十一届三中全会召开以后，中国进入新的历史时期。教条主义在中国哲学史领域的影响力逐渐削弱。由于其影响长达数十年，显然不可能一下子退场。1981 年，中国哲学史学会在杭州召开以宋明理学为主题的国际学术研讨会，参会人数 200 余人。笔者当时正在吉林大学哲学系攻读中国哲学史专业硕士学位，也随导师出席会议。笔者被安排到会务处秘书组工作，负责记录代表的发言，编辑会议简报，因此对会议上发生的一些事情比较了解。由于参会人数众多，杭州新新饭店一时接待不过来，只好找些空房子打地铺，临时安排年轻代表居住。笔者自然也享受了这种“大串联”式的待遇。在会上，有位多年讲授马克思主义哲学、晚年才转入中国哲学史领域的老先生在大会上发言，直接批评“两军对战”模式。他指出，以往我们在研究古代哲学家的时候，常常是先给他戴上一顶“唯物主义者”或“唯心主义者”的帽子，然后再到文本中去找根据“证明”，这种做法不妥。他强调，研究中国哲学史的任务，首先是搞清内容，这比戴上帽子重要得多。他原本说出了大家想说的话，可是由于当时思想解放程度不够，大会上竟没有人敢站出来，做出积极的回应。他的发言，没有赢得喝彩声，却惹来了麻烦。这次会议设立临时党委，晚间议论这位老先生的发言，觉得与历来的“口径”相抵牾。临时党委作出决定，建议这位老先生收回发言，老先生只得表示接受。从这件事可以看出，想消除“两军对战”模式的影响，该有多么难！

1978 年以后，85 岁高龄的冯友兰先生着手重写《中国哲学史新编》，前四册还可以看到“两军对战”的影子，不时冒出“唯物”或“唯心”的字眼来装潢门面。到第五册终于放开，进入“海阔我自飞”的境界。直到现在，也不能说教条主义影响完全消除。在《马克思主义理论研究和建设工程重点教材：中国哲学史（上下册）》审稿会上，有位曾经留学苏联的老者，竟批评该书体现“两军对战”不够鲜明。正当教条主义之风逐渐消退的时候，不意虚无主义之风却从民间刮起。中国哲学史事业又遇到第二只拦路虎。

2001 年，解构主义哲学家德里达到上海访问，王元化教授请他谈谈关于中国哲学的看法。不喜欢宏大叙事的德里达随口说道：“中国只有思想，没有哲学。”其实，他所说的思想，在中国就叫哲学。德里达并没有否认中国哲学，只是不喜欢“哲学”这个字眼而已。他怎么也想不到，某些中国学者竟从他的回答中演绎出所谓“中国哲学合法性”问题，径直否认中国哲学的存在，大肆宣扬虚无主义。2002 年，中国社会科学院哲学所某研究员出席在韩国召开的学术研讨会，发言中对“中国哲学合法性”表示质疑，遂挑起争论。此人的观点很快传到国内，一些学术刊物陆续发表一些关于“中国哲学合法性”的文章，逐渐形成一股不大不小的否定思潮。某知名学术刊物将此问题列为“2003 年全国十大理论热点问题”，也起到推波助澜的作用。2004 年 3 月 20—21 日，中国人民大学哲学系、中国人民大学孔子研究院、中国社会科学杂志社、中国人民大学学报共同举办“重写哲学史与中国哲学学科范式创新”学术研讨会，在中国人民大学召开。在这次会议上，有些人借用“范式创新”的名义，大谈“中国哲学合法性”问题，遂使此种否定思潮达到高峰。笔者也参加了这次会议，对否定者的论调颇为反感，碍于东道主的身份，不便当场反驳，故而没有正式发言。

笔者对否定派的反驳，开始于 2005 年。同年 6 月 4—6 日，中国哲学史学会召开年会，题目是“中国哲学的现代化与世界化”，由陕西师范大学承办。笔者在大会上发言中指出，“中国哲学”与“合法性”毫不相干，因此这种提问题的方式本身就站不住脚。笔者在发言的基础上整理成文，题为《关于中国哲学研究的几点意见》，发表在《中国哲学史》2005年第4期上。2013年，笔者又在该刊发表《“中国哲学合法性”解疑》一文，更加系统地提出反驳意见。笔者认为，否定派犯了六点错误：一是关联不当，二是评价不当，三是出拳不到，四是诉求不当，五是以为有抽象的方法，六是以为哲学是单数。详见该文，此处不赘。

笔者不能接受否定派的观点。倘若一个发育正常、有思维能力的孩子，无缘无故质疑生身父母的“合法性”，大家肯定视其为不孝之子；一个无端否认“中国哲学合法性”的人，难道配称该民族的传人吗？若干年前，日本曾有人提出“日本没有哲学”的怪论，遭到大多数日本人的反对；不想类似的悲剧竟在21世纪的中国重演了。否定派有一句无法说出的潜台词，那就是暗自认定只有西方哲学具有合法性，否认其他哲学具有合法性，包括中国哲学在内。这不是十足的西方霸权话语吗？海德格尔说，“哲学”这个词只适用于西方，在“哲学”前面加上个“西方”，完全没有必要。否定派的论调同海德格尔何其相似！早在几十年前，张岱年先生就指出，哲学乃“类称”，绝不能说某种哲学合法，某种哲学不合法。西方这些只是“哲学类称”中的一种，不能作为衡量其他民族哲学的标准。所谓“哲学合法性”云云，有何根据？对于某种你不赞成的哲学，你可以批评它荒谬，绝不能说它没有“合法性”。

“合法性”是近年来在国外流行起来的术语，一般用于政治领域或法学领域。例如，有人讨论体制的合法性，有人讨论权力的合法性，有人讨论法律的合法性，未见有人讨论哲学的合法性。换句话说，所谓“中国哲学合法性”问题，乃是一群中国的懵懂人杜撰出来的，没有任何学理依据。“哲学”根本不可能同“合法性”关联在一起。哲学是无法无天的学问，迄今为止，没有谁可以为哲学立法，所谓“合法性”从何谈起？任何哲学家都致力于自由思考，都致力于自由探索，都致力于自由耕耘，都以创新为己任，绝不希望用什么“法”把自己禁锢起来。既然找不到公认的“法”作为前提，哲学到底“合”哪门子“法”？在医学界，屡屡有人质疑中医的合法性，可是中医在抗击新冠病毒的战场上，以无可辩驳的事实证明了自己；那些贸然否定“中国哲学的合法性”的人，难道会得逞吗？

“合法性”一语是有限制的，不能滥用。“合法性”同“飞翔性”有些类似。你可以讨论鸟的飞翔性，可以讨论昆虫的飞翔性，难道你能讨论狗的飞翔性吗？把“合法性”与“中国哲学”关联在一起，纯属莫名其妙的臆想。这种臆想的要害在于取消中国哲学，不承认中国哲学的存在，关乎大是大非问题，不能不辩论清楚。笔者认为，承认中国哲学的合法性，承认中国哲学的存在，乃是从事中国哲学研究必不可少的前提。如果中国哲学没有合法性，根本不存在，岂不意味着广大中国哲学研究从业者，用了一百多年的时间，徒劳无功地在从事“非法活动”吗？教条主义曲解了中国哲学史，而虚无主义否定中国哲学史，其危害性不亚于教条主义。

十几年过去了，笔者阐述的观点仍未见有人站出来回应。值得提出的是，再也没有人将“中国哲学合法性”的一类的问题列入学术热点了。笔者不再孤军奋战，有人在报刊上撰文表示赞同。虚无主义之风虽已开始消退，但仍然有人在撰写关于“中国哲学合法性”的文章。看起来，虚无主义之风仍有待于清除。

（三）复古主义之风

冯友兰认为哲学史有两种类型。一种是“本然的哲学史”，一种是“写的哲学史”。对于前者，可以采取“照着讲”；对于后者，只能采取“接着讲”。不过，在冯友兰那里，“照着讲”只是一种假设而已，我们从未见他如何“照着讲”，只见他不断地“接着讲”。他一辈子写了许多版本的中国哲学史，反映不同时代的精神需求。冯友兰虽提出“照着讲”，但主张“接着讲”。一味提倡“照着讲”、反对“接着讲”的是复古主义，不是冯友兰。复古主义者认为，必须把本然的哲学史拿出来，一字不差地“照着讲”，那才是后人的本分。遗憾的是，我们根本找不到可供“照着讲”的底本。迄今为止，我们仍然看不到《老子》的原本，看不到《论语》的原本，看不到《周易》的原本。有人说考古发现或许可以帮得上忙，其实考古也无能为力。现在的考古发现的材料，最早可追溯到战国时期，仍未找到原初写本。考古发现的材料，都在战国以后，显然属于“写的哲学史”的范围。《老子》《论语》《周易》的注释本数千种，哪个敢称“本然的哲学史”？如果采纳复古主义者的倡议，中国哲学史根本没有办法讲。复古主义犹如紧箍咒一样，构成中国哲学史研究的思想障碍，可以说是第三只拦路虎。

笔者认同历史唯今主义，反对复古主义，因为复古主义的前提站不住脚。我们看不到“本然哲学史”，只能看到“写的哲学史”，“写的哲学史”都是属于思想家的创造，并不是对“本然哲学史”的仿本。哲学史家不是记者，只会“接着讲”，不可能“照着讲”。他写的哲学史，必然打上时代的烙印，必然带有个性色彩。他在写哲学史的时候，当然需要使用前人提供的思想材料，但绝不是原始材料的堆积，必须是经他理解、消化、鉴别后的材料。任何一本“写的哲学史”，都是“思想”史，并不是“思想材料”史。思想材料是前人留下来的，而思想则是我们自己创造的。“思想”永远属于活着的人，不属于前人。前人已经作古，既不能“思”，也不能“想”。讲思想当然离不开思想材料，但不受思想材料的限制。任何“写的哲学史”都带有“解释学偏差”。哲学史的写者其实是写对前人留下的思想材料的理解，不可能再现前人的思想原貌。我们无法起前人于地下而正之。换句话说，复古主义的诉求，没有可操作性，是一个永远实现不了的梦。

按照解释学的观点，前人和今人各处在不同的语境之中。由于各自的语境没有通约性，我们无法再现前人的语境，前人亦无法了解今人的语境。所谓“照着讲”，根本没有可行性。我们尊重历史的记载，不能像疑古派那样随意加以否定。可是，历史毕竟具有一维性，不可能再现，已经一去不复返了。我们无法对历史事件加以证实或证伪，甚至古代人物是否真实存在都无法确定。“文革”期间，谭厚兰带着一帮红卫兵，把孔子墓挖了几十米深，结果什么也没有挖到。即便如此，大家不还是照样到孔墓祭奠这位伟大的思想家吗？历史只可以研究，绝不能够重现。我们可以研究前人曾经有的思想，并非“照着讲”，而是讲自己的理解。用张立文教授的话说，叫作“自己讲”“讲自己”。我们经常在传统文化前面冠以“优秀”二字，叫作“弘扬优秀传统文化”，言外之意传统文化也有不优秀的糟粕。判别传统文化优秀与否的评价权，不掌握在前人手里，而掌握在我们手里。我们对前人留下的思想材料有选择，只讲其中至今还有现实意义的内容；至于那些有悖于时代精神的内容，可以避而不谈。在“写的哲学史”里面，出现一些后起意，是很自然的事情。写者只能在自己所处的语境中说话，不能站在前人所处的语境中说话。复古主义者经常在文章中侈谈前人的原意如何如何，那是自欺欺人。你也不是前人，怎么可能知道前人的原意是什么呢？

复古主义者认为，哲学史的写者的思想源泉只有一个，即前人留下的文本。错了，作者所掌握的思想源泉不是前人的文本，而是时代精神。对于写者来说，前人的文本是“流”，不是“源”。真正的源就是时代的需要。“源”显然比“流”更重要。写哲学史总会增添一些新意，每一时代皆有每一时代的学术。如果一味“照着讲”，哲学史还有什么发展可言？在某些人的论文里，经常出现某某人与某某人“一脉相承”的字样，恐怕发现他们之间的“不相承之处”，或许会更有意义。实践证明，“照着讲”只会把哲学史讲成一潭死水，“接着讲”才能把哲学史讲成奔腾的长河。

每逢有重大的考古发现，总会引来一阵复古主义的喧嚣。他们武断地宣称，通行版本已被考古成就推翻了，哲学史必须重写。他们似乎不懂得孤证不立的道理。“写的哲学史”所依据的通行版本，已经流传了几千年，凝结着历代人的“集体记忆”，怎么可能轻易被推翻呢？地下发现的文物都是后人写的，只是诸多版本中的一本，能否定数千年形成的“集体记忆”吗？有些考古成果确实澄清了一些疑难问题。比如，山东临沂发现了孙膑著的孙子兵法，证明孙子十三篇确系孙武子所著。考古发现没有推翻什么版本，只是澄清了疑问。应当注意的是，考古是件极其复杂的事情，不要轻易下结论。地下发现的竹简常年混在烂泥之中，散作一团，多见错简，破解十分困难。况且有些竹简来路不明，真假难辨。有人说靠检验“碳-14衰变”可以鉴别出真假，哪里知道文物贩子作假的手段何等狡猾！有人会把出土文物之处的泥土涂在竹简上，靠检查“碳-14衰变”也无能为力。仅凭这样的竹简，能否定通行版本吗？

“写的哲学史”是人们精神世界的组成部分，会随着时代的变化而变化，不会总是停留在一个模式上。写哲学史好比写观后感，作者好比是观众。每个人的观后感自然各不相同，谁见过合作写出的观后感？西方有句谚语说：“舞台上只有一个哈姆雷特，而一千个观众心里却有一千个哈姆雷特。”“写的哲学史”好比大花园，允许百花齐放，允许版本不同。笔者退休以后，在多年讲稿的基础上，出了两本书。一本书是《中国古代哲学通史》，2016年由中国青年出版社出版；一本书是《中国近现代哲学通史》，2022年由中国社会科学出版社出版。笔者从老子写到毛泽东，总算把哲学史写完了。在中国，仅凭一己之力写完中国哲学史的人不多见，除了冯友兰、冯契，笔者大概是第三人。观后感最好由一个人写，哲学史最好也由一个人写。只有一个人写，才能写出真情实感。笔者喜欢独唱，不喜欢合唱。集体编书的办法，是从苏联学来的，笔者戏称其为“学术合作社”。农业合作社打不出好粮食，“学术合作社”也拿不出好作品来，因为这种书缺少真情实感。

综上所述，我们不必理会教条主义的狂妄，不必在意虚无主义的聒噪，不必被复古主义捆住手脚。清除三只拦路虎，一定能创造出更新的中国哲学史精品来。

（《论中国哲学史学科建设的三个思想障碍》，载《燕山大学学报（社会科学版）》2023年第1期。）

三、天人之辨：源头、演化与启迪——重写中国哲学史刍议

中国哲学史领域曾经长期受物质精神之辨困扰，为“何者为第一性”问

题大伤脑筋。按照苏联“两军对战”的模式、集体编写的中国哲学史教材，硬性地给某些哲学家戴上“唯物主义者”的帽子，给某些哲学家戴上“唯心主义者”的帽子，实际上很失败。因为用一个外来的问题剪裁中国哲学史，势必扭曲中国哲学史的本身。中国哲学家根本就没有探讨过物质与精神之间的关系问题，很难说清楚谁是唯心主义者或唯物主义者。重新审视中国哲学史上的天人之辨，或许能帮助我们摆脱困境、重写中国哲学史。笔者认为，哲学史是一门具有民族性的学问，书写中国哲学史读本绝不能生搬硬套，不能照搬照抄任何版本。中国哲学史应当以中华民族为主体，因而会同任何一种哲学史有区别。它记录了中华民族精神世界的建构过程，必须牢牢抓住“中国”二字，方能显示出中国哲学史的特色。中国先哲其实都是民族精神建构过程的参与者，他们把时代精神和民族精神凝聚在各种发明的哲学体系中，造就了一座座丰碑，给我们留下弥足珍贵的精神财富。任何一种后人“写的哲学史”读本，当然都是关于“本然哲学史”的摹本，并不是原本的再现，顶多算是对“本然哲学史”的一种理解而已。后人写作中国哲学史，目的在于整理和继承前人留下的精神遗产，为打造中华民族新的精神世界提供资粮。我们尊重“本然的哲学史”，可惜我们已经回不到当时的语境，无法照着讲，只能接着讲，按当代人的理解方式讲。

笔者主张摆脱“两军对战”的困扰，捕捉中国哲学自身的基本问题。我们的先哲有独特的问题意识，早就把天人关系视为哲学基本问题，简称天人之辨。诚如司马迁所说，哲学家的责任就是“究天人之际，通古今之变，成一家之言。”（《报任安书》）我们的先哲不像西方人那样看重主客关系，也不像印度人那样看重此岸与彼岸关系，考察天人之辨才是中国哲学的特色之所在。考察天人之辨的大思路是天人合一：天是人眼中的天；人以天为存在环境。天和人结成一个整体。二者统一起来的哲学依据，就叫作“一”，或者本体。至于何者为“一”，或何者为本体，先哲看法不一，由此构成中国古代哲学史的丰富内涵。先哲不关心人的视野之外的世界，故而没有形成西方哲学中那种解释世界的传统。与西方哲学相比，中国哲学在自然观方面不够发达；与印度哲学相比，中国哲学在宗教观方面不够发达。中国哲学有别于自然哲学，也有别于宗教哲学，其实是一种人生哲学。中国哲学始终围绕着人生问题展开，以怎样做人为主题，时刻关注着属于人的世界。至于是否存在着无人的世界，则没有兴趣。在先哲的眼里，世界只有一个，并不与人外在。

（一）源头

在人类文明史上，哲学并不是第一形态，而是继原始宗教观念之后产生的第二形态。原始宗教作为第一形态，比哲学早得多，远古时代就产生了，无法追溯到起点。原始宗教早于中国哲学接触到天人之辨。远古时代生产力水平低下，人对自己没有信心，想象人会受到天神的控制，人不过是天神的附属物而已。基于这种观念，原始宗教看待天人之辨，自然会把天神置于首要位置。“天者，颠也。”人必须听命于天神，听命于至高无上的主宰者。据记载，“殷人每事卜”。凡遇到结婚、出兵等重大事情，必须向天神请示。请示的方式就是占卜。根据龟板上裂纹的走向判断吉凶，叫作“占”；根据用蓍草算卦的结果判断吉凶，叫作“卜”。目前出土的甲骨文，大部分是关于占卜的记录。由于中国人很早就发明了牛耕和铁制农具，生产力水平大幅度提升，允许一部分人脱离生产过程，专门从事脑力劳动，遂为哲学问世提供必要前提。中国哲学大约产生于公元前五世纪，也就是老子和孔子生活的时代。哲学家重新审视天人关系，遂从原始宗教中提炼出哲学意义上的天人之辨。在原始宗教视域中，天是主动的一方，人是被动的一方；而在哲学视域中，人是主动的一方，天是被动的一方。

春秋末期在中国思想界出现了一股强大的无神论思潮，对原始宗教形成猛烈的冲击。一些思想家开始对天神的权威表示怀疑，把目光从对天神的关注，转向对人的关注。公元前 714 年，季梁说：“夫民，神之主也，是以圣王先成民而后致力于神。”（《左传·桓公六年》）他所说的“主”，是凭借的意思。他认为民众对于国家来说要比天神重要，因为民众才是天神的依凭、寄托。就重要性而言，民众是第一位的，而天神是第二位的。尽管他没有否定天神的存在，但毕竟把天神降到次要的位置。公元前663年，史嚚发展了季梁观点，进一步指出："国之将兴听于民，将亡听于神"（《左传·庄公三十二年》）。他把重视民众还是重视神，提到关乎国家兴亡的高度，把"听于神"与亡国联系在一起，对天神的权威无疑是极大的贬抑。在无神论思潮的冲击下，原始宗教悄然退场，没能从中发展出有组织的宗教。后来的道教是佛教传入后形成的，与原始宗教无关。中国哲学一经产生，便获得独立身份，没有像西方那样成为神学的婢女。中华民族早就在哲学意义上探讨天人之辨，宗教意识相对其他民族淡漠得多。这在人类文明史上是一种罕见的现象。

郑国的子产率先触及哲学意义上天人之辨。据史书记载，郑国曾发生过一场火灾，下属请求子产采纳占星术者裨灶的建议拜祭天神，以求火灾不再发生。子产表示反对，他的理由是："天道远，人道迩，非所及也，何以知之？灶焉知天道。"（《左传·昭公十八年》）在子产的眼里，天道是遥远的事情，而人道则是切近的事情，两者未必是一回事，裨灶怎么会知道天道一定能干预人事呢？他把天道与人道区分开来，显然用哲学的、理性的眼光看待天人之辨。可惜，我们读不到子产的著作，还不能断定他的哲学家身份。

堪称第一代哲学家的中国人有三位：一位是道家的开创者老子，他给我们留下的哲学著作叫《老子》或称《道德经》；另一位是儒家的开创者孔子，他的言行被弟子记录下来，汇成《论语》一书；再一位是墨家的开创者墨翟，墨家学派集体所著书，用《墨子》命名。这三位皆以天人之辨作为哲学思考的起点。

老子从正面出发，推倒天神的权威，大力倡导"道"这种哲学理念。《道德经》的开篇写道："道可道，非常道。"（《老子》第一章）老子认为，世界终极的原因，不在于天神，而在于"道"。以前人们总以为一切事情都是天神说了算，老子推翻了这种传统观念，强调在天神之上还有一个"道"。他用一种理性的权威取代了神性的权威，开启了讲哲学之路。他指出，对于道来说，

“吾不知谁之子，象帝之先”（《老子》，第四章）。“象”就是仿佛的意思。在老子看来，天神即便真的存在的话，在道的面前也不过是晚生后学，因为再没有什么因素比道更为原始的了。道就是宇宙万物的老根、老母、本原。老子强调，道并不是某种具体的存在物，而是抽象的普遍原理。从本原的意义上说，道是万物的始基；万物自然而然地从道产生出来，同有意志的造物主无关。道虽促成万物，但“成功事遂”，“万物归焉而弗为主”（《老子》，第三十四章），不会以造物主自居。老子的这些论述清楚地表明：他的天道观在中国哲学史上具有划时代意义，标志着哲学对原始宗教的胜利，标志着理论思维繁荣的时代真正到来了。

如果说老子以“天”为切入点，拉开了哲学的一扇门，那么，孔子则以“人”为切入点，拉开了哲学的另一扇门。他重新认识人，重新解释人，把人从天神的重压之下解放出来。孔子也很看重道，甚至看得比生命还重要，曾表示“朝闻道，夕死可矣。”（《论语·泰伯》）老子所说的道，关乎天人之辨，但把侧重点放在天道方面；孔子所说的道也关乎天人之辨，侧重点却放在人道方面，强调道就是人们必须遵守的行为准则。所以说“人能弘道，非道弘人”（《论语·卫灵公》）人道的基本内容就是“仁”，孔子教导弟子说：“君子无终食之间违仁。”（《论语·公冶长》）正人君子时时刻刻都不能违背仁道。仁集中表现在两方面：一是要严格地要求自己，“苟志于仁矣，无恶也”（《论语·里仁》）；二是要宽容地对待他人，“己欲立而立人，己欲达而达人”（《论语·雍也》），“己所不欲，勿施于人。”（《论语·颜渊》）这就是孔子“一以贯之”的忠恕之道。我们姑且不去评论孔子仁学该怎么评判，仅从孔子考察人道的思维方式看，可以发现他没有从天神那里寻求人道，而是从人自身寻求人道，采取的是理性的考察方式。他通过彰显人道的途径，也达到了哲学意识自觉的水准，可以说与老子殊途同归。

与儒家并称为显学的墨家，也在寻找讲天人之辨的哲学思路。按照墨家的解释，人应该遵守“圣王之道”，其中包含兼爱、尚贤、尚同、节用、节葬、非乐、非命、非攻、尊天、明鬼等十项内容。墨家虽然在形式上承认

“天志”，但不认为天神有凌驾于人之上的权力。凭时而论，天志就是“人志”，不过借用天的名义而已。墨子的人道观同蔑视人、压迫人的原始宗教格格不入，旗帜鲜明地倡导“非命”主张。他指出：“命者，暴王所作，穷人所述，非仁者之言也。”（《墨子·非命下》）照墨子看来，原始宗教有悖于“圣王之道”，理当予以清除。墨家把“天”和“命”拆开来看，只保留“天”形式，但更新其内涵；对于“命”，则坚决否定。墨家的批判意识建立在理性主义基础之上，表明他们也以自己的方式达到了对于理论思维的自觉，也在重新探讨天人之辨，踏上哲学之路。墨子同老子、孔子一样，同为中国哲学的奠基人。

（二）演化

天人之辨虽然是中国哲学的基本问题，但并非一成不变。随着历史的发展和语境的变迁，天人之辨作为中国古代哲学基本问题，仅仅是提供一个主线，并不限制由此演化出的各种具体问题，给了后来哲学家自由思考的空间。

1. 先秦时期：人为重点

春秋战国时期中国社会出现大动荡、大分化、大改组局面。西周其实是由八百多个小邦组成的联合体，并不是统一的王朝。周王室只能在周边有限的区域行使权力，管不了离首都远一点的地方。春秋初期，这一松散联合体开始向真正的“大一统”王朝靠拢。这种变化是残酷的，各国战事频仍，相互攻伐，诸侯们皆以“天下”为争夺对象，但呈现出从多元走向一元的发展趋势。在这种语境中，哲学家探讨天人之辨，自然会以人为重心。这是天人之辨的第一次变化。由于社会处在分裂状态，全中国没有统一，哲学家可以自由地游走，自由地思考，故而诸说林立，呈现出学术繁荣、诸子蜂起、百家争鸣的景象。哲学家们通常用“乱世”二字形容自己所处的时代，憧憬着各自心目中的治世。道家向往的治世奉行个体性原则。老子主张自然的天人合一，主张建立“小国寡民”的社会。在这种治世里，人们皆以“婴儿”相待，返璞归真，互不干预，相安无事，“老死不相往来”。如果这种治世得以实现，乱世局面一定会扭转，纷争现象自然会消除。道理很简单，两个襁褓中的婴儿，永远不会打架。儒家心目中的治世，奉行群体性原则。孔子不认为人与人之间是“婴儿”关系，而是“兄弟”关系，“四海之内，皆兄弟也。”（《论语·颜渊》）他主张以仁为纽带，把众“兄弟”联络成和谐的群体。在这个群体中，人们相亲相爱，相互照应，相得益彰。墨家也看重人的群体性，主张“兼相爱交相利”；法家虽认同人的群体性，却极力奉劝君王采取暴力手段，强行把中国统一起来，建立专制主义中央集权国家。

2. 两汉时期：天为重点

天人之辨的第二次变化，出现在两汉时期。经学家探讨天人之辨时，不再以人为重点，转向以天为重点。他们心目中的天，就是中央集权制国家的表征。董仲舒宣称：皇帝受命于天，“立于生杀之位，与天共持变化之势。”（《春秋繁露·王道通三》）刘氏王朝再次统一中国之后，放弃了秦朝奉行的法家政策，开始在法家之外寻求治国谋略。汉初皇帝一度选择主要来自道家的黄老之学，虽收到“无为而治”的效果，但也造成“尾大不掉”的弊病，甚至威胁到中央集权制度。汉武帝刘彻遂放弃黄老之学，采纳儒者董仲舒的建议，罢黜百家，独尊儒术，把儒家扶植到官方哲学的位置。儒学变身为官方哲学以后，被称为经学，有“大经大法”的意思。儒学变为经学，既有有利的一面，也有不利的一面。有利的一面在于可以借助皇权的力量扩大学术影响；不利的一面在于只能充当皇权的御用品，从而限制了学术的发展。中国皇帝比西方的皇帝霸道得多，不但是政治上的专制者，而且也是文化上的专制者。经学遇到了问题，都要皇帝出面协调拍板。在中国，儒学虽没成为神学的婢女，却不幸成了皇权的婢女。经学家只能在皇权的笼子里跳舞，说一些皇帝喜欢听的话，说一些维护“大一统”的话。经学家把天人之辨的重心由人转移到天，目的在于为皇权的合法性提供理论依据。

3. 玄学：从形象到抽象的体用之辨

天人之辨的第三次变化，出现在魏晋时期。玄学家不再像经学家那样关注天，从天人之辨引申出更为具体的体用之辨。玄学淡化了哲学的政治色彩，试图寻找到精神生活支柱。到魏晋时期，刘氏王朝实际上已经崩溃，中国社会再度陷入分裂状态。刘氏王朝皇帝供奉的“天”已经塌了，依附于皇权的经学随之也陷入了危机，再也没有人愿意谈论天的话题了。“天”已经变了，不再能支撑精神世界，必须另辟蹊径。在这种情况下，玄学应运而生了。由于当时无人能约束思想界，玄学家不必像经学家那样在皇权的笼子里跳舞，又寻回自由思考的乐园。玄学可资利用的资源，除了儒家还有道家，可谓是儒道两家的整合：在解释何者为“体”的方面，他们利用了道家的资源；在解释何者为“用”的方面，则利用了儒家的资源。按照经学家的解释，天是有形象的天，与人属于同类：天无非是放大了的人，而人是缩小了的天。天凌驾在万民之上，二者构成一种外在的合一关系。玄学家试图把这种外在的合一关系转化成内在的合一关系。在玄学家看来，天与人结成一个整体，皆以抽象的本体为支撑点。玄学家虽然关注的是体用之辨，但骨子里并没有放弃天人之辨。在玄学家那里，“体”对应着“天”，“用”对应着人，体用之辨同天人之辨兼容。所谓“用”，是关涉人的价值观念。只有对人的行为才谈得上“用”，至于非人的活动，无所谓“用”或“不用”。“用”是中国哲学特有的范畴，与西方哲学中的“现象”不是一回事。玄学家只讲到本体的抽象层面，但未讲到本体的超越层面。无论王弼推崇的“无”，还是裴頠推崇的“有”，抑或郭象推崇的“独化”，都是抽象的本体，而不是超越的本体。玄学家从“用”中抽象出“体”，却无法把“体”还原到“用”，充当不了精神支柱。在这种情况下，佛教抢走了玄学的风头，致使玄学迅速离场。佛教把本体叫作真如，接着玄学抽象性的话题讲到超越性，在中国获得长足发展，形成中国的佛教宗派。

4. 中国佛教宗派：从抽象到超越的彼岸此岸之辨

天人之辨的第四次变化，出现在中国佛教宗派形成的时候。中国历来的世界观都承认一个世界，并对其真实性深信不疑，玄学也不例外。在一个世界的架构中，找不到超越之处，玄学家讲到抽象本体，走不下去了。中国人原本没有超越理念，这种理念是从印度佛教中引进的。印度人与中国人不同，相信世界有两个：一个是众生所在的世界，叫作此岸；另一个是诸佛所在的世界，叫作彼岸。此岸是虚假的，彼岸才是真实的。真如本体不在此岸，而在彼岸；超越就是设法从此岸跳到彼岸。这是一种外在超越的思路。中国人虽接受了佛教的超越理念，却不认同印度人的思路，自觉或不自觉地将此岸彼岸之辨纳入天人之辨，使二者变成兼容关系。中国佛教宗派把彼岸看作天，把此岸看作人，强调此岸和彼岸的整体性，重拾天人合一的路径。称实而论，不是中国被佛教化，而是佛教被中国化，标志就是中国佛教宗派的形成。华严宗强调此岸和彼岸都是整体的两面，不能截然分割。“一即一切，一切即一。”此岸就是彼岸，烦恼就是菩提，生死就是涅槃，二者“圆融无碍”。禅宗认为众生与诸佛只是一念之差：“前念迷即凡夫，后念悟即佛；前念著境即烦恼，后念离境即菩提。”（《坛经·般若品》）他们虽不反对此岸与彼岸的划分，但已向一个世界靠拢，离走出佛教仅差一步之遥了。

5. 宋明理学：由超越到内在的理事之辨

天人之辨的第五次变化，出现在宋明理学产生以后。中国佛教宗派虽已达到走出佛教的边缘，但碍于信徒的身份，无法再走下去了。真正突破佛教领域的哲学家群体，非宋明理学家莫属。他们放弃此岸彼岸之辨，转向理事之辨，并达到中国古代哲学的最高峰。理事之辨其实是天人之辨的具体化：理对应着天，事对应着人。因为只有人参与的活动才能叫作事，单纯的活动不能叫作事。理事之辨同中国佛教宗派有渊源关系，华严宗早于理学家提出“理法界”“事法界”等观念。理学家吸收中国佛教宗派的思维成果，把超越理念提升到哲学层面，建构起理想的精神境界，以此为安身立命之地，找到内在超越的路径。理想境界不在世界之外，与外在的宗教超越不同，只是一种内在的哲学超越。他们看重超越性，更看重内在性。相对来说，程朱侧重于超越性，陆王侧重于内在性，二者互补：内在超越是他们的共同主张。理学家终于把儒学从政治哲学提升到人生哲学。传统儒学为官吏说法，试图回答如何治国的问题；宋明理学则为大众说法，试图回答如何做人的问题。在他们看来，做人不必羡慕佛或仙，做儒家的圣人就足够了。王阳明指出，做圣人同社会地位高低无关，因为这里有机遇问题，不取决于个人是否努力；做圣人也同能力大小无关，因为这里有天赋问题。嗓子不好，无论怎么练也成不了歌唱家。唯独做圣人，不受任何限制。做圣人犹如炼金子，不在于分量如何，而在于成色怎样。他把“德”与“位”区分开来，把“德”与“能”区分开来，极言“满街都是圣人”。

（三）启迪

旧著中国哲学史教材主要存在三个弊病：一是用外来的问题遮蔽中国自身的哲学基本问题，忽视了天人之辨。所谓中国哲学史，却造成中国缺位；二是缺乏问题意识和理论分析，无法起到锻炼理论思维能力的作用，造成哲学感缺位；三是看不到中国哲学的发展过程，把中国哲学史变成“点”的集合，没有找到“线”的联系，造成历史感缺位。要想解决上述三个“缺位”，有必要回到中国哲学自身的基本问题——天人之辨。

同马克思以前的西方哲学相比，中国哲学的论域比较宽。西方人的主流观念曾经是上帝创造世界，往往把哲学限制在解释世界方面，遂以物质精神之辨为基本问题。中国哲学不是这样。由于中国没有创世说，自然不会涉及物质精神之辨，有天人之辨作为哲学基本问题就足够了。中国哲学的论域比较宽，尽管涉及宇宙本原问题，但并不以此为核心话题。按照冯友兰先生在晚年的说法，中国哲学的论域不是一个，而是三个，即宇宙、社会和人生。

宇宙是人生活于其中的客观环境，用中国哲学的术语说，就是天。社会是群体的生存方式，人生是个体的生存方式，二者加在一起，用中国哲学的术语说，就是人。对于中国哲学来说，能涵盖三个论域的哲学基本问题，不可能是物质精神之辨，只能是天人之辨。中国哲学家提出问题的方式跟西方哲学家不一样。西方哲学追问："世界从哪里来？"故而提出本原、本质、本体、第一原理等话题。有的哲学家侧重于物质的进路，有的哲学家侧重于精神进路，于是物质精神之辨遂成为西方哲学中的基本问题。中国哲学家没有把世界看成判断的客观对象，只是看成人生存的环境、场景，故而没有像西方哲学家那样把世界对象化。中国哲学家从不过问"世界从哪里来的？"只关心"人与世界的关系怎样？"这种追问虽然涉及"本原"问题，但主要还是"本然"问题，即真实的世界究竟如何？人应当如何应对这个世界？出于这种思考，自然会选择天人之辨为哲学基本问题。

我们说天人之辨是中国哲学的基本问题，绝不是强加的，有充分的历史根据。《周易·乾卦·象传》上说："天行健，君子以自强不息。"作者显然围绕着天人之辨讲：第一句说的是天，第二句紧接着说的就是人，意思是天和人遵循共同规则。"健"和"自强不息"一样，都有"动"的意思。庄子说："知天之所为，知人之所为，至矣。"（《庄子·大宗师》）《中庸》写道："思知人，不可以不知天。"都是表示关注天人之辨。司马迁所说的"究天人之际"，同天人之辨是一个意思。他所说的"际"，就是"关系"的意思。如何看待天人之辨，是每个先哲必须面对的哲学基本问题，历代哲学家都十分重视。邵雍说："学不际天人，不足以为之学。"（《观物外篇》）他这里所说的"学"，显然不是指科学方面的知识，而是指哲学方面的知识。戴震也说："天人之道，经之大训萃。"（《原善》卷上）天人之道就是指天人之辨。总之，从原创期到展开期，再到高峰期，天人之辨贯彻始终，称其为基本问题，实至名归。天人之辨对于中国哲学犹如灵魂一样，不抓住这个问题等于没有抓住灵魂。

旧著教材好像不是中国人自己写的，仿佛出自外国人手笔。外国人戴着有色眼镜，远远地看中国，弄不清楚真相如何。旧著教材硬说中国哲学史上有“两军对战”，武断地将一些人列入唯心主义阵营，将一些人列入唯物主义阵营。老子、庄子、孔子、孟子、董仲舒、华严宗、禅宗、二程、朱熹、陆九渊、王阳明等大部分有重大历史影响的哲学家统统被打成“唯心主义者”，变成被否定、被批判，甚至被打倒的对象。如果这种观点能成立的话，中国还有什么优秀传统文化可言？那些被列入唯物主义阵营的哲学家，也是莫须有的编造。以王夫之为例，他虽躲在瑶民居住区写了大量著作，可惜大部分没有印成书，几乎没有什么影响。在他去世二百多年以后，曾国藩得势。为了给湘人提气，曾氏才把王夫之的著作全部出版。王夫之生前默默无闻，去世后竟被封为“史上最大的唯物主义者”。若他地下有知，绝不会接受如此称谓。物质精神之辨本来与中国人无关，天人之辨才是中国哲学的灵魂。我们探讨天人之辨，得到的第一点启迪就是：重写中国古代哲学史必须牢牢抓住中华民族的主体性，考察中华民族思维建构过程。中国哲学史再也不能没有中国了！这是我们得到的第一点启迪。

第二点启迪是：重写中国古代哲学史必须树立问题意识，解决哲学缺位的问题。恩格斯对哲学史很重视，强调研究以往哲学是锻炼理论思维的唯一途径。旧著教材只罗列人名，堆砌事件，从不做问题分析，哪里能起到锻炼理论思维的作用？读了旧著教材，我们仿佛看到“两军”在那里打架，至于为什么打架，知其然不知所以然。称实而言，哲学史本不该只是叙事，更应当注重问题的提出或提问题方式的改变。只有这样的哲学史读本才会帮助读者锻炼理论思维能力。没有问题意识，不可能写出哲学史，不可能使理论思维得到锻炼。

天人之辨是中国哲学的基本问题，但并非僵化的问题，允许后代哲学家根据时代的变迁，将其转化为具体的问题。具体问题与基本问题兼容，二者并不矛盾，表明人们对天人之辨的认识不断深化。先秦重点是人，汉代的重点是天，玄学的具体问题是体用之辨，中国佛教宗派的具体问题是彼岸此岸之辨，宋明理学的具体问题是理事之辨，都未曾离开过天人之辨。至于天人之辨为什么会不断变化，编写者必须给出解释、讲出道理来。能否使读者信服，那就要看编写者的本事了。

得到的第三点启迪是：重写中国古代哲学史必须揭示发展过程，解决历史缺位的问题。旧著教材视物质精神之辨为唯一问题，只能按朝代更迭顺序叙事，结果弄得内容繁杂臃肿，篇幅很长，却没有历史感。旧著教材只孤立地交代一个个知识点，至于点与点之间有什么联系，没有交代。没有线，当然也就没有历史感可言，谁能根据一个问题写出历史来？读旧著教材跟读字典一样，只能得到平板化的画面，得不到立体化的历史感。

天人之辨跟物质精神之辨不同，它虽是中国哲学基本问题，但不是唯一问题。它只为我们提供一条基本线索，可以沿着这一线索展示中国古代哲学史的丰富内容，找出发展过程的关节点，找出问题变迁的原因。旧著教材一般都按朝代更迭顺序表述，也对中国哲学史自身节奏造成遮蔽。哲学发展史同朝代更迭没有必然联系，不能把二者搅在一起。如果按照中国古代哲学发展过程来看，可划分奠基期、展开期、高峰期三个阶段。奠基期以“百家争鸣”为特征，展开期以“三教并用”为特征，高峰期以“理学行世”为特征。比较按阶段和按朝代两种写法，前者是不是更有历史感呢？

根据对天人之辨的理解，笔者试图重写中国古代哲学史，出版了两本《通史》。一本是《中国古代哲学通史》，四十余万字，2016 年中国青年出版社出版；另一本是《中国近现代哲学通史》，也四十余万字，2022 年中国社会科学出版社出版。两本书互为姊妹篇，表达笔者对中国哲学史的总体把握。至于拙著是否贴近“本然的中国哲学史”，还请读者评判。

（原载《学术界》2023 年第 4 期）

四、哲学是单数吗？——兼论中国哲学史学科建设的前提

那些质疑“中国哲学合法性”的人，迷信单数哲学观，拒斥复数哲学观，以为只有一种哲学具有合法性，那就是西方哲学。除此之外，任何哲学形态

概“不合法”，中国哲学也不例外。这是一种典型的虚无主义观点，粗暴地否认中国哲学史学科的存在，我不以为然。如果他们的观点能成立的话，叙写中国哲学史不啻“非法行为”。他们弄得中国哲学连“合法性”都没有，消解中国哲学史存在的前提，学科建设还从何谈起？

教条主义者也迷信单数哲学观。建国后很长时期，他们把持话语权，迫使中国哲学史教科书的编纂者必须按照“两军对战”操作。编纂者唯一能做的事情，似乎就是划分某某哲学家是唯物主义者，某某哲学家是唯心主义者，完全消解了中国哲学史的特色。现在看起来，这样的教科书确实有重写的必要。如何重写呢？我认为，必须从摒弃单数哲学观做起。必须破除“哲学只有一种”的旧观念，树立起复数哲学观。只有承认哲学形态有多样性，才能写出名实相符的中国哲学史。

（一）从哲学三义说起

迷信单数哲学观的人，以为哲学有一个“标准的定义”。用这种“定义”做准绳，似乎就能区分哪些哲学合法、哪些哲学不合法了。无奈人们根本没法给出关于哲学的定义。对于哲学家来说，“何谓哲学”可能是最难回答的问题。在关于哲学的诸多说法中，有三条得到大多数人的认可。这三条都说明：哲学应当是复数，而不是单数，根本无法找到所谓定义。

第一条是哲学的原初义。在古希腊语中，哲学叫作“爱智慧”，音译“菲拉索菲”（philosophy）。“爱智慧”是个含混的说法，其实是一句动宾结构的短语，并非一个词。“爱”是谓词，表示“追求”的意思。每个人都可以成为智慧的追求者，但谁都不是智慧的占有者。一个哲学家在历史长河中的某个阶段取得一些成果，但并没有给出终极答案。哲学作为“爱智慧”，永远在途中，这个过程不会完结。“智慧”是宾词，泛指人类取得的一切思维成果。在古希腊，哲学包括关于世界的总体认识，也包括古代尚不够成熟的科学在内。那时哲学是“一切学之学”，是一门包罗万象的学问。该短句隐去了主语，那就是人。说全了应当是“人爱智慧”。这个人，显然不是抽象的人，而是具体的人即属于某民族的人。他可能是西方人，也可能是中国人。任何民族的人都有进行哲学思考的权利，这就决定哲学必定是复数，不是单数。

哲学的原初义表明，示爱的主体多种多样，各民族的人对世界总体的领悟绝不会相同。换句话说，哲学是人类的公产，不是西方人的专利。示爱的方式也多种多样，因民族而异。西方小伙子可以用弹吉他的方式求爱，中国小伙子何尝不可用唱山歌的方式求爱？古代中国虽然没有“爱智慧”的提法，但有类似的主张。如“弘道”“穷理”“通几”“求是”，等等，统统表达了“爱智慧”的意思。在中国文献中，“哲”本身就有“智慧”的意思。《尚书·皋陶谟》说：“知人则哲”，《尔雅·释义》说：“哲，智也”，孔子说：“哲人其萎”，都涉及“哲”字。日本学者西周把希腊语“菲拉索菲”译成“哲学”很贴切，故而很快得到中国学者的认同。中华民族“爱智慧”由来已久，中国哲学史学科完全可以成立。那种质疑“中国哲学合法性”的论调，可以休矣。

在西方哲学界，单数哲学观相当流行。例如，海德格尔认为，哲学只有一种，那就是西方哲学。他觉得在“哲学”前面加上“西方”二字，完全多余，因为只在西方才谈得上哲学，其他民族一概谈不上哲学。这是一种典型的霸权话语，并不符合哲学原初义。

教条主义者推崇单数哲学观，致使中国哲学史领域沦为重灾区。他们主张以“两军对战”为尺度，致使中国哲学史变成唯心主义和唯物主义交战的战场。人们不能不疑惑：如果哲学史只有“两军对战”，永远不出现新问题，不出现提问方式的转换，怎么可能体现历史感呢？依照单数哲学观写出来的教科书，只提供一幅僵化的画面，弄得中国哲学史出现中国缺位、哲学缺位、历史缺位的情形。

教条主义者自己迷信“两军对战”，却把责任推给恩格斯。恩格斯的确说过：“全部哲学，特别是近代哲学的重大的基本问题，是思维与存在的关系问题。”我认为，恩格斯这里所说的“全部哲学”，绝非泛指一切哲学，仅指德国古典哲学，绝不能以词害义。这段话出自《路德维希·费尔巴哈和德国古典哲学的终结》，全书皆围绕德国古典哲学展开，怎会泛论任何哲学呢？思维和存在的关系或者物质和精神关系问题，只能在基督教创世说语境中才会提出。当时德国正面临这种语境，故而恩格斯将此叫作基本问题。恩格斯没有专门研究过中国哲学，没有专门研究过印度哲学，没有专门研究过阿拉伯哲学，等等，怎么可能泛泛而论呢？恩格斯的这段论述，显然不适合中国哲学，因为中国古人根本没有创世说观念。把经典作家在具体语境中所作的具体论断，当成抽象的万能公式到处乱套，不正是教条主义者的惯用伎俩吗？他们迷信单数哲学观，跟恩格斯毫不相干。

第二条是哲学的后起义，称哲学是“关于世界观的学问”。这种看法在近代西方哲学界相当普遍。在西方近代，各门科学纷纷从哲学母体中独立出来，方显出哲学的本来意义。哲学同科学各有分工：科学是关于物质世界局部的学问，哲学是关于世界总体的学问。

哲学所说的“世界”，既关涉物质世界，也关涉精神世界。对于物质世界，人们可以达成共识：人类毕竟只有一个地球，拥有共同家园。至于精神世界，由于同民族性格密切相关，很难达成共识。从“哲学是关于世界观的学问”的说法，也印证了哲学是复数的道理。哲学的认知方式同科学相比，困难在于无法与世界对象化。人永远是世界中的演员，而不是世界的观众，无法在世界之外找到观察点。人与世界同在，如同理发师不能给全村人理发一样。哲学世界观中的“观”字，显然不是观察意义上的“观”，只能是观念意义上的“观”。能提出关于世界总体观念的人，就可以称为哲学家。在这里，“观”的主体是多，“观”的方式也是多。无论怎么看，哲学都是复数。中国哲学位列其中，可谓顺理成章。中国古人提出一系列关于世界总体的观念，如道、气、万物、宇宙、大全、大有、大一、大化、本体、无极、太极、天理，等等，怎么就不能称为哲学家呢？中国哲学家往往把世界观同人生观合在一起讲，既能安顿物质世界，也能安顿精神世界，乃是中国人须臾不可离的理论指南。

张岱年先生早就意识到哲学是复数，认为哲学不是特称，而是类称。哲学不是“某门”学问，而是“某类”学问。无论西方哲学，还是中国哲学，均是哲学大类中的小类，谁都不要以“哲学准绳”自居。每一种哲学形态都有自己的特色，不能把一种哲学形态奉为圭臬，妄议另一种哲学形态。张先生的见解，才是关于哲学的见道语。

关于哲学的第三种说法是罗素提出来的。他没有说“哲学是什么”，只说“哲学不是什么”，采取划界的办法界定哲学的论域。罗素认为，哲学有别于宗教，也有别于科学，乃是介乎二者之间的“无人之域”。哲学的一端连着宗教，可是宗教只关切精神世界问题，不关切物质世界问题；哲学的另一端连着科学，可是科学只关注物质世界的局部，不关注精神世界。哲学对物质世界和精神世界都关注。罗素承认哲学的多样性，没有把中国哲学排除在外。中国传统文化显然不能称为宗教，因为宗教在中国并不发达。早在公元前五世纪，中国就出现强大的无神论思潮，把原始宗教消解掉了，使之没有机会发展成有组织的宗教。佛教在公元一世纪才传进中国，比中国哲学形成差不多晚了半个世纪。由佛教催生道教。尽管二教的影响一度较大，最终还是被儒家压倒了。大多数中国人并不是教徒，而是儒家的信奉者。中国传统文化也不能称为科学，因为科学在中国并不受重视。古人往往把科学视为“小体之知”或“闻见之知”。如果按照罗素的说法，称中华传统文化为哲学最合适。中华民族天生就是一个爱好哲学思考的民族。中国人协调人际关系，靠的是哲学伦理学，不是宗教伦理学。大多数中国人没有“下辈子”的观念，相信此生此世就可以内在超越、自我完善。中国哲学始终是中华民族不可或缺的精神支柱。

（二）据哲学三性评判

哲学除了三义，还有三性，即民族性、人类性和时代性。从三性中任何一条看，哲学不是单数，而是复数。要想建构有特色的中国哲学史学科，摒弃单数哲学观、树立复数哲学观势在必行。

单数哲学观的第一项误导，在于抹杀哲学的民族性，无视中国哲学史的学科特色。按照单数哲学观，天下的哲学都一样，犹如在黑夜中看牛都是黑的。我不认同这种观点，主张白天看牛。遵照复数哲学观，犹如在阳光下看牛，会发现牛有黄色的，有花色的，颜色多种多样。哲学同民族性密切相关，这正是哲学与科学不同的地方。科学与民族性的关联很小，甚至可以忽略不计。例如，全世界有一门物理学就够了，不必再区分什么英国物理学、法国物理学或美国物理学等等。哲学则不然。哲学以世界总体为对象，其中既包含物质世界，也包含精神世界，而且不能对象化，人们所见自然有分歧。这意味着哲学形态多种多样，必定构成复数。

世界上可以有“只是科学的科学”，却没有“只是哲学的哲学”。世界上有多少种民族，就可能有多少种哲学。在哲学前面，必须加上一个前缀作为限制语，如法国哲学、英国哲学、美国哲学、中国哲学等等，表明每种哲学都有特性，相互区别开来。各种哲学形态可以相似，但不会相同。法国哲学同英国哲学的风格不一样，印度哲学和中国哲学也不一样。人们找不到风格完全相同的两种哲学，犹如找不到完全相同的两片树叶。在精神世界中，人们无法达成共识，思维毕竟具有至上性。

民族的多样性决定哲学形态的多样性。如果不了解该民族的独到之处，自然无法了解该民族的哲学特色。教条主义者迷信“两军对战”，必然造成该民族哲学特色的缺位。世界上只有带民族性的具体哲学，没有不受民族性约束的抽象哲学。出于对哲学民族性的尊重，我力主树立复数哲学观，找到中国哲学史学科建设的前提。

单数哲学观的第二项误导，在于任意夸大哲学的人类性，使之脱离具体哲学形态的特殊性而变成单一性。由于每种哲学形态都是哲学大家族中的一员，当然具有共同性、可交流性。语言是哲学的家。既然语言有人类性，可以相互翻译，那么，哲学的人类性也毋庸置疑了。各种哲学形态可以相互借鉴、相互交流、相互启发，但不可以相互替代。哲学的人类性作为共相，每每通过殊相表现出来。共相和殊相原本统一，却被教条主义者割裂开来。他们夸大共相，否定殊相。在他们的误导下，无论写中国哲学史，还是写西方哲学史，都得依照“两军对战”模式。中国哲学史教科书的编纂者似乎除了划成分、戴帽子，其他事情则一概不管。读这样的教科书，能起到锻炼理论思维的作用吗？在教条主义者误导下，中国哲学史领域一片萧条。在长达几十年的时间里，几乎没有人以个人名义发表有学术价值的文章。集体编写的中国哲学史教材没有完工，集体编写的中国哲学史资料选辑也没有完工，都成了半拉子工程。

单数哲学观的第三项误导，在于消解哲学的时代性，陷入僵化思维。哲学作为时代精神的精华，必将随时代的发展而发展，永远不会停留在一个水平上。每一时代的哲学都反映每一时代的特色。各种哲学形态走过的发展道路原本不同，可是竟被教条主义者整齐划一，硬把时代性抹除掉。复数哲学观主张具体问题具体分析，具体描述每种哲学形态经历的轨迹。例如，在自然经济时代，西方哲学家喜欢讨论本体论问题；在“上帝创造世界”的语境中，哲学不幸成为神学的婢女。商品经济发展起来以后，西方哲学不再是神学的婢女，成为一门独立学科，哲学家意识到哲学是关于世界总体的学问。近代西方哲学开始阶段热衷于讨论本体论问题，后来则转向认识论问题。中国哲学的发展轨迹与西方不同。由于创世说在中国不占主导地位，哲学从来没有变成神学的婢女。中国古人并不关心世界从哪里来的问题，更关心天人之辨；近代则转向历史观、本体论、知行观、人性观等问题。

教条主义者迷信单数哲学观，完全无视时代变迁对哲学的决定性影响，把“两军对战”看成超历史、超时代、超地域的模式。于是，中国哲学史被大大简单化：唯心主义永远代表错误一方，唯物主义永远代表正确一方，仿佛编纂者的唯一责任就是为唯物主义树碑立传。编纂这样的中国哲学史，究竟有何价值可言？

（三）重写《通史》的尝试

我认为，编纂中国哲学史能否取得成功，前提在于认同单数哲学观，还是认同复数哲学观。事实证明，以单数哲学观为指导，不会取得成功；遵循复数哲学观，才是唯一可行之路。惨痛教训告诉我们，树立复数哲学观乃是关键之所在。

我在大学讲授多年中国哲学史课程，也算有一些心得。我痛感单数哲学观的荒谬，决心返回复数哲学观，重写一部中国哲学史。经过几十年的积累，我以一己之力，终于完成夙愿。我退休之后出版了两本书，一本是《中国古代哲学通史》，中国青年出版社 2016 年出版；另一本是《中国近现代哲学通史》，中国社会科学出版社 2022 年出版。两书前后相继，互为姊妹篇，算是完成了对中国哲学史的全面书写。我在编纂过程中，有三点体会。

第一，撰写中国古代哲学史必须牢牢抓住天人之辨这个基本问题不放，抓住中国哲学史的特色不放。以往用外来问题遮蔽中国哲学史自身的基本问题，遮蔽天人之辨，焉能不造成曲解？中国古人认为世界存在不证自明，无须多言，天人之辨才是哲学基本问题。自从子产提出“天道远，人道迩”命题，古人就开始关注天人之辨，将其贯彻于中国古代哲学史全过程。在公元前五世纪，老子作为道家的开创者，以天道为重点，拉开中国哲学的一扇门。他强调，人在神面前不再处于被动地位，因为人和神都得听命于道。“人法地，地法天，天法道，道法自然。”（《老子》二十五章）孔子作为儒家的开创者，以人道为重点，拉开中国哲学的另一扇门。他强调，人在道面前也并非被动，“人能弘道，非道弘人。”（《论语·卫灵公》）老子和孔子生活在同一时代，同为中国哲学奠基人。司马迁很看重天人之辨，认为“究天人之际，通古今之变，成一家之言”（《汉书·司马迁传·报任安书》）是中国哲学使命之所在。

天人之辨并非一成不变。随着时代的发展，它经过四次变形。但万变不离其宗，始终没有离开初衷。在先秦时期，天人之辨的重点是人。那时哲学家一般都是现实社会的批评者，认为自己处在乱世，应当向理想社会演进，变乱为治。至于理想中的盛世该是什么样，哲学家所见不一。老子主张实行不干预原则，向往“小国寡民”社会，表达了道家的理想；孔子主张实现群体性原则，向往“大同之世”，表达了儒家的理想。儒道两家虽有分歧，其实都寄理想于天，把天当成终极目标。

天人之辨的第一次变形，发生在汉代，重点由人转移到天。汉代再次统一中国后，鉴于秦朝“二世而亡”，皇帝不再延承苛刑峻法，开始另辟蹊径。皇帝为了长治久安，必须调整政治哲学，目光投向法家之外各家。汉儒迎合皇帝的需要，遂把理论重点由人转移到天。他们不再是理想主义者，而是“大一统”的维护者。按照汉儒的见解，秦朝之所以迅速覆灭，同皇帝和万民截然对立有关，必须在二者之间建立起缓冲地带。这个缓冲地带就是“天”。于是，汉儒把秦朝的二维结构，变为三维结构，即天、皇帝、万民。汉儒是“天”的崇拜者，把“天”放在首位。按照董仲舒的说法，“天”堪称“曾祖父”，乃是人类的共同祖先，包括皇帝在内。他们把皇帝叫作“天子”，希望“天”对皇帝有所约束。“天”仿佛是条纽带，把万民同皇帝联系在一起。由于皇帝与万民属同类，自然不能对万民太刻薄，否则将招致“天”的谴告。汉儒眼中的“天”，有浓重的政治哲学色彩。他们毕竟把皇帝从老大的位置拉到“天”之下。尽管宣扬君权神授理论，但毕竟也为万民发声，带有民本主义色彩。

天人之辨的第二次变形，发生在魏晋时期，从天人之辨衍生出体用之辨。东汉衰微后，玄学崛起。玄学家把先秦与汉代的天人合一说，从外在合一升华为内在合一。内在合一需要用本体作为理论支撑。于是，“何者为本体”便成了玄学家最关切的问题。玄学家们对本体的看法不尽一致。王弼主张贵无论，裴頠主张崇有论，郭向主张独化论。玄学家所说的“体”，利用道家的资源；所说的“用”，却指向儒家伦理应用。他们只是把儒道两家拼凑在一起，至于如何从“体”引申出“用”，没有拿出办法，理论上不够周延。玄学所说的“体”，对应着天；所说的“用”，对应着人，骨子里还是天人之辨。“用”是中国哲学特有的范畴，因为只有对人才谈得上“用”，对其他事物来说，无所谓“用”。“用”不同于西方哲学中的现象，其实隐藏着人，带有价值意味。由于玄学在理论上不周延，很快被挤出哲学圈外，中国佛教取而代之。

天人之辨第三次变形，由中国佛教完成，以天人之辨解释此岸和彼岸的关系问题。任何宗教都离不开此岸与彼岸的关系问题，中国佛教也不例外。不过，中国人没有按照印度人的讲法讲，而讲出自身的特色。印度佛教强调彼岸对于此岸的超越性，中国佛教则强调彼岸与此岸的整体性。在中国佛教看来，彼岸离不开此岸，此岸也离不开彼岸。换句话说，二者不是对立的关系，而是圆融的关系。华严宗把这种关系叫作“一即一切”，叫作“理事无碍”；禅宗叫作“佛性遍在”。他们的诉求其实还是天人合一，没有离开天人之辨。此岸对应着人，彼岸对应着天。中国佛教学者看重佛教的人间性，强调诸佛离不开众生，净土离不开秽土，菩提离不开烦恼，涅槃离不开生死。《坛经·般若品》说：“前念迷即凡夫，后念悟即佛。”中国佛教同印度佛教相比，风格迥异。中国没有被佛教化，佛教反而被中国化了。

天人之辨的第四次变形，发生在宋代，理学家从天人之辨演绎出理事之辨。他们固然受到华严宗“理法界”“事法界”等观念的影响，但主要还是从儒家自身资源库找根据。他们找到的是理，并以此完成对儒家伦理的本体证明。他们用儒家式的“体”，解说儒家式的“用”，解决了玄学体用两橛的困难。他们使三教合流，把儒家政治哲学发展成人生哲学，达到中国哲学的高峰。理对应着天，又叫作天理；事对应着人，因为只有人参与的活动才叫作事，纯粹的物理活动不能叫作事。

我主张重写中国哲学史应以问题为线索，不必像以往那样按朝代更迭为线索。朝代更迭同哲学发展没有必然联系。我把中国古代哲学史划分为三个阶段。第一个阶段为先秦奠基期，以“百家争鸣”为特色；第二个阶段为汉唐展开期，以“三教并立”为特色；第三个阶段为宋以后高峰期，以“理学行世”为特色。中国古代哲学史是完整的断代史，虽受佛教一些影响，但没有改变独立发展的态势。

第二，撰写近代中国哲学史应当抓住转折时期的特点。1840 年第一次鸦片战争以后，中国社会迈入近代。西方商品经济侵入中国，原有的自然经济逐步瓦解。世界进入中国，中国也走向世界。在新的语境中，中国哲学自然会发生变化，表现出与传统哲学不同的特点，写法也应有所区别。近代先进中国人既能利用固有思想资源，也能利用西方的思想资源。“中西会通”是这一时期的主题词。对于两种资源，近代先进中国人都不照着讲，而是接着讲、讲新意。不伦不类、不中不西，无可厚非，因为那正是近代先进中国人的思维特点。他们利用两源，开创出中国哲学新篇章。近代哲学尚不成熟，带有过渡性质。那时只有思想家，而没有专业哲学家，人们通常把哲学思考混杂在其他思想中。我觉得，没有必要写出每个思想家的个案，关键在于突出中国近代哲学特色。我认为，中国近代哲学的特色在于实现四个转向。

一是历史观转向。传统历史观崇尚变动，倡导自强不息，有精华也有遗憾。遗憾就是缺少发展意识，缺少方向感，容易陷入循环论。传统历史观已不能适应社会发展的需要，必须做出改变。面临列强入侵、中国岌岌可危的情况，先进中国人从西方引入进化论，对传统历史观进行改革。康有为利用固有资源，率先创立“三世进化”论；严复把“天演之学”上升到历史观高度，形成广泛影响；章太炎对直线进化论做出批评，提出“俱分进化”论；孙中山突破庸俗进化论局限，创立后来居上的“突驾”论。在马克思主义传入中国之前，进化论的影响最大。在这种观念指导下，发展、进步、低级、高级、激进、保守等新词，很快流行起来，被人们所接受。

二是本体论转向。在本体论方面，传统哲学侧重价值，可称为价值本体论，而对存在本体论不够重视。近代先进中国人试图弥补这一环节，以适应中国社会发展的需要。他们既在价值论域延承天人合一，也在存在论域认同主客二分。他们直面客观世界，试图为世界存在找到本体论依据。康有为以元为本体，解释万物存在的理由；谭嗣同认为“以太”为存在的本体，突出科学色彩；严复提出“质力相推”学说，将运动和物质范畴引入中国哲学；章太炎创立二重本体论学说，认为价值与存在并重；孙中山吸收他们的理论思维成果和教训，提出进化本体论学说，最后完成本体论由古代到近代的转向。

三是知行观转向。传统知行观比较重视价值理性，称其为“大体之知”或“天德良知”；比较轻视工具理性，称其为“小体之知”或“闻见之知”。在古代科学不发达的情况下，古代知行观也许还行得通；而近代科学昌明，就行不通了。先进中国人对传统知行观加以改造，力求纠正轻视工具理性心理，更新知行观念的内涵。谭嗣同提出“贵知”说，把意志也看成知的内容；严复提出“实测”说，倡导经验原则和逻辑原则；章太炎提出“贵行”说，主张行先于知；孙中山提出“知难行易”说，力求改变“知易行难”心态。

四是人学观转向。由于古代社会实行皇权专制主义制度，子民的观念很流行，甚至有人倡言“天下无不是的君父”。这种观念在近代业已过时，必须更改。先进中国人要求用新人学观念取代子民观念。康有为提出“大同博爱”说，主张“求乐免苦”；谭嗣同提出“冲决网罗”主张，倡导“内外通”；严复提出“合群之道”，主张“鼓民力、开民智、新民德”；梁启超提出新民说，主张变法从造就新民入手；孙中山提出国民说，希望提高人的素质，强化民国的根基。

第三，撰写现代中国哲学史应当把握现代新儒家、中国实证主义、中国马克思主义等三大思潮的问题意识。中国现代从1919年发生“五四运动”算起，到1949年中华人民共和国成立为止，只有30年历史。我把这一时期的哲学叫作现代哲学，主要不是出于政治的理由，而是出于学术上的原因，因为人们确实意识哲学是关于世界观（含人生观）的学问。此前中国哲学史属于广义哲学史，而现代中国哲学史才是狭义中国哲学史。我认为，中国现代哲学史由现代新儒家、中国实证哲学、中国马克思主义哲学等三大思潮组成，并且有各自的问题意识。

现代新儒家思潮分为两个支流，广义新儒家以冯友兰、贺麟为代表。他们走理性主义路线，没有传人，没有形成学派。狭义新儒家以梁漱溟、熊十力、唐君毅、牟宗三为代表，他们或友或师，结成一个学派。现代新儒家的问题意识是：传统价值观能否实行现代转换？他们的答案是肯定的，每个人都以哲学的方式进行论证。

推动中国实证哲学思潮的哲学家，大都有留学国外的经历。由于中国固有哲学没有形成实证主义传统，他们只能谋求同西方实证论接榫。但是，他们并不照着实证论讲，也讲出中国特色，形成现代中国哲学中的一个流派。中国实证哲学思潮经历了三个阶段。在引入期，严复和王国维的贡献最大。他们虽不能称为实证论者，却是中国实证哲学思潮的开山。高峰期以胡适、丁文江为代表。胡适是实用主义者，丁文江是中国马赫主义者。后实证时期以张东荪和金岳霖为代表人物。张东荪走主观主义路线，建构多元主义认识论；金岳霖走客观主义路线，建构中国最系统、思辨性最强的知识论。关于知识如何形成问题，中国实证哲学思潮最为关切，试图弥补中国固有哲学的短板。

中国马克思主义哲学思潮经历三个发展阶段。一是唯物史观阶段，以李大钊、陈独秀为代表，侧重于传播唯物史观。二是规范化阶段，以瞿秋白、艾思奇、李达为代表。瞿秋白最早传播辩证唯物主义，艾思奇撰写关于辩证唯物主义的通俗读物《大众哲学》，李达编写出中国第一本马克思主义哲学教材《社会学大纲》。三是中国化阶段，以毛泽东为代表。毛泽东思想的形成标志着中国马克思主义哲学业已成熟，出色地把马克思主义同中国社会实践结合起来。郭沫若、侯外庐也为马克思主义同中华优秀传统文化相结合做出很大贡献。与前两个思潮相比，中国马克思主义哲学思潮不仅是说法，而且是做法，真正改变了中国人的精神面貌，是中国现代哲学名副其实的主线。中国马克思主义哲学以实践性为特色，所关切的问题是中国社会如何改造？中国向何处去？中国共产党给出了正确答案。

在当下内地哲学界，多数人喜欢集体编书，个人撰写中国哲学史的人很少。除了冯友兰、冯契二位已故老先生，我大概是第三人。集体编书可以讨便宜，一般参与者不必担负文责；而个人写书，则必须文责自负。个人写书的好处是能写自己所思、自己所见，不必顾及他人的想法。我以复数哲学观为指导重写中国哲学史，仅仅是初步尝试而已。我能把自己的真实想法表达出来，已很欣慰了。教条主义者垄断话语权的情形终于过去，我可以说真话了。我年逾七旬，与中国哲学史学科相伴几十年，理应有个交代。两本《通史》出版，就算我的交代吧！

五、宋志明著述系年

宋志明，1947年4月4日出生于吉林省吉林市。1964年至1968年就读于吉林一中（原名吉林中学堂，建于1907年）。1975年参加吉林炭素厂工人理论组和吉林大学哲学系共同组成《中国哲学史》编写组。1979年就读于吉林大学哲学系，为该系首批硕士研究生，攻读中国哲学专业，导师吴恩溥，毕业论文《冯友兰新理学简论》，1982年获哲学硕士学位。1983年就读于中国人民大学哲学系，为该校首批博士研究生，攻读中国哲学专业，导师石峻，毕业论文《现代新儒家研究》。1986年获哲学博士学位，毕业后留校任教。1986—2013年先后任哲学院讲师、副教授、教授。2013年返聘一年后退休。

1974年

1.《荀子选注》，吉林大学《荀子》注释组（为成员之一），吉林人民出版社，1974年。

1975年

2.《中国哲学史》（上下两册），吉林炭素厂工人理论组和吉林大学哲学系共同组成《中国哲学史》编写组，为编写组成员之一。1975年8月初稿完成，吉林人民出版社印“征求意见稿”2000册。编写组成员有吉林大学哲学系教师吕希晨、吴锦东、朱日耀、陈庆坤等4人，吉林大学哲学系74级和75级本科生杨育光等18人，进修教师1人，吉林炭素厂工人宋志明等4人。

1982年

3.《心与物》，载《中国哲学史研究》1982年第3期。

1983年

4.《评冯友兰的〈新理学〉》，载《中国近现代哲学史论文集》，《吉林大学学报》编辑部1983年出版。

5.《宋明理学与柏格森哲学的合流》，载《长春师范学院学报》1983年第2期。

1984年

6.《新理学简论》，载《吉林大学研究生论文集刊》1984年第1期。

7.《新形上学述评》，载《长春师范学院学报》1984年第2期。

1987年

8.《新唯识论的伦理思想》，载《中国哲学史研究》1987年第1期。

9.《体用不二论钩玄》，载《社会科学战线》1987年第1期。

10.《熊十力新唯识论思想的形成》，载《学术月刊》1987年第1期。

1988年

11.《中国现代哲学的三个发展方向》，载《中国哲学史研究》1988年第1期。

1989年

12.《援西学入儒的尝试》，载《现代新儒学论集（一）》，北京：中国社会科学出版社，1989。

13.《略论“五四”以来的“新儒家”哲学》，载《中国近现代哲学史论集》，北京：中国人民大学出版社，1989。

14.《金岳霖的知识论刍议》，载《中国现代哲学与文化思潮》，北京：求实出版社，1989。

15.《金岳霖的本体论思想》，载《中国现代哲学与文化思潮》，北京：求实出版社，1989。

16.《哲学史家——石峻》，载《中国人民大学学报》1989 年第 5 期。

17. 译著:《赫尔岑》，[苏] 塔塔里诺娃著（与陈志良合译），北京：中国社会科学出版社，1989。

1990 年

18.《第十一届退溪学国际学术会议综述》，载《中国人民大学学报》1990 年第 1 期。

1991 年

19.《梁漱溟评传》，载李振霞、傅云龙主编《中国现代哲学史人物评传》，北京：求实出版社，1991。

20.《贺麟评传》，载李振霞、傅云龙主编《中国现代哲学史人物评传》，北京：求实出版社，1991。

21.《熊十力评传》，载李振霞、傅云龙主编《中国现代哲学史人物评传》，北京：求实出版社，1991。

22.《现代新儒家的开山——梁漱溟》，载李振霞主编《中国当代十哲》，北京：华夏出版社，1991。

23.《现代新儒家与中国哲学现代化》，载《中国人民大学学报》1991 年第 1 期。

24.《老庄与现代西方哲学家》，载葛荣晋主编《道家文化与现代文明》，北京：中国人民大学出版社，1991。

25. 专著:《现代新儒家研究》，中国人民大学出版社，1991。

1992 年

26.《阐幽探微，上下求索——记哲学家逻辑学家金岳霖》，载《社会科学战线》1992 年第 1 期。

27.《荀子的文化哲学》，载《东岳论丛》1992 年第 2 期。

28.《关于理想人格的构想》，载《现代新儒家论集（二)》，北京：中国社会科学出版社，1992。

29.《现代新儒家与东亚社会重建》，载《新东方》1992 年第 12 期。

30.《哲坛巨匠金岳霖》，郑大华主编《20 世纪十大学问家》，青岛：青岛出版社，1992。

31. 专著:《现代中国哲学思潮》(与赵德志合著)，北京：中国人民大学出版社，1992。

32. 译著:《“潘多拉匣子”的奥秘》，[日] 横沟正史著，(与张岚合译)，长春：时代文艺出版社，1992。

1993 年

33.《儒家学说》，载《中国传统文化大观》，北京：中国大百科出版社1993。

34.《现代新儒家研究述评》，载《国内哲学动态》1993 年第 2 期。

35.《金岳霖》，郑大华主编《二十世纪思想家》，青岛：青岛出版社，1993。

36. 专著:《熊十力评传》，南昌：江西百花洲文艺出版社，1993。

1994 年

37.《杨宪邦》，载《二十世纪中国哲学·第二卷·人物志 上》，北京：华夏出版社，1994。

38.《孙中山与现代新儒家思潮》，载《学习与探索》1994年第6期。

39. 专著:《儒家思想源流》，北京：京华出版社，1994。

40. 编著：梁启超著《新民说》选注，沈阳：辽宁人民出版社，1994。

1995年

41.《贺麟》，载《现代新儒家人物与著作》，天津：南开大学出版社，1995。

42.《贺麟学案》，载方克立、李锦全主编《现代新儒家学案》，北京：中国社会科学出版社，1995。

43. 编著:《儒家思想的新开展：贺麟新儒学论著辑要》，北京：中国广播电视出版社，1995。

1996年

44.《道学与哲学》，载张立文主编《道学与中国文化》，北京：人民出版社，1996。

45.《现代新儒家与现代化》，载《教学与研究》1996年第2期。

46.《注重实践是中国哲学的优良传统》，载《教学与研究》1996年第6期。

47.《贺麟对王夫之哲学的研究与借鉴》，载《中国哲学史》1996年第3期。

48.《贺麟对黑格尔哲学的会通》，载《学习与探索》1996年第3期。

1997年

49.《陈献章的万化我出说》，载《中国人民大学学报》1997年第4期。

50.《从理学到心学的转折——陈献章本体论思想刍议》，载《长白论丛》1997年第2期。

51.《陈献章工夫论评述》，载《中国哲学史》1997 年第 3 期。

52.《海峡两岸谭嗣同思想学术研讨会综述》，载《中国人民大学学报》1997 年第 6 期。

53.《陈献章的道德范畴理论》，载《学术研究》1997 年第 11 期。

54.《陈献章的仁学思想》，载《孔子研究》1997 年第 4 期。

55.《知行合一新论》，载《炎黄春秋：炎黄文化研究》1997 年增刊。

56. 编著：谢幼伟著《现代哲学名著述评》重版注释，济南：山东人民出版社，1997。

57. 参编《中国儒学》，北京：东方出版中心，1997。

1998 年

58.《中国古代辩证法的类型与核心》，载《中国人民大学学报》1998 年第 5 期。

59.《论天人合一》，载《学习与探索》1998 年第 4 期。

60.《贺麟对时代思潮的梳理与前瞻》，载《学术月刊》1998 年增刊。

61.《世纪之交中国哲学的走向》，载《教学与研究》1998 年第 6 期。

62.《简论贺麟的基督教研究》，载《哲学与文化》1998 年第 12 期。

63. 专著：《贺麟新儒学思想研究》，天津：天津人民出版社，1998。

64. 编著：《复性书院讲录》重版注释，济南：山东人民出版社，1998。

65. 编著：《接着宋明理学讲：冯友兰文选读》，北京：中华书局，1998。

66. 教材：《中国古代哲学研究》（与向世陵、姜日天合著），北京：中国人民大学出版社，1998。

67. 教材：参编《中国哲学与辩证唯物主义》（方克立主编），北京：高等教育出版社，1998。

1999 年

68.《陈献章的处世之道》，载《文史哲》1999 年第 3 期。

69.《狭义新儒家的发展脉络》，载《南昌大学学报》1999 年第 3 期。

70.《荀子的政治哲学》，载《中国人民大学学报》1999 年第 3 期。

71.《石峻与中国哲学研究》（与方立天等人合著），载《光明日报》1999 年 6 月 18 日。

72.《从唯物史观看孔学——陈独秀、李大钊、郭沫若论孔学》，载《中华文化论坛》1999 年第 3 期。

73.《时代呼唤平民化的儒学》，载《文史哲》1999 年第 5 期。

74. 专著:《陈献章 · 王守仁 · 李贽》，台北：台湾商务印书馆，1999。

75. 专著:《冯友兰学术思想评传》（与梅良勇合著），北京：北京图书馆出版社，1999。

2000 年

76.《胡适的儒学观》，载《中天学刊》2000 年第 1 期。

77.《近代启蒙哲学与新人的发现》（与许静合著），载《湖南农业大学学报（社会科学版）》2000 年第 3 期。

78.《巨擘 · 重镇 · 哲人——简论冯友兰的学术造诣》，载《北华大学学报》2000 年第 2 期。

79.《略论儒家解释学》，载《北京大学学报》2000 年第 2 期。

80.《儒学与伦理建设》（与刘成有合著），载《长春市委党校学报》2000 年第 4 期。

81.《儒学与民主建设》（与刘成有合著），载《甘肃社会科学》2000 年第 4 期。

82.《儒学与市场经济》（与刘成有合著），载《孔子研究》2000 年第 5 期。

83.《儒学与科技创新》（与刘成有合著），载《西江大学学报》2000 年第 3 期。

2001 年

84.《恢复学术自信——略论冯友兰晚年的中国哲学史研究》，载《中国人民大学学报》2001 年第 2 期。

85.《从批孔到释孔的转折》，载《文史哲》2001 年第 3 期。

86.《严复与实证方法》（与孙小金合著），载《中国矿业大学（社科版）》2001 年第 1 期。

87.《王国维与实证原则》（与孙小金合著），载《吉林大学社会科学学报》2001 年第 5 期。

88.《传统哲学智慧的升华——读李鼎铭著〈中国哲学思想体系与民族传统概论〉》，载《哲学研究》2001 年第 10 期。

89. 专著：《墨子》（与李新会合著），香港中华书局，2001。

2002 年

90.《评张东荪的多元认识论》，载《中国人民大学学报》2002 年第 4 期。

91.《新理学对程朱理学的继承与改造》，载《中州学刊》2002 年第 3 期。

92.《英国学术期刊的集约化出版》，载《中国新闻出版报》2002 年 7 月 26 日。

93. 教材：主编《马克思主义哲学原理》，北京：中国统计出版社，2002。

94. 专著：《20 世纪中国实证哲学研究》（与孙小金合著），北京：中国人民大学出版社，2002。

2003 年

95.《胡适的实在观与方法论》，载《中国矿业大学（社科版）》2003 年第 2 期。

96.《现代中国哲学的主要问题》，载《教学与研究》2003 年第 3 期。

97.《中国马克思主义哲学的历史轨迹》，载《中国人民大学学报》2003

年3期。

98.《略论儒家德治思想的普世意义》，载《学习与探索》2003年第3期。

99.《简论中国实证哲学》，载《天津大学学报：社科版》2003年第4期。

100.《简论20世纪中国实证哲学》(与孙小金合著)，《东吴哲学》2002年卷，合肥：安徽人民出版社，2003。

101.《研究方法取决于研究对象》《新哲学》第1辑，郑州：大象出版社，2003。

2004年

102.《义利之辨新解》，载《学术研究》2004年第2期。

103.《简论佛教本体论的中国化》，载《浙江社会科学》2004年第1期。

104.《全球化与中国实证哲学》，载《邯郸师专学报》2004年第1期。

105.《中国哲学的本体论思路》，载《船山学刊》2004年第1期。

106.《儒道价值观比较研究》，载《社会科学战线》2004年第1期。

107.《坚持历史主义原则》，载《中国社会科学院院报》2004年1月8日。

108.《激进与保守辨正——兼谈如何坚持历史主义原则》，载《北京日报》2004年1月19日。

109.《论中国近代哲学的转向》，载《中国人民大学学报》2004年第6期。

110.《儒学价值观与民族精神的培育》，载《教学与研究》2004年第9期。

111. 专著:《批孔和释孔——儒学的现代走向》(与刘成有合著)，上海：华东师大出版社，2004。

112. 教材:《中国传统哲学通论》，北京：中国人民大学出版社，2004。

2005年

113.《对马克思主义的历史选择：兼论冯契的人格理念》，载《教学与研究》2005年第4期。

114.《贺麟对新儒者的定位》，载《中国矿业大学学报：社会科学版》

2005年第1期。

115.《论清初儒学的再整理》，载《文史哲》2005年第5期。

116.《关于中国哲学研究的几点意见》，载《中国哲学史》2005年第4期。

117.《冯友兰文化三论》，载《中州学刊》2005年第4期。

118.《儒学与哲学》，载张立文主编《圣境——儒学与中国文化》，北京：人民出版社，2005。

2006年

119.《德性儒学成就、困境与走向》，载《中国人民大学学报》2006年第1期。

120.《许衡与元代的文化认同》（与许宁合著），载《邯郸师专学报》2006年第2期。

121.《儒学的内在性与东亚价值观的共识》，载《社会科学战线》2006年第2期。

122.《论荀子礼学的规范诉求》（与许宁合著），载《江西社会科学》2006年第1期。

123.《张载气学的价值维度》（与许宁合著），载《中国矿业大学学报：社会科学版》2006年第1期。

124.《中国近现代哲学研究的新进展》，载《复印报刊资料·中国哲学》2006年第1期。

125.《关于“中国近代史上的民族主义”的对话》，载《光明日报》2006年3月28日。

126.《中国近代民族主义与民族精神的觉醒》，载《史学月刊》2006年第6期。

127.《〈论道〉的元学态度》，载《哲学研究》2005年增刊，2006年出版

128.《关注人生是中国传统哲学的特色》，载《湖南大学学报》2006年第3期。

129.《安顿价值　培育精神》，载《光明日报》2006 年 7 月 4 日。

130.《儒道互补与中华民族精神的培育》，载《河北学刊》2006 年第 4 期。

131.《论现代新儒学思潮》，载冯俊主编《哲学家 2006》，北京：人民出版社，2006。

132.《中国哲学精神》，载张安哥主编《孔目湖讲坛录》，南昌：江西人民出版社，2006。

133. 专著：宋志明、吴潜涛主编《中华民族精神论纲》，北京：中国人民大学出版社，2006。

2007 年

134.《论儒学与宗教的异同》，载《教学与研究》2007 年第 2 期。

135.《儒学对中国市场经济的促进作用》，载《国际儒学研究》第 15 辑，北京：九州出版社，2007。

136.《中国近现代哲学史学科的奠基人》，载《中国哲学史》2007 年第 1 期。

137.《从“照着讲”到“接着讲”：论冯学研究的转型》，载《南阳师范学院学报》2007 年第 1 期。

138.《论新儒学的现代走向》，载《河北学刊》2007 年第 2 期。

139.《论儒学关于中华民族精神的培育理念》，载《广东社会科学》2007 年第 2 期。

140.《现代新儒家对西方哲学资源的开发和利用》，载《中国人民大学学报》2007 年第 3 期。

141.《现代意识和哲学学科意识的自觉》，载《北京大学学报》2007 年第 4 期。

142.《复性书院讲录述要》，载《杭州师范学院学报：社会科学版》2007 年第 4 期。

143.《论中国传统哲学的主要问题》，载《教学与研究》2007 年第 11 期。

144.《谈社会科学研究方法的特殊性》，载《浙江社会科学》2007年第4期。

145.《论中国哲学的精神》，载《中国矿业大学学报：社会科学版》2007年第1期。

146.《唐君毅儒学价值观评述》，载《唐君毅故园文化》2007年第9期。

147. 教材：参编《中国哲学史新编》（张立文主编），北京：中国人民大学出版社，2007。

2008年

148.《社会科学研究的区域性和民族性》，载《学术研究》2008年第4期。

149.《儒学第三期的三十年》（发言人之一），载《开放时代》2008年第1期。

150.《自由理念与儒学的冲突与会通》，载《社会科学战线》2008年第4期。

151.《李大钊对唯物史观的传播与理解》，载《中国人民大学学报》2008年第2期。

152.《论新理学的形上维度》，载《中州学刊》2008年第5期。

153.《老子治世之道与社会和谐》，载《太原师范学院学报》2008年第5期。

154.《老子治世之道》，载《光明日报》2008年11月17日。

155.《论现代新儒学思潮的起因与前景》，《中国儒学》第3辑，北京：中国社会科学出版社，2008。

156. 教材：《中国传统哲学通论》（第2版），北京：中国人民大学出版社，2008。

157. 教材：《中国现代哲学通论》，北京：中国人民大学出版社，2008。

158.《知彼知己百战不殆——孙武与孙子兵法》，载徐心华主编《名篇品读三千年》，北京：经济日报出版社，2008。

2009年

159.《荀子的礼学、人学与天学——兼论荀孟异同》，载《东岳论丛》2009年第1期。

160.《打造学术精品是一种文化发展战略》，载《社会科学报》2009年3月5日。

161.《简论中国哲学的发端》，载《中华文化论坛》2009年第1期。

162.《从以吏为师到以天为教：董仲舒天人学说新探》，载《河北学刊》2009年第2期。

163.《论中国哲学的基本问题》，载《学习与探索》2009年第3期。

164.《当代中国哲学路在何方》，载《中国社会科学院报》2009年6月9日。

165.《二程与正统理学的奠基》，载《河南社会科学》2009年第3期。

166.《先秦百家争鸣的终结者——韩非哲学新探》，载《江汉论坛》2009年第6期。

167.《论理学开山周敦颐的学术特色》，载《湖南大学学报社会科学版》2009年第4期。

168.《瞿秋白对辩证唯物主义的传播与理解》，载《北京行政学院学报》2009年第4期。

169.《佛教的传入与中国人的需求》，载《太原师范学院学报》2009年第5期。

170.《孟学与安身立命之道》，载《邯郸学院学报》2009年第2期。

171.《儒学的价值究竟在哪里——儒学的前天·昨天·今天》，载《人民论坛》2009年第10期。

172.《儒学与中华民族精神的培育》，载《人民政协报》2009年11月23日。

173.《墨子人天学新探》，载《中国哲学史》2009年第4期。

174.《论中国近代哲学的语境、资源与话题》，载《湖湘论坛》2009年第6期。

175.《论宋明理学的成因和变迁》，载《吉林大学社会科学学报》2009年第6期。

176.《国学的哲理精神》，载张志伟、干春松主编《在人大听国学》，南昌：江西人民出版社，2009。

177. 专著:《现代新儒学的走向》，北京：北京师范大学出版社，2009。

178.《读中国哲学大纲兼论中国哲学特质》，载王中江主编《中国哲学的转化与范式——纪念张岱年先生九十五诞辰暨中国文化综合创新学术研讨会文集》，郑州：中州古籍出版社，2009。

179.《孔学钩玄》，载冯俊主编《哲学家2008》，北京：人民出版社，2009。

180.《论中国哲学的精神》，载周山等著《中国哲学精神》，上海：学林出版社，2009。

2010年

181.《当代中国哲学往何处去》，载《中国政法大学学报》2010年第1期。

182.《儒家安身立命之道》，载《光明日报》2010年3月1日。

183.《郭象的问题意识与化解之道》，载《商丘师范学院学报》2010年第2期

184.《单数还是复数：从冯友兰看哲学观念的更新》，载《中州学刊》2010年第3期。

185.《论朱熹对二程天理论的拓展》，载《合肥学院学报社会科学版》2010年第6期。

186.《论中国现代哲学的思想资源》，载《陕西师范大学学报》2010年第4期。

187.《论三教并立的形成与中国哲学的新开展》，载《邯郸学院学报》

2010 年第 2 期。

188.《正统理学的终结者：阳明心学发微》，载《中国人民大学学报》2010 年第 4 期。

189.《儒释道互补与心态和合》，载《光明日报》2010 年 12 月 1 日。

190.《论孙学与儒学之关联》，载《孔子研究》2010 年第 6 期。

191.《从冯友兰看哲学观念的更新》，载《人民政协报》2010 年 12 月 6 日。

192.《提倡多元化　开创新局面——对中国哲学史研究的几点意见》，载《湖湘论坛》2010 年第 6 期。

193.《新儒学的现代走向》，载周桂钿主编《闻道思齐：儒学讲坛系列讲演集》，北京：中国政法大学出版社，2010。

194. 专著:《薪尽火传：宋志明中国古代哲学讲稿》，北京：北京师范大学出版社，2010。

195.《孔学要义》外国语大学编《倾听名家 2009 年孔子学院中方院长岗前培训专家讲演集》，供学员使用。

196.《从当代的维度看——关于孔学架构的新理解》，载滕文生主编《儒学的当代使命：纪念孔子诞辰 2560 年国际学术研讨会论文集》，北京：九州出版社，2010。

197.《中国哲学精神六论》，载吕梅主编《聆听智者的声音》，北京：中华书局，2010。

198.《中国哲学精神》，载周和平主编《文津讲演录之十》，北京：国家图书馆出版社，2010。

2011 年

199.《从康有为看中国近代历史观的转向》，载《广东社会科学》2011 年第 1 期。

200.《治经还须开生面》，载《河南社会科学》2011 年第 1 期。

201.《论宋代理学二重人性论的演化》，载《东岳论丛》2011 年第 1 期。

202.《为叶适“事学”正名》，载《光明日报》2011 年 2 月 17 日。

203.《论国学的含义与构成》，载《浙江社会科学》2011 年第 2 期。

204.《从孙中山看中国近代知行观的更新》，载《河北学刊》2011 年第 2 期。

205.《论哲学三义与三性》，载《江苏行政学院学报》2011 年第 2 期。

206.《重看魏晋时期佛教之融入中国人的精神生活世界》，载《中国民族报》2011 年 5 月 10 日。

207.《从阳明学到新心学的思想轨迹——论贺麟知行观的新开展》，载《宜宾学院学报》2011 年第 1 期。

208.《温国学说诚信》，载《光明日报》2011 年 8 月 15 日。

209.《儒学与工具理性培育》，载《学术月刊》2011 年第 9 期。

210.《简论庄子哲学话题》，载《中州学刊》2011 年第 5 期。

211.《论佛教与国学的融通》，载《江汉论坛》2011 年第 9 期。

212.《简论老子哲学话题》，载《江南大学学报：人文社会科学版》2011 年第 4 期。

213.《气化流行：戴震哲学话题刍议》，载《湖湘论坛》2011 年第 5 期。

214.《名教出于自然：王弼哲学话题刍议》，载《商丘师范学院学报》2011 年第 8 期。

215.《本心即天理：陆九渊哲学话题刍议》，载《孔子研究》2011 年第 5 期。

216.《论中国近代本体论转向》，载《中国社会科学战线》2011 年第 10 期。

217.《天下惟器：王夫之哲学话题刍议》，载《船山学刊》2011 年第 4 期。

218.《批判思潮中的天人学：王充哲学话题刍议》，载《徐州师范大学学报（哲学社会科学版）》2011 年第 6 期。

219.《荀学与治世之道》，载《儒学评论》第 7 辑，保定：河北大学出版社，2011。

220.《孔学要义》，载《国学的新视野和新诠释》，保定：河北大学出版社，2011。

221.《论中国古代哲学中世界观维度的调整》，载郝立新主编《哲学家2011》，北京：人民出版社，2011。

2012年

222.《视频公开课“中国传统哲学通论”建设的经验与体会》，载《中国大学教学》2012年第1期。

223.《中国古代世界观维度的演化》，载《中国社会科学文摘》2012年第2期。

224.《信仰导引下的哲学理念——简论台湾新士林哲学研究的新向度》（与孙兵合著），载《陕西师范大学学报：哲学社会科学版》2012年第2期。

225.《现代新儒学与民主法制建设》，载《深圳大学学报》2012年第2期。

226.《岱老和我的治儒学之路》，载王中江主编《学思之境　人格魅力：纪念张岱年先生诞辰一百周年》，北京：北京大学出版社，2012。

227. 专著:《中国古代哲学发微》，中国人民大学出版社，2012。

228. 专著:《中国近现代哲学四论》，中国社会科学出版社，2012。

229.《牟宗三的存有论》，载《宜宾学院学报》2012年第5期。

230.《现代新儒学的可能走向》，载《人民论坛》2012年8月（上）。

231.《儒学与市场经济兼容——现代新儒家的新视角》，载《齐鲁学刊》2012年第4期。

232.《先秦儒家人道学的展开》，载《孔子研究》2012年第5期。

233.《读书“三食”法》，载《学习时报》2012年11月12日。

234.《百年中国哲学史研究回顾》，载《高教理论战线》2012年第12期。

2013 年

235. 教材:《中国传统哲学通论》(第 3 版),北京:中国人民大学出版社,2013。

236.《论三种资源的会通与创新》,载《东岳论丛》2013 年第 1 期。

237.《艮斋对朱子心学的诠释》,载《江苏师范大学学报》2013 年第 1 期。

238.《宏观 · 中观 · 微观——中国哲学史教学范式新探》,载《中国大学教学》2013 年第 3 期。

239.《天道学的展开——先秦道家哲学综论》,载《学习与探索》2013 年第 4 期。

240. 专著:《国学十八讲》,北京:人民日报出版社,2013。

241. 专著:《孔学与国魂》(与许宁合著),保定:河北大学出版社,2013。

242.《现代中国哲学观演进及其对民族性遮蔽》,载《社会科学家》2013 年第 5 期。

243.《中国哲学学科建设的回顾与前瞻》,载《江汉论坛》2013 年第 7 期。又见郭齐勇、欧阳祯人主编《问道中国哲学》,北京:九州出版社,2014。

244.《了解胡适与重写中国哲学学术史》,载《河北学刊》2013 年第 4 期。

245.《中国哲学史学科发展的引擎——简论张岱年横向研究进路》,载《中州学刊》2013 年第 6 期。

246.《儒学的现代转型——论梁漱溟的哲学话语方式》,载《江南大学学报》2013 年第 5 期。

247.《论中国哲学的价值取向》,载湖北大学哲学学院、国际价值哲学学会、湖北省道德与文明研究中心编《价值论与伦理学研究》(2012 年卷),北京:新华出版社,2013。

248.《代序:提倡多元化开创新局面》,载蒋国保主编《多元价值审视下的中国哲学》,合肥:安徽人民出版社,2013。

249.《当代哲学视野下的新儒家与新儒学——宋志明先生访谈录》,王卫松整理，载《孔子学刊》2013 年第 4 辑。

250.《“中国哲学合法性”解疑》，载《中国哲学史》2013 年第 4 期。

251.《儒学的新际遇——从现代新儒家到现代新儒学》，载《第五届世界儒学大会学术论文集》，北京：文化艺术出版社，2013。

252.《儒学的新际遇与新开展》，载《儒家思想与当代中国文化建设》，北京：人民出版社，2013。

253.《艮斋对朱子心学的诠释》(韩文)，载韩国艮斋学会编《艮斋学论丛》第 15 辑，2013。

254.《君本与民本的纠结——董仲舒的生态政治文明新探》，载张立文主编《天人之辨——儒学与生态文明》，北京：人民出版社，2013。

2014 年

255.《论重写中国哲学史的方法》，载《河北学刊》2014 年第 1 期。

256.《论两军对战模式及其危害》，载《学术界》2014 年第 1 期。

257.《中国哲学史学科的奠基石——重读冯友兰著两卷本〈中国哲学史〉》，载《社会科学战线》2014 年第 2 期。

258.《从小语境看哲学家个性特质》，载《湖湘论坛》2014 年第 2 期。

259.《儒学“哲学化”向度的开拓——读程志华教授〈熊十力哲学研究〉》，载《东岳论丛》2014 年第 2 期。

260.《晚年定论谱新篇——冯友兰著〈中国哲学史新编〉解析》，载《中州学刊》2014 年第 3 期。

261.《蔡元培的哲学观与中国哲学史学科初建》，载《学习与探索》2014 年第 5 期。

262.《中国佛学与经营之道》，载《光明日报》2014 年 4 月 22 日。《今参考》2014 年 6 月号转载。

263.《中国古代哲学问题及其变迁》，载孙熙国、李翔海主编《北大中国文化研究》2013 年（总第三辑），北京：社会科学文献出版社，2014。

264.《从儒学领悟经营之道》，载《江南大学学报·人文社会科学版》，2014年第3期。

265.《儒学的核心是个"仁"字》，载《2014（2565）年第七届儒学国际学术研讨会论文集》下册，2014年7月第1版。

266.《论文本与中国古代哲学的沿革》，载《江汉论坛》2014年第7期。《新华文摘》2014年第21期转载。

267.《墨学中的经营之道》，载《光明日报·国学版》2014年8月5日。

268.《海外新儒学与伦理全球化》，载新加坡孔教会编《"儒学与国际华人社会"国际儒学研讨会论文集》2014。

269.《儒学的核心是个"仁"字》，载《广东社会科学》2014年第5期。

270.《〈孙子兵法〉与经营之道》，载《徐州工程学院学报：社会科学版》2014年第5期。《复印报刊资料·管理科学》2014年第5期转载。

271.《性善论与当代知识分子的价值追求》，载《中国社会科学报》2014年11月15日。

272.《现代语境与新儒学的萌发》，载《陕西师范大学学报》2014年第6期。

273.《中国哲学与价值取向》，载《党政干部学刊》2014年第12期。

2015年

274.《独辟蹊径吐心声——冯契著〈中国古代逻辑发展〉解析》，载《东岳论丛》2015年第1期。

275.《"仁义礼智"古今谈》，载《人民日报》2015年2月2日。

276.《蔡元培：现代中国的杰出代表》，载《学术研究》2015年第1期。

277.《从"照着讲"到"接着讲"——论冯友兰讲儒学的新思路》，载《社会科学战线》2015年第2期。

278.《儒学的现代转化，何以可能》，载《大众日报》2015年3月12日。

279.《中国古代哲学研究方法新探》，北京：中国人民大学出版社，2015。

280.《薪尽火传话前贤——中国传统哲学通论》，北京：高等教育出版社，2015。

281.《往事尚堪回首》，保定：河北大学出版社，2015。

282.《中国古代辩证法综论》，载《孔学堂》2015 年第 7 期。

2016 年

283. 专著:《国学中的经营之道》，北京：中国青年出版社，2016。

284. 专著:《冯友兰评传》(与梅良勇合著)，北京：中国青年出版社，2016。

285.《中国古代哲学通史》，北京：中国青年出版社，2016。

2018 年

286.《贺麟评传》，北京：中国青年出版社，2018。

287.《国学、儒学与哲学——程志华教授〈中国儒学史〉的研究向度》，载《燕山大学学报》2018 年第 2 期。

2019 年

288.《弥勒文化与生态文明建设》，载胡振鹏主编《传统文化与生态文明》，南昌：江西高校出版社，2019。

2020 年

289.《康有为与近代哲学的突破》，载《燕山大学学报》2020 年第 3 期。

2021 年

290.《勇立潮头敢为先》，载《光明日报》2021 年 7 月 12 日，缅怀先师石公。

291.《论牟宗三哲学特色》，载《儒家文明论坛》(第七期)，济南：山东大学出版社，2021。

292.《天人之辨：中国古代哲学基本问题》，载《燕山大学学报》2021年第2期。

293.《梁启超的新民构想》，载《湖南社会科学》2021年第6期。

2022年

294.《从存在到价值——宋明理学的逻辑开展》，载《燕山大学学报》2022年第4期。

295.《儒家群体意识的养成》，载《河北大学学报》2022年第4期，《新华文摘》2023年第2期 转载。

296.《别开生面先行者——孙中山的哲学创意》，载《社会科学战线》2022年第8期。

297.《荀子是性恶论者吗》，载《走进孔子》2022年第4期。

298.《张载朱熹王夫之气学合论》，载《孔子研究》2022年第6期。

299.《儒学新诠》，北京：人民出版社，2022。

300.《中国近现代哲学通史》，北京：中国社会科学出版社，2022。

301.《儒学转型与中国哲学精神》，济南：济南出版社，2022。

302.《中国哲学的基本问题》，载臧峰宇主编《哲学的殿堂》，北京：中国人民大学出版社，2022。

303.《从存在到价值——宋明理学的逻辑开展》，载《燕山大学学报》2022年第4期。

2023年

304.《道家学派的个体性关照》，载《河北学刊》2023年第1期。

305.《荀学辨惑》，载《东岳论丛》2023年第1期。

306.《论中国哲学史学科建设的三个思想障碍》，载《燕山大学学报》2023年第1期。

307.《王夫之与工具理性转向》，载《船山学刊》2023 年第 1 期。

308.《王廷相与儒家气学传承》，载《河北大学学报》2023 年第 3 期。

309.《天人之辨：源头、演化与启迪——重写中国哲学史刍议》，载《学术界》2023 年第 4 期。

310.《中国现代哲学通论》，［韩］高在旭译，在首尔 2023。

311.《宋志明》，载《国际儒学联合会顾问小传》(第 2 辑)，北京：中华书局与华文出版社联合出版，2023。

312.《哲学是单数吗？——兼论中国哲学史学科建设的前提》，载《孔学堂》2023 年第 3 期。

2024 年

313.《中国古代哲学通诠》，贵阳：孔学堂书局，2024。

314.《从自发到自觉——20 世纪上半叶中国哲学观念的变迁》，载《湖南社会科学》2024 年第 1 期。

315.《论三教并立——中国古代哲学展开期脉络》，载《江西社会科学》2024 年第 1 期。

316.《张载与此岸性认定》，载《海南大学学报》2024 年第 2 期。

后记

这本书是我退休之后写的，可以说是我数十年治中国哲学史取得的一点经验之谈。在方法方面，我有一些切身体会，愿意写出来与大家分享。我从1974年开始涉足中国哲学史研究领域，到现在为止已经50多年了。这期间我发表了文章300余篇，出版著作30多本。其中可称得上代表作的书，只有三本。第一本是《中国古代哲学通史》，中国青年出版社2016年出版；第二本是《中国近现代哲学通史》，中国社会科学出版社2022年出版；第三本就是此书。我凭借一己之力，独立全盘梳理中国哲学史，虽说不上成绩斐然，毕竟也有一些自己的心得。前两书互为姊妹篇，皆以问题为线索，打破了以往按朝代为线索的惯例，贯彻了同样的内在方法论原则。我在这两本书的基础上写出此书，也可算是敝帚自珍的代表作了。在中国内地，以前中国哲学史教科书通常是集体编写的。据我所知，个人编写中国哲学史的只有两位前辈，一位是冯友兰先生，另一位是冯契先生。冯友兰先生著有81章7册巨著《中国哲学史新编》；冯契先生著有三卷本《中国古代哲学的逻辑发展》和一卷本《中国近代哲学的革命进程》。我可能是第三人。本书当然吸收了前贤和时贤的成果，并且从中获益匪浅。本书不傍依任何人的现成说法，只求表述自己的经验所得，讲出点新意，供后人评判。这个“新”字，未必妥当，严格地说应称为“我意”，因为在别人眼里，可能算不上新。本书所写的，皆是我之所思、我之所想、我之所见，不迷信任何所谓“范式”。“学术乃天下之公器，非可得而专也。”本书作为一家之言，你可以认同，也可以反对。无论认同还是反对，我都感谢你！

2024年4月

记于中国人民大学宜园二楼思灵善斋

图书在版编目（CIP）数据

中国古代哲学内在方法 / 宋志明著. -- 北京：中国青年出版社，2025. 3. -- ISBN 978-7-5153-7664-6

Ⅰ. B215

中国国家版本馆 CIP 数据核字第 2025S1M715 号

责任编辑：彭岩
出版发行：中国青年出版社
社　　址：北京市东城区东四十二条 21 号
网　　址：www.cyp.com.cn
编辑中心：010－57350407
营销中心：010－57350370
经　　销：新华书店
印　　刷：北京汇瑞嘉合文化发展有限公司
规　　格：660mm×970mm　1/16
印　　张：23.5
字　　数：350 千字
版　　次：2025 年 3 月北京第 1 版
印　　次：2025 年 3 月第 1 次印刷
定　　价：88.00 元